KB050746

시민의 조건,
민주주의를 읽는 시간

함규진 외 11인

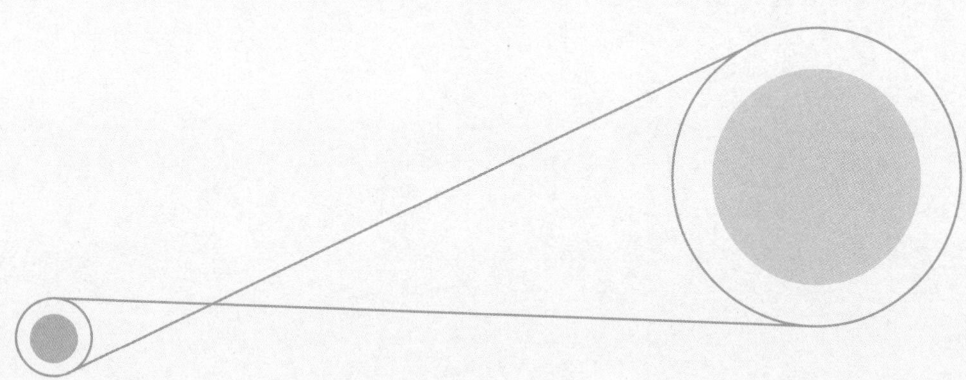

박영사

머리말

도대체 민주주의란 무엇인가?

대략 1980년대쯤 유행한 농담이 있다. 어느 대학교의 경영학과 교수는 매년 내는 기말고사 문제가 늘 똑같았다. "마케팅이란 무엇인가?" 그러니 학생들은 미리 답안을 만들어 보고, 시험 당일에는 외워서 써내려가는 게 보통이었다. 그런데 어느 날, 역시 그 교수가 들어와 칠판에 시험 문제를 쓰는데, '마'가 아닌 '도'자로 시작하는 게 아닌가? 당연히 학생들은 패닉에 빠졌다. 다른 문제라곤 전혀 준비하지 않았기 때문이다. 그러나 그 교수는 웅성거리는 학생들을 한 번 쓱 돌아보더니, 계속 문제를 써나갔다. "도대체 마케팅이란 무엇인가?"

현대인들은 "민주주의란 무엇인가?"라는 질문을 끊임없이 받는다. 선거 때는 특히, 일상에서도 많이. 패닉에 빠졌던 경영학과 학생들과 다른 점은, 미리 만들어 둔 그럴듯한 정답이 없다는 것이다.

민주정을 정부(government) 유형의 하나로 보기도 했다. 아리스토텔레스는 통치권을 한 사람이 독점하고 있으면 군주정, 소수의 사람들이 과점하고 있으면 귀족정, 모두에게 나뉘어져 있으면 민주정이라고 분류했다. 오랜 세월이 흐른 뒤, 계몽사상가들도 대체로 그런 분류를 받아들였다. 다만 '국민주권'이라는 개념이 있었다. 루소의 경우 국민이 주권자로서 사회계약을 맺고 국가를 수립하는데, 이때 권력을 위임하는 대상이 한 사람이면 군주국, 소수이면 귀족국, 모두이거나 대다수이면 민주국이라고 했다. 군주국이라 해도 주권은 국민에게 있다는 것이었다. 하지만 그렇다면 이 또한 민주국가가 아닌가? 그리하여 민주정을 정치체제의 하나이면서 근대 시민혁명에 따른 정치체제로 보아, 주권이 국민에게 있으면 민주국가, 아직 군주나 귀족 등에게 있으면 전근대국가로 분류하는 방식이 19세기와 20세기 초까지 유행했다. 이런 점에서 민주주의는 곧 근대문명이기도 했다.

하지만 그렇다면 히틀러나 스탈린의 국가도 민주국가가 된다. 유신헌법 시절의 대한민국이나 현재의 대한민국이나 본질적 차이가 없는 민주국가가 된다. 주권이 국민에게 있음은 똑같이 천명되어 있기 때문이다. 그래서 '실질적으로 주권자 국민이 정치에 영향력을 미칠 수 있는가'를 두고 민주적인 국가와 그렇지 않은 국가, 즉 '권위주의 국가'를 구분하자는 게 20세기 중반 이후 대세화되었다.

미국의 정치학자 로버트 달(Robert Dahl)은 '완벽하게 국민이 정치에 영향력을 미칠 수 있는 국가'는 민주주의의 이상이지만 결코 도달할 수 없는 이상이라고 보고, 그에 준하는, '이 정도면 민주주의가 제대로 작동하고 있다'고 볼 만한 국가의 개념으로 '다두제(polyarchy)'를 제시했다. 그 조건은 (1) 모든 구성원에게 투표권을 비롯한 정치적 의사표시의 권리 보장 (2) 주요 공직자들은 투표로 선출되며, 자주 투표로 교체 (3) 모든 성인에게 공직 참여권 보장 (4) 정부 비판을 비롯한 언론 자유, 표현의 자유 보장 (5) 언론 등의 정보 전달 통로가 정부 또는 특정 집단에 의해 지배되지 않음 (6) 정당을 포함한 결사를 자유롭게 수립하고 운영할 수 있으며, 결사들은 평화적인 방식으로 상호작용함, 등등이었다. 이런 조건들에 따르면 현재 북한이나 중국, 과거 남한의 제5공화국 등은 민주주의 국가로 보기 어려워진다.

그러나 이것은 이른바 '자유민주주의'의 범위에 민주주의를 가두는 것이며, 민주주의는 더 다양하게 정의될 수 있다는 입장들도 있다. 가령 북한이자 중국은 스스로 민주국가라고 주장한다. 자유민주주의는 아니나 '인민민주주의'를 운영하고 있다는 것이다. 사회주의 이론에 따르면 '모든 국민'이란 기만적인 표현이다. 실질적으로 상류계급에 속한 사람과 하류계급에 속한 사람을 평등하다고 볼 수 없다는 것이다. 상류계급 구성원들은 부와 명예, 학벌 등등을 독과점하고 있으며, 따라서 선거나 고시를 통해 공직에 진출하는 사람들도 그들이 대부분이다. 학계나 언론계 등도 마찬가지다. 따라서 자유민주주의 국가에서는 상류계급이 부의 대부분을 차지하면서 권력까지 장악하고 여론마저 마음대로 움직인다. 그리하여 그들을 지켜주고 점점 더 부자로 만들어주는 법률과 정책을 실현한다.

결국 자유민주주의 국가는 말로만 '국민'이 정치에 영향을 미칠 수 있는 국가이며, 대부분의 '서민'은 그런 국민에서 사실상 배제되어 있다는 것이다. 그래서 국민, 아니 인민의 범위를 서민에 한정하고, 서민의 의지만을 존중하는 인민민주주의가 참된 민주주의라는 것이다.

물론 현실의 인민민주주의가 그러면 서민들의 의지대로 움직이는 체제인지, 그렇게 운영되는지는 의문이다. 그래서 그처럼 상류층을 아예 정치에서 배제해버리는 과격성은 띠지 않으면서, 계급 사이의 조화와 하류층에 대한 지원을 강조하는 '사회민주주의'도 있다. 유럽에서 대체로 주류를 이루고 있는 사회민주주의는 자본보다는 노동을, 테크노크라트보다는 보통 사람을 존중하고자 한다. 하지만 '정도의 차이는 있지만, 복지를 중시하고 사회적 소외계층의 이익을 살피려 하는 점에서는 현대의 주요 민주국가들은 다 똑같다. 사회민주주의란 자유민주주의의 하위개념일 뿐이다'라는 반박도 있다.

포스트모더니즘이 풍미하던 1980~90년대에는 '자유민주주의에서 자유란 특정 시기 서구문화의 조건일 따름'이라며 다양한 조건이 민주주의에 붙을 수 있다는 주장도 나왔다. 이슬람 민주주의, 남미 민주주의, 유교민주주의 등등. 그에 따라 각 시대와 상황에 맞게 최적화된 민주주의가 있는 것이며, 자유민주주의의 일반적 조건에 다소 어긋나는 싱가포르나 과거 한국도 '유교민주주의 국가'로 볼 수 있다는 해석도 따랐다. 이후 이런 주장은 잦아들었으나, 지금도 '우리는 서구식 모델과는 다른 민주주의를 하고 있다'고 주장하는 나라들이 있다.

이보다 더 세부적으로 들어가면 한결 복잡해진다. 가령 '대통령제가 더 민주적인가? 내각제가 더 그런가?' 같은 권력구조 문제, 또는 '의회를 구성할 때 지역적 안배만을 하여 지역구에서 의원을 선출하면 충분한가? 아니면 성별, 직능, 소득수준 등을 두루 따져서 의회가 다양한 사회적 분포도를 최대한 반영토록 해야 민주적이라고 할 수 있는가?' 같은 의회 구성의 문제. 심지어 '코로나19 백신을 강제하는 일은 민주주의에 부합할까, 그렇지 않을까?' 등의 구체적 정책이나 법

머리말

률 문제까지 따져볼 수 있으며, 그때마다 과연 무엇이 더 민주주의에 맞는가, 도대체 민주주의란 무엇인가에 대한 의문이 꼬리를 문다.

결국 '정치학자의 수만큼 정치학이 있다'라는 말처럼, 민주주의가 무엇인지 말하는 사람의 수만큼 민주주의가 있다. 그리고 존 듀이(John Dewey)의 말처럼, '민주주의에 대해서 토론하는 그것이 바로 민주주의다.' 오늘을 살아가는 사람은 누구나 정치와 국민의 뜻이 완전히 분리되어도 된다고 말하지 않는다(속으로 그래도 된다고 생각하는 사람은 있을지 모르지만). 그렇다면 결국 민주주의는 우리의 화두이다. 더 나은 삶, 더 나은 세상을 우리 손으로 만들어가기 위해 떠올려야 할 화두이다. 이 책에서는 그런 생각을 가다듬으며, 정치의 여러 측면들마다 민주주의라는 등불을 들고 비춰보았다. 제1부에서는 대부분의 경우 우리나라에서 보고 들은 것만으로 민주주의가 무엇인지 논의한다고 봐서, 다른 나라들의 민주주의에 대한 생각들, 행동들, 역사와 제도들을 살펴보았다. 제2부에서는 팬데믹이나 포퓰리즘 정당처럼 오늘날 세계적으로 나타나고 있는 새로운 현실에 비추어 민주주의를 생각해 보았다. 그리고 제3부에서는 지금 여기의 현실, 21세기 대한민국에서 특별히 겪고 있는 정치적 특성들과 문제점들을 민주주의의 견지에서 따져보았다.

보다 구체적으로, 1부 제1장은 미국의 민주주의를 다룬다. 미국은 시민혁명으로 태어난 나라이면서 넓은 땅에서 각자 분립된 주들의 느슨한 연방으로 출발한 나라다. 강진옥은 미국 정치의 발전사에서 제임스 매디슨으로 대표되는 대의민주주의적 전통과 앤드류 잭슨으로 대표되는 포퓰리즘적 전통을 찾아냈다. 그리고 미국의 민주주의 논쟁은 대개 이 두 가지를 둘러싸고 이뤄져 왔고, 가장 최근의 '트럼프주의'의 등장과 그에 대한 논쟁 역시 그런 맥락에서 이해할 수 있다고 풀이한다.

1부 제2장에서 임경석은 독일의 민주주의를 소개하며, 나치 정권이라는 재앙을 초래했던 독일 시민이 세계대전 이후 연방제, 연동형 비례대표제, 연립정부 전통 등을 통하여 다시는 나치와 같은 독재권력이 등장하지 않도록, 또한 양극화된 양당제에 따른 과도한 갈등이 빚어지지 않도록 배려해왔음을 설명한다.

1부 제3장을 맡은 김현주는 민주주의라는 관점에서 오늘날의 중국을 바라본다. 고전 중국이 민본사상을 발전시키고, 근대화 시절 서구 민주주의를 받아들이며 삼민주의와 같은 사상을 수립하고, 그것이 다시 마오쩌둥의 인민민주독재 이론으로 나아가면서 '중국 독자적인 민주주의'를 내세우게 된 과정을 설명한다.

1부 제4장의 주제는 일본의 민주주의다. 똑같이 군국주의와 패전을 겪었고, 비슷하게 내각제를 운영하고 있는 나라이지만, 독일과 달리 일본의 현대 민주주의는 실패했다고 유불란은 설명한다. 그것은 사실상 자민당이 정치권력을 항상 유지하는 패권정당체제와 그러한 정치에 유착한 관계와 재계, 그에 따른 정치적 활력의 실종에서 비롯된다. 이제는 그러한 실패를 일종의 우파 포퓰리즘으로 극복하려 하고 있지만, 전망은 밝지 않은데, 그러한 이웃나라의 사례에서 우리도 얻어야 할 교훈이 적지 않다.

1부 제5장은 동남아의 민주주의다. '동남아'라 하여 한 국가가 아니라 여러 나라를 한묶에 바라볼 때의 한계는 분명히 있다. 그러나 그 지역 국가들의 비슷한 식민지 경험과 근대화 경험, 그리고 전후의 독립과 정치발전의 경험은 이러한 바라봄을 의미 있게끔 한다. 최난경은 필리핀 등의 민주화가 한때 우리나라의 부러움을 사고, '제3의 민주화 물결'의 선구자로 꼽혔음에도 아직까지 민주주의의 공고화 문제가 완전히 해결되지 않은 현실을 동남아 특유의 정치문화와 사회경제적 조건에서 찾으려 한다.

2부의 첫 주제로, 많은 경우 민주주의의 상징, 또는 동의어처럼 여겨지고 있는 선거의 문제를 다룬다. 어떤 선거제도를 채택해야 더 민주적으로 정부를 구성할 수 있는가에 대한 논의는 매우 역사가 길다. 이미준은 오늘날에도 그 논의는 극단주의 정당의 집권 가능성, 서로 다른 인종들이 더불어 살고 있는 땅에서의 보다 정당성 있는 선거제도 문제 등을 둘러싸고 계속되고 있다고 설명한다.

극단주의 정당의 대두는 오늘날 전 세계 민주주의의 새로운 흐름의 하나다.

2부 제2장에서 심승우는 포퓰리즘의 대두라는 차원에서 이를 풀이하며, 민주주의 발전과 함께해온 포퓰리즘의 발전을, 그리고 좌파와 우파 포퓰리즘의 특성과 경향 등을 설명한다.

계속해서 심승우는 2부 제3장에서 다문화주의를 민주주의의 시각에서 살펴본다. 다른 문화적 배경을 가진 이민자들을 어떻게 받아들이고 대우하느냐의 문제 역시 인류의 오래된 숙제다. 특히 세계화와 환경 문제 등으로 최근에는 이것이 세계 정치의 중요한 화두가 되고 있고, 어떻게 해야 더 민주적인 방식으로 이 문제에 접근하느냐가 쟁점이 되고 있다.

2부 제4장은 '제4차 산업혁명'으로 불리는 새로운 현실이 민주주의에 대해 갖는 의미를 조명한다. 박성진은 AI와 빅데이터 등의 힘이 '포스트데모스'를 구성할 정도가 되고 있음을 지적한다. 근대 민주주의의 기본인 국민주권 원칙조차 흔들리고 있으며, 그에 따라 새로운 지평에서 민주주의를 재구성해나갈 필요성이 크다는 것이다.

지구적 위기는 점점 더 현실화되고 있다. 무엇보다 코로나19 팬데믹이 기존의 '정상'을 '비정상'으로 만들고 있는 지금, 심승우는 2부 제5장에서 이를 한편으로 '위축된 민주주의' 상황으로, 다른 한편으로 국가의 귀환에 이어지는 '강한 민주주의'의 구축 기회로 조명했다.

제3부는 지역주의 문제로 시작된다. 1980년대 말에서 2000년대 초까지 한국 정치를 특징짓는 최대의 변수로, 애써 쟁취한 민주화 성과를 무색하게 만들었던 지역주의. 하지만 이제 그 힘은 대략 잦아들지 않았을까? 이관후는 꼭 그렇게 볼 수 없다고 한다. 지역주의의 이분법적 논리가 진영논리로 연결되고 있으며, 선거구 중심의 '소지역주의'도 나타나고 있기 때문이다.

3부 제2장은 시민교육을 주제로 한다. 한국 특유의 진영논리와 갈등지향적 정치환경은 어떤 면에서 시민교육의 오랜 부재에서 원인을 찾을 수도 있다. 함규진은 이를 극복하려면 교육의 배경이자 교육에 의한 산물이라고 할 수 있는 정치사회적 틀 자체에 대한 담대한 변혁이 필요하다고 보고 있다.

3부 제3장에서는 경제 차원에서 민주주의를 다룬다. 남기업은 대한민국의 빠른 경제발전의 이면에 자리잡은 경제 불평등, 부정의가 민주화 이후에도 해소되기보다 더욱 심각해져가고 있다고 지적한다. 이를 근본적으로 해결해야만 더 나은 민주주의, 더 나은 한국 사회가 가능해질 것이다.

3부 제4장에서 이영재는 시민사회와 시민단체, 시민운동을 주제로 삼는다. 한국 시민사회와 시민운동 발전의 특성을 짚는 한편, 한국 자체적으로나 세계적으로나 사회적 삶에 새로운 도전 과제가 주어지고 있는 지금, 정치가 보다 사회에 뿌리내리고, 여러 생활정치적 문제들을 민주주의적으로 해결해 나가야 할 필요성을 제시한다.

마지막 3부 제5장의 주제는 '여성'이다. 최근 여성과 여성주의의 문제는 한국 정치와 사회에 여러 화두를 제기했으며, 새로운 갈등의 전선도 형성했다. 이미준은 여성할당제라고 하는 제도, 정책적 대안을 중심으로 이에 대해 조명한다.

'타는 목마름으로' 민주주의를 외친 지 수십 년이 지났다. 지금은 그때보다 훨씬 발전된 민주정치가 이루어지고 있다고 하지만, 여전히 미진한 부분도 있고, 새로이 떠오르는 문제도 있다. 한국만의 특성도 있고, 전 세계적인 흐름도 있다. 우리는 이 모든 것을 염두에 두고, 정치의 모든 부문에서 민주주의를 발전시킬 방법을 찾아야 한다. 또한 이 책에서 다룬 부문들은 '정치'와 '정치학' 자체의 여러 부문들이기도 하다. 정치사상은 물론이고 선거나 정당 등의 정치과정, 정치권력, 정치제도, 정치발전, 비교정치, 한국정치와 세계정치의 새로운 주제 등의 부문들이 다루어졌다. 민주주의를 화두로 정치를 구석구석, 다방면에서 살펴보고 싶은 사람이나, 이 시점에서 한국 민주주의의 발전과 더 나은 내일에 대해 고민하려는 사람 모두에게, 이 책이 조금이나마 보탬이 되기를, 우리 저자들은 기원한다.

2021년 겨울, 저자들을 대표하여, 함규진

목차

PART 1 세계의 현대 민주주의

PART 2 민주주의의 이론과 쟁점

목차

P A R T

1

세계의 현대 민주주의

CHAPTER 01

미국을 움직이는 두 개의 민주주의

강진옥

1775년부터 1783년까지 8년 동안 지속되었던 대영제국과의 독립전쟁에서 승리한 미국은 1789년 아메리카 합중국이라는 새로운 연방공화국의 탄생을 선포하였다. 아메리카 합중국이라는 새로운 연방공화국은 조지 워싱턴(George Washington), 벤자민 프랭클린(Benjamin Franklin), 알렉산더 해밀턴(Alexander Hamilton), 토머스 제퍼슨(Thomas Jefferson), 제임스 매디슨(James Madison) 등 '미국 건국의 아버지들(Founding Fathers of the United States)'이라 불리는 역사적 인물들의 열정과 희생 위에 세워진 것이었다. '건국의 아버지들'이라 일컫는 그들은 독립전쟁에 참전했거나, 독립선언문 작성에 참여함으로써 미국 건국의 기틀을 잡았을 뿐 아니라 미국 헌법을 고안하고 이에 서명함으로써 미국식 민주주의의 근간을 세운 인물들이었다.

본 절은 미국의 민주주의를 인물 중심으로 살펴보면서, 역사적 인물이 상징하는 미국식 민주주의의 면면을 찾아보고, 그것이 미국의 민주주의 발전에 미친 명암들을 조명해보고자 한다. 여기서 주목하는 인물은 제임스 매디슨과 앤드류 잭슨(Andrew Jackson)이다. 제임스 매디슨은 '건국의 아버지'의 일원이자, 오늘날까지 미국사회의 여러 정치·사회적 갈등이 있을 때마다 최종적 중재자로서 미국의 민주주의가 나아갈 방향을 제시한 연방헌법을 고안한 '미국 헌법의 아버지(Father of the Constitution)'로도 불리는 인물이다. 매디슨으로 상징되는 매디슨 민주주의(Madisonian Democracy)는 직접민주주의보다는 소수의 대표를 통한 대의민주주의를 주장하고, 견제와 균형의 원리에 입각한 입법부, 행정부, 사법부의 삼권분립에 기초한 제도적 민주주의를 주요한 특징으로 한다. 반면 대중적 인기를 기반으로 미국의 7번째 대통령이 된 앤드류 잭슨은 1820년부터 1840년 사이, 소위 잭슨시대라 불리는 민주주의의 황금기를 이룩한 인물이다. '보통 사람'의 대통령으로 불렸던 잭슨으로 상징되는 잭슨 민주주의(Jacksonian Democracy)는 '보통 사람'이 중심이 되는 국민중심주의와 연방정부의 권한 강화에 맞서 주정부의 권한 강조를 주요 특징으로 한다.

본 절은 미국의 민주주의의 역사를 대의민주주의 및 입헌민주주의로 상징되는 매디슨 민주주의와 '보통 사람'에 의한 직접민주주의를 실현하고, 민주주의적 열풍을 일으켰던 잭슨 민주주의 간의 긴장과 갈등의 역학을 통해 이해하고자 한다. 특히 오늘날 포퓰리스트(populist)로 명명되는 트럼프의 대통령 당선을 미국 포퓰리즘(populism)의 원형인 잭슨 민주주의와의 연관을 통해 살펴봄으로써, 매디슨 민주주의와 잭슨 민주주의의 긴장과 갈등의 역학이 트럼프의 등장으로 어떤 변화의 움직임을 보이고 있는지 가늠하고자 한다.

I 매디슨 민주주의

1. 연방헌법의 탄생

대영제국과의 독립전쟁에서 승리하기 전부터 사실상 독립국가와 다름없었던 미국의 13개의 식민지[1]들은 1777년 제정된 연합헌장(the Articles of Confederation)에 의거하여 국가연합 형태인 연맹의회를 중심으로 나라를 운영해 왔다. 1781년 탄생한 연맹의회는 13개 식민지들의 연합체였기에 개별적으로 주정부(states)의 권한을 제한하거나 상시적인 집행기구를 마련하는 데

1) 대영제국은 1607년 버지니아를 시작으로 1733년 조지아까지 총 13개의 식민지를 미국 동부해안지역을 중심으로 건설하였다. 13개의 식민지로는 뉴햄프셔, 매사추세츠, 로드아일랜드, 코네티컷, 뉴욕, 뉴저지, 펜실베니아, 델라웨어, 메릴랜드, 버지니아, 노스캐롤라이나, 사우스캐롤라이나, 조지아가 있다.

한계가 있었다.[2] 또한 중앙 집중적인 권력의 부재로 주정부들에 대한 구속력 역시 미비하였다. 그러나 독립전쟁의 승리 이후 전시부채의 상환문제와 외교·국방의 문제, 식민지 간 어로 분쟁 등 당면한 여러 국가적 과제는 이제 막 신생 독립국이 된 미국에 적합한, 보다 더 효과적인 국가형태가 무엇인가에 대한 질문을 불러일으켰다. 이는 연맹의회의 무능력과 비효율을 해소하기 위해 능률적인 연방정부의 창설을 주장하는 연방주의자들(Federalists)과 주정부의 개별적 권한을 강조하고 주정부의 동의하에 운영되며 인민의 자유를 유린할 가능성이 없는 연방정부의 창설을 주장한 반연방주의자들(Anti-Federalists) 사이에 치열한 논쟁을 불러일으켰다. 연방주의자들은 주정부 중심의 권력구조에서 연방 중심 체제로의 전환, 입법부 우위의 권력구조에서 삼권분립에 기초한 정부구조로의 전환, 마지막으로 직접민주주의를 지향하는 참여민주주의에서 대의민주주의로의 전환을 촉구하였다(박찬표 2021). 반대자들은 새로운 헌법이 오류투성이며, 정치적으로 해로운 것이라고 비판하였다. 특히 반연방주의자였던 조지 메이슨(George Mason)은 새로운 헌법에 근거해 새롭게 만들어질 정부는 온건한 귀족정이 될 것이지만, 이내 군주제나 부패하고 억압적인 귀족정으로 변질될 것이며, 이마저도 수년간의 갈등과 충돌로 인해 사라질 것이라고 예상하였다. 소위 반연방주의자라고 불렸던 이들의 가장 큰 우려는 새롭게 만들어진 헌정구조가 자유를 박탈하고 공화주의를 전복하여 끝내 전제적 귀족정이라는 타락한 지배로 이끌 것이라는 것이었다. 반연방주의자들은 쇠락해가던 후기 로마공화국을 지키려 노력했던 "카토(Cato)"와 "부르투스(Brutus)"를 필명으로 연방헌법에 대한 반대의사를 신문지상에 게재하였다. 그들은 연방정부의 과세권을 제한하고, 행정부의 권한을 억제하고, 연방군대 편성 시 주 병사 위주의 편성 등을 제안하면서 주정부의 권한 강화에

2) 1787년 필라델피아 헌법회의 이전, 즉 연방정부에 대한 합의 이전에 존재했던 "states"를 주정부로 번역하는 것에 대해서 부정적인 시각이 있다(손병권 2004). 연방체제 이전의 구성정부 단위로 나라, 국가 등의 의미를 가진 "방가"를 주정부와 구분하여 사용하기도 하는데, 이 글에서는 이해를 돕기 위해 연방체제 전후 구성정부 단위를 주정부로 동일하게 사용하기로 한다.

보다 더 목소리를 높였다.

알렉산더 해밀턴은 연이은 반연방주의자들의 논설에 자극받아 제임스 매디슨과 존 제이(John Jay)를 규합하여 새로운 헌법의 가치를 옹호하는 글을 신문 지면에 게재함으로써, 반연방주의자들의 공세에 맞섰다. 1787년 10월 27일 뉴욕주의 각 지면에 처음으로 게재된 그들의 논설은 푸블리우스(Publius)라는 필명을 사용하였는데, 푸블리우스라는 필명은 초창기 로마 공화국의 법 개정을 주도하였던 푸블리우스 발레리우스 푸블리콜라(Publius Valerius Publicola)라는 인물에게서 가져왔다. 그들은 로마 공화국의 근간을 세운 푸블리우스처럼 이제 막 독립이라는 새로운 발걸음을 내딛은 미국의 푸블리우스가 되고자 했다.

『연방주의자 논설(Federalist Papers)』은 85편의 논설로 구성되었다. 85편의 논설 중 해밀턴이 가장 많은 51편을, 매디슨이 26편을, 해밀턴과 매디슨이 공동으로 3편을, 제이가 5편을 작성한 것으로 알려져 있다. 총 85편의 논설은 크게 두 부분으로 나뉘는데, 1편부터 36편까지 연방에 대한 논설이 주를 이루며, 38편부터 85편까지 헌법의 장점 또는 공화국의 원칙에 부합하는 헌법에 대한 논의가 중심이다. 그중에서 매디슨이 작성한 10편 논설은 미국 헌정구조의 기초를 세운 가장 중요한 논설로 여겨진다. 특히 매디슨은 10편 논설을 통해 대의민주주의와 권력분립에 입각한 새로운 공화주의의 기틀을 제시함으로써, 미국 민주주의가 나아갈 방향을 분명히 제시하였다. 1751년 버지니아에서 태어난 매디슨은 영국과의 독립전쟁 당시 여러 식민지의 대표기구였던 대륙회의(Continental Congress)와 버지니아 주의회를 이끈 핵심 인사였을 뿐 아니라, 1776년에 제정된 버지니아 헌법의 초안을 만드는 데 있어서도 중요한 역할을 담당하였다. 그는 대륙회의의 경험을 통해 강력한 권한을 가진 연방정부의 창설 없이는 국가의 분열이 불가피하다고 보고, 연방정부를 중심으로 한 연방헌법의 필요성을 주장하였다. 1890년, 매디슨은 미국의 4번째 대통령이 되었다.

2. 대의민주주의라는 선(善)

매디슨의 가장 유명한 10편 논설은 파당을 통제하고 파당적 병폐를 약화시키는 데 있어 연방헌법의 탁월성을 찬양하면서 시작한다. 매디슨에게 파당은 "그것이 전체에 대해 소수이든 다수이든 일정 수의 시민들이 정념 혹은 이해의 공통된 충동으로 단결하여, 다른 시민들의 권리나 공동체의 영속적이고 총체적인 이득에 반하는 활동을 하는" 부정의하고 전제적인 다수를 의미하였다(박성우 2008). 파당과 관련하여 매디슨이 가장 우려했던 것은 '부정의하고 전제적인' 다수의 지배와 횡포로 인해, 공공선이 파괴되고 변질되는 것이었다. 다수결의 원칙이 지배적인 민주주의 체제하에서 다수의 지배는 당연한 것이다. 그러나 그 다수가 공공선과 타인의 권리에 반하는 파당적 기획을 도모하는 다수라면 민주주의의 체제가 위험에 처하게 되리라는 것은 자명하다. 따라서 매디슨의 주요 관심사는 '민주주의 체제하에서 파당을 이루어 전횡을 일삼는 다수의 지배를 어떻게 막을 수 있는가?'였다.

매디슨은 직접민주주의를 꽃피웠던 아테네 민주주의가 쇠락의 길을 걷게 된 이유도 격렬한 파당적 대립의 결과로 바라보았다. 그렇다면 왜 아테네 민주정은 그토록 파당적 대립이 격렬했던 것일까? 매디슨은 그 첫 번째 이유로 시민들의 직접적인 정치참여를 들고 있다. 그는 시민들이 자신의 통치자가 되는 것은 소송하는 사람이 직접 자신의 재판에 선고를 내리는 재판관이 되는 것과 비슷하다고 생각했다. 소송하는 사람이 그의 사건을 담당하는 재판관이 된다면, 자신의 이해관계에 따라 판단을 내리기 십상이며, 그가 내린 판단 역시도 그 진실성에 치명적인 오점을 남기게 되는 것처럼, 시민들의 직접적인 통치참여가 이해관계에 따른 파당을 생성하고 공공선의 파괴를 야기할 것으로 주장하였다.

또한 매디슨은 아테네 민주정에서 파당적 대립이 빈번했던 두 번째 이유로 아테네 민주정이 가진 규모의 한계를 들고 있다. 아테네 민주정은 도시국가로 소규모 사회였다. 작은 규모의 사회에서는 사람들이 다수파의 이해와 정념에 휩쓸리기 쉽기 때문에, 다수의 지배가 보다 더 용이할뿐더러 개인이나 소수파의 희생이 요구되기 쉽고, 개인의 안전이나 재산권의 양립 역시 불가능하다고 보았다. 따라서 아테네와 같은 소규모 사회에서는 극심한 당파 간 분쟁으로 파국이 불가피하다고 예측하였다.

그렇다면 개인의 희생을 야기하고 결과적으로 사회의 몰락을 사초하는 다수파의 지배를 어떻게 효과적으로 통제하고 약화시킬 수 있을까? 매디슨의 첫 번째 대안은 직접민주주의로부터 대의민주주의로의 전환이었다. 대의민주주의 하에서 시민은 그 권한을 대표에게 위임함으로써 더 이상 그 자신의 소송사건을 다루는 재판관이 되지 않으며, 파당적 이해관계로부터 벗어난 대표를 통해 중립적인 판단이 이뤄진다고 보았다.

이러한 매디슨의 대표를 통한 위임통치는 스스로가 통치하고 통치 받는 고대 그리스 아테네의 민주주의적 이상을 거부하였다는 점에서 비민주적이라고 비판받아왔다. 연방헌법 어디에도 민주주의나 민주적이라는 말이 등장하지도 않을뿐더러 매디슨의 논설에도 민주정에 대한 언급보다는 공화정이 언급되고 있다. 매디슨에게 민주정은 비합리적인 정념에 의해 쉽게 휘둘리는 인민들이 직접적으로 통치하는 지배이자, 재산권을 비롯한 개인의 권리를 심각하게 침해하는 소수를 억압하는 정부제도와 다름이 없다는 비판과도 연결된다. 그러나 비합리적인 인민들과 대비되어 합리적인 엘리트로 대표되는 대의민주주의로 매디슨의 민주주의를 단순히 이해하기에는 한계가 있다는 의견도 있다. 매디슨에게 대표는 시민들에게 의지를 불러일으키고, 그가 원하는 바대로 수정을 가하는 대표자가 아니라 단지 그들의 의지를 집약해 정책으로 반영하는 역할에 지나지 않는다는 반론이 그것이다. 매디슨은 당파적 이해관계로부터 자유롭지 못한 인간의 본성을 통찰하면서(박성우 2008), 대표 역시 그러한 인간의 본성으로부터 벗어날 수 없다고 보았기에 대표의 역할을 단지 시민들의 의견을 잘 규합하고 정제해, 공공선에 부합하도록 만드는 기술적 역할로 한정했다는 것이다.

3. 광대한 공화국이라는 객관적 조건

시민들의 의견을 잘 규합하고, 그들의 의견을 공공선에 부합하도록 이끄는 최선의 대표가 선출될 수 있는 객관적인 조건은 무엇일까? 지혜와 덕성을 가진 자들이 선출될 가능성이 높은 객관적 조건이란 과연 존재할까?

이에 대한 매디슨의 답은 최선의 대표가 선출될 수 있는 객관적 조건으로 광범위한 규모의 연방을 들고 있다. 그는 광대한 공화국이 가지고 있는 두 가지 요소, 즉 지리적으로 넓고 큰 선거구와 무수히 많은 다양한 당파와 집단의 존재가 최선의 대표를 선출하는 데 어려움을 주는 것이 아니라 오히려 도움이 된다고 보았다. 그 첫 번째 이유로 매디슨은 광대한 공화국의 지리적으로 넓고, 인구가 많은 큰 선거구에서는 적절한 후보들의 규모 또한 그와 비례해 상당할 것으로 보았다. 따라서 풍부한 후보군 간의 경쟁을 통해서 더 훌륭한 대표가 선출될 수 있는 기본적인 조건이 만족될 수 있다고 생각하였다. 두 번째, 지리적으로 큰 선거구는 유권자의 규모 역시 클 수밖에 없는데, 부정한 선거술책에 현혹되지 않고 장점이 많은 후보자를 선출할 수 있는 합리적인 유권자들의 규모 또한 상당하다고 보았다. 마지막으로 지리적으로 큰 선거구에서 당선된 대표는 그가 선출된 지역의 이해관계에 국한되지 않고, 전국적인 관심을 가질 최선의 대표가 될 가능성이 높다고 보았다. 지역적 이해관계에 국한되지 않고, 포괄적인 이익과 견해를 대표하는 대표의 선출은 대표의 파당성을 약화시키고, 온건함과 독립성을 높일 것으로 여겨졌다(박찬표 2021: 42).

매디슨은 또한 광대한 규모의 공화국이 가진 객관적 조건이 파당이 야기하는 폐해를 약화시킨다고 보았다. 매디슨에 따르면, 소규모 사회의 경우, 하나의 집단이 다수를 형성하기가 용이하기에 공공선이 파괴되고, 개인의 권리를 침해하는 일이 손쉽게 이뤄지는 반면, 큰 규모의 사회는 사회 내에 존재하는 다양한 당파적 이해관계로 인해 하나의 집단이 다수를 점하기 어려워 공통의 정념과 이해관계를 공유할 가능성이 적고, 이를 결집할 동력도, 서로 연합하여 활동하는 것도 어렵다고 보았다. 그뿐 아니라 다수를 점한 부정의한 집단이 있다 하더라도 광대한 공화국에 존재하는 수많은 다양한 집단과 단체에 의해 견제되고 통제될 가능성이 크다고 보았다. 즉 소규모의 공화국보다는 대규모의 공화국이 가지는 객관적 조건이 파당의 위험으로부터 보다 더 자유롭다는 것이다.

마지막으로 매디슨은 수많은 집단과 단체가 존재하는 광대한 공화국에서 소수 집단이 지배세력이 되기 위해 다른 집단들과의 연합을 이루는 과정에서 파당적 이해관계가 약화된다고 주장하였다. 지배를 위해서는 다양한 당파적 이해관계를 가진 소수의 파당들과의 연합이 불가피한데, 이러한 연합의 과정에서 개별적 이해관계의 조정과 타협이 이뤄지게 되고, 개별 당파의 파당적 요구가 완화되고, 그들의 파당적 색채마저도 약화시키는 효과가 야기된다는 것이다(Zuckert 2019: 16; Gibson 1991: 266; Shklar 1977: 1291).

4. 권력분립

매디슨이 정부의 횡포(governmental tyranny)를 막기 위한 제도적 방안으로 권력분립을 제시하고 있다는 점은 주목할 만하다. 『연방주의자 논설』 후반부의 대부분을 차지하는 권력분립에 입각한 정부제도의 구축은 정부 내 권한이 특정 부서에 집중되지 않도록 권한을 제한하는 것이다. 이를 위해 입법부, 사법부, 행정부의 권력이 혼재된 혼합정(mixed regime)을 주요 특징으로 하는 정부를 제시하고 있다. 매디슨은 민주주의 체제하에서 입법부와 사법부, 행정부 중에서 인민이 선거를 통해 선출한 입법부에 의한 권력침해가 상당하다고 보았는데, 입법부의 독주를 막을 사법부와 행정부 간의 견제와 균형을 강조하면서 권력분립을 주장하였다. 또한 매디슨은 권력분립이 제대로 작동하기 위해서 입법부와 사법부와 행정부가 개별적으로 고유의 기능을 잘 발휘해야 하며, 이를 위해서는 숙고하는 입법가와 열정적인 행정가, 공정한 법관들이 전제되어야 한다고 보았다. 그는 비록 공화국이 인민들에 의해 탄생되었지만, 그들의 직접적인 참여보다는 직접적으로든 간접적으로든 선출된 사람들에 의해 입법부와 행정부, 사법부가 운영되는 것만으로도 충분하다고 생각하였다. 그는 이 같은 대표의 원칙이 광대한 공화국에 안정과 자유, 활력과 같은 긍정적인 선을 제공하고 있다고 주장하였다. 마지막으로 매디슨은 권력분립에 기반한 정부 제도의 구축이 행정부 내에서 빈번히 발생했던 갈등들이 세력과시를 통해 해소되었던 것에서 탈피해, 법과 연방헌법에 대한 존중을 기반으로 한 제도적 방식을 통해 해소되리라 기대하였다.

매디슨이 구상한 권력분립은 입법, 사법, 행정부 사이에 상호 견제와 균형을 통해 특정 기관의 국가권력에 대한 남용을 막고, 자의적인 행사를 방지하는 민주주의의 핵심 원리이자, 제도이다. 그러나 매디슨의 권력분립 구상에 내재되어 있는 비민주성에 대한 비판 역시 존재한다. 국민들의 의사가 날 것으로 반영될 가능성이 높은 하원의 권한을 견제하기 위해 권력분립이라는 제도적 분립을 통해 하원의 권한을 통제하고 약화시키려한 매디슨의 의도가 직접적으로 반영되었다는 것이 그것이다. 또한 대통령과 상원의원, 연방법관들을 선출하는 방식이 인민들의 직접 투표를 통한 선출이 아니라 여러 단계의 간접선거 방식을 취하고 있다는 점, 그리고 간접적으로 선출된 이들이 직접적으로 선출된 대표들과 비교해 상대적으로 긴 임기를 가지고 있는 것 역시도 민주주의에 대한 매디슨의 불신을 반영할 뿐 아니라 민주주의의 본래의 평등주의적인 에너지의 폭발력을 최대한 희석시키려는 의도로 이해되기도 한다. 다음에서 구체적으로 매디슨 민주주의의 한계를 살펴보자.

5. 매디슨 민주주의의 한계

광대한 공화국의 다양한 파당의 존재가 야기하는 정치적 유익과 권력분립으로 특징지어지는 매디슨의 국가 구상은 대의민주주의를 주요원칙으로, 입법부와 사법부, 행정부의 삼권분립을 형상화한 정부 제도의 구축으로 이어졌다. 그러나 연방헌법에 구현된 매디슨 민주주의에 내재한 비민주성에 대한 비판의 목소리는 1787년 연방헌법이 제정된 이래, 계속해서 제기되었다. 파당적 다수의 위험을 과대평가하고 민주적 책임의 문제를 소홀히 하면서 노예제도에 대한 인정, 여성 참정권 배제, 지금까지도 논란을 야기하는 간접선거

방식의 대통령 선거인단제도, 주의회에서 선출하는 상원의원 등 연방헌법은 그동안 배제와 차별, 엘리트주의에 대한 비판으로부터 자유롭지 못했던 것이 사실이다. 연방헌법에 내재한 비민주성에 대한 이 같은 비판의 목소리는 1865년부터 3차례에 걸친 헌법수정을 이끌었고, 그 결과 노예제도의 폐지와 흑인의 투표권의 보장으로 이어졌다. 그리고 1913년 제7차 헌법개정으로 주의회에 의한 상원의원의 선출방식이 직접선거로 바뀌게 되고, 1919년 여성들에게까지 참정권이 확대되면서 권리장전과 일련의 헌법수정, 정치적 관행과 제도에 대한 개선이 이뤄졌다. 그러나 상원의 불평등 대표, 대통령 간접선거인단제도 등 미국의 주요 정치제도는 여전히 대의민주주의에 치우친 매디슨의 헌법적 구상에 여전히 머물러 있다고 평가받는다. 여기서 로버트 달(Robert Dahl)의 매디슨 민주주의에 대한 평가는 눈여겨볼 만하다. 그는 매디슨을 필두로 한 연방헌법의 제정자들이 헌법제정과정에서 검토한 모든 구상들이 1787년 당시로서는 최상의 것이었지만, 앞으로 전개될 민주정부의 미래를 충분히 예견하는 데 부족했다고 말한다(Dahl 2001: 39). 노예제 폐지, 흑인의 투표권 보장, 여성 참정권의 확대와 같이 '보통 사람'이 주도하는 미국 민주주의 역사에서 엘리트주의적 대의민주주의와 연방헌법에 근거한 제도적 민주주의로서의 매디슨 민주주의가 가진 한계는 분명했기 때문이다.

II 잭슨 민주주의

1. '보통 사람'의 대통령, 앤드류 잭슨

1820년에서 1840년까지 약 20여 년간, 미국의 7번째 대통령인 앤드류 잭슨이 활약했던 시기를 일컬어 잭슨시대라 부른다. 잭슨시대는 "민주주의의 황금시대"라고도 부르는데, 그 당시 광범위하게 이뤄졌던 정치참여와 엘리트에 대한 존경심 약화, 백인들을 중심으로 확대된 선거권, 독실한 당파심으로 설명할 수 있는 잭슨시대를 규정하는 주요한 특징들이 직접민주주의의 면면을 어느 정도 닮고 있기 때문이다(Schlesinger Jr. 1945).

"테네시의 농부(the Farmer of Tennessee)", "농본주의의 이상(the Modern Cincinnatus)", "제2의 워싱턴(the Second Washington)", "확고한 신념(Old Hickory)"을 가진 영웅적 지도자로 불린 앤드류 잭슨은 "보통 사람(common man)"을 대표하는 인물이었다. 그의 대통령 당선은 미국사회에 엄청난 충격을 던져주었는데, 잭슨 이전의 미국 대통령들이 모두 동부 출신의 엘리트였던 것과 달리 잭슨은 노스캐롤라이나와 사우스캐롤라이나 경계에 위치한 오지 출신의 평민이었다. 잭슨의 대중적 인기는 대단하였는데, 그는 소수의 당간부가 주도했던 후보 지명방식이 아닌 일반 대의원이 중심이 된 전국지명대회(national convention)를 통해 선출된 최초의 대통령이었다(양홍석 2003).

잭슨이 일으킨 민주주의적 열풍은 1831년 미국의 감옥제도를 연구하기 위해 미국전역을 9개월간 여행하면서 미국의 감옥뿐 아니라 경제, 독특한 정치제도 등에 대해 기록을 남긴 알렉시스 드 토크빌(Alexis de Tocqueville)을 통해서도 확인할 수 있다. 토크빌은 그의 책 『미국의 민주주의』에서 신대륙 국민들 사이의 생활상태의 전반적인 평등을 목격하면서, 평등원칙의 점진적인 전개로부터 신대륙뿐 아니라 구대륙에서도 머지않아 민주주의가 득세할 것으로 예견하였다. 그는 미국의 이 같은 조건적 평등이 민주주의를 확산시키고, 주권재민의 민주주의적 원칙이 미국의 타운제도와 자치기구를 통해서 실현되고 있다고 보았다. 특히 타운집회를 통해 주민들은 자유를 어떻게 사용하고 누리는지 경험적으로 배우게 되며, 자치가 무엇인지 알게 되는데, 이들이 경험한 자치의 정신이 미국사회를 지배하고 있는 위대한 원칙의 기원이라고 주장하였다(토크빌 1997).

토크빌이 목격한 잭슨 시대의 민주주의적 특징은 국민중심주의와 참여민주주의로 요약될 수 있다. 그는 사회적 배경과 교육적 수준에 상관없이 '보통 사람' 누구나 정부에 참여할 수 있다고 주장하였다. 그는 정부가 행하는 일들을 국민들 누구나 수행할 수 있으며, 국가를 다스리는 통치계급과 훈련된 전문 관료가 필요하다는 것에 대해 반대하였다. 그는 '보통 사람' 누구나 통치에 참여할 수 있는 국민중심주의를 추구하였다.

그의 국민중심주의를 잘 보여주는 정책으로 관직순환제도를 들 수 있다. 관직순환제도는 모든 국민이 국가의 능동적인 참여자이자 동시에 감시자가 되어야 한다는 잭슨의 신념을 반영하고 있다. 그는 권력이란 언제라도 부패할 수 있기에 적절한 순환장치를 통해 이를 방지할 필요가 있다고 주장하면서, 특정 개인이 공공의 권력을 오랜 기간 독점하게 되면 해당 관직을 "일종의 사적 소유권"으로 간주하게 될 가능성이 높으며, 결국 "국민에게 봉사하기 보다는 사익을 추구하는 데 더 관심을 갖게 될 가능성이 높다"고 보았다. 따라서 관료는 그가 가진 전문성 보다는 도덕적 자질이 더 우선시 되어야 하며, 행정부에 속하는 모든 공직을 이성과 감성 모두 겸비한 인물들로 구성해야 한다고 주장하였다. 보통 사람 누구나 관료가 될 수 있다는 잭슨의 이 같은 주장은 보수적인 엘리트집단으로부터 무수한 반발과 저항을 불러일으켰다. 그러나 그는 도덕과 덕성이 우선시 되는 도덕적 공화국을 위해 관직순환제를 일관되게 추진하였다(양홍석 2003).

2. 잭슨의 주권론(州權論)

잭슨은 민주주의에 대한 확고한 신념 아래, 연방정부를 강화시키는 정치 및 헌법적인 논의에 대해 반대하면서 주정부 중심으로 미국의 정체가 재편되어야 한다고 주장하였다(양홍석 2010). 잭슨에게 주정부는 최소한의 공동체적 질서와 안녕을 실현할 수 있는 정치단위였다. 그는 연방정부 이전에 전통적인 국가단위였던 주정부에 대한 권한 강화를 주장하였다. 잭슨은 제퍼슨을 잇는 전통적인 주권론(州權論)의 계승자였다. 전통적인 주권론에 따르면, 연방정부는 감시가 필요하며, 그러한 감시를 할 수 있는 권한은 오로지 주정부에게만 주어진다고 보았다. 연방정부의 간섭과 제재를 거부하는 주권론자로서의 잭슨의 면모는 연방은행문제, 인디언 정책, 내륙개발정책 등과 같은 그의 주요 정책에서 잘 드러난다. 그는 소위 '제퍼슨 민주주의(Jeffersonian Democracy)'라 불리는 주정부를 중심으로 한 농본주의적 이상국가를 꿈꾼 인물이었는데,

그는 진정한 국민이란 “자영농, 노동자, 기술자, 농장주와 같이 정직하고 실질적인 대다수의 국민으로 몸소 생산물을 일구어 내어 생계를 유지하는 사람들”이며, 자신의 육체로 노동하지 않고, 권모술수를 이용해 진정한 국민들의 노동력을 착취할 뿐인 소수의 투기꾼들과 금융가, 중개인들은 진정한 국민이 아니라고 비판하였다(양홍석 2010).

잭슨이 연방은행을 반대했던 이유는 연방은행이 진정한 국민들을 위한 기구가 아니라 오히려 그들을 이용하고 착취해 상공업자들의 이익을 대변하는 기구라고 믿었기 때문이었다. 그는 또한 연방은행이 주정부의 권한을 침해한다고 믿었으며, 제2연방은행이 가지고 있는 배타적이고 강력한 권력과 특권적인 요소가 헌법상의 권한을 넘어서 국민의 이익을 위협하고, 국민의 자유권에 대해서도 위협이 될 수 있다고 우려하였다. 주정부의 동의 없이 연방은행의 지국 설립이 가능하다거나 주정부가 주 경계 내의 일반 은행들에는 세금을 징수할 수 있지만, 제2연방은행의 각 지국에 대해서는 세금을 징수할 수 없도록 한 법률 등에 주권(州權) 침해적 요소가 다분하다고 비판하였다. 또한 연방은행 주식의 대부분이 외국인 소유이며, 이들이 미국의 통화를 장악하여 공공자금을 수취해, 국민들에게 손해를 야기할 위험이 있기 때문에, 국가 안보차원에서도 제2연방은행의 재인가에 대해서 신중히 접근할 것을 주장하였다.

주권론자로서의 잭슨의 면모는 ‘인디언 이주법(Indian Removal Act)’을 통해 남부의 주정부들과 반목을 거듭했던 인디언 부족들의 강제 서부 이주를 주도했다는 점에서 잘 드러난다. 그는 인디언 부족들만의 독립국가를 건설하고, 이를 연방에 편입하는 것이 보다 더 현실적인 방안이라고 주장하면서, 인디언 부족들과의 공존이라는 골치 아픈 문제로부터 주정부들이 자유롭기를 원했다. 또한 내륙개발정책에서도 잭슨은 국토개발 사업에 필요한 자금 지원을 효과적으로 운영하는 데 있어 연방정부의 간섭이 초래할 위험에 대해 우려하면서, 내륙개발정책이 주정부의 권한 내에서 다루어져야 한다고 보았다. 켄터키 주의 메이스빌 도로 개발을 위한 연방정부의 자금 지원을 승인한 연방의회에 결정에 반대한 잭슨의 “메이스빌 거부안(Maysville Road Vote)”이 이에 대한 대표적인 사례라 할 수 있다.

이와 같이 잭슨은 주민들의 적극적인 참여와 의사 개진으로 민주주의를 실현할 중심 무대가 연방이 아닌 주정부이며, 연방권력에 의해 위협받지 않는 주정부의 권한을 주장하였다. 잭슨의 국민중심주의와 주정부의 권한 강화를 중심으로 한 통치 철학은 "민주주의 황금시대"를 열었다고 평가받는다(양홍석 2012).

3. 잭슨 민주주의의 한계

잭슨시대에 민주주의가 확산된 원인으로는 다양한 해석들이 존재한다. 산업노동자가 출현하면서 전개된 계급투쟁 양상이 정치영역으로까지 확대되면서 선거권의 확대가 가능했고 이것이 민주주의적 열풍으로 이어졌다는 견해(Schlesinger Jr. 1945), 당시 발달한 통신혁명으로 전국적인 연결망이 가능해지면서, 국민들이 중앙과 지역 정치에 적극적인 관심을 가질 수 있는 환경이 형성되고, 이에 따라 대중동원이 가능해지면서 나타난 현상이라는 주장(Howe 1991), 시장자본주의의 자유주의적이고, 세속적이며, 세계주의적인 특성이 향촌지향의 반계몽주의적이고, 종교근본주의적, 배타주의와 충돌하면서 민주주의의 요구와 열망이 폭발적으로 분출되었다는 견해(Seller 1991), 휘그당과의 대립적인 구조에서 잭슨이 속해있었던 민주당이 개혁과 진보의 선봉장이 되어 장기 지속적인 국가 설계와 실천을 통해 미국적 시스템을 구축함으로써 민주주의의 확산이 가능했다는 주장 등이 있다(Wilentz 2005).

그러나 잭슨시대를 "민주주의의 황금시대"로 규정하는 학계의 정설에 반대해 잭슨 민주주의가 지닌 비민주성에 대한 비판의 목소리 또한 존재한다. 잭슨의 전통적인 주요 지지층은 동북부의 도시 노동자보다는 중서부의 자영농 중심의 개척자들이었는데, 이들은 잭슨 시대 이전부터 유지되고 있었던 미국의 전통들에 대해서 대체로 만족하는 보통의 사람들이었고, 당시의 미국의 기획과 장차 미국이 나아갈 방향에 대해서도 이러한 전통이 지속되어야 한다고 주장하는 사람들이었다는 것이다. 작금의 상태의 유지에만 관심을 둔 제한적이고 보수적인 집단이었던 잭슨의 주요 지지층은 다수의 백인 남성들이었고, 그들은 노예제도의 존속과 폐지를 둘러싼 문제에 있어서도 보수적인 입장을 고수했을 뿐 아니라 노예제도를 통해서만이 미국의 백인들이 시민으로서의 신분과 계급적인 품위를 보장받을 수 있을 것으로 믿었다(Howe 1991).

먼저 잭슨의 전통적 지지층에 대한 비판으로부터 잭슨 민주주의가 지닌 인종주의적 면모를 언급할 수 있다. 이는 잭슨이 인디언 부족들의 강제이주 정책을 적극적으로 옹호하고, 1830년 인디언 이주법을 통과시킨 인물이었다는 사실로부터 기인하는데, 악마이론(Devil Theory)에 따르면, 잭슨은 문명을 받아들이기 거부하는 인디언들에 대해 노골적이고 적대적인 인종적 편견을 가진 인물로 그려지고 있다(양홍석 2003). 물론 당시 인디언의 인권이란 전혀 고려의 대상이 아니라는 점을 고려해야 한다는 현실적인 견해와 그의 인디언 강제이주정책이 인디언 종족들과 백인들 간의 갈등을 해결하려 한 현실적인 대안이라는 주장도 있지만, 잭슨과 그의 인디언 양자였던 린코야 잭슨과의 관계를 통해 사적영역에서의 잭슨의 인종주의적 면모를 통해 공적영역에서의 잭슨의 인디언 정책이 가진 인종주의적 면모를 역추적하여 비판하기도 한다(Lynn & Watson 2019).

1812년 미국과 영국의 전쟁 당시, 장군이었던 앤드류 잭슨은 5,000명의 민병대를 이끌고, 탈라사하체 인디언 마을을 완전히 파괴하였는데, 죽은 어머니의 가슴을 붙잡고 살아남은 한 인디언 아이를 발견하고 그를 양자로 입양해 린코야 잭슨이라는 이름을 지어주었다. 어린 크리크 인디언들을 사로잡은 미국 군병대의 백인 장교들이 그들을 자녀들의 도우미로 삼았던 것처럼, 잭슨 또한 린코야 잭슨을 그의 자녀들의 도우미로 삼았다. 린코야는 잭슨의 양자였지만, 잭슨의 자녀들과 같이 동등한 취급을 받지 못했으며, 잭슨가(家)에서 애매모호한 위상을 차지할 뿐이었다. 잭슨 일가로부터 온전한 일원으로 대우받지 못한 린코야 잭슨의 사례로부터 잭슨의 인디언 정책 역시도 인디언에 대한 존중보다는 인종적 편견이 그대로 반영되었을 것이라 주장하면서 잭슨 민주주의가 가진 인종주의적 면모를 지적하기도 한다.

잭슨 민주주의의 비민주성에 대한 또 하나의 비판은 잭슨과 그의 지지자들이 남성 중심의 가부장적인 면모를 띠었다는 점이다. 잭슨은 대통령은 국가의 아버지이며, 대통령 역시 국가에 대해 가부장적인 지위를 가지고 있다고 맹목적으로 믿었을 뿐 아니라 그의 지지자들 역시 남성중심의 전통적인 가부장적 규범에 사로잡힌 자들이었다는 것이다(양홍석 2010). 또한 잭슨의 지지자들에게 민주당원이 된다는 것은 가장 남자다운 남자이자, 아버지가 된다는 것을 의미하였는데, 남성다움과 전통적인 가정규범이 민주당원이라는 당파심을 강화시키는 데 적극적으로 활용되었다. 이처럼 잭슨 민주주의가 지닌 백인 우위의 인종주의적이고, 남성중심의 가부장적 면모는 "민주주의의 황금기"이자 "보통 사람들"을 상징하는 잭슨 민주주의에 대한 전통적인 시각에 균열을 가하면서 잭슨 민주주의가 가진 비민주성을 폭로하고 있다. 잭슨 민주주의는 인종과 가부장적 편견에 갇힌 백인 우위의 민주주의에 불과하다는 것이다(Shire 2016).

여기에 더해 잭슨 민주주의는 기성정치권과 엘리트에 대한 반발과 대중적 인기에 영합한 정치지도자의 등장과 대중선동정치의 시작이라는 주요 특징들로 인해 미국식 포퓰리즘의 원형을 제공했다고 평가받기도 한다(Mead 2017; 주디스 2017). 다음에서는 미국식 포퓰리즘의 원형으로서 잭슨 민주주의와 트럼프 현상의 유사점을 살펴보고, 이를 미국을 움직이는 두 개의 민주주의, 즉 잭슨 민주주의와 매디슨 민주주의 간 역학관계의 변화의 움직임으로 이해하고자 한다.

두 개의 민주주의와 트럼프 현상

1. 트럼프의 대통령 당선

트럼프의 대통령 당선은 미국뿐 아니라 전 세계에 충격과 당혹을 안겨주었다. 정치적 이단아가 일으킨 정치적 충격은 그의 등장을 가능하게 한 원인들에 대한 질문으로 이어졌다. 정치적 신출내기에 불과한 트럼프가 퍼스트레이디이자 국무장관과 상원으로 오랜 정치적 경력을 가진 클린턴으로부터 승리할 수 있었던 이유는 무엇인가? 누가 트럼프를 지지했는가? 왜 그들은 클린턴이 아닌 트럼프를 지지했을까?

트럼프는 오바마 대통령의 출마자격 무효를 주장한 백인 우선주의 운동인 버써 운동(Birther Movement)에 참여하면서 미국 정계에 진출하였다. 그는 공화당 대선후보 예비 경선 기간 동안 버써 운동의 연장선상에서 미국 우선주의를 강조하고, 멕시코 국경의 장벽 설치를 주장하면서 대중의 관심을 받았다(이혜정 2017: 26). 2016년 미국 대선에서 공화당의 유력후보들을 모두 제치며, 대통령 후보가 된 트럼프는 미국을 "불구국가"로 명명하며, 불구가 된 "미국을 다시 위대하게(Make America Great Again)"를 외치면서, 미국의 제45대 대통령으로 당선되었다.

그렇다면 트럼프의 당선이 가능했던 주요 원인은 무엇이었을까? 먼저 리먼브라더스 사태 이후 지속된 미국 경제의 침체와 경제적 양극화의 심화, 자유무역으로 인해 일자리를 상실한 노동자 계층의 경제적 박탈감 및 소외와 같은 사회·경제적 원인을 들 수 있다. 자유무역협정의 확대와 히스패닉 불법이민자들의 증가로 일자리를 위협받고 있는 중산층 이하 백인 노동자들의 불만이 보호무역주의를 옹호하고 반이민정책을 주장하는 트럼프에 대한 지지로 나타났다는 것이다(조기숙 2017). 둘째, 사회 내 소수집단에 대한 불이익이나 차별을 피하기 위한 언어나 정책을 일컫는 '정치적 올바름(political correctness)'을 정면으로 배격하면서 인종차별이나 불법이민자 등과 같은 정치적 쟁점에 대해 거침없을 뿐 아니라 백인우월주의를 적나라하게 보여주는 트럼프의 언설과 트위터와 같은 소셜네트워크(SNS) 계정을 활용한 그의 미디어 정치가 '정치적 올바름'에 지친 유권자들과 인종주의적인 백인들의 지지를 이끌었다는 것이다(강준만 2016). 셋째, 클린턴으로 대표되는 기성정치인에 대한 실망과 반발이 트럼프라는 아웃사이더에 대한 지지로 이어졌다는 견해도 있다. 기성정치권의 위선과 거짓에 신물이 난 유권자들이 기성정치권에 물들지 않는 정치 신예, 트럼프를 선택함으로써, 기성정치권에 대한 전면적인 반대를 표했다는 것이다. 민주당 경선과정에서 돌풍을 일으켰던 샌더스의 경우 역시도 기성정치권에 대한 미국 대중의 반대의 맥락에서 이해될 수 있다.

트럼프의 당선을 가능하게 한 사회적·경제적 요인들은 포퓰리즘의 맥락에서 이해되기도 한다. 트럼프의 당선이 이전에 미국에서 경험하지 못한, 1972년 예비경선이 도입된 이래 후보자 중심의 선거운동이 강화되고, 인터넷과 SNS의 발달로 비합리적이고 감정적인 포퓰리즘 전략이 보다 빈번하게 발생할 수 있는 전혀 새로운 형태의 포퓰리즘 선거로 바뀌면서(조기숙 2017), 경제적 박탈감에 허탈해하는 노동자계층과 '정치적 올바름'에 지치고, 기성정치권에 신물이 난 유권자와 포퓰리스트 정치인이 결탁될 가능성이 높아졌다는 것이다.

포퓰리즘을 "대의민주주의 제도하에서 자신의 의견이 충분히 반영되지 못한다고 생각하는 불만과 분노에 찬 일부 국민들이, 자신들의 입장이 국민 전체의 일반 의지라는 믿음을 갖고, 자신과 다른 사회에 대해 배타적인 태도를 취하면서 기성정치인 보다는 카리스마를 갖춘 정치신예를 내세워 정치체제의 획기적인 변화를 추구하는 정치이념 혹은 정치운동"으로 정의할 때(하상응 2020), 세계화와 자유무역주의, 불법난민에 대해 불만과 분노가 가득찬 미국 유권자들을 향한 트럼프의 호소와 기성정치권에 대한 비판으로 특징지어지는 트럼프 현상은 포퓰리즘에 대한 최소한의 정의에 부합한다. 낙후된 지역에 사는 저소득층, 고졸, 백인, 개신교 신자들로 대표되는 미국의 유권자들은 자신과 다른 사회 집단에 배타적인 태도를 취하면서, 그들의 대표자로 기성 정치인이 아닌 정치신예 트럼프를 선택하였다(하상응 2020). 물론 인민에 대한 호소와 반엘리트주의와 같은 포퓰리즘 일반에 적용되는 보편적 속성에 더해 실제 각 국가별로 개별적으로 나타나는 카리스마적 리더에 대한 의존,

선동을 통한 단순화 등과 같은 포퓰리즘의 다양한 현상들을 추가적으로 고려하더라도(정병기 2020), 트럼프 현상을 포퓰리즘 현상으로 정의내리기에는 부족함이 없다. 그러나 트럼프 이전에도 미국에는 이그네이셔스 도널리(Ignatius Donnelly), 휴이 롱(Huey Long), 조지 월리스(George Wallace) 같은 포퓰리스트들이 존재했을 뿐 아니라, 미국 역사에서 포퓰리즘 현상은 반복적으로 나타났던 것은 주지의 사실이다. 2016년 공화당 예비경선 당시 돌풍을 일으키며 정치무대에 등장한 트럼프가 미국 정치사에서 드물고 희귀한 사례이기 보다 미국 역사에서 반복적으로 나타난 포퓰리즘 현상의 최신판에 지나지 않는다는 주장처럼 말이다(주디스 2017).

2. 트럼프 현상: 잭슨 민주주의 vs 매디슨 민주주의

미국의 포퓰리즘은 언제 시작되었는가? 미국의 포퓰리즘의 기원을 이야기할 때, 잭슨 민주주의는 미국 포퓰리즘의 전형을 구축했다고 평가받는다(Mead 2017; 주디스 2017). 은행가들과 부자들, 게으름뱅이와 유색인종에 반대하고, 농민과 신흥 산업임금노동자와 노예 소유자와 같은 생산계급만이 미국을 대표하는 인민이라고 주장한 앤드류 잭슨의 주요 지지층들은 포퓰리즘의 언어적 기원이 된 인민당(people's party)의 주요 지지층들인 소농민과 노동자들이 가졌던 도시화, 세계화에 대한 반대와 외국인에 대한 혐오 그리고 중앙집중화된 도시에 대한 거부와 상당 부분 겹친다(Lowndes 2017). 또한 트럼프의 주요 지지층인 러스트 벨트(Rust Belt)의 백인 노동자 계급도 잭슨의 지지자들과 인민당의 주요 지지층들과의 공통분모를 갖고 있다. 이는 잭슨 민주주의가 가진 포퓰리즘적 특징이 19세기를 거쳐 21세기에도 반복적으로 나타나고 있으며, 잭슨에서 트럼프까지 이어진 미국 포퓰리즘 역사의 연속적인 측면을 보여주고 있기도 하다.

공화당 대선 경선부터 대통령에 당선되기까지 트럼프가 일으킨 돌풍은 미국의 제7대 대통령인 앤드류 잭슨이 일으켰던 돌풍과 상당히 닮아 있다. 두 사람 모두 기성정치권에 반하는 정치적 이단아였을 뿐 아니라 소외당한 백인 노동자층과 농민들의 열렬한 지지를 받으며 선거에서 승리했다는 공통분모를 가지고 있기도 하다. 트럼프는 잭슨을 자신의 영웅으로 부르면서, 그의 백악관 집무실에 잭슨의 초상화를 걸어두었고, 잭슨 탄생 250주년이었던 2017년에는 잭슨이 퇴임 후 거주했던 테네시주 내슈빌 농장을 방문하기도 하였다. 그는 임기 내내 잭슨과의 유사성을 강조하였다.

포퓰리즘으로 정의되는 트럼프 현상의 시작을 잭슨 민주주의로 이해하는 것은 잭슨의 주요 지지층과 트럼프의 지지층이 상당부분 겹치기도 하지만, 잭슨 민주주의가 가졌던 인종주의적이고, 가부장적인 비민주적 면모가 트럼프에게서도 그대로 보여진다는 점에서 그러하다.[3] 그러나 무엇보다도 '보통사람'의 민주주의적 열풍을 일으킨 잭슨 민주주의가 미국식 민주주의의 제도적 기틀을 세우고, 엘리트 중심의 대의민주주의를 주장한 매디슨 민주주의와 대척점에 서 있듯이, 트럼프의 포퓰리즘 역시 매디슨 민주주의와의 충돌이 불가피한 듯 보인다. 이는 트럼프의 대통령 당선을 미국과 연방헌법 철회로 묘사한 아래 글에서 잘 드러난다.

> 독재에 저항하도록 설계되었던 이 나라는 지금 독재를 품었습니다. 민주주의가 모든 것을 장악하지 못하도록 설계되었던 헌법은 지금 민주주의에 무릎을 꿇었습니다. 한때 자치정부로 정의되었던 이 나라는 드러내놓고, 분명하게도, 열정적으로 나라의 운명을 그가 하고 싶은 대로 제멋대로 할 한 사람의 손에 쥐어 주었습니다. 240년 후, 한때 세계를 고양시켰던 아이디어는 결국 그 아이디어를 철회했습니다. 우리, 시민들이 그것을 했습니다(Sullivan 2016).

3) 트럼프의 정계진출이 오바마 대통령의 출마자격 무효를 주장한 백인 우선주의 운동인 버써 운동으로부터 시작되었다는 점 그리고 바이든의 대통령 당선이 소말리아 난민의 범람을 가져온다고 경고하거나 주민의 79%가 백인으로 구성된 미네소타주의 선거 유세에서 "여러분은 미네소타의 좋은 유전자"를 가지고 있다는 등의 트럼프의 언설 속에서 인종주의적 면모는 쉽게 확인할 수 있다(한국일보 2020/09/22). 자신의 경쟁 상대였던 힐러리에 대해 "힐러리는 대통령이 될 얼굴이 아닙니다"라고 말하고, 미국 최초의 여성 부통령이 된 카말라 해리스(Kamala Harris)를 '괴물'로 부르는 등 트럼프의 인종주의적, 여성혐오적인 발언들은 신문지상을 통해 쉽게 확인할 수 있다(안지현 2020; 연합뉴스 2016/10/10).

즉 연방헌법의 정신을 위배하고, 연방헌법을 위협하는 트럼프의 등장이 선거라는 민주주의적 방식을 통해 이뤄졌다는 점을 떠올릴 때, "민주주의가 모든 것을 장악하지 못하도록 설계되었던 헌법"을 구상한 매디슨과 그의 민주주의가 파당적 폐해 그 자체인 포퓰리즘으로부터 패배했다는 것이다. 그러나 주목해야 할 것은 매디슨이 구상한 연방헌법이 규정한 미국식 민주주의의 고유한 특징이 트럼프의 당선 또한 가능하게 했다는 점이다. 트럼프는 일반 유권자 투표에서는 클린턴에게 2백만 표나 뒤쳐졌지만, 전통적으로 민주당 강세지역으로 간주되는 중서부와 동북부의 펜실베니아, 미시간, 위스콘신 등 쇠락한 제조업 지대를 일컫는 러스트 벨트 지역의 선거인단을 포함해 과반수의 선거인단을 확보함으로써 승리하였다. 2백만의 미국 국민들의 지지를 더 받고도 패배한 클린턴의 사례는 미국의 대통령 선거인단 제도가 가진 문제점을 잘 보여준다. 미국의 대통령 선거인단은 총 538명으로 각 주별로 인구비례에 따라 배정된다. 주별 선거에서 일반 유권자로부터 한 표라도 더 많이 얻은 후보는 그 주에 배정된 선거인단을 모두 확보하게 되는데, 이 같은 승자독식의 방식은 주정부의 권한을 보장하기 위한 방안으로 고안되었다. 그러나 2000년 대선에서 앨 고어와 2016년 대선에서 힐러리 클린턴이 더 많은 표를 얻고도 패배하는 일들이 나타나면서 선거제도의 수정을 요구하는 목소리들이 제기되었다.[4] 더불어 미국의 대통령 선거제도는 미국인들이 직접 투표로 그들의 대통령을 결정하는 것이 아니라 일반 유권자들의 투표가 선거인단을 통해 반영되는 간접선거라는 점에서 비민주적이라고 비판받아왔다.

얼마나 많은 일반 유권자의 표를 확보하느냐가 아니라 주(州)별로 할당된 선거인단을 얼마나 확보하느냐에 따라 승자가 결정되는 미국의 선거제도는 '누가 진정한 미국 국민의 대통령인가?'에 대한 질문을 제기한다. 트럼프 현상은 잭슨 민주주의적 현상이기도 하지만, 매디슨이 구축한 제도적 민주주의의 한계를 보여준다는 점에서 역설적이다.

4) 예외적으로 메인(Maine)주와 네브라스카(Nebraska)주는 상원의원 수에 해당하는 두 명의 선거인단의 경우, 주 전체에서 가장 많은 득표를 한 후보자에게 배정된다(이정진 2016).

3. 두 개의 민주주의

미국에서 포퓰리즘은 "국민이 지배적인 정치규범과 자신들의 희망, 두려움, 관심사가 서로 충돌한다고 여기는 시기"에 성공적으로 나타났고, 지배적인 세계관과 마찰을 일으키며, 종종 정치적 격동을 야기했다. 그러나 지배적인 정치구조에 직접적인 변화를 일으키는 데는 한계를 가지고 있었다. 실제로 미국의 포퓰리즘 역사를 되돌아보면, "우리의 부를 공유하자"로 주장했던 휴이 롱의 요구가 루즈벨트의 '제2의 뉴딜정책'에 적극적으로 반영되면서 이내 사라졌던 것처럼, 포퓰리스트의 요구 중 일부가 제도권 정치에서 받아들여지면, 포퓰리즘의 광풍은 이내 사라졌다. 또한 1974년 인종통합을 반대하면서 대통령 선거에 뛰어든 조지 월리스와 그의 독립당이 오래 지속되지 못하고 역사 속에서 사라졌던 것처럼, 포퓰리스트는 제3의 정당창설이나 대통령 선거 출마를 통해 제도권 정치로의 편입을 시도했지만 끝내 실패해 소멸하는 양상을 보여왔던 것이 사실이다(주디스 2017).

미국 포퓰리즘의 이처럼 반복된 등장과 지속된 실패를 이해하기 위해서는 미국의 민주주의를 구성하는 두 개의 민주주의, 즉 매디슨 민주주의와 잭슨 민주주의에 주목할 필요가 있다. 미국의 민주주의는 광대한 공화국의 규모의 민주주의를 통해 포퓰리스트와 같은 파당적 다수가 일으키는 전횡을 통제하려한 매디슨 민주주의와 미국 포퓰리즘의 전형을 구축한 것으로 평가받는 잭슨 민주주의 사이에 전개된 긴장과 갈등의 역사 그 자체였다. 미국의 지난 포퓰리즘 역사가 보여주듯, 두 민주주의의 긴장과 갈등의 역사에서 최종 승자는 항상 매디슨 민주주의였다. 그러나 최근의 트럼프를 중심으로 발흥한 포퓰리즘은 트럼프의 대통령 당선으로 제도권 정치로 자연스레 편입되고, 트럼프의 재임기간 동안 새로운 주류를 형성했다는 점에서, 제도권 정치에서 승리를 경험하지 못했던 이전의 미국의 포퓰리즘과는 차이를 보인다. 이는 매디슨 민주주의와 잭슨 민주주의의 긴장과 갈등의 역학관계가 트럼프의 등장과 함께 새롭게 재편되어 매디슨 민주주의와 잭슨 민주주의와 팽팽했던 균형의 추가 매디슨 민주주의에서 잭슨 민주주의로 기울어져 가고 있다는 것을 의미한다고 볼 수 있기 때문이다. 미국의 민주주의는 어디로 나아갈 것인가? 매디슨 민주주의와 잭슨 민주주의와의 긴장과 갈등으로 점철된 미국 민주주의의 행보에 트럼프의 등장과 퇴장이 어떤 영향을 줄 것인지 앞으로의 귀추가 주목된다.

더 생각해 볼 문제

1. 미국의 연방헌법은 최초로 민주주의를 성문화한 헌법으로 우리나라를 포함 전 세계에 상당한 영향력을 미쳤다. 특히 우리나라는 1919년 임시헌장 영문본 제1조에서 대한민국 임시정부는 미국을 따라 민주정부를 채택하였다("The Republic of Korea adopts a democratic Government after that of the United States of America")고 선언하면서 일인의 집행수반을 특징으로 하는 미국의 대통령제를 민주정부의 전형으로 받아들였고, 미국의 연방헌법을 '권력분립의 대장전'으로 대한민국 헌법의 원전으로서 삼았다(신우철 2013; 2015). 미국의 연방헌법이 우리나라 헌법에 미친 영향력에 대해 보다 구체적으로 알아보자.
2. 미국의 3번째 대통령이자, 미국 독립선언서의 기초를 작성한 토머스 제퍼슨은 연방주의를 반대하고 시민의 자유를 옹호하였다. 그의 정치사상은 앤드류 잭슨의 사상에 미친 영향력이 상당하다고 평가받는다. 제퍼슨 민주주의(Jeffersonian Democracy)와 잭슨 민주주의와의 유사점과 차이점이 무엇인지 알아보자.
3. 매디슨 민주주의와 잭슨 민주주의와 같이 한국 민주주의의 역사에서 역사적 인물로 상징되는 민주주의로는 어떤 것들이 있는지 생각해 보자.

CHAPTER 02

독일 의회민주주의

임경석

 무엇이 독일의 민주주의인가?

민주주의는 인류의 정치 이념 가운데 가장 장기적으로 수용되고 있으며 여전히 보다 좋은 민주주의의 단계와 수준에 도달하기 위해 진화 중인 개념이다.[5] 따라서 그 모습은 시대와 장소에 따라 변화무쌍할 수밖에 없으며 완성된 민주주의란 존재할 수 없다. 그럼에도 불구하고 민주주의란 이념을 포용할 수 있는 공통분모가 언급될 수 있다면, 그것은 다름 아닌 '민이 지배(demo+kratia)하는 제도'란 원리의 수용태도일 것이다. 하지만 만일 민이 주기적인 선거에만 참여하며 그 대표를 선출하는 1일 주역의 역할로만 머무른다면, 민주주의가 추구하는 민의 지배란 의미가 과연 실질적으로 보장된다고 판단할 수 있는 것일까? 최근 민주주의론의 분야에 참여하고 있는 수많은 전문가들의 연구결과는 적어도 선거민주주의의 형식적 단점을 보완할 필요성과 이와 연관된 다양한 이상적 민주주의의 대안 제시에 주목할 것을 요구하고 있다.

본 절에서는 이러한 배경을 바탕으로 소위 "'결손 민주주의(defekte Demokratie)'를 보완한 '착근된 민주주의(eingebetete Demokratie)'의 실현 가능성"[6]의 역사

5) H. Vorländer, *Demokratie*, 8면.

6) 착근된 민주주의(eingebettete Demokratie)의 실현가능성을 살피는 이론은 5개의 정치체제와 연관된 하위체제를 세분하는 가운데 논의될 수 있다. (A) 선거체제(Auswahlssystem), (B) 정치 참여(Politische Partizipation), (C) 시민적 자유(Zivile Freiheit), (D)

적 사례인 독일식 의회민주주의의 진화과정을 변증법적 역동성을 통해 살펴보겠다. 독일민족은 독립된 제후국들의 난립이란 분열 속에서 프로이센의 통일국가에서 바이마르공화국을 경유하여 나치정권과 동·서독의 분단 및 재통일이라는 롤러코스터와도 같은 극적인 민주화의 과정을 체험한다. 이에 필자는 독일민족이 체험한 민주주의의 제도적 역사와 계승된 전통을 중심으로 그 고유한 특성과 시사점을 주목해 보겠다. 유럽 중부에 위치한 현대의 독일은 1990년 10월 3일 역사적인 통일을 성취한 이후에도 '독일연방공화국(Bundesrepublik Deutschland)'란 과거 서독의 명칭을 국호로 계승하여 사용하고 있는 민주주의의 선진국으로 알려져 있다. 오늘날 대략 8천 3백 20만 명의 독일인들은 수도인 베를린(Berlin)을 중심으로 16개의 주(Land)가 헌법인 기본법(Grundgesetz)을 중심으로 연방제 의회민주주의라는 생동감 넘치는 정치적 실험공간을 통해 독자적인 의회민주주의의 공고화를 구축하고 있는 중이다.

II 독일민족의 결속과 통일국가 건설이념의 탄생

독일민족의 연방국가는 로마와 그 지배로부터 멧돼지(Eber)란 야만인으로 불렸던 켈트족들이 이미 10세기부터 약화된 로마제국을 계승하려고 한 '신성로마제국(962년 – 1814년)'의 기치로부터 시작된다. 하지만 당시 300여 개의 독립된 제후국이 난립하던 독일민족의 결속과 통일의 완수란 과제는 루터(Martin. Luther)로 상징되는 16세기 '종교개혁(Reformation)' 이후에 장기화된 '30년 전쟁(1618년 – 1648년)'을 통해 재편된 유럽의 세력관계로부터 '통일국가의 건설'이란 목표와 더불어 구체화된다. 이 시기에 독일민족은 근대국가의

수평적 책임성(Horizontale Verantwortungsfähigkeit), 또는 권력분립(Gewaltenteilung), (E) 선출된 권력의 실효적 통치(Effectives Regieren)가 그것이다. 신진욱(2016), "헌법국가에 착근된 민주주의: 독일 기본법의 형성과 체계를 중심으로", 89면.

영토와 언어 및 민족의 정체성을 확립시킨 '베스트팔렌 평화질서조약(1648년)'의 체결 이후에 등장한 유럽의 민족국가의 이념을 배경으로 '독일식 영방제민주주의'로 그 모습이 태동하기 시작한다. 독일민족은 중앙집권적 민족국가의 요소를 갖춘 영국이나 프랑스와 달리 신성로마제국의 이념을 계승한다는 명분에만 매달렸을 뿐, 봉건체제를 극복하려는 후발국가의 전형적 근대화의 따라잡기란 낙후된 모습만을 보여주는 상태였다. 이후에도 설상가상 19세기 초반까지 독일민족은 유럽 대륙에서 구체제(ancien regime)의 강국인 합스부르크왕가의 영향력 아래에서 패권을 쟁취한 나폴레옹(Napoléon Bonaparte)의 등장과 더불어 새로운 국면마저 맞이하게 된다. 유럽대륙의 연이은 전쟁의 소용돌이 속에서 독일민족을 대표한 프로이센군이 '예나전투(1806년)'에서 프랑스군에 패배함으로써 민족의 통일이란 꿈도 퇴색되는 듯했다. 하지만 나폴레옹의 군대가 독일 지역을 경유해 감행한 러시아 침공이 대패로 마감됨으로써 독일 지역은 '비인회의(1815년)'를 통해 39개의 느슨한 독립국가의 연합형태인 '독일 연합(Deutscher Bund)'으로 탄생하게 된다. 이후 독일민족은 나폴레옹과의 전쟁체험을 통해 강한 민족주의의 발흥과 더불어 향후 추진된 통일된 국가의 필요성을 자극하는 강력한 동기를 획득하게 된다.

프로이센은 이러한 독일민족의 통일국가 이념의 실현에 선두로 등장하며 '북독일 연합(Norddeutscher Bund)'과 '관세동맹(1834년)'을 체결하여 낙후된 독일의 산업화를 개선하는 데 박차를 가한다. 아울러 정치의 후발성을 극복하기 위한 독일민족의 노력은 프랑스의 '2월 혁명(1848년)'을 계기로 계몽된 지식인을 중심으로 한 독일제국의 민주화와 연방이란 비전을 통해 응집된다. 그 결정체는 1848년 5월에 '연방제 독일통일'과 '양원제 입헌군주제'란 민주화의 청사진을 제시한 '프랑크푸르트 국민의회(die Frankfurter Nationalversammlung)'의 개원이다. 이 의회는 1849년 '제국선거법'과 '남성보통선거권'의 도입을 결정한 헌법초안을 작성함으로써 독일민족의 주권의식을 최초로 문서화한다. 하지만 민주화를 염원하는 독일민족의 대표적 위치에 있었던 국민의회 주도의 소위 '3월혁명(Märzrevolution)'은 당시 강력한 분열 세력이던 오스트리아뿐만 아니라 바이에른과 작센공국 등의 반대와 뷔르템베르크공국에서 파견

한 군대에 의해 강제로 해산됨으로써 실패한 민주혁명으로 기억되게 된다.[7)]

하지만 독일민족의 통일국가의 염원은 1871년 프랑스와의 전쟁에서 승리한 프로이센의 주도하에 합스부르크 왕가를 대표하는 오스트리아와 헝가리를 포함하려는 '대독일주의'를 포기하고 '소독일주의'를 지향한 영방국가(Territorialstaat)의 형태인 '제2제국의 건설'로 실현된다. 이 독일제국(1871년－1918년)은 독일민족이 최초로 달성한 통일국가였지만, 단일민족이란 이념을 추구하기보다는 정치적 연맹의 고유성을 보장하는 영방국가적인 성격이 처음부터 강할 수밖에 없었다. 그 결과로 이 제국은 영방의 황제인 빌헬름 1세(Wilhelm. I)와 제국총리인 비스마르크(Otto. von Bismarck)를 중심으로 영방공국들의 대표로 이루어진 '연방참의원(Bundesrat)'과 25세 이상의 '남성보통선거권'을 통해 선출된 입법기관인 '제국의회(Reichstag)'로 구성된 '영방제적 의회주의'와 '입헌군주제'를 선포한다. 이러한 정치체제를 바탕으로 이 시기에 수행된 독일식 영방제민주주의의 성과는 무엇보다도 보통선거권, 입헌주의, 양원제 의회주의라는 프랑크푸르트 국민의회 전통의 계승과 더불어 그 의미가 주목될 수 있다. 다만, 이 시기의 독일제국은 소위 군사력을 기반으로 한 영방통일국가의 유지와 더불어 힘에 의한 팽창주의적 대외정책을 지향했다는 점에서 '과도기적 민주주의의 이행기'로 평가되어야 한다.

실제로 독일제국은 프랑스 베르사유 궁전에 소재한 '거울의 방'에서 독일황제의 대관식을 선포함으로써 전 유럽에 군사력의 위용과 함께 이후 유럽의 강자로 부상하면서 독일제국의 향후 움직임을 유럽 민주주의의 평화와 안정에 직결되도록 만든다. 하지만 독일민족은 독일제국의 내부에 노동자계급의 해방과 인민주권을 옹호하는 사회주의 이념을 지지하며 독일 사민당(SPD)과 진보적 정당세력의 확장 및 의회진출을 선택한다. 독일제국은 이러한 독일민족의 계몽된 시민의식과 민주화 요구에 직면해 '사회주의자 탄압법(1878년)'과 최초의 근대적 '사회보장법(1881년)'인 노령연금, 의료보험, 산재보험을 선도적으로 도입함으로써 채찍과 당근이란 이중적 성격을 보여주기도 한다. 요

7) K. Marx & F. Engels, Artikel aus der "Neuen Rheinischen Zeitung" 1. Juni － &. November 1848, in: *MEW 5*, 14－17면.

약하자면, 프로이센의 독일제국은 최초로 독일민족의 통일국가의 건설과 민주화로의 이행기를 준비했으며 이 시기에 추진했던 경제모델은 이후에도 여전히 독일헌법이 추구하는 독특한 "독일식 사회(복지)국가(deutscher Sozialstaat)"[8]의 모델로 불리는 시장경제민주화의 발전에도 상당한 기여를 수행하게 된다.

Ⅲ 1차 세계대전의 패전과 '바이마르공화국'의 탄생

독일제국의 황제는 독일영방의 대표의장이자 제국총리를 임명(제국헌법, 제11조)할 수 있으며, 입법기관인 제국의회의 소집·개원·정회 및 폐회의 권한(제국헌법, 제12조)마저 동시에 지님으로써 군사권과 조세권의 최종 명령권과 결정권을 지닌 그야말로 막강한 존재였다. 빌헬름 2세(Wilhelm II.)는 이러한 황제권력을 계승한 뒤에 '세계정책(Weltpolitik)'을 통해 강대국들과의 식민지 경쟁정책과 해군력을 증강하는 등 군사적 제국주의에 전력함으로써 주변국들과 충돌하게 된다. 이러한 제국정책의 정점은 1914년 6월 28일 보스니아를 방문한 오스트리아의 페르디난트 대공(Ferdinand)이 사라예보에서 세르비아 출신의 프린치프(G. Princip)에 의해 암살을 당하면서 유럽대륙의 민족문제로 첨예하게 대두된다. 이 사건은 900만 명 이상이 사망하게 되는 비극적인 1차 세계대전(1814년－1818년)으로 비화된다. 독일제국은 이 전쟁에 동맹국으로 참전하여 패전국이 되지만, 또 다시 독일민족은 이 사건을 통해 민주주의를 국가제도로 정착시키는 전환기를 맞이하게 된다.

이 대전의 시기는 대외적으로 러시아의 '볼셰비키 혁명(1917년)'과 터키제국의 해체 및 전후 전승국들의 전쟁배상금 요구 및 패전국들의 책임문제를 둘러싼 복합적인 논의로 유럽이 혼돈으로 내몰리고 있었다. 독일제국은 패전으로 고통을 받던 인민들의 봉기와 파업으로 불안한 민생정국이 지속되는 상

8) 강정인 외(2010), 『유럽 민주화의 이념과 역사: 영국·프랑스·독일』, 269면.

황이었다. 1917년 8월 군항인 빌헬름스하펜(Wilhelmshaven)과 1918년 11월 해군의 모항인 키일(Kiel) 항구의 수병들과 부두노동자들의 잇따른 봉기와 파업은 독일식 소비에트 볼세비키의 함성을 촉진시켰다. 결국 동년 11월 9일 빌헬름 2세가 퇴임 후 네덜란드로 망명했고 11일 휴전협정이 조인된 이듬해인 1919년 6월 28일 '거울의 방'에서 대전을 종결짓는 '베르사유 평화조약(Der Friedensvertrag von Versailles)'이 체결된다. 패전한 독일제국은 이후 영토, 군사력, 배상금, 해외식민지 등과 관련해 전쟁능력을 상실한 국가로 전락된다.9)

이러한 혼란의 시기에 독일제국의 마지막 총리였던 막스 폰 바덴(Max von Baden)은 직권으로 사민당(SPD)의 당수였던 프리드리히 에버트(Friedrich Ebert)에게 총리직을 맡아 국난을 해결할 것을 요청한다. 이에 독일민족의 확고한 신념이나 상호 적대적이던 정당들 간의 타협과는 동떨어진 집권당으로 등장한 사민당은 독일제국의 '입헌군주정'을 종식하고 '의회민주정'의 정치체제로 전환시키는 가운데 베를린에서 전후 조약이행의 처리와 경제공황의 긴박한 문제해결의 과제 앞에서 독일민주주의의 꽃으로 불리게 되는 '바이마르공화국(Weimarer Republik)'의 탄생(1919년–1933년)을 선포한다.

이 공화국민주주의는 남성과 더불어 '여성의 참정권'도 보장했으며, 미약했던 제국의회의 입법권과 더불어 입법부의 권한을 대폭 강화하고자 노력한다. 하지만 이 체제는 당면한 전후 1,320억 마르크에 달하는 막대한 배상금의 마련과 처리, 끝없는 실업률, 엄청난 세계적 인플레이션으로 인한 디폴트 상태에 직면하여 당면한 사회통합과 위기극복에 취약함을 보였다. 특히 1929년 세계적 경제공황의 여파는 바이마르공화국이 적극 대응하기 위한 긴급수단으로 임기 7년의 강력한 대통령제를 수용케 함으로써 곧바로 야기될 정치적 마찰과 불가피한 파국 상황에 직면하게 된다. 바이마르공화국의 의회와 정당들은 정부와 대화하기보다는 대치를 주요 과제로 일삼았으며 의회 내에서도 타협보다는 정파들 간의 대립으로 독일민족이 위임한 의회민주주의의 권위를 실추시켰고 정치적 무능과 불신을 초래하게 된다. 그럼에도 바이마르

9) 전종덕(2019), 『독일 통일 -재통일인가 통합인가?-』, 24–5면 참조.

공화국 체제는 평화적으로 패전 이후의 독일에 의회민주주의를 수립했고 이후 독일식 의회민주주의를 공고화하는 초석의 단계로 주목되어야만 한다.

 나치 독일과 전체주의의 등장(1933년-1945년)

바이마르공화국의 시절인 1919년 '독일 노동자당'이란 다소 혼란스런 명칭을 사용했던 나치당은 그 다음 해에 작성한 25개조 강령과 더불어 '민족사회주의독일노동자당'으로 개명을 한다. 이 나치당은 민족주의를 앞세우며 '베르사유 평화조약의 폐지', '반유대/반이민', '산업국유화' 등의 정책적 기치를 내걸고 1928년 총선에서 2.8%를 득표해 12명의 의원을 제국의회로 진출시킨다. 하지만 불안한 패전 독일의 정국은 1931년 7월 총선에선 나치당을 37.27%란 역사상 최대득표율로 제1당이자 전체 의회의석 중 230석을 확보하도록 만든다. 더구나 제국의회의 소집을 통한 신정부구성은 헌법을 극단적으로 해석하고 운영하는 가운데 의회의 입법권한을 상실하도록 만들었고 이에 비상명령권이란 전권을 지닌 힌덴브루크(Paul von Hindenburg) 대통령이 1932년 11월 재선거에서 33%를 득표한 히틀러(Adolf Hitler)를 다음 해 1월 총리로 지명한다. 바이마르공화국과 의회민주주의를 사수하기 위한 사민당과 중도파 정당들의 문제해결의 능력은 무능으로 드러났고 독일민족의 선택은 나치정권의 히틀러에게 집중된다. 이후 급작스런 대통령의 사망과 '전권위임법(Ermächtigungsgesetz)'의 통과는 히틀러에게 대통령과 수상직을 통합하는 독일민족의 지도자이자 제국수상으로 만들어 줌으로써 마침내 제3제국의 선동정치의 등장과 독일 민주주의의 역사에 치명적인 오점의 길을 열어주게 된다.

나치당은 독일민족의 궁핍한 경제위기의 원인을 전승국의 부당한 전쟁배상금과 제국주의 전쟁의 여파로 발생한 세계공황이란 외부적 억압요인으로부터 기인한다는 주장을 선동하는 가운데 손상된 독일민족의 비뚤어진 애국심에 호소하는 배타적 정책으로 정권탈취의 정당성을 확보해 나갔다. 특히

1871년 프로이센의 제2독일제국이 이루지 못한 아리안 순수혈통의 제국을 합병과 침공 및 인종학살을 통해 건설하고자 했다. 그 시발점은 나치정권의 1933년 "제국의회방화사건(Reichstagsbrand)"[10]을 필두로 내부의 속죄양인 유대인과 사회주의자 및 동성애자를 체포하여 강제수용소로 이송하고 살해하는 가운데 합법적 선거제도의 허점을 활용한 의회민주주의의 무력화와 전대미문의 "전체주의(Totalitarismus)"[11] 체제의 등장으로 귀결된다.

나치정권은 1938년 4월 총선을 통해 오스트리아를 합병했으며, 1939년 3월엔 체코슬로바키아의 영토지만 다수의 독일계 주민의 거주지였던 주데텐란트(Sudetenland)의 할양을 요구함으로써 독일·영국·프랑스·이탈리아가 참여하여 체결한 '뮌헨협정(Münchner Abkommen)'을 통해 팽창정책의 야욕을 포기한 것처럼 행동한다. 하지만 이 기만적인 정권은 1939년 9월 1일 폴란드령 단치히(Danzig)의 합병과 침공을 시작으로 제2차 세계대전에 돌입함으로써 독일민족의 민주주의의 역사에 치명적인 교훈이자 인류의 역사상 그 유래를 찾기 힘든 600만 유대인의 체계적인 인종학살과 전무후무한 전쟁범죄의 기록을 남기게 된다. 이러한 만행은 1945년 5월 8일 무조건 항복이란 패전을 통해 종식된다. 이후 7월 17일부터 8월 2일의 기간 동안 미국·영국·소련의 전승국 정상이 참가한 '포츠담 협정(Potsdam Agreement)'은 향후 독일민족의 완전한 무장해제와 탈군사화 및 군수산업을 배제한 평화적 산업통제, 나치망령의 부활을 저지하기 위한 보장정책, 민주적 토대에서 독일민족의 평화적 협력을 위한 교육, 탈중앙화와 지방정부의 균형 잡힌 책임발전을 지향하도록 하는 정치구조의 개편, 사법제도의 재조직, 배상과 전범처리 등의 기본원칙을 설정하게 된다. 그러면서 독일민족은 뒤늦게 전승국의 대열에 참여한 프랑스를 포함한 4개 승전국들의 개입을 통해 도입된 분단독일의 과제 앞에서 독일식 전후 민주주의를 정착하기 위한 도전의 시기를 맞게 된다.

---

10) 티머시 스나이더(2017), 조행복 옮김, 『폭정: 20세기의 스무 가지 교훈』, 139－140면, 144면.

11) 한나 아렌트(2016), 이진우·박미애 옮김, 『전체주의의 기원 2』, 255－284면.

 동·서독의 분단(1949-1972년)과 재통일

패전국 독일민족은 1945년부터 1949년 동안 소련이 통치하는 동독과 서방 3국의 관할구역인 서독으로 분단되어 4개 연합국들의 최고통치권과 행정권에 따른 점령통치의 시기를 맞게 된다. 이 시기 독일민족의 운명에 최종결정권을 행사한 자유주의와 공산주의 진영의 대립구도는 전후문제의 처리과정에서 이념적 세력 확장의 의도를 통해 노골적으로 드러난다. 서방 3국은 향후 독일의 탈나치화와 민주화를 통한 경제적 재건과 안정 그리고 행정기구의 개편에 필요한 점령지역의 목표를 관철하려는 시도와 더불어 제한된 정당 활동만을 허용하고자 했다. 하지만 소련은 이미 1945년 6월부터 오토 그로테볼(Otto Grotewohl)을 중심으로 한 사민당(SPD)의 재건 움직임을 점령 지구에서 활발히 추진한다. 곧이어 소련은 토지개혁의 압력과 기득권 세력제거를 기치로 내건 독일공산당(KPD)과 사민당을 합당한 후 '사회주의통일당(Sozialistische Einheitspartei Deutschlands: SED)'을 1946년 4월에 출범시킨다. 그 결과로 1949년 10월 7일 동부 5개 주만의 임시 인민의회가 헌법(Verfassung)을 제정하고 유일한 "독일국적(deutsche Angehörigkeit)"[12)]을 인정한 독일민주공화국(Deutsche Demokratische Republik: DDR)인 동독이 출범하게 된다.

이러한 움직임은 소련의 전략에 맞서 공동전선을 구축하려는 독일의 서부 점령지역을 유사한 절차의 대응책으로 맞서도록 만들었다. 1946년 영국(8월), 미국(9월), 프랑스(12월)가 점령지역에서 정당 활동을 단계적으로 허용한다. 이에 따라 사민당을 필두로 기민당(CDU)을 비롯한 여러 정당들이 구성되고 11개의 주의회 선거를 통해 서독의 영토도 확정된다. 이후 국민투표가 아니지만 주의회의 다수결(사민당 5명, 기민련 4명, 기사연과 자민당 각 1명)에 따른 승인절차방식을 통해 1949년 5월 23일 전체 독일에 미치는 잠정적 효력을 명시하기 위해 과도기적으로 만들어진 헌법의 명칭인 '기본법(Grundgesetz)이 발효되면서 연방제적 권력분립과 독재가능성의 최소화를 천명한 독일연방공

12) 1949년 동독헌법 전문 www.1000dokumente.de 참조.

화국(Bundesrepublik Deutschland: BRD)이 탄생한다.

이처럼 당시의 서독과 동독은 점령 4국의 '프랑크푸르트 문서(Frankfurter Dokumente)'가 제안한 점령조례의 권위에 따라 독자적인 외교권과 주권의 최종결정권도 박탈된 점령국가이자 분단국가의 상태였다. 분단된 독일민족은 나치정권의 탄생과 패전 이후에 서독과 동독으로 분단되는 국가창설의 운명과 더불어 이후 더욱 첨예하게 강화된 동·서 진영 간의 '냉전 체제'의 소용돌이 한 가운데에서 독일식 민주주의와 통일과제의 실현이란 새로운 국면의 과제와 마주하게 된다.

서독은 1954년 '독일조약'의 체결로 비록 제한적이지만 주권과 외교권을 회복하고 '할슈타인 원칙(Hallstein Doktrin)'으로 천명된 '유일 대표권'을 국제사회로부터 인정받고자 노력함으로써 1937년 12월 31일자의 바이마르공화국의 국적법에 따른 '국가계속성의 원칙'도 나름대로 천명할 수 있게 된다. 이 시기의 서독은 한국전쟁(1950–3년)과 소련의 동유럽 확장을 저지하기 위한 미국의 시장자유주의 기지를 구축하기 위한 자금지원정책인 '마샬 플랜(Marshall plan)'을 통한 경제적 재건과 도약, 서방의 집단안보기구인 나토(NATO) 진영에 편입되는 국제 냉전체제의 조건 등이 조성된 이후 동·서독 간의 체제경쟁과 주도적인 (재)통일정책의 추진을 통해 독일식 연방의회민주주의의 도약을 추진할 수 있는 원동력을 획득하게 된다. 물론 분단 초기에 독일민족은 독자적인 정책 방향을 설정할 수 없었고 거의 영점에서 새롭게 출발하지 않을 수 없었다. 그럼에도 서독은 비록 민주적 의사결정의 절차가 누락되었지만 에르하르트(Ludwig Erhardt)의 '사회적 시장경제(Soziale Marktwirtschaft)'의 기조나 기본법을 통해 독일식 민주주의와 통일된 독일국가의 실현과 관련한 향후 과제에 선도적인 노력을 추진하고 주도하게 된다.

예를 들면, 서독의 통일정책은 1949년 8월 14일 치러진 총선에서 승리하여 초대 총리로 선출된 아데나워(Konrad Adenauer)가 이끄는 보수정당인 기민련/기사연(CDU/CSU)의 연립정부와 나치의 '통제경제'와 대비되는 '계획경제'를 강령으로 채택한 사민당 그리고 독자 노선을 내세운 공산당의 각 강령들 간에 비록 구체적 내용은 달랐지만 독일민족의 재통일이란 목표에선 일치를 보인다. 다만 아데나워 정부는 소련의 지배하에 있지 않은 서독이 먼저 정치적이며 경제적인 힘을 회복함으로써만 독일의 동부지역에 대한 권리를 획득하고 점진적으로 통일을 달성할 수 있다고 확신했다. 이처럼 힘의 우위 정책을 토대로 삼은 아데나워 정부의 동방정책(Ostpolitik)은 당시 슈마허(Kurt Schmacher)가 이끈 사민당이 추진하려던 동독 내의 민족적 공산주의와의 협력을 통해 신속한 재통일을 추진하려는 정책방향과 마찰을 피할 순 없었다. 그런데 분단 이후에 독자노선을 선언한 동독은 약 310만 명에 달하는 이탈주민을 서독에 빼앗기게 되면서 그 대안으로 1961년 8월 13일 독일민족의 분단의 상징물인 총길이 167.8km에 302개 초소를 설치한 "베를린장벽(Berliner Mauer)"13)을 건설한다. 이에 서독정부는 '독일의 다른 부분(anderer Teil Deutschlands)'인 동독에 힘의 우위 정책을 천명하는 교착상태에 빠지게 된다.

이후 고도성장을 구가하던 서독의 전후 경제가 세계 경제흐름의 여파로 불황과 저성장의 기조에 빠지는 가운데 데탕트의 시대 분위기 속에서 동·서독화합의 도전에도 실패한 우파 기민련/기사련 출신의 두 수상인 에어하르트와 키징어(Georg Kisienger) 두 총리의 뒤를 이어 1969년 9월 28일 서독의 유권자들은 그 후임으로 사민당의 빌리 브란트(Willy Brandt)를 대연정의 수상으로 등장시킨다. 그는 취임연설과 곧 이은 동독방문을 통해 '신동방정책(Neue Ostpolitik)'의 서막을 알렸다. 그 핵심은 "현존하는 국경의 인정과 독일에 두 국가(zwei Staaten in Deutschland)가 존재하더라도 그 국가는 상호 간에 외국이 아니며, 그 상호관계는 특수한 종류의 것"14)임을 공표하는 가운데 서독 의회와 동독 정부, 4대 강국 및 주변국들의 비준동의 절차의 인정 속에 합의사항의 이행이나 협상 진척을 추진한다. 이러한 양국체제의 원칙은 "전문, 10개 조항, 2개의 추가조항으로 구성되어 체결된 '동·서독 기본조약

13) 현재 일부 잔해만이 남아있는 이 역사적 상징물은 무수한 안타까움 속에 분단의 희생자들을 추모하고 그 아픔의 교훈을 기억하도록 만들고 있다. 참고로 한반도에 여전히 존속하고 있는 휴전선은 1953년 7월 27일에 성립한 '한국군사정전에 관한 협정'에서 규정된 경계선으로 그 길이는 모두 155마일(약 250km)로 동해안의 간성(杆城) 북방에서 서해안의 강화(江華) 북방에 이르는 분쟁지역의 상징으로 남아있다.

14) 전종덕(2019), 『독일 통일 -재통일인가 통합인가?-』, 182면.

(Vertrag über die Grundlagen der Beziehungen zwischen der BRD und der DDR)'에 양국의 주권과 영토를 상호 인정하는 '일 민족, 이 국가(one nation, two states)' 체제의 인정을 확인하면서 출발한다."[15] 특히 기본조약의 제6조는 "독일민주공화국과 독일연방공화국은 각 국가의 주권이 각 국가의 영토 안에서만 행사될 수 있다는 원칙을 고수한다. 양국의 국내 및 대외 문제에 관해서 상대방의 독립과 자주성을 존중한다"[16]고 명시하고 있다. 이후 브란트는 1972년 4강국에 의한 베를린의 합법적 '통행협정의 체결'과 다음 해 가을 'UN 동시가입'을 성공적으로 추진하는 성과를 통해 국제사회로부터 양국의 주권인정에 기반을 둔 '신동방정책'의 제도적 틀을 확장하면서 독일민족의 통일염원에 주춧돌을 제공한다.

동·서독이 상호 주권을 인정한 양국체제의 원칙은 이후 1990년 독일통일이 실현되기까지 준수되는 가운데 외교·안보·경제·사회·문화 등의 분야에서 다차원적 대화와 타협의 분위기를 조성할 수 있는 기조를 제공하게 된다. 서독은 이미 1964년부터 동독의 어려운 경제사정을 돌파하기 위해 연금수령자가 4주간 서독에 거주하는 친인척의 방문을 허용하는 조약을 체결했다. 동독은 주권국가로서 그 위상을 어렵게 유지하는 가운데 서독과 내국교역의 방식으로 물적·인적 교류를 증진시킨다. 양국은 자유로운 이산가족의 만남과 더불어 베를린 장벽이 붕괴되기 2년 전인 1987년 호네커(Erich Honecker) 동독 서기장이 콜(Helmut Kohl) 총리와 '특별한 형태의 관계(die Beziehungen von besonderer Art)'속에서 국가 원수론 처음으로 서독을 국빈으로 방문하기도 한다. 이처럼 기본조약에 따른 상호교류는 '긴급한 가사문제가 발생한 경우 언제나 상호 방문'을 할 수 있도록 허용하는 인도적 차원의 방문으로까지 확장되기도 했다.

---

15) 당시 기사연의 바이에른 주정부는 이러한 동·서독의 특별한 관계를 인정하는 기본조약이 법적으로 위헌의 소지가 있다고 보고 1973년 5월 29일 연방헌법재판소에 위헌가처분신청을 진행한다. 하지만 헌법재판소는 6월 4일 곧바로 이 신청을 기각하고 7월 31일 최종적으로 합헌 결정을 내림으로써 신동방정책의 법률적 제도 구축을 완료하게 된다. www.1000dokumente.de 참조.

16) 전종덕(2019), 『독일 통일 -재통일인가 통합인가?-』, 186면.

이러한 독일민족의 상봉 노력은 마침내 1989년 11월 9일에 역사적인 베를린 장벽의 붕괴 이후 1990년 10월 3일 '통일조약(Vertrag zwischen Bundesrepublik Deutschland und der DDR über die Herstellung der Einheit Deutschlands Einigungsvertarg)'을 공표하면서 오늘날 독일식 연방의회민주주의의 공고화를 가능토록 만들었다. 독일민족은 이 역사적인 날을 '독일통일의 날(Tag der Deutschen Einehit)'로 자랑스럽게 기념하고 있다.[17] 비록 이 통일은 그 누구도 예상하지 못했지만 독일 민족이 성취한 이 위업은 분단을 극복하기 위해 추진된 장기적 통일정책의 험난한 과정 속에서 독일민족이 적기에 보여준 신속하고도 주도적으로 안정과 평화 속에서 이룩한 대사건이다. 독일통일의 민주적인 절차와 진행과정의 역사적 의미는 향후 한반도의 평화프로세스와 지속적인 통일과업과도 연관해 주목되고 있다.

17) 독일은 통일과 관련한 대외문제를 '2+4 조약'이란 다자간 정치회담의 성공적 설득과 최종승인의 성과로 해결한다. 그 성공요인은 대략 다음과 같이 요약될 수 있다. 1) 통일 독일의 문제 해결에 적합한 최적의 전승참가국들로만 실질적 협의구성체를 구성하려는 의도를 관철시킬 수 있었고, 2) NATO의 잔류로 미국과 주변국 및 국제사회의 확고한 지지와 신뢰를 얻었고, 3) 더불어 통일 후 군비축소와 유럽공동체(EC)의 발전에 기여한다는 정상협약을 통해 강력한 통일의 반대국가였던 영국과 프랑스의 불가라는 입장을 선회시켰고, 4) 경제 위기와 연방의 결속력이 약화된 소련에 전폭적인 150억 마르크의 차관과 2억 2,000만 마르크의 신속한 생필품 지원으로 외교력을 집중하여 절박한 소련의 합의를 절묘한 시점에 얻어 내었다는 점이다. 5) 특히 당시 콜 수상과 겐셔 외무장관의 풍부한 다자간 협상력과 친밀한 대외 정상들과의 지속적인 우호관계도 적기에 포착한 통일 외교활동의 성과와 관련해 주목되어야 할 부분이다. 6) 끝으로 1989년 라이프치히 월요집회에서 촉발된 독일 통일의 주체인 동독 주민들의 민주화운동이야말로 통일이란 결실을 맺도록 만든 알파이자 오메가이다.

VI 통일 독일의 민주주의/통일 독일의 베를린 정부와 유럽연합 통합(1990년-)

통일된 독일민족의 현행 기본법은 전체 16개의 주(도시형 주인 베를린, 브레멘, 함부르크를 포함)로 이루어진 연방제 의회공화국의 체제를 선포하고 있으며, 독일식 민주주의의 핵심 요소인 선거권, 의회주의, 헌정주의, 인권 등의 보장을 실현하는 데 기여하고 있다. 앞서 언급된 것처럼, 나치 정권은 홀로코스트(Holocaust)로 대변되는 전쟁범죄와 살육의 전체주의체제를 자행했음에도 불구하고, 독일 민주주의가 오늘날 지구촌의 중요한 민주주의모델의 성공사례의 한 표본으로 언급될 수 있는 이유는 바로 지방분권화와 다당제의 연동형 비례대표제 시스템이 조화롭게 작동하고 있는 제도적 특성 때문이다. 특히 "독일식 정당민주주의"[18]와 헌법국가의 활발한 작동은 무엇보다도 연방과 지방의 권력 간에 조화롭게 탈중앙화를 실현하고자 분권의 균형을 설정했던 4강 점령국의 의도를 유지하는 가운데 독일식 민주제도의 토대인 시민적 덕성과 유소년 시절부터 다양한 정당참여의 활동에 기반을 두어 단계적으로 훈련되고 검증된 정치인을 배출할 수 있는 제도적 장치의 우수함 덕분이다.[19]

독일선거제도의 가장 큰 특징은 '연동형비례대표제'이다. 이 제도는 '인원별 비례선출(Personalisierte Verhältniswahl)' 방식을 채택하는데, 그 번역어로 '권역별 정당명부식 비례대표제', '의인화된 비례대표제', 혹은 '혼합형 비례대표제' 등으로 다양하게 표현되고 있다. 이 선거제도는 지역구의 최다득표자를 당선자로 인정하는 소선거구 '다득표선출(relative Mehrheitswahl)'제도와 16

18) 독일 기본법(Grundgesetz)의 제21조 1항에 따르면, "정당은 국민의 정치적 의사형성에 기여한다. 그러한 정당의 설립은 자유이며, 그 내부규정은 반드시 민주적 기본원칙을 따라야 한다. 정당은 자금의 수입과 지출, 재산에 대해서는 반드시 공개적으로 소명해야 한다."고 명시하고 있다.

19) 장준호(2016), "독일의 직접민주주의: 자치분권국가에서 시민입법과 주민투표의 현황을 중심으로", 6-7면.

개 주 단위의 권역별 '정당명부식 비례대표제(Landesliste)'를 연동하는 방식으로 작동한다. 독일의 유권자는 이러한 제도방식에 따라 선거에서 '1인 1표'이지만 두 개의 선거권을 행사한다. 즉, 한 장으로 된 투표용지의 한 쪽에는 지역구 후보를 기표하고 다른 쪽엔 선호하는 정당을 동시에 기표하는 방식이다. 그런데 이러한 방식에 따르면 총의석수(지역구 299명을 선출하는 제1투표와 비례 대표 299명을 선출하는 제2투표를 합산한 총 598명의 기준의석)가 매번 상회하고 변동하는 결과가 발생할 수 있게 된다. 그 이유는 지역구와 정당비례제를 연동하여 계산할 때, 먼저 선거에 참여한 정당 득표율에 따라 개별 정당에 소속된 지역구 당선자의 총 의석수가 결정되기 때문이다. 예를 들어 X라는 정당이 선거결과 총 의석수로 200석을 획득했는데, 그 가운데 10개의 지역구가 있는 주(Land)에서 정당득표수론 15의석이 결정되었다고 가정을 해보자. 이때 X정당의 지역구에서 만약 10인이 당선을 한다면, 나머지 5석은 비례대표의원 6명이 정당명부의 순서대로 당선되는 방식이다. 그런데 동일한 조건에서 만일 X정당이 지역구에서 18인이 당선되었다면, 이 경우엔 15의석이 결정되었기 때문에 비례대표 의원은 없지만 초과한 3인의 당선은 유효하며 X당은 총의석수에서도 203석을 유지하게 되는 것이다. 요약하자면, 초과의석은 한 정당이 권역별 지역에서 획득한 의석수보다 더 많은 지역구 의석을 얻게 되는 경우에만 발생하게 되는 것이다. 아울러 독일식 연동형비례대표제의 총 의석을 배분받기 위한 최소기준도 중요한데, 정당의 득표율이 5% 이상이거나 소속 지역구의원의 3% 이상이란 조건을 유권자로부터 획득해야만 하는 '봉쇄조항'도 극복해야만 한다.

이러한 연동형 비례대표제의 장점은 1) 다양한 강령을 채택하고 있는 정당들이 활동을 할 수 있으며 신생정당의 출현도 권장하는 다당제의 실현을 통해 양당정치체제의 피해를 예방할 수 있는 순기능을 강화하도록 만들 수 있고, 2) 이 제도는 서로 다른 정책을 대변하는 정당들이 양당제의 무한경쟁의 대립구도를 극복하는 가운데 공동으로 소연정 혹은 대연정을 통해 안정적 연립정부를 구성하도록 유도하는 정책적 조율가능성을 높일 수 있으며, 3) 인적 자본의 인사문제를 독단적으로 득표율이 우세한 특정 정당이나 연방수상이 독자적으로 행사하기 보다는 공유하는 연정(Koalition)이란 합의과정을 제도적으로 구축될 수 있도록 만들어 줄 수 있고, 4) 이 제도는 나치 정권의 출현을 막지 못한 권력상의 공백을 최소화하려는 방안으로 연방총리에 대한 불신임 결의안을 의결하기 전에 새로운 총리에 대한 합의를 전제한 '불신임 제도의 도입'을 통해 권력의 공백상태가 발생하지 않도록 예방하고 있는 등의 장점이 있다.

독일은 1990년 재통일을 이룩한 이후 새롭게 편입된 구동독의 5개 주에도 기본법을 확대적용하고 있는 실정이다. 이에 통일독일은 다당제 의회민주주의를 표방하는 서독의 기존 제도를 계승하며 모든 16개 주를 대표하는 기본법에 따라 주도적인 연방의회와 연방수상의 결정권과 분리된 주(Land) 및 자치단체(Germeinde)는 독자적으로 지방자치법과 주민투표법에 따라 주민투표와 국민투표를 자유롭게 실시한다.[20] 삼권분립의 정신에 입각해, 입법부는 연방차원에선 연방하원(Bundestag)과 연방상원(Bundesrat)이 각각 활동하며, 주의 차원에선 주의회가 독자적으로 입법기능을 담당한다. 행정부는 연방 차원에서 논란이 되는 약한 대통령, 지배적인 강한 수상과 연방정부 및 연방기구가 활동 중이며, 주의 차원에선 주정부와 주기구 등이 활동하고 있다.[21] 사법부는 위헌법률 심판이나 헌법소원 등에 관한 신청 사안에 대한 판단의 통제권한을 연방차원에 집중시켜 독립한 "연방헌법재판소(Bundesverfassungsrericht)"[22] 제도와 분야별로 세분된 연방법원(일반, 사회, 행정, 재정)이 분리되어 작동하

20) 독일은 나치 정권이 바이마르공화국에 내재된 의회민주주의 제도의 허점을 악용하여 합법적 정권창출을 가능케 한 비극적 체험과 패전 이후 분단된 서독 정부로 출범한 1949년부터 재통일 이후까지 탈중앙화 된 연동형비례대표제도에 직접민주주의적 국민투표제도의 요소인 국민발안(Volksinitiative), 국민요구(Volksbegehren), 국민결정(Volksentscheid) 등의 제도적 보완의 도입을 바이에른 주를 제외하곤 연방차원에선 허용하지 않고 있으며 이에 대한 제도적 보완의 필요성이 최근 주요 주제로 여론에 등장하고 있다. 하지만 통일독일은 1990년대 이후로 주(Land)와 지자체(Gemeinde)의 수준에서 시민운동의 차원에서만 주민투표제도의 도입과 활용을 실행하고 있다.

21) Manfred G. Schmidt(2010), *Demokratietheorien*, 298면. 336-9면.

22) http://de.wikipedia.org/wiki/Bundesverfassungsgericht.

고 있으며, 주의 차원에선 주 헌법재판소와 주 법원이 독자적인 기능을 수행하고 있다.

참고로 독일의 연방헌법재판소는 12년 단임의 임기를 갖는 16명의 재판관이 각각 8명으로 구성된 2개의 패널로 이루어져 있다. 재판관의 절반은 연방하원(Bundestag)의 법관선출위원회의 3분의 2의 찬성으로 결정되며, 나머지 절반은 연방상원(Bundesrat)에서 동일하게 결정한다. 재판관들의 다수는 특정한 정당의 배경을 가지고 있으며, 정당득표에 비례하는 수준에서 정당의 소속 인사들에게 재판관의 3분의 2가 배치되며, 나머지 3분의 1은 정당 소속이 없는 인사들로 충원된다. 그리고 재판관의 구성도 절반 이상은 학자나 다른 직종의 비법관 출신인데, 이러한 재판관의 구성이 제공하는 장점은 정치적 자율성을 유지하면서 광범위한 이념적 스펙트럼을 반영할 수 있으며 헌법재판관의 자율적이고 독립적인 견제와 균형의 역할에서 그들의 결정에 대한 책임도 부과할 수도 있다는 점이다.[23)]

그런데 독일식 직접민주주의는 예를 들면 연방국가인 스위스와 달리 연방수준에서 실시하는 선택적 레퍼렌덤이나 국민발안에 대한 조항을 제외하는 특징을 지닌다. 물론 최근의 여론조사에 따르면, 독일인의 다수가 기본법의 개정을 통한 연방차원의 국민발안의 투표 권리를 회복하려는 경향이 우세해지고 있는 실정이다.[24)] 하지만 스위스가 '기본소득 헌법개정'에서 보여준 국민발안이나 영국이 유럽연합의 탈퇴와 관련된 브렉시트(Brexit)를 국민투표로 결정하는 절차과정의 결과 등을 놓고 본다면, 독일식 의회민주주의가 바람직한 민의 수렴의 절차를 준수하고 있는 민주적 법치국가의 이념에 충실한 것인지에 대해 회의적 논쟁이 제기될 수 있다.[25)] 특히 기민당(CDU)은 연방차

23) 임경석(2015), "대한민국의 법치민주주의는 살아있는가? –헌법재판소의 통합진보당 정당해산판결을 중심으로", 33면.

24) 장준호(2016), "독일의 직접민주주의: 자치분권국가에서 시민입법과 주민투표의 현황을 중심으로", 12면.

25) 참고로 대한민국의 주민투표법은 2004년 7월 29일에 도입되었고 2009년 2월 12일과 2016년 5월 29일에 일부 개정되어 현재 법률 14192호로 시행되고 있다. 다만, 우리의 지방자치법과 주민투표법은 중앙화된 국회의 고유 업무에 속하며 헌법이 보장하는 지

원에서 직접민주주의의 도입이 정당국가(Parteienstaat)와 의회민주주의의 정치질서를 훼손할 수도 있으며 대중의 동원정치가 재연될 수 있을지도 모른다는 점 때문에 국민발안을 지지하려는 요구에 명백한 반대 입장을 지속 중이다. 향후 주목할 점은 강력한 독일식 연방제 의회양원제도의 수직적 절차의 단점을 보완하고 국민발안에 기초한 수평적 직접민주주의가 좀 더 포괄적으로 실현되기 위해선 다양한 문제점들이 토론되고 합의되어야 한다는 점이다.[26]

 독일 민주주의의 미래

독일민족은 통일 32년을 맞는 현 단계에서 1) 외교와 안보문제, 2) 군사분야의 통합과 군사동맹의 문제, 3) 기본법의 개정[16개 주 가운데 인구 700만 이상의 4개 주들(노르트라인-베스트팔렌, 바이에른, 바덴 뷔르템베르크, 니더작센)]의 투표권 확대(작은 주들의 연합을 제한할 권리 투표수 확보), 수도와 의회 및 연방정부의 소재지 문제 등은 비교적 완만히 해결해 왔지만, 여전히 4) 과거 5개 동독 주의 재정지원을 위한 연대협약(Solidarpakt I, II)의 이행과 종결의 과정, 5) 공산정권 치하의 불법 과거사 행위의 청산(동독비밀경찰 스타지의 문서보존)과 기본권 및 인권의 회복 절차의 실현, 6) 미해결된 재산 소유권의

방자치는 지방자치단체장의 주요 결정사항에 대한 주민소환제도와 지방조례의 차원에서만 논의가 진행 중이다.

26) 이 점은 무엇보다도 주체인 독일시민들이 "자신의 행동을 책임지려는 '시민적 성숙,' 사실과 가치에 기초하여 공적 사안을 판단하는 '시민적 판단력,' 공적 사안에 대한 자율적 의견형성과 공론장의 활성화를 통한 타자와의 적극적 의사소통에 기반을 둔 합의과정에 따른 공동의 결정을 실천하는 '시민적 행위능력,' 공적 사안에 대해 스스로 지적 호기심을 갖고 지속적으로 학습을 체계화할 수 있는 '시민적 연구능력' 등 자치적으로 살아가는 시민이 갖추어야 할 역량(시민덕성)의 전제조건"을 얼마만큼 추진할 역동성을 보여주는지에 달린 문제일 것이다. 장준호(2016), "독일의 직접민주주의: 자치분권국가에서 시민입법과 주민투표의 현황을 중심으로", 6면.

문제(동독인들에게 부당하게 적용된 '미확정 재산규율법'의 문제), 7) 동·서독 지역의 시민들 사이의 임금격차, 실업률, 주거권, 의사결정권 등의 심각한 차별로 인한 사회통합을 둘러싼 대립 상황, 8) 유럽연합정책, 부유세 도입 등 조세정책, 탄소배출제로의 환경정책, 난민정책, 미국과 중국을 둘러싼 관계설정과 대외정책, 군사정책 등 다양한 문제해결과 미완의 난제들의 새로운 도전 앞에 서있는 실정이다.

독일민족은 2021년 치러진 총선거를 통해 지난 16년간 총리로 집권했던 기민련(24.1%)의 앙겔라 메르켈(Angela Merkel)이 사임하고 사민당(25.7%), 녹색당(14.8%), 자민당(11.5%)의 소위 '신호등연정(Ampelkoalition)'을 통해 사민당의 올라프 숄츠(Olaf scholz)를 신임 총리로 맞이하는 새로운 출발을 선택했다. 독일민족이 향후 유럽을 강타해 온 코로나 19사태와 유럽연합의 경기 후퇴와 실업, 주거문제, 에너지 정책 및 난민사태 등에 대해 이제까지 세계무대에서 주도해 온 독일식 민주주의의 성과를 통해 어떤 해결책을 제시할 것인지 기대된다. 하지만 최근 선거의 또 다른 결과는 독일민족의 내부에서 보편적 가치인 인권과 기본권을 위협하며 우익 포퓰리즘을 주도하는 독일대안당(AfD)[27]이 선거정치를 통해 득표를 확장하고 우경화를 조장하는 우려스러운 현상도 강화되고 있는 실정이기도 하다.[28] 이에 향후 독일민족이 어떤 선택

27) '독일을 위한 대안당(Alternative für Deutschland)'은 2013년에 신설된 정당이다. 이 당은 최근 화두가 되고 있는 독일난민정책에 강력히 반대하는 입장으로 14개의 주 의회에 진입하는 데 성공한 이래로 과거 동독지역을 거점으로 극우세력의 결집을 유도하고 있는 정당이다. 대안당은 2021년 9월 26일 실시된 총선거에서 과거 동독지역을 대표하는 좌파당(die Linke)이 4.9%라는 저조한 득표율을 보인 반면 10.3%의 득표율을 획득했다. 이 점은 동서독의 갈등해결과 사회통합이란 관점에서 매우 우려스런 현상이다. 출처: Politico, Polls of Polls. Germany(최종 검색일: 2021.12.05.), https://www.politico.eu/germany-election-2021.

28) 유럽은 최근 보편적 가치인 만인의 인권과 존엄 및 기본권을 부정하려는 우익 포퓰리즘 정당들이 민주적 선거절차를 통해 제도정치권 내부에서 권력과 사회에 대한 폭력적 영향력을 확대하려는 현상이 급속히 확산 중인 추세이다(Berezin 2009; Kitschelt 1997; Muddie 2007; Wodak, KhosraviNik and Mral 2013). 예를 들면, 2000년대 초반 집권연정에까지 참여한 오스트리아 자유당(FPÖ)의 외르크 하이더, 프랑스 국민전선(Front

으로 유럽의 주변국들과 독일이 직면할 다양한 주제들에 독창적인 독일식 민주주의의 해법을 모색하고 제시할 것일지 그 귀추가 주목된다.

더 생각해 볼 문제

나치정권의 등장은 독일 민주주의의 과정에서 흑역사로 기억되고 있다. 후대는 이 역사의 상처를 어떻게 마주할 것일지 지속적인 과제로 마주한다. 우리 공동체도 아픈 기억의 공유과정에서 피해자의 입장으로 자주 대하는 주제이다. 최근 하버드의 마크 램지어 로스쿨 교수의 역사 왜곡 역시도 이젠 너무나 익숙한 사태의 한 사례일 뿐이다.
일본과 달리 과거의 아픈 역사를 인정하는 것으로 잘 알려진 독일도 역사가 놀테(E. Nolte)가 1980년 행한 강연인 "꾸며진 역사와 수정주의 사이(Zwischen Geschichtslegende und Revisionismus)'에서 제기한 후 1986~1987년에 촉발된 '역사가논쟁(Historikerstreit)'을 겪는다. 이 논쟁은 크게 아래의 4가지 질문을 중심으로 전개된다.

1) 나치 독일의 범죄는 '악의 특이점'인가? 소련의 스탈린이 범한 범죄와 비슷했는가? 홀로코스트(Holocaust)와 비슷한 다른 집단적 인종학살(Genocide)이 인류 역사에 없었던가? 나치 범죄를 비판하는 학자들은 이러한 비교의 시도가 홀로코스트를 사소하게 만들 수도 있다고 생각하는데, 이에 대한 귀하의 입장은 무엇인가?
2) 독일 역사는 필연적으로 나치즘으로 이어지는 특별한 귀결의 산물인가?
3) 나치의 600만 유대인 학살은 진실인가? 아울러 나치의 범죄는 스탈린 치하의 소련에서 자행된 전체주의적 범죄에 대한 반응이 아니었을까?
4) 독일민족은 나치 범죄에 대해 특별한 죄책감을 짊어져야 하는가? 적어도 독일의 젊은 이들은 '왜 조상의 죄를 후손인 우리가 속죄해야 하는가?'라고 질문할 수 있지 않을까? 아니면 신세대의 독일인들은 자신들의 역사에서 어떤 자부심의 근원을 찾을 수 있을까?

National)의 마린 르펜, 유럽의회 내 영국 제1당으로 성장했던 영국 독립당(UK Independence Party)의 나이젤 페라지, 헝가리 의회에서 헌법의 개정선을 넘는 압도적 다수 의석을 확보한 우익정당 피데츠(Fidesz)와 더 급진적인 요빅(Yobbik)당의 출현 등의 사례를 살펴볼 수 있다. 이들은 과거의 보수적 거대정당들과 달리 단순화된 논리와 배제적 포퓰리즘의 수사로 일부 불만계층의 지지를 획득하는 가운데 사회적 약자집단의 기본권을 부정하고 제도정치를 총체적으로 비난하면서 민주적 선거절차의 악용을 통한 상식적 민주주의의 핵심 가치를 위협하는 특징을 보이고 있다. 신진욱(2016), "헌법국가에 착근된 민주주의: 독일 기본법의 형성과 체계를 중심으로", 85면.

인류는 '새로운 아우슈비츠의 거짓말'의 유혹에 과거와 현재만이 아닌 미래에도 마주할 수 있다. 다만, 이러한 상황인식은 각 시기마다 '시민적 용기(civil courage)'를 발휘한 동료 인간에 대한 기억의 소중함과 그 의미를 새삼 일깨운다. 우리 시대가 향유하는 민주주의의 열매는 무수한 앞 세대의 누군가가 흘린 피와 땀의 대가였음을 수용한다면, 이것이 의미하는 바는 진정 무엇일까? 전체주의가 강요한 이데올로기와 테러의 공포시기에 독일민족은 어떤 '시민적 용기'를 발휘했으며 민주주의 수호를 위해 어떤 투쟁을 수행했는지 잊어선 안 될 것이다. 최근 뮌헨대학의 '백장미단(Weiße Rose)'사건을 다룬 서적이 (재)출판되었다. 단두대의 이슬로 사라진 이들은 한나 아렌트가 『예루살렘의 아이히만』에서 강조한 '악의 평범성(the Banality of Evil)'과 더불어 '무사유성(Thoughtlessness)' 그리고 정치적인 것(the Political)의 실종이 왜 민주주의의 주적인지 온몸으로 의연하게 경고한다.

더 읽을거리

- Scholl, Inge , Schultz, Arthur R. , Solle, Dorothee. (1983). The White Rose. Munich.: 잉게 숄/송용구 옮김. (2021). 『아무도 미워하지 않는 자의 죽음』. 평단.
- Arendt, Hannah. (1963). Eichmann in Jerusalem: A Report on the Banality of Evil. New York.: 한나 아렌트/김선욱 옮김. (2006). 『예루살렘의 아이히만: 악의 평범성에 대한 보고서』. 한길사.
- 기사. Rudolf Augstein: Die neue Auschwitz-Lüge(새로운 아우슈비츠의 거짓말). In: Der Spiegel, 6. Oktober 1986. https://www.spiegel.de/politik/die-neue-auschwitz-luege-a-edfdcbd6-0002-0001-0000-000013519376?context=issue.
- 티머시 스나이더/조행복 옮김. (2017). 『폭정: 20세기 스무 가지 교훈』. 열린책들.

CHAPTER 03

중국 민주주의의 과거, 현재 그리고 미래

김현주

I 민본사상의 나라 중국, 민주주의를 어떻게 받아들이게 되었는가

민주주의의 기원이라고 하는 고대 그리스와 같은 시기, 중국은 부족국가를 거쳐 왕에 의해 통치되고 있던 왕정국가였다. 서양에서 왕정, 귀족정, 민주정 등 여러 정치체제를 두루 경험하고, 중세가 지나서는 영국의 명예혁명, 프랑스의 시민혁명, 미국의 독립혁명 등을 겪으며 민주주의를 확립하고, 서구식 정치모형을 개발한 것과 달리 중국에서는 일관되게 근대에 이르기까지 수천 년간 줄곧 왕정이 지속되었다. 그중 가장 오래된 국가로 알려져 있는 하(夏) 왕조가 통치하던 시기는 기원전 21세기부터 기원전 16세기까지라고 하니, 중국에서 왕정이 시작된 시기는 신화의 시대인 셈이다. 고대 중국의 요(堯)임금, 순(舜)임금, 우(禹)임금은 우리들에게 잘 알려져 있는 공자에 의해 성인으로 추앙받았던 만큼 중국 고대에는 무척 안정된 체제를 유지하였다고 추측해볼 수 있다. 그러나 하 왕조는 폭군 걸(桀)에 의해 쇠퇴하여, 상[商 혹은 은(殷)] 왕조의 탕(湯)임금에 의해 멸망하였다. 상 왕조는 또 다시 폭군 주(紂)에 의해 민심을 잃고 주(周) 왕조의 무(武)임금에 의해 멸망하였다. 무수히 많은 왕조가 생겨났다 사라지는 동안, 고대 중국에서는 평등한 시민이라는 개념이 출현한 적이 없었다. 그리고 정치는 물론 일정한 계급에 의해 전유된 것은 아니지만, 언제나 왕과 귀족들과 같은 통치계급에 의해 이루어지고 있었다. 그럼에도 불구하고, 주목할 점은 정치에 민심이 아주 중요하게 작용했다는 점이다. 그런 점을 서양의 '민주'사상과 구별하여 '민본'사상이라고 부른다.

민본사상은 하(夏), 상(商), 주(周) 시대부터 시작되어 춘추전국시대에 특히 발달하였다. 춘추시대 말기의 민본사상을 대표하는 사람이 바로 공자이다. 공자의 사상이 집약되어 있는 『논어』에는 "백성을 중히 여겨라(重民)", "백성을 사랑하라(愛民)", "백성에게 베풀어라(惠民)" 등의 표현이 자주 나오는데, 이를 통해 우리는 그의 민본사상을 엿볼 수 있다. 춘추전국시대는 농업사회로서 생산력을 책임지는 백성이 경제, 사회, 정치 등 모든 면에서 중요한 존재일 수밖에 없었다. 그런데 공자 민본사상의 뛰어난 점은 백성을 단순한 정치적·경제적 수단으로 본 것이 아니라 덕(德)으로 보살펴야 할 "사람(人)"으로 보았다는 점이다. 그런 이유로 공자의 사상을 인본주의(휴머니즘)라고도 한다. 그가 자신의 집 마구간에 불이 났다고 제자가 달려와 알리자, 사람이 다쳤는지를 먼저 물었다는 일화는 그의 인본주의적 정신과 태도를 단적으로 보여준다.

공자가 태어나기 전에는 "사람(人)"이라는 개념보다는 "백성(民)", "군자(君子)", "선비(士)"와 같이 신분을 나타내는 개념들이 더 자주 사용되었고, 사람을 주로 계급적, 신분적으로 통치의 주체와 대상으로만 봄으로써 인간 자체의 존엄성에 대해서는 관심을 기울이지 않았다. 그러나 공자는 "자신이 서고 싶으면 사람을 세우고, 자신이 이르고 싶으면 사람이 이르게 하라(己欲立而立人, 己欲達而達人)"라고 하면서, "사람(人)"을 중심으로 자신의 사상을 전개하였다. 이때 "사람"은 자신뿐만 아니라 다른 사람을 두루 뜻하는 것으로, 사람 일반을 의미하기도 한다. 즉 개인이 모여서 이루어진 사회를 뜻하는 것으로 확대하여 이해할 수 있다. 이로 인해 공자의 사상을 개인보다 사회를 중시하는 사상으로 이해할 수 있는 근거로써 제시되기도 하지만, 공자 이전의 "民"의 개념과 비교하면,[29] 상대적으로 대중의 위치를 제고시킨 휴머니즘적 민본사상이라고 볼 수 있다. 또한 공자는 "배워서 우수하면 관리가 될 수 있다(學而優則仕)"고 하면서 신분보다는 능력을 우선시하고, 배움에 있어서

---

29) "民"이 현대에서의 "인민", "국민" 등의 의미로 쓰인 것은 근대에 들어와서의 일이다.

신분상의 차별을 인정하지 않았다. 이리하여 고대 농업사회인 중국에서 백성을 근본으로 삼는 정치도덕이 확립되게 된 것이다. 사실상 그 본질은 물론 국가권력의 최상위에 존재하는 군주에 대한 충성을 목적으로 하는 것이었지만, 군주의 권위가 백성들의 지지에서 비롯된다는 것을 인식하고 그것을 정치적 정당성의 기반으로 삼았다는 점에서 그 의의가 크다고 할 수 있다.

중국 고대 민본사상을 대표하는 또 하나의 인물은 맹자이다. 어떤 이는 맹자의 철학적 지위를 소크라테스의 제자인 플라톤과 비교하기도 할 정도로 맹자는 중국 사상사에서 공자에 버금가는 중요한 인물이다. 맹자는 공자의 민본사상을 더욱 발전시켜, "백성이 귀하고, 사직은 그 다음이며, 군주는 가볍다(民爲貴, 社稷次之, 君爲輕)"라고 하는 '백성을 군주보다 중시하는 민경군귀(民輕君貴)'를 주장하였다. 그는 당시의 통치자들에게 이익만 생각하는 정치가 아닌 사람을 생각하는 정치, 즉 인정(仁政)을 실시해야 한다고 거듭 설파하였다. 맹자가 생존했던 전국시대 당시에는 군주의 권위가 하늘로부터 인정받았다고 생각할 정도로 군주의 권위가 절대적이었던 시대였고, 전쟁이 빈번하여 국가들 간의 주요 관심사는 어떻게 하면 더욱 강대해져서 더 많은 영토를 차지할 것인가에 있었기 때문에, 그의 주장은 무척이나 파격적인 것이었고, 지나치게 이상주의적인 것으로 여겨졌다.

민본사상은 이렇듯 국가의 근간이 백성임을 밝힌 선진적인 사상이었다고 할 수 있지만, 시민의 권리를 지키기 위한 민주사상과는 질적으로 다른 것이었다. 민주사상은 그 주체가 시민이지만, 민본사상의 주체는 군주이기 때문이다. 민주주의는 모든 권력의 근원이 시민이며, 국가는 그 시민들의 권리를 보장하기 위한 것이라는 생각에서 출발하였다면, 민본주의에 있어서, 모든 권력의 근원은 군주에게 있으며, 권리를 가진 시민이라는 개념은 존재하지도 존재할 수도 없었고, 백성이라고 불리는 피지배층은 결코 정치의 주체가 될 수 없었다. 간단히 말해, 민본은 '위에서 아래로'의 정치라고 할 수 있지만, 민주는 그와 달리 '아래에서 위로'의 정치라고 할 수 있다. 중국이 비로소 민본사상이 아니라 서구의 민주주의를 접하게 된 것은 19세기 청나라 말기에 서구사상이 전해지면서이다. 중국에서 "민주"라는 단어가 처음 쓰인 것은 북경 동문관(同文館)에서 1864년 출판한 헨리 위튼(Henry Wheaton)의 『만국공법(Elements of International Laws)』에서이다. 그러나 이 책을 중국어로 번역한 정위량(丁韙良, 본명 W. A. P. Martin)이 사용한 "민주"라는 단어는 오늘날 공화국이라는 의미로 알려져 있는 "republic"을 번역한 것이었다. 그 후 1872년 왕지(王芝)가 『해객일담(海客日譚)』에서 처음으로 "democracy"를 "민주"라고 번역하였다. 광서(光緖) 6년(1880년) 정관응(鄭觀應)이 『역언논공법(易言論公法)』에서 "서양에는 군주국가도 있고, 민주국가도 있고, 군민공주(君民共主)국가도 있다"고 설명함으로써 서양의 민주주의를 알렸고, 엄복(嚴復), 양계초(梁啓超) 등을 비롯한 많은 중국 근대의 지식인들이 "민주"를 부르짖기 시작함으로써 중국에서 민주, 자유, 권리 등 현대적 가치들이 유행하기 시작하였다.

Ⅱ 중국 근대의 다양한 민주주의 주장들

1. 엄복(嚴復)과 민주주의

19세기 청나라 말기 중국인들에게 서구의 입헌사상과 민주사상을 전파한 가장 대표적인 인물은 바로 엄복(嚴復)이다. 영국의 왕립해군학교에 유학했던 그는 토마스 헉슬리(Thomas Henry Huxley)의 『천연론(天演論)』(『진화와 윤리(Evolution and Ethics)』), 아담 스미스(Adam Smith)의 『원부(原富)』(『국부론(The Wealth of Nations)』), 젠크스(Edward Jenks)의 『사회통전(社會通詮)』(『정치사(A History of Politics)』), 존 스튜어트 밀(John Struart Mill)의 『군기권계론(群己權界論)』(『자유론(On Liberty)』), 몽테스키외(Montesquieu)의 『법의(法意)』(『법의 정신(The Spirit of Law)』)를 번역하여 중국에 소개하였다. 그의 번역들은 근대중국에 서구계몽사상이 전파되는 중요한 계기가 되었다.

청말 중국의 지식인들은 서방국가들의 군사와 기술 등 물질적 측면에서의 우수성을 부정할 수 없었지만, 사상과 윤리 등 정신적인 측면에서는 중국이 서양보다 더 우수하다는 자부심을 갖고 있었다. 그것이 바로 청말 동치년간(同治年間; 1861년-1874년)에 추진되었던 양무운동(洋務運動)의 사상적 기반을 제공한 '중체서용론(中體西用論)'이다. 그러나 엄복의 생각은 중체서용론과는 전혀 달랐다. 그는 서구문명의 우수성을 자유와 민주 등 서구사회의 기본적 가치들에서 발견하였다. 서구사회를 직접 경험하고 온 엄복은 『사회통전』에서 중국의 사회를 "종법사회", 즉 "불평등한 사회"라고 생각하였다. 그 이유는 서구사회의 경우 모든 일이 다수의 의견에 따라 결정되지만, 중국사회는 "조정에서는 관직을 중시하고, 고향에서는 나이를 중시"하는 전통적 사회였기 때문이었다. 사회는 토템사회에서 출발하여 종법사회로, 그리고 군국사회(또는 국가사회)로 단계적으로 진화한다는 진화론에 근거하여, 엄복은 중국사회도 종법사회에서의 낡은 법과 제도, 그리고 진부한 생각과 습관에서 벗어나 국가사회로 진화해야 한다고 생각했다. 그는 그것만이 중국이 강한 나라들의 먹이가 되지 않는 유일한 길이라고 믿었다. 나아가 그는 중국이 부강해지기 위해서는 "국민의 힘(民力)"을 키우고, "국민의 지혜(民智)"를 일깨우고, "국민의 덕(民德)"을 새롭게 해야 한다고 생각했다. 그중에서 "민덕"을 새롭게 하는 일은 중국의 전통적 도덕의 불평등성에 대한 반성에서 출발한 것이었다. 그는 중국의 봉건적 도덕관이야말로 개인과 사회의 발전을 저해하여 중국이 약육강식의 국제사회에서 약자가 되도록 만든 원흉이므로, 그것을 버리고 자유, 민주, 평등 등 서구 계몽운동의 이념들을 기초로 새로운 도덕을 정립해야 한다고 생각했다. 그는 그로써 대중의 힘을 키워 중국이 부강해질 수 있다고 믿었다. 그는 개인의 자연권을 출발점으로 삼았던 사회계약론이 아니라 국가 간의 경쟁을 약자가 강자의 먹이가 되는 약육강식으로 설명하는 사회진화론을 통해 입헌주의와 민주주의를 받아들일 것을 주장한 것이다.

엄복은 자유야말로 민주정치의 내재적 본질이라는 점을 간파하고, 서구사회의 민주주의에 대해 "자유를 본연(體)으로, 민주를 외연(用)으로" 한 것이라고 생각하였다. 이렇듯 서구 민주주의의 핵심이라고 본 자유는 자주독립성을 보장받는 국가의 자유를 의미하는 동시에, 정부와 국민 모두 헌법과 법률의 구속을 받는 자유를 의미한다. 즉 그에게 있어서 자유의 실현이란 곧 입헌정치와 법치주의의 실현을 의미하였다. 엄복은 신해혁명을 주도했던 혁명주의자들과 달리 공화정을 지지하지 않고 입헌군주제를 원했지만, 군주의 권력은 신민들이 자신들의 자유를 양도한 것에서 비롯되었다는 홉스의 주장에서 더 나아가 군주도 헌법과 법률의 구속을 받아야 한다는 생각을 가지고 있었다. 그에 의하면, 군주도 국가의 한 구성원에 불과하기 때문이다. 그러므로 그는 "국가를 잘 다스리는 자는, ……그 국민의 소기(小己)의 자유를 모아, 그로써 국가 전체(國群)의 자유를 이룬다"(嚴復 1981)고 생각했다. 그는 국군(國群)의 자유와 소기(小己)의 자유를 구분하였는데, 전자는 사회와 국가의 자유를 말하는 것이고, 후자는 개인의 자유를 말하는 것이다. 이것은 서구로부터 받아들인 "자유"라는 개념을 동양적으로 해석한 것이라고 할 수 있다.

서구에서의 자유는 "국가로부터의" 또는 "국가에 대한" 자유를 의미하는 것이지만, 엄복은 그와 더불어 다른 국가로부터의 자유, 즉 국가의 독립이란 의미도 자유개념에 포함시켰다. 그것은 근대중국이 서구열강으로부터 침략을 받아 자주성과 독립성을 상실한 역사적 경험 때문이다. 그리하여 반식민지 상태에서 벗어나 강한 국가를 이루고자 했던 엄복은 그 해답을 자유와 민주, 법치 등 서구 계몽사상의 가치들에서 찾았고, 그의 사상은 근대 중국의 수많은 지식인들이 서구사상을 이해하는 데 있어서 하나의 지침이 되었다.

2. 손문(孫文)의 삼민주의

1894년 중일갑오전쟁이 발발하자 광저우에서 자신의 진료소를 운영하던 손문은 진료소 문을 닫고 급히 상해로 향했다. 그것은 당시 권력을 잡고 있었던 이홍장(李鴻章)에게 상서를 올리기 위해서였다. 그는 상서에서 유럽이 부강해진 이유는 강한 무기와 함선, 그리고 군대에 있는 것이 아니라 사람, 땅, 재화, 화폐, 이 네 가지를 잘 활용한 것 때문이므로, 중국이 서구의 방식을 모방하여 부강해지고자 한다면, 이 네 가지를 우선시해야 한다(孫中山 1981a: 8)고 주장했다. 이것은 기존의 양무운동을 주도했던 사람들과는 다른 생각을 보여주는 것이었다. 그러나 손문의 이런 주장은 이홍장에게 거절당했고, 그 후 손문은 하와이로 가서 흥중회(興中會)[30]를 결성하여 자신이 직접 새로운 민주공화국을 건설해야겠다고 생각했다.

몇 차례의 무장봉기 끝에 혁명세력에 의해 1911년 신해혁명에 의해 수천 년간 지속되어오던 봉건통치가 드디어 무너지고, 중국 역사상 처음으로 공화정이 실시되었다. 그것이 바로 중화민국으로, 정식명칭은 중화인민공화국이었다. 그 초대 총통이 바로 손문(孫文)이다. 이로 인해 손문은 아직까지도 중국인들에게는 민주혁명의 선구자 또는 중화민국의 "국부(國父)" 등으로 알려져 있다. 그는 불문법인 영국의 헌법과 성문법인 미국의 헌법 모두를 거부하고 중국만의 새로운 입헌주의, 즉 "오권분립"을 주장하는 오권헌법을 주장하였다. 그가 말한 "오권(五權)"이란 행정, 입법, 사법의 삼권이외에, 규찰권(糾察權)과 고선권(考選權)으로 이루어져 있다. 그 중 규찰권과 고선권은 각각 감찰제도와 고시제도를 의미한다. 손문은 서구의 삼권분립이 갖고 있는 여러 문제점을 중국 고대부터 실시되어 오던 감찰제도와 고시제도를 통해서 보완·수정할 수 있다고 생각했다. 중국과 서양 제도의 융합을 통해 그는 독재로 흐르지 않고 서로 독립되어 있으면서도 상호 제약하는 독자적인 권력분립체제를 수립하고자 했다.

그런데 손문 민주주의 사상의 핵심은 오권분립론보다는 "삼민주의"라고 할 수 있다. 삼민주의란, 민족(民族)·민권(民權)·민생(民生)주의를 말한다. 중국 국민당이 기본강령으로 삼았던 삼민주의 중 민족주의는 만주족을 자신의 동족으로 생각하지 않고 배척하는 "반만(反滿)"적 성격이 강하였다. 그러므로 손문을 비롯하여 청조의 전복을 목표로 했던 혁명파들은 "오랑캐를 무찌르고, 중화를 회복하자"는 구호를 내세워 혁명을 준비했다. 청조는 만주족에 의해 세워진 봉건왕조이기 때문에, 그들에게 청조는 오랑캐에 의해 세워진 나라인 동시에, 봉건적 독재세력이라는 두 가지 의미를 모두 가지고 있었다. 신해혁명에 의해 청조가 무너진 후, 이들의 민족주의는 중국을 침략한 일본과 서구열강을 타도하고자 하는 반제국주의적 성격을 띠게 되었다. 그 다음으로

30) 흥중회는 1905년 화흥회(華興會), 광복회 등과 함께 중국동맹회(약칭 동맹회)를 결성하였다.

민권주의는 일반적으로 삼민주의의 핵심이라는 견해가 많다. 그 이유는 민권주의를 통해 혁명의 목표를 알 수 있기 때문이다. 1906년『중국동맹회혁명방략(中國同盟會革命方略)』에서 그는 "비록 세상이 복잡하지만, 그 일관된 정신은 즉 자유, 평등, 박애"이며, "이 세 가지 주의(삼민주의)의 내용은 또한 민유(民有), 민치(民治), 민향(民享)[31]과 더불어 자유, 평등, 박애일 따름"(孫中山 1981: 77)이라고 밝혔다. 이렇듯 삼민주의는 서구 계몽사상의 천부인권과 자유평등론을 반영한 것으로 민주주의를 중국식으로 해석한 것이었다. 마지막으로 민생주의는 손문사상의 사회주의적 일면을 보여준다. 그는 "평균지권(平均地權)"−토지국유를 통한 토지의 공동소유−와 "절제자본(節制資本)"−자본통제를 통한 계획경제−를 주장했기 때문이다. 이렇듯 손문의 삼민주의가 자본주의와 사회주의의 양면성을 띠고 있었다는 점은 이후 중국사회가 사회주의로 전환되기 위한 토대가 되었다고 마련했다고 할 수 있다.

3. 오사운동

우리나라에도 잘 알려져 있는 중국 현대사상가인 왕휘(汪暉)는 오사시기를 중국지식인들에게는 "황홀한 꿈이며, 잊을 수 없는 추억"이라고 표현하였다. 그것은 오사 신문화운동이 사상의 자유, 인성의 해방, 이성의 회복 등을 전 중국에 알린 계기이기 때문이다. 장호(張灝)가 말했듯이, "오사" 이후 중국에서 민주와 자유는 모든 정치와 문화운동의 공통적 구호였다(張灝 2006: 7). 그런 이유로 오사운동을 계몽운동이라고 부르는데, 다시 말하면, 오사운동이 "민주"와 "과학"이라는 새로운 사상을 기치로 전통적 봉건질서를 비판하거나 부정하고, 새로운 세상을 원하는 사람들에게 걸맞은 사상적 무기를 제공하였

31) 1921년 6월「三民主義之具體辦法」라는 연설에서 손문은 삼민주의를 링컨의 "of the people, by the people, for the people"과 상통하는 말이라고 하였으며, 그것을 중문으로 번역하면 민유, 민치, 민향이라고 할 수 있다고 하였다. 그러나 후에 그는 그 의미를 '국가를 인민이 공동으로 소유하고, 공동으로 다스리며, 공동으로 누린다는 의미'라고 설명하였다.

기 때문이다.

세계 1차 대전이 끝나고 전쟁을 일으킨 독일에게 죄와 책임을 묻기 위해 일본, 영국, 프랑스, 이탈리아, 미국, 중국 등 전승국들은 파리에서 강화회의를 개최하였다. 이 회의에서 당시의 원세개(袁世凱)의 북양(北洋)정부[32]는 산동, 남만주, 내몽고 등의 권익에 대한 일본의 21개조 요구를 수용하게 되었는데, 이때 강화회의에 참가했던 양계초가 그 사실을 알고 서둘러 본국에 알렸다. 진상을 알게 된 중국 민중은 분개하여 1919년 5월 4일 천안문 광장에 모여 집회를 갖고 대대적으로 반일시위와 반정부 시위를 벌였다. 오사운동은 단순한 애국운동으로 그치지 않고, 그 후 중국에서 계몽주의에 영향을 받은 사상 및 문화운동이 전개되었는데, 그것을 신문화운동이라고 부른다. 신문화운동은 "중국의 르네상스"라고도 불리는데, 전통적 사상과 가치를 부정하고 새로운 사상과 가치들을 적극적으로 수용함으로써 중국의 진정한 근대를 가져왔기 때문이다.

신문화 운동을 이끌었던 진독수(陳獨秀)는 민주와 과학을 신문화운동의 양대 기치로 삼았던 가장 대표적인 사람이었는데, 그는 그것을 각각 "democracy"와 "science"와 발음이 비슷한 한자를 이용하여 "더(德)선생"과 "싸이(賽)선생"으로 의인화하여 불러 큰 반향을 일으켰다. 그는 『신청년』이라는 잡지에서 「신청년 죄안의 답변서(≪新青年≫罪案之答辯書)」라는 글을 통해 신청년에 반대하는 사람은 공교(孔教), 예법(禮法), 국수(國粹), 정절(貞節), 낡은 윤리, 낡은 예술, 낡은 종교, 낡은 문학, 낡은 정치를 지키려는 사람이라고 규정하고, 더선생(democracy)을 보호하기 위해서는 그것들을 반대해야 한다고 주장하였다.

나아가 1915년 진독수는 과학과 인권을 모두 중시해야 한다는 구호를 외쳤다. 그는 『청년잡지』에서 「청년들에게 고함(敬告青年)」이라는 글을 통해 중

32) 중화민국의 초대총통이었던 손문이 총통의 직위를 원세개에게 양위한 이후, 1912년부터 1928년까지 북경에 있었던 중화민국의 정부를 말한다. 사실 북양이라는 말은 청나라 말기 선양, 직예, 산동일대를 일컬었던 말이었으나, 국민당 북벌 이전에 북양은 북경을 의미하는 것이었다.

국의 청년들에게 6가지를 요구했다. "자주적이어야 하며 노예가 되어서는 안 된다," "진보적이고 보수적이지 않아야 한다," "진취적이고 물러서지 않아야 한다," "세계적이고 쇄국적이어서는 안 된다," "실리적이어야 하며 실속이 없어서는 안 된다," "과학적이어야 하며 허황되어서는 안 된다." 그가 이 여섯 가지를 주장한 것은 청년들에게 과학과 인권을 받아들이기 위한 자세를 키워주기 위함이다. 그는 젊은이들이 열린 마음으로 과학과 인권을 받아들이기 위해서는 새로운 것을 두려워하고, 변화를 꺼리며, 자신의 생각과 판단에 의하지 않고 남의 생각과 판단에 따라 행동하려는 수동적이고 무사안일한 자세에서 벗어나 새로운 사회를 만들기 위해 적극적이고 진취적인 자세를 가지고 열심히 노력하기를 바란 것이다.

> "나에게 손과 발이 있는데, 스스로 따뜻하고자 한다; 나에게 입과 혀가 있는데, 스스로 좋고 나쁜 것을 판단한다; 나에게 마음과 생각이 있는데, 스스로 믿는 것을 따른다; 절대 다른 사람의 월권행위를 인정하지 않고, 또한 다른 사람을 노예로 삼지도 않는다: 무릇 스스로 독립적이고 자주적인 인격을 가졌다고 생각하는 사람은, 모든 행동, 모든 권리, 모든 신앙을 자신의 고유한 지능으로 결정하지, 절대 맹목적으로 타인의 생각을 따르지 않는다."
> (陳獨秀 1993: 130－131)

진독수를 비롯한 근대의 선진적 지식인들은 젊은이들이야말로 새 시대의 힘이라고 생각했고, 그들이 일어나야 새로운 중국이 탄생할 것이라고 믿었다. 그것을 위해서는 젊은이들이 과거의 무지와 미몽에서 깨어나야 했다. 오사시기 많은 젊은이들은 나라가 위기에 처했음을 깨달았고, 그러한 위기의식 속에서 자신들이 나라와 민중을 위해 무엇인가 해야 한다는 사명의식을 갖게 되었다. 그들이 갈 길을 비추어 준 것은 오사 지식인들이다. 그들은 젊은이들에게 새로운 사회에 대한 희망을 심어주었다.

오사 지식인들이 원했던 새로운 사회는 바로 민주사회였다. 민주사회의 건설은 무지한 국민들이 인권이 무엇인지를 깨닫고 과학적으로 생각해야 비로소 가능한 것이었다. 그러므로 그들은 "나라 사람들이 무지몽매한 시대를 벗어나고자 하고, 무지한 국민임을 부끄럽게 생각한다면 빨리 일어나 과학과 인권을 함께 중시해야 한다."(陳獨秀 1993: 135)고 외쳤다. 그는 「프랑스인과 근세 문명」이라는 글에서 프랑스의 역사가인 샤를 세노보(Charles Seignobos)의 말을 인용해서 인권에 대해 설명하였다.

> "옛날의 법률은 귀족의 법률이다. 인류가 불평등한 계급으로 구별되어, 각자가 그 신분을 지키도록 했었다. 그러나 지금의 사회는 민주 사회이다. 사람들은 법률 앞에 모두 평등하다. 불평등은 비록 전부 사라졌지만, 남은 것은 재산에 대한 사사로운 불평등뿐이며, 공적인 평등은 이미 이루어졌다."(陳獨秀 1993: 137)

여기서 알 수 있듯이, 오사 지식인들 생각하는 민주사회는 모든 사람이 법 앞에 평등한 사회이다. 이런 사회는 인권이 보장되는 사회이다.[33] 20세기 중국에서 이루어진 자유와 민주에 대한 요구는 그 의미가 크다. 물론 그들의 요구는 좌절되었지만, 당시 중국의 지식인은 물론이고 일반 민중도 민주와 자유를 거부감 없이 자신들의 천부적인 권리로 받아들이게 되었다는 사실은 오늘날 민주화에 대한 중국인들의 바람이 오랜 역사적 뿌리를 가졌으며, 그 실현이 터무니없는 것은 아님을 보여준다는 점에서 그렇다고 할 수 있다.

4. 인권논전(人權論戰)

근대중국에서 인권논전의 계기가 된 사건은 국민당의 "훈정(訓政)" 선언이다. 1928년 8월 15일, 장개석(蔣介石)의 주최 하에, 국민당은 남경(南京)에서 제3차 오중전회(五中全會)를 개최하고, "훈정(訓政)"을 실시할 것을 의결하였다. 그 내용은 국민당전국대표대회 및 중앙집행위원회가 국민대회를 대표하

33) 오사시기 지식인들에게 있어서 대의제를 통한 민권의 실현은 가장 중요한 화제였다. (肖高華, 「五四時期知識界的民主政制設計及論爭」, 『連云港師範高等專科學校學報』, 2011年 9月 第3期)

여 국민을 이끌어 나갈 것이며, 정권을 행사할 것이며, 국민당이 국민을 훈련시켜 점진적으로 "선거, 파면, 창제, 감찰 4가지 정치적 권력"을 행사한다는 것이었다. 그날, 국민당은 장개석을 국민정부의 주석 및 군총사령관으로 임명하였다. 그리고 1929년 3월 18일부터 27일까지 국민당은 남경에서 제3차 전국대표대회를 열어, "훈정시기 중화민국 최고근본법"을 결의하고, 훈정시기 필요하다면 "인민의 집회, 결사, 언론, 출판 등의 자유를 법률의 범위 안에서 제약할 수 있다"고 선포했다.

이에 대해 영미식 민주정치를 꿈꾸었던 호적(胡適) 등은 『신월(新月)』이라는 잡지를 통해 「인권과 약법」, 「우리는 언제나 헌법을 갖게 될까」 등을 발표하여 국민당정부의 훈정에 반대하였다. 호적, 나융기(羅隆基), 양실추(梁實秋) 등은 모두 평사(平社) 즉, 중국 페이비언 협회(Fabian Society)를 주축으로 국민당을 비판하였다. 본래 페이비언 협회는 점진적인 사회주의 건설을 목표로 한 것이었지만, 호적, 나융기 등 자유주의자들은 그것을 국민당정부의 독재와 인권탄압을 비판하는 진지로 삼았다. 그들은 국민당정부가 "반동분자", "악덕 지방유지(土豪劣紳)", "반혁명주의자", "공산주의자" 등의 명목으로 인신을 구속하고, 자유를 억압하며, 재산을 몰수하는 등 인권을 침해하고 있다고 비판하는 한편, 인민은 반드시 재산권, 노동권, 교육권, 사상, 언론, 출판, 집회 등의 자유권을 보장받아야 한다고 주장하였다. 그들은 인권이란 인간이 인간답게 살기 위한 필수조건으로서, 국가와 법률로도 제한할 수 없는 천부인권이라고 생각하였다. 사실, 국민당이 추진하였던 "훈정"은 헌법도 임시약법도 부정한 일당독재를 위한 구실에 불과했다. 나융기는 「우리는 어떤 정치제도를 원하는가」라는 글에서, 국민당의 "훈정"은 당이 국가의 우위에 있는 독재정치라고 비판하면서, 훈정은 필요 없다고 주장했다. 이들은 국민당의 독재를 비판하면서 동시에 공산당의 무력 통일에도 찬성하지 않았다.

1928년 8월 국민당 제2회 오중전회는 훈정약법을 제정한다고 선언한 이후, 1931년 5월 국민회의에서 드디어 「중화민국 훈정시기 약법」을 통과시켰다. 나융기는 「비평」이라는 글에서 약법은 "'주권재민'이라고만 쓰인 허문(虛文)이며, 인민이 주권을 행사한다는 실질적 내용이 없다", 인민에게 권리를

"왼손으로는 주고, 오른손으로는 빼앗는" 눈속임에 불과하며, 민주정치와는 거리가 멀다고 밝혔다. 이에 대해 국민당정부는 참을 수 없었다. 곧바로 신월서점에 경찰을 파견하여 수색하고 점원을 잡아갔다. 국민당정부의 적극적인 공세로 인권논쟁은 수그러들 수밖에 없었다.

5. 민주 vs. 독재 논쟁

민주와 독재 논쟁은 1933년 12월 10일 『독립평론』 제80호에서 「혁명과 전제」라는 글이 발표되면서 시작되었다. 그것은 장정불(蔣廷黻)의 글로, 전제정치를 옹호하는 내용이었다. 이 글을 읽은 호적을 비롯한 자유주의자들이 그 글이 실렸던 『독립평론』은 물론이고, 『동방잡지』, 『국민주보(國民週報)』, 『재생(再生)』 등 당시에 영향력 있던 잡지들에 반대하는 글을 실으면서 논쟁이 격화되었다. 그 후, 논쟁에 참여한 사람들은 크게 세 부류로 나뉘었다; 독재파/민주독재파와 민주파, 그리고 중간파이다. 독재파/민주독재파 진영에는 장정불, 전단승(錢端升), 그리고 정문강(丁文江) 등이, 민주파 진영에는 호적(胡適), 도맹화(陶孟和), 장계약(張奚若), 호도유(胡道維) 등이 있었으며, 독재파보다는 민주파의 경향과 더 가깝다고 할 수 있는 중간파 진영에는 진지매(陳之邁), 장불천(張佛泉), 오경초(吳景超) 등이 있었다.

민주와 독재 논쟁은 1934년 한 해 동안 이루어진 짧은 논쟁이었지만, 당시 중국 문화와 사상의 일면을 보여주는 논쟁으로서, 향후 중국인민이 왜 인민독재를 선택하게 되었는가를 보여주는 단초라고 할 수 있다. 또한 중국이 위기에 처할 때마다 등장한 독재론은 현재 한국 사회에서 위기를 통해 정권을 강화하려는 정치적 시도들이 쉽게 통용되는 이유를 설명해준다는 점에서 살펴볼 필요가 있다.

1930년대 초는 국민당이 훈정을 실시하겠다고 선포한 시기이다. 이 시기 국민당 내부에서는 무솔리니식의 독재를 실시해야 한다는 목소리가 컸다. 그런 목소리를 내는 인사들 중에는 일찍이 자유와 민주를 외치던 자유주의자들도 많았다. 그럼에도 불구하고 그들이 민주가 아닌 독재를 주장하게 된 이유는 당시 중국의 국내외 상황 때문이었다. 1930년대 중국은 무척이나 혼란스러운 때였다. 특히 국민당에게는 더욱 그러했다. 대내적으로, 국민당의 중국 내에서의 입지는 막 성장하기 시작한 공산당에 의해 위협을 받고 있었고, 대외적으로도, 일본의 중국침략으로 국가의 존망마저 위협을 받고 있었던 시기였다. 독재를 주장했던 지식인들이 당시 국민당의 훈정에 전적으로 찬성한 것은 아니었지만, 그들에게 있어서 내란을 잠재우고 외세에 대항하는 것이 더 급선무였기 때문에, 일단은 국민당 정부에게 독재의 권한을 주어야 한다는 생각이었다. 장정불은 영국, 프랑스, 러시아의 근대화 과정이 모두 건국으로부터 시작했다고 주장하면서, 국가를 통해서만이 국민의 행복이 있다는 논리를 폈다. 그는 「혁명과 전제」에서, 중국은 수천 년간 전제정치를 했지만 "불행히도……환경이 특수해서, 그들의 역사적 책임을 다하지 못했다"라고 함으로써, 과거 봉건시대의 전제는 진정한 독재가 아니며, 현대화 과정에서 민족국가의 건설을 위해 진정한 독재가 필요하다고 주장하였다. 남의 독재는 안 되지만, 나의 독재는 된다는 식의 자의적인 해석과 어떠한 방법을 통해서라도 통일만 된다면 모든 것이 해결될 것이라는 천진난만한 낙관론이 당시에 많은 이들에게 상당히 설득력을 가졌다. 그것은 "불행히도……환경이 특수해서"라는 점에서 일종의 함정이라고 할 수 있고, 일반대중은 물론이고 많은 지식인들이 빠져나올 수 없었던 치명적인 함정이라고 할 수 있다.[34)]

이에 대해 호적을 비롯한 자유주의자들은 즉각 반박하였다. 그들은 통일, 건국, 공업화 등은 모두 당시 중국이 반드시 성취해야 하는 목표들임을 부정하지는 않았지만, 그러한 목표들을 달성하기 위해 반드시 독재가 필요한 것은 아니라고 반박하였다. 호적은 『독립평론』에서 「건국과 전제」, 「건국과 전제를 다시 논함」이란 글을 통해, 서구의 근대화가 군주의 힘에 의해 전적으로 이루어진 것은 아니라고 반박하였다. 나아가 그는 중국과 같이 자본주의가 발달하지 않은 나라에서는 시민계급이 충분히 성장하지 못했기 때문에, 독재를 실행한다면 관료적 권위주의로 발전할 가능성이 크다고 주장했다. 또

34) 그들에게 국가의 위기는 자유, 민주와 같은 가치들보다 부국강병이 더 중요하게 느껴졌기 때문이다(趙穗生, 「中國民主悲劇深淵」, 『知識分子』, 1990年冬季號).

한 그는 중국은 수천 년간 전제정치를 실시해 왔는데, 왜 아직까지 민족국가를 이루지 못했는지 되물으며, 구식 독재와 신식 독재가 정말 차이가 있는 것인지 의문을 제기했다.

「건국과 전제를 다시 논함」에서, 호적은 독재를 반대하는 이유로 세 가지를 들었다. 첫째, 중국에는 독재를 할 수 있는 사람, 계급, 정당이 없다는 것이다. 둘째, 중국인 전체를 다 아우를 수 있는 공통의 분모가 없다는 것이다. 셋째, "민주정치는 상식적인 정치이지만, 개명전제는 엘리트의 정치"인데, 엘리트는 양성하기 어렵지만, 상식은 가르치기 쉽다는 것이다. 듀이의 정치철학에 영향을 받은 호적이 생각하기에, 민주정치만큼 국민을 훈련시키기 좋은 것은 없기 때문이었다. 이런 호적의 생각에 대해 고흔(顧昕)은 "유치원식의 민주관"이라고 비판했는데(顧昕 2006: 379), 독재를 반대하는 자유주의자들의 논리가 충분한 설득력을 얻지 못했던 것만은 분명한 사실이라고 할 수 있다.

게다가 독재를 반대하는 이들의 논리는 후에 오히려 인민독재를 정당화하는 기반을 마련해주기까지 하였다. 특히 호도유(胡道維)는 「중국의 기로(歧路)」에서 독재를 전제와 구분하였는데, 독재는 법치(法治)이고 전제는 인치(人治)이며, 독재는 과정이고 수단이지만, 전제는 결과이며, 목적이라고 주장하였다(胡道維 1934: 5-11). 그는 정문강이 주장한 신식 독재가 중국에서 실현될 수 없는 이유를 단체에 대한 신의성실의 의무가 중국에는 없기 때문이며, 독재는 민치를 기초로 이루어질 수 있기 때문이라는 다소 엉뚱한 주장을 하였다. 그런데 호도유가 그렇게 주장한 이유는, 세상에 존재하는 독재는 "노동대중의 독재", "전인민의 독재"뿐이었기 때문이다. 다시 말하면, 호도유는 독재 자체를 반대한 것이 아니라, 국민당의 독재를 반대한 것이었다. 또한 국민당의 독재가 전제에 불과하다는 논리를 전개하여 독재를 비판한 호도유는 법치와 민치를 기초로 한 독재라면 용인될 수 있다는 여지를 남김으로써, 이후에 모택동이 주장한 인민민주독재의 논리적 기초를 마련한 셈이었다.

모택동의 인민민주독재(人民民主專政)

1949년 6월 30일 중국 공산당 28주년 기념식에서 모택동은 다음과 같은 연설을 하였다.

> "1840년 아편전쟁이 실패한 이후, 선진적인 중국인은, 천신만고 끝에, 서방국가에서 진리를 찾고자 했다. 홍수전, 강유위, 엄복, 그리고 손중산은 중국공산당이 탄생하기 이전 서방에서 진리를 찾았던 대표적 인물들이다. 그때, 진보적인 중국인들은 서방의 새로운 지식이라면 어떤 책이라도 보았다. 일본, 영국, 미국, 프랑스, 독일에 사람들이 놀랄 정도로 많은 유학생을 파견하였다. 국내에서 과거를 폐지하고, 우후죽순격으로 학교를 세우고, 서방을 배우려고 애를 썼다. 나 자신도 청년 시기, 배운 것들이 그런 것들이었다. 그것은 서방 부르주아 민주주의 문화였다. 즉 당시의 사회학, 자연과학을 포함하여 새로운 학문이란 것은, 중국 봉건주의 문화 즉 낡은 학문과 대립되는 것이었다. ……제국주의 침략은 서구의 학문을 배우려는 중국인의 꿈을 부수고 말았다."[35]

모택동은 물론이고 많은 중국의 지식인들이 1917년 10월 혁명을 통해 세계 최초로 세워진 러시아의 사회주의 국가를 보고 생각이 달라졌다. 서구 자본주의 국가들로부터 배우고자 했던 중국인들은 마르크스 레닌주의를 보편적 진리라고 생각하기 시작하였다. 그리고 1919년 중국에 오사운동이 일어났고, 1921년 중국공산당이 성립하였다. 손중산은 10월 혁명 이후 중국공산당과 협력하기로 결심했다. 그러다 손중산이 죽고, 장개석이 국민당의 정권을 계승하였으며, 중국 공산당과 반목하였다. 그리고는, 1939년 2차 세계대전이 일어났고, 일본이 중국을 침략했다. 중국공산당은 일본을 몰아내고, 장개석이 이끄는 국민당과 3년에 걸쳐 인민해방전쟁을 하여 승리하였다. 이렇게 하여, 서구의 자본주의 문명, 부르주아지 민주주의 등은 프롤레타리아가 주도하는 인민민주주의에게 그 자리를 내어 주었다.

---

35) http://www.jswl.cn/course/maogai/wx/lrmmzzz.htm(검색일: 2021.10.15.).

인민민주독재(중국어로는 인민민주전정)라는 말은 바로, 국민당을 대만으로 몰아내고 드디어 사회주의 정권을 수립하게 된 1949년 6월 30일 모택동이 「인민민주독재를 논한다」(앞의 연설)라는 연설을 통해 중국이 인민민주독재 국가임을 선포하고, 그 주도세력이 노동자계급임을 밝힌 이후, 지금은 중화인민공화국 헌법에도 명시되어 있는 중요한 개념이 되었다. 인민민주독재라는 것은 프롤레타리아(무산계급)독재의 특수한 형태이다. 중국 사회주의는 유럽과 달리 자본주의 사회에서의 자본가계급과 노동자계급 사이의 모순과 갈등 속에서 성장한 것이 아니었는데, 그 이유는 중국 공산당이 창당할 당시의 중국은 성숙한 자본주의 사회가 아니었기 때문이다. 물론 당시의 중국이 전통적인 봉건적 농업사회에서 벗어나 자본주의 사회로 전환하고 있었다는 것은 부정할 수 없는 사실이지만, 무산계급혁명을 성공시킬 만한 힘이 노동자계급에게는 없었다. 당시 반봉건상태인 중국의 노동자 계급은 200만에 불과했고, 농민이 전 인구의 80%이상을 차지하고 있었다. 그리하여, 중국 공산당은 농민은 물론이고, 지주, 지식인이나 자본가 등을 포함한 사회 각 계층과의 협력을 통해서 사회주의 정권을 수립할 수 있었다. 그러므로 구소련과 달리 무산계급독재라고 말하지 않고, "인민"민주독재라고 말한 것은 그런 이유에서라고 할 수 있다.

인민민주독재는 마치 모든 중국인을 위한, 모든 중국인에 의한 통치인 것처럼 보이지만, 사실상 "무산계급의 영도 하에서"라는 단서가 붙었기 때문에, 결국은 보통의 민주주의와는 다른 방식으로 전개될 것이라는 암시하고 있었다. "독재"를 용인한 결과, 1966년부터 10년간의 문화대혁명은 물론이고, 1989년 천안문 사태에 이르기까지 많은 중국인이 "독재"의 칼날에 희생당하고 고통 받았다. 그리하여, 중국 내에서도 이제는 헌법에서 인민민주주독재라는 조항을 없애야 하는 것이 아닌가하는 반성의 목소리가 나오고 있다.

중국 민주주의의 현재, 그리고 미래는?

1. 베이징 컨센서스와 중국식 민주주의

중국은 항상 서구와는 다른 방식을 추구하고 있으며, 추구할 것이라고 말해왔다. 그들은 자신들의 방식을 "워싱턴 컨센서스(Washington Consensus)"와 구별하여 "베이징 컨센서스(Beijing Consensus)"라고 부른다. 그것은 간단히 말하자면 사회주의하의 시장경제모델이라고 할 수 있는데, 사회주의를 포기하지 않고 시장경제적 요소를 수용하여 경제발전을 이루겠다는 그들의 의지를 보여주는 개념인 것이다.

베이징 컨센서스라는 용어는 2004년 타임즈(The Times) 신문의 편집장이었던 죠수아 쿠퍼 라모(Joshua Cooper Ramo)가 영국 런던 외교정책센터에서 중국식 발전모델을 가리켜 명명한 것이다. 라모에 의하면, 중국의 정세와 사회적 필요에 적합한 중국식 발전모델을 통해, 중국은 놀랍도록 빠른 속도로 성공적인 경제성장을 이루었다. 베이징 컨센서스는 경제영역뿐만 아니라, 사회, 정치, 국제 등 각 방면의 문제에 두루 해당하는 것이다. 그것은 경제영역에서 중국이 이룬 성과로 인해 발전도상국 등 제3세계 국가들에 있어서 서구식 발전모델인 워싱턴 컨센서스에 대한 대안으로 부상하였으나, 자유와 평등, 법치, 민주주의 등의 문제를 경제성장의 걸림돌로 여긴다는 문제점으로 인해 지킬박사와 하이드로 비견되기도 한다(스테판 할퍼 2011).

서구사회는 중국이 인권이나 민주주의를 무시한 채로 경제성장만 중시한다는 이유로 비판하면서 중국을 외교적으로 압박해왔지만, 중국은 그것을 내정간섭과 주권침해라는 이유를 들어 거부해 왔다. 경제적 영역에서의 발전과 비교해 보면, 중국의 정치적 영역은 제자리걸음이라고 많은 사람들이 얘기하고 있지만, 중국 내에서 민주주의 실현에 대한 요구가 강해지고 있는 만큼 중국도 나름대로 민주주의에 대한 고민을 하고 있는 것이 사실이다. 중국의 입장에서는 민주주의에 대한 중국인들의 열망을 인정한다고 하더라도, 단번에 민주주의를 실현한다는 것은 위험부담이 클 수밖에 없다. 따라서 그들은 민주주의 또한 경제개혁과 마찬가지로 "중국식"으로 실현하고자 한다.

중국 정부에서 시도하고 있는 "중국식" 민주주의는 사회주의를 포기하지 않을 뿐만 아니라, 공산당의 주도적 위치 또한 침범해서는 안 된다는 것을 원칙으로 추진되고 있다. 그를 위해서, 중국정부는 당내민주의 실현을 우선적 목표로 삼고 있다. 실질적으로 당내민주는 어느 정도 성과를 보여 왔다. 중국은 경제적 개혁과 더불어 일련의 행정개혁, 인사개혁, 제도개혁 등의 정치개혁을 통해 통치능력을 강화하고 체제의 안정을 실현해 왔다. 중국은 "사회주의 민주정치의 실현을 21세기 당(공산당)이 직면한 중요한 정치적 임무"[36]라고 규정하고 공산당 내부의 민주화를 추진하고 있다.

지금의 중국이 성립한 이래, 공산당과 당 지도부에 대한 과도한 권력집중은 여러 가지 폐단을 낳았는데, 결국은 문화대혁명, 천안문사태와 같은 비극을 초래하기도 하였다. 그러므로 당내민주의 실현은 공산당 권력의 분권화, 권력의 개인화와 관료주의화의 극복, 당과 국가기구의 기능적 분리 등을 통해서만이 가능하다. 이를 위해, 중국은 법치(依法治國)를 내세워 정치개혁을 추진하는 한편, 민주선거와 민주감독 등을 통해 당내 민주주의를 심화시키고자 노력하였다. 당내민주란 절차상의 민주주의를 확립하기 위한 것으로, 무엇보다도 권력남용과 당 지도층의 부패를 방지하기 위한 것이었다.

중국식 민주주의의 특징은 선거민주와 협상민주가 결합된 민주주의를 추구한다는 점이다. 그것은 모두 실질적인 민주주의라기보다는 절차상의 민주주의를 추구하는 것에 지나지 않는다. 그러므로 중국정부에서 내세우는 당내민주가 민주주의를 근본적으로 확립하는 것이라고 보기 어려우므로 헌정민주주의를 채택해야 한다는 비판도 있다.[37] 실제로 당내에 오랫동안 고질적으로 자리 잡고 있었던 부패문제는 쉽게 해결될 기미가 보이지 않았다. 그것은

36) 胡錦濤, "高擧中國特色社會主義偉大旗幟為奪取全面建小康社會新勝利而奮鬥", 廣州日報(2007年10月16日)(http://gzdaily.dayoo.com/html/2007-10/16/content_65199.htm)(검색일: 2021.10.15.).

37) 劉軍寧, 「中國政治體制改革：黨內民主, 抑或憲政民主？」, 朱學勤編, 『為生民立命』, 南京: 天地圖書有限公司, 2009.

개혁개방 이후 진행되어 온 경제적 자유화로 인해 오히려 더욱 심각해졌다. 어떤 이는 개혁개방 이전에는 간부의 부패가 지금보다는 덜 했다고 말할 정도로 부패가 만연하기 시작했다. 이런 문제점을 극복하기 위해 2002년 등장한 후진타오－원자바오 체제는 이전보다 더욱 법치를 강조하였다. 그러한 의지는 『중국의 민주정치건설』(2005년), 『중국의 정당제도』(2007년), 『중국의 법치건설』(2008년) 등의 백서로 나타났다. 후진타오 주석은 2005년 "조화로운 사회(和諧社會)"의 건설을 주장하면서, 중국 특색 민주주의를 위해 당의 영도, 인민주권, 법치실현이 필요하다고 역설하였다.[38] 그는 "민주 없이 현대화도 없다"고 강조하였고, 원자바오 총리 또한 2007년 전국인민대표대회에서 민주주의를 자본주의 국가뿐만 아니라 사회주의국가 또한 추구해야 하는 보편적 가치라고 주장하였다.[39] 그는 중국특색 민주주의의 실현을 위해 기층민주주의를 확대하고, 정무를 공개하고, 인민의 권리를 법으로 보장해야 한다고 지적했다. 이렇듯 정부차원에서 민주주의를 보편적 가치로 인정하고 추진할 것이라고 약속한 점은 큰 발전이라고 할 수 있다. 그러나 실현여부와 상관없이 그 내용에 대한 비판도 만만치 않다.

그것은 중국정부에서 발표한 백서들이 밝히고 있는 중국특색 민주주의의 내용 때문이다. 백서는 중국특색 민주주의가 네 가지 특징으로 이루어질 것임을 밝혔다. 즉, 공산당 지도하의 인민민주주의,[40] 인민주권, 인민민주독재(人民民主專政), 민주집중제이다. 이것은 또한 4가지 원칙을 중심으로 진행된

38) 胡錦濤, "胡錦濤在省部级主要領導干部提高構建社会主義和諧社会能力專題研討班上的講話", 新華網(2005年 2月 19日)(http://news.xinhuanet.com/newscenter/2005－06/26/content_3138887.htm)(검색일: 2021.10.15.).

39) http://news.xinhuanet.com/misc/2007－03/05/content_5801945.htm(검색일: 2021.10.15.).

40) 인민민주는 간단히 말해서 주권이 인민에 있다는 것이고, 그것을 실현한 민주주의라고 할 수 있다. 그 기본 틀은 주로 인민대표대회제도, 중국공산당영도의 다당협력 및 정치협상제도, 민족구역자치제도, 그리고 기층 군중자치제도로 구성된다.(https://baike.baidu.com/item/%E4%BA%BA%E6%B0%91%E6%B0%91%E4%B8%BB/326707?fr=aladdin)(검색일: 2021.11.17.).

다. 첫째는 중국 공산당의 영도, 인민주권, 법치 원칙의 통일을 통해서이다. 둘째, 사회주의 제도의 유지이다. 셋째, 사회안정과 경제발전, 인민생활에 이익이 되어야 한다. 넷째, 국가주권, 영토보전, 존엄에 유리해야 한다.[41] 여기서 가장 중요한 원칙은 "공산당의 영도"이다. 그러므로 향후 중국에서 실현될 민주주의는 기본적으로 공산당을 중심으로, 사회주의원칙에 입각하여 이루어질 것이라는 점을 분명히 한 것이다. 중국 전체 인구(2021년 기준 14.1178억)의 약 14.8%(2021년 기준 9514.8만 명)에 불과한 공산당이 전체 인민을 대표한다는 것에 대해 중국 내의 진보적인 학자들은 부정적이다.

그런 회의를 불식시키기 위해 제기한 것이 바로 심의민주 또는 협상민주이다. 서구에서의 심의민주주의는 시민들의 자유로운 참여와 토의를 통해 각자의 선호와 의견을 표현하는 것을 의미한다. 그러나 심의민주주의가 시민들을 의사정책결정과정에 참여시킴으로써 제도와 체제를 정당화하려는 의도를 갖는 것이라는 비판이 있다. 뿐만 아니라, 중국은 세계에서 대표적인 언론통제 국가이므로, 그것이 현실화된다고 하더라도 민주주의 실현에 도움이 될 수 있을지는 미지수이다. 중국정부는 개혁개방 이후 양극화의 심화로 인해 봇물처럼 터져 나오는 사회 각 계층의 불만을 해소하기 위한 카드로 법치와 민주를 내세우고 있지만, 그 실현을 위한 전략, 즉 당내민주를 통한 인민민주의 실현, 점진적인 사회주의 민주의 추구라는 카드는 중국 인민들의 요구를 속 시원하게 해소하기에는 무리가 있음을 알 수 있다. 그럼에도 불구하고, "경제우편향, 정치좌편향"의 딜레마를 극복하고, 중국특색의 민주주의를 구현하고자 하는 중국정부의 노력은 아직도 진행 중이라고 할 수 있다.

2. 홍콩 민주화시위와 중국 민주주의의 미래

2014년과 2019년 홍콩의 민주화시위로 여론이 들썩거렸다. 2014년 홍콩 시민들이 외친 것은 홍콩 최고위직인 행정장관 량전잉(梁振英)의 퇴진과 시민

41) http://news.sina.com.cn/c/2005-10-19/11208053056.shtml(검색일: 2021.10.15.).

투표를 통한 새로운 행정장관의 선출이었고, 2019년은 중국에서 발생한 범죄의 용의자로 지목된 홍콩 거주자를 중국 본토로 송환할 수 있도록 한 범죄인도법안에 대해 반대하는 시위였지만, 그들이 진정으로 원하는 것은 한 마디로 "완전한 민주주의"의 실현이었다.

1843년 아편전쟁에 진 중국이 난징조약을 체결하여 홍콩을 영국에 할양한 이래 줄곧 영국의 식민지였던 홍콩은, 1984년 12월 19일 영국과 중국 간에 체결된 홍콩반환협정에 의해 1997년 7월 1일 중국에 반환되었다. 협정에 의하면, 중국은 반환시점인 1997년부터 50년 간 홍콩의 기존체제를 유지해야 하며, 외교와 국방을 제외하고는 홍콩 주민에게 고도의 자치를 인정해야 했다. 이후 중국은 사회주의체제와 자본주의체제의 공존을 모토로 하는 "일국양제(一國兩制)"를 통해 홍콩의 현행 체제를 인정해 왔다.

그러나 2014년 8월 31일 우리나라의 국회에 해당하는 중국의 전국인민대표대회(전인대) 상무위원회가 북경에서의 기자회견을 통해 2017년 홍콩 행정장관 선거에서의 후보자격을 친중(親中)인사로만 제한할 것을 발표한 이후, 홍콩에서는 홍콩의 중심지인 "센트럴"을 중심으로 그에 반대하는 대규모 항의시위가 일어났다. 전인대는 각 분야의 대표로 이루어진 "후보추천위원회" 위원의 과반수이상의 지지를 얻은 사람만이 후보가 될 수 있으며 그 수도 2-3명으로 제한할 것이라고 밝혔다.[42] 이러한 발표는 그렇지 않아도 중국 본토에 대해 불만을 가지고 있었던 홍콩주민들의 심기를 건드렸다.

당초 홍콩이 반환될 당시 홍콩시민들은 이런 일을 우려하여 반환을 반대했었다. 그러나 중국이 홍콩에게 "고도의 자치", 다시 말하면, 최대한의 자치를 인정했기 때문에 반환을 받아들인 것이었다. 중국의 선거 개정은 결국 그러한 약속을 어긴 셈이 되었다. 그러므로 화가 난 홍콩시민들은 이번 시위를 통해 "완전한 자유 직선제"를 요구하고, 중국의 정치적 간섭에서 벗어나기를 희망하고 있다.

홍콩의 민주시위로 인해, 중국정부의 입장은 본토에서의 민주화에 대한

42) http://www.newsis.com/ar_detail/view.html?ar_id=NISX20140901_0013143219&cID=10102&pID=10100(검색일: 2021.10.15.).

요구와 맞물려 상당히 난감한 처지에 몰렸다. 중국정부는 본토인이 홍콩으로 여행하는 것을 금지하고, 인터넷 등 통신을 차단, 검열하여 철저하게 본토에서 홍콩의 민주화시위에 호응하지 못하도록 차단했다. 홍콩의 요구에 어떻게 대처하는가는 결국 향후 전 중국의 민주화에 상당히 심각한 영향을 미칠 수 있기 때문이다. 홍콩의 사태를 지난 천안문사태와 같은 방식으로 처리하지는 않았지만, 강압적 방식으로 진압한 점에서는 같다. 철저히 통제되었던 베이징과는 달리, 홍콩 시민들은 시위를 막기 위한 홍콩경찰의 최루탄 가스에 맞서 우산을 들고 시위를 하여, "우산혁명"이라고 불리고 있으며, 홍콩의 시위는 이미 전 세계 민주화의 아이콘이 되었다. 홍콩의 시위상황은 뉴스와 인터넷매체 등을 통해 매시간 전 세계에 전해졌다. 그 여파로 홍콩의 민주화시위에 대해 중국정부가 강압적 수단과 방법을 동원한 것에 대한 세계 여론의 비난을 피할 수 없게 되었다. 또한 그것은 중국에서 중국식 민주주의 이외의 다른 민주주의는 용납하지 않음을 보여준 것이었다.

더 생각해 볼 문제

1. 중국식 민주주의는 형식적 민주주의일까? 실질적 민주주의일까?
2. 민본주의와 민주주의 무엇이 다를까?
3. 오사시기 민주와 독재 논쟁, 우리에게 주는 함의는 무엇일까?
4. 홍콩 민주화 시위자들이 원한 것은 "완전한 민주주의"였다. "완전한 민주주의"는 과연 바람직한가?

CHAPTER 04

'헤이세이(平成) 시대'라는 변곡점: '정치의 실패'를 통해 본 일본 민주주의의 오늘

유불란

I 냉전의 종언은 동아시아에 무엇을 초래했는가?

구 소비에트의 붕괴 직후 일본의 저명지인 『文芸春秋(문예춘추)』의 주관으로 열린 어느 대담회에서, 한 패널은 이후 전개될 동아시아 내 역사갈등의 전개양상을 내다보기라도 하듯 다음과 같이 발언한다.

> 양국 매스컴은 … 오로지 '과거사 청산'과 [위안부 문제 관련] 보상에 대해서만 말할 뿐, 냉전이 끝난 뒤 일한관계라고 하는 중요 테마에 대해선 전혀 돌아보지 않고 있습니다. 오히려 거듭된 한국의 '사죄 요구'에 일본이 '사죄'를 되풀이하다 보니 일본인의 반한, 혐한감정만 늘어갈 따름입니다. (중략) [그런데 이처럼] 비틀린 관계를 수정하기 위해 논설을 펴는 게 아니라 도리어 부채질하는 것이 일한 양국의 신문이다 보니, 그 죄가 크다 하지 않을 수 없습니다. (중략) 일본 정치가들은 그저 마찰이라도 일까 두려워서 언발에 오줌 누기 식으로 그 때만 넘기면 된다고 여길 따름이에요. (중략) 지금 [일본] 국민들 사이에서는 크나큰 불만이 일고 있습니다(田中明 외 1992).

물론 여기서 갈등의 주된 원인인 양 지목된 두 나라 매스컴의 영향은, 향후 한일 간의 갈등 양상을 특징짓는 '반향효과'의 측면에서 중요성을 갖는 것이 사실이다(노윤선 2019: 133－4). 하지만, 사실 이는 해당문제의 궁극적인 원인변수라기보다는 오히려 이미 새나오던 불협화음을 보다 시끄럽게 들리게끔 만드는 데 일조했다고 보는 편이 더 합당할 것이다. 잘 알려진 것처럼 80년대 초반의 이른바 "日 교과서 歪曲"[43]을 둘러싼 마찰을 비롯해, 과거사 문제를 둘러싼 갈등 그 자체는 한국과도, 중국과도 냉전이 종식되기 전부터 이미 존재해 온 바였다. 그럼에도 불구하고, 이때까지만 하더라도 특히 한일 간의 역사갈등은 냉전구도 하에서 공산권에 대한 자유진영 내 연대의 필요성이란 명분을 앞세워, 비록 국내 차원에서는 논란거리가 될지언정 양국 관계의 전면에까지는 부각되지 않게끔 보류될 수 있었던 것이다(야스다 2019: 167–8).

그런데 냉전의 종언이라는 세계사적 격변을 배경으로, 이에 조응해 각 나라에서 벌어진 국내적 환경변화와 함께 역내 상호관계는 새로운 전기를 맞이하게 된다. 일례로 동독이 민주화되기 2년여 전 벌어진 한국의 민주화는 일본에게 그저 '반공 파트너'의 상실로서만 그치지 않았다. 앞서 '보류'라는 표현을 썼지만, 이는 바꿔 말하면 기왕의 식민지적인 종속구조를 소위 "냉전동맹" 하에서의 정치·경제적 조력 관계로 이름만 바꿔 온존시켜 온 데 다름 아니었던 것이다(김성민 2019: 35–6). 이 점에서 민주화 및 냉전종식 후 한국 측이 이전과는 달리 민간 영역에서뿐 아니라 정부 차원에서도 식민지배 청산을 전면적으로 제기하고 나선 것은, 요컨대 일본과의 관계 틀을 근본에서부터 재검토하겠다는 의미였다. 그리고 이후 헤이세이 30여 년(1989–2019)[44]을 거치며 한국은, 예전 같았으면 상상하기 어려웠을 자신들 바로 곁의 '경쟁자'로서 일본에게 새로이 자리매김 되기에 이른다.

---

43) 『한국일보』 1982.07.22. 「두 얼굴 드러낸 日 교과서 歪曲」

44) 이 글에서 '헤이세이 시대'를 현대 일본정치사 상의 일대 모멘텀으로 잡은 것은, 특정 일왕의 재위가 그 자체로서 어떤 함의를 갖는다는 의미에서가 아니다. 일본사회가 냉전의 종언에서 글로벌화로 이행해 가던 "세계사적 격동의 시대"를 맞이하게 되던 하필 그 때 그 시점에서 일왕이 바뀌게 된 것은 물론 하나의 우연에 불과할 터이다. 하지만 그런 우연성에도 불구하고, 1989년에서 2019년 사이의 해당 시기 중 일본사회가 이전의 고도성장기 때와 전혀 다른 국면으로 변화하게 되었음 또한 명백한 바이다. 이점에서, 이하 헤이세이 시대라 칭한 것은 주된 분석 대상으로서 해당 이행기를 여타 시기와 구분하기 위해 붙인 '이름'으로서만 사용하고 있음을 밝힌다.

이 같은 역내 역학관계의 변화는 비단 한일관계에서만 그러했던 것이 아니었다. 특히 대중 관계의 경우, 중국이 동아시아 정세의 핵심 축으로 부상함에 따라 그간 일본이 누려온 지역적 패권을 직접적으로 위협하게 된 만큼, 더 한층 심각한 갈등에 직면하게 되었다. 대한 관계에서와 유사하게 중일 양국 사이에도 물론 역사 갈등 및 영토분쟁이 줄곧 존재해 왔지만, 냉전 중에는 舊소련에 대한 공통의 경계심을 매개로 본격적인 현안으로까지 도드라지는 경우는 드물었다. 하지만 소련의 붕괴 후 양국 국가정책 상의 우선순위가 바뀌어 감에 따라 그로부터의 쟁점들을 둘러싼 두 나라 사이의 마찰이 갈수록 격화됐다. 그래도 한동안은 정치적 갈등보다는 경제적 협력관계 상의 상호이익을 앞세운 소위 '經熱政冷(경열정랭)'적 밀월이 지속되었으나, 점점 더 뚜렷해져만 간 양국 사이의 경제성장의 격차는 결국 정치적 경색으로 이어졌다(글로서먼 2020: 155).

헤이세이 시대, 즉 냉전의 종언에서 글로벌화로 향해가는 세계사적 변동기에 접어들면서 일본사회 전반에 두드러지게 된 혐한 내지 혐중이라는 현상은, 요컨대 앞서 살펴본 동아시아 내 역학구도의 급변속에서 상대적으로 축소되어 가는 일본의 위상에 대한 대중적 위기의식의 한 양태라 할 수 있다. 관련해서 요시미 슌야는 전환기 일본이 처한 이 같은 복합적인 위기상황에 대해 다음과 같이 묘사한다.

> 일본이 가장 괴로운 것은 이 중간의 시대, 즉 아시아는 아직 발전을 지속하고 있는데 일본에선 하이퍼 소자녀(超小子)화·고령화와 인구감소가 지속되는 향후 사반세기이다. (중략) 격차사회는 지금 와선 계급사회화의 양상을 보이고 세대 간의 모순도 확대되어 간다. (중략) 일본은 점점 늙어가는 사회가 되고 … 동아시아 안에선 발전을 계속하는 중국에 밀려날 처지가 된다. 이런 가운데 한편으로 헤이세이 시대에 대두한 혐중적 내셔널리즘이 갈수록 강해질지 모른다. (중략) 경제적 침체 타개를 위해 신자유주의적 정책이 한층 더 취해지고, 감세 조치와 규제완화로 공공영역은 점점 축소되어 일시적으로는 경제가 부양되더라도 격차는 확대되는 만큼 사회 전체의 열화는 멈추지 않는다(요시미 2020: 304).

그에 따르면 이른바 '잃어버린 30년'이란, 지금에 와서는 '잃어버린 반세기'의 서곡이 될 공산이 크다고 지적한다. 요컨대, '헤이세이'란 글로벌화와 넷 사회화, 소자녀 고령화의 시대적 변화를 일본사회가 결국 넘어서지 못한 채 좌절해 버린 시대였다는 것이다(요시미 2020: 37).

버블경제의 붕괴 이래 2012년의 3.11 삼중재난에 이르기까지 뭇 쇼크들이 연이어 터져 나오는 가운데, 잃어버린 시간이라는 표현으로 상징되는 "붕괴감각"이 일종의 시대정신처럼 사회 전반으로 확산되어 온 만큼, 이런 전환기적 위기를 극복해 보려는 노력 역시 물론 다양한 각도에서 경주되어 온 게 사실이다. 그리하여 일각에선 21세기로의 세기전환 시기의 제반 노력들을 두고 일본 근·현대사상 예외적으로 '돌출된 시대'였다고 평할 정도였다(小倉紀蔵 2005: 105－6). 예를 들어 자민당 장기집권의 폐해에 대한 대중적 문제의식에 힘입어 등장했던 민주당 정권이, 3.11사태 후 작금의 일본에 요구되는 근본적인 개혁의 필요성과 그 방향에 대해 내놓은 「재생전략」은 그런 절박함을 단적으로 드러내 보여준다. 이에 따르면 일본의 현 주소는 다음과 같이 정의되고 있다. 일본이 세계 유수의 경제력을 자랑하던 시절은, 아시아 내 유일의 선진국으로 인정받던 시절은 이미 오래 전에 막을 내렸다.[45] 뿐만 아니라 어느 나라보다 심각한 초고령 사회로의 이행에서 드러나듯, 기왕의 GDP 증대식 '양적성장'은 이를 가능케 할 토대 그 자체마저 무너지고 있는 형편이란 것이었다.

양적 성장 대신 비록 지표화하긴 어렵지만 '인연(縁)'이나 '유대(絆)' 같은 일본적인 사회문화적 가치에 입각해 질적 성장으로의 전환을 꾀했던 앞서 민주당의 '공동창조 국가(共創の国) 구상'은, 곧 이은 자민당의 재집권과 함께 아베노믹스라는 또 다른 방향에서의 개혁구상으로 대체, 폐기되었다. 이후 아베 정권은 전후 일본사상 최장기 집권을 이뤄내는 데 성공했고, 헤이세이 시대가 막을 내린 현재까지도 자민당의 집권은 계속되고 있다. 그렇다면 이번의 새로운 처방으로 그간 어지러이 전개되어 온 숱한 개혁론 러시에 마침

45) 国家戦略室 『日本再生戦略～フロンティア拓き´「共創の国」へ～(平成24年7月31日閣議決定)』 p. 1(https://www.cas.go.jp/jp/seisaku/npu/ 2021.08.31.검색).

내 종지부를 찍게 된 것일까? 하지만 자민당發 해당 정책의 공과를 어떻게 평가할 지는 여전히 논쟁적인 주제로 남아 있는 형편이다.

글로서먼은 개개 정책에 대한 세부적인 평가와는 별도로, 그간 일본의 전반적인 정치개혁 상의 지지부진한 양상에 대해 이렇게 코멘트 한다.

> [뭔가] 행동에 나서야 한다는 … 갈수록 매서워지는 목소리에도 아랑곳없이 진전이 없다는 사실이 현대 일본의 가장 큰 수수께끼다. 국가적인 목표를 실현하기 위해 대중을 엄청나게 동원한 적도 있고 성공을 거둔 전력도 있는 나라가 대체 왜 외부 위협이 증가하고 있는데도 국내적인 침체를 해소하지 못하는가? 이런 무기력은 정책결정자들이 문제를 해결하기 위해 대중을 동원할 수 있었던 최근 발생한 일련의 대내외적 충격들을 감안하면 납득이 가질 않는다(글로서먼 2020: 302).

대체 어째서일까? 관련해서 해당 논자는 기득권 문제 등 갖가지 요인들을 거론하고 있지만, 그중에서도 특히 주목해 볼 부분은 그간 일본의 고도경제성장을 가능하게 한 주된 요인 중 하나로 꼽혀 온 정치적인 안정 대신 계속되고 있는 정치 영역에서의 혼란과 사회문화 차원에서의 보편적인 "국가적 자부심" 쪽이다(이면우 2004: 21; 글로서먼 2020: 94–96). 이들 요소는 그 각각으로서도 중요하지만, 이와 함께 상호작용에 따른 복합적인 영향에 대해 살펴볼 필요가 있다. 즉, "정치적 난국"이 지속되면서 위로부터 그간의 일본정치사상 유례를 찾아보기 힘든 새로운 유형의 정치 리더십이 등장하게 되었다(김영수 2002: 84). 여기에 장기불황으로 인해 깊어만 가는 아래로부터의 경제적 위기의식, 그리고 위기에 처한 일본을 더 한층 위태롭게 내모는 새로운 경쟁자로서의 역내 주변국들의 부상에 대한 대중적 반감이 맞물리면서, 우경화와 혐한·혐중으로 특징지어지는 일본 정치의 오늘이 초래되었기 때문이다.

II 포퓰리즘적인 리더십의 부상이라는 문제

이런 정치적 변동을 이해하기 위해서는 우선 그 배경에 해당하는 1955년 이래 93년까지의 38년간, 혹은 그로부터 10개월 뒤 정권을 되찾은 자민당의 집권이 2009년 재차 막을 내리기까지 54년 동안 지속된 소위 '55년 체제'부터 살펴볼 필요가 있다. 이미 널리 알려진 것처럼 해당 체제는 그간 일본의 정치현상 및 정치과정을 규정하는 핵심 요소로서 기능해 왔다(이이범 2003: 4). 그 주요 특색으로는 한 선거구에서 3－5명의 의원을 선출하는 중선거구제를 배경으로, 첫째, 자민당이 압도적 우위를 점유한 일당우위체제, 둘째, 자민당으로 대표되는 보수와 사회당으로 대표되는 혁신의 보혁 대립구도로 전개된 양대 정당체제, 셋째, 자민당이 국회의석의 단독 과반수를 점하고 사회당을 비롯한 야당이 의석의 3할 정도를 차지하는 이른바 1.5정당제 등을 꼽을 수 있다(정미애 2011: 463). 하지만 그런 외형적 특징보다 오히려 중요한 것은 이런 식의 정치시스템이 지속되면서 그 속에서 일본정치가 어찌 방향 지워져 왔는가에 있다.

> [중선거구제 하에서] 자민당은 선거구마다 유력파벌이 경쟁적으로 복수의 후보를 세워, 같은 당 후보들끼리의 충돌도 마다하지 않고 과반수 확보를 노린다. 야당으로의 정권교대란 선택지는 사실상 없는 셈이고, 수상은 헌법에 없는 "정권여당"의 파벌역학에 의해 선출된다. 여당의 [특정분야 및 업계이익을 대변하는] 족(族)의원들, 횡적소통이 없는 각 부처의 관료들, 그리고 재계에 의한 "철의 삼각동맹"이 밀실에서 경제·사회적 이해 조정을 수행한다. [오히려] 각 부처를 통할해야 할 내각은 구심력을 결여하고 있고, 이러한 여당주도 시스템의 그늘 아래서 국회는 공동화되었다(清水真人 2018: 11).

해당 선거제 하에서는 소선거구제에서의 경우와는 달리 일정 정도의 득표율을 위해 지역구 내의 핵심 지지자들만 챙기면 족하다. 이에 따라 일본의 정치인들은 55년 체제 하에서 일종의 '거간꾼'이 되어갔다. 당선의 요체가 핵심 세력들에게 지지에 대한 반대급부로서의 이익을 얼마만큼 효과적으로 가져다 줄 수 있는지에 달려 있는 현실에서, 지지자들의 요망을 담당 부서의 관료들에게 연결시켜 주고 예산을 획득해 내는 데만 치중하게 된 것은 어쩌면 당연한 귀결이었다.

흔히 '철의 삼각형'으로 일컬어져 온 이 같은 정당－관료－재계(政官財)의 지배연합에 의한 정치리더십은 자민당이 제시한 정책적 목표를 관료 집단이 구체화시키고, 이를 다시 재계가 실현시켜 나가는 식으로 국가운영상의 폭넓은 협력을 이뤄냈다는 점에선 긍정적 측면이 아주 없었던 건 아니었다. 하지만 문제는, 이런 협력 내지 야합 속에서 자민당의 정책조사회 및 국회 대책위원회가 최종의사결정 기구로서 사실상 국회의 기능을 대신하게 된 데서 단적으로 드러나듯, 공식적인 국가 기구가 무력화되었다는 데 있다. 나아가 더 큰 문제는, 이에 따라 정책결정 과정 역시 자연 불투명해질 수밖에 없게끔 되었다는 점이다.

김영수는 이로 인해 초래된 국정상의 폐해를 다음과 같이 정리하고 있다.

> 국가의 실질적인 정책과정은 사적 기구인 자민당의 '정책조사회'가 해당 성청의 관료들과 협의해 처리한다. 각 선거구에 구체적인 이익을 가져다주어야 하는 정치가들에게 이 과정은 불가결하다. 국가적인 쟁점에 관한 실질적인 협의는 각 정당의 국회대책위에 의해 커튼 뒤에서 이루어진다. 국회라는 공식적인 장에서 국가운영을 둘러싸고 격돌하지만 그건 표를 의식한 일종의 연출이다. 야당은 표면적으로 … 는 대안적인 정치집단이지만, 실질적으로는 자민당의 일당지배를 보조하는 균형자 역할을 수행했다. 그리하여 국가 운영은 공적인 정치과정을 통해 감시되고 검증되지 않았다(김영수 2002: 91－92).

지배연합의 이 같은 부패의 고리로 인한 폐해는 70년대를 거치며 점점 더 두드러지게 되었다. 전후 일본 최대의 정치자금 스캔들이었던 록히드 사건을 비롯해, 특히 88년 즈음의 리쿠르트 사건은 이미 심각한 지경에 다다른 자민당에 대한 국민들의 불신을 결정적인 것으로 만들었다. 결국 55년 체제는 4년 여 뒤 또다시 불거진 도쿄 사가와규빈(東京佐川急便) 사건을 계기로 당내 실세였던 가네마루 신(金丸信)이 실각하게 되면서, 이후 권력재편의 와중에 자민당이 내부적으로 분열됨에 따라 종언을 고했다.

리쿠르트 사건으로 인한 다케시타 정권의 붕괴 뒤 본격화된 정치적인 혼란과 이와 맞물리듯 벌어진 거품경제의 붕괴에 따른 일련의 위기상황 때문에, 정치 개혁은 대중적인 차원에서는 물론, 그 요체라 할 소선거구제로의 중의원선거제도 전환을 꼭 반기지만은 않던 정치권에서조차 감히 거스르지 못할 시대적 과제로 자리 잡게 되었다. 이러한 개혁의 파장은 일본정치 전반에 두루 미쳤다. 본래 의도했던 바는 양당구도로 이끌어 투표장에서 이념과 정책을 두고 서로 맞붙게끔 함으로써 권력 교체가 일어나게끔 만드는 데 있었다. 하지만 이후 전개된 변화의 실제 양상은 기대한 것과는 전혀 다른 방향으로 전개되었다. 사회당은 만년 야당으로서의 체질에서 끝내 벗어나지 못한 채 아예 소멸되어 버렸고, 자민당 쪽에선 기존의 파벌 대신 당수로의 권력집중이 벌어졌던 것이다.

야마구치 지로는, 잃어버린 10년이란 정치인들이 정치가로서 마땅히 결단했어야 할 국정상의 조치들, 즉 일시적인 국민부담의 증대를 감수해서라도 적기에 재정 재건을 시도하고, 얼마간 도산이나 실업이 증가하더라도 필요한 산업구조 상의 전환을 추진했어야 함에도 이를 회피해 버린지라 발생한 '정치의 실패'로 규정한다. 이로부터 그는 90년대를 전후해, 장기집권 여당으로서 자민당이 노정하게 된 문제점을 다음의 네 가지로 정리한다(야마구치 2002: 20-33).

첫째, 국익 차원의 총체적 판단 대신 개별 이해관계에 함몰되어 버린 '이익정치화'이다. 그에 따르면 만년 여당으로서 자민당은 앞서 살펴본 지역 및 업계의 뒷바라지 역할에 함몰된 나머지, 정책상 우선순위를 가리거나 취사선택하는 능력 그 자체마저 상실해 버린 듯 보일 지경이었다고 비판한다. 즉, 정당마다 보다 역점을 두는 특정한 이해관계가 있을지언정, 그렇다 하더라도 이와 상충하는 사회 내의 여타 주장들까지를 한데 아울러서 나름의 체계화된 정책으로 종합시켜내야 함은 물론이다. 그런데 이 점에서 뭇 이익들이 그저 "잡거상태"에 있었을 따름인 자민당은, 특히 90년대 들어 글로벌화로 인한 국제적인 경쟁이 본격화되었음에도 여기서 낙오된 제휴업계로부터의 청원에 따라 패자구제의 응급조치만 연발했을 뿐, 구조개혁은 등한시했다는 것이다.

둘째, 당내에 만연하게 된 권력 획득 및 유지만을 염두에 두는 '기회주의적 성향'이다. 야마구치는 앞서 개별이익에 대한 고려에 따른 국정차원에서의 총체적 판단의 저해가 특히 1993년의 정권상실 이후 두드러지게 된 포퓰리즘적인 정치로 인해 더 한층 악화되었음을 밝힌다. 실행조치의 적절성 여부와는 별도로, 어쨌든 '빅뱅개혁', 즉 대대적인 구조개혁을 모색했던 하시모토 정권이 좌절하고 난 뒤 들어선 오부치, 모리정권 하에서는 그저 공공사업을 통한 인기몰이 식 경기대책만 남발되었을 뿐, 98년의 금융위기가 지나간 뒤 절실했던 근본적인 조치가 이뤄지지 않은 탓에 일본경제는 다시금 위기로 빠져들 수밖에 없었다는 것이다.

셋째, 실질적인 개혁 조치 대신 의미 불명의 정치슬로건만 앞세우는 '논리의 포기'이다. 70년대 이후 지배연합의 부패상이 거듭해 폭로되면서 조성된 정치개혁에의 국민적 열망 덕분에, '개혁'이란 표현은 그 자체로서 정당성을 띠는 슬로건으로 부상하게 됐다. 하지만, 특히 경제관련 정책마다 거의 반드시 등장하곤 한 '구조개혁' 운운하는 선언은 실제로 어느 쪽으로, 또 어떠한 조치를 통해 경제구조를 바꿔 나가겠다는 것인가? 그즈음 본격화하기 시작한 신자유주의의 세계적인 확산세의 와중에서, 구조개혁이라 함은 요컨대 시장원리를 철저히 적용시켜 함량미달의 기업은 도태시키고 해당 노동력은 보다 효율적인 부문으로 이동시키는 것이었다고 할 수 있다. 따라서 당시 이런 맥락에서의 구조개혁을 위해선 그간의 공공사업상의 저효율을 어떻게 높일지 근본적인 체질 개선책을 모색해야 했다. 하지만 실제로는 그저 개혁을 외치는 구호만이 난무했을 뿐, 방향성도 필요한 조치도 전혀 제시되지 않았다고 야마구치는 지적한다.

넷째, '책임전가'의 정치 문제는, 이런 와중에서 현 사태의 원인을 전혀 잘못된 방향에서 찾거나, 심지어는 대중의 시선을 돌리고자 엉뚱한 대상에 책임을 전가시키는 경우마저 비일비재하다는 데 있다. 이에 따라 미디어의 일상적인 비판 기능을 통제하려는 정도를 넘어서, 주변국들을 탓하거나, 심지어는 그간 일본이 평화헌법 하에서 이룩해 온 전후 민주주의 그 자체마저 부정할 지경이다.

> 첫 번째 공격대상은 전후(戰後)란 시대 그 자체이다. 현재 일본의 폐색상황은 전후라는 시대의 막다른 골목이기 때문이란 것이 저 정치인들의 시대 인식이다. 이들은 저들도 전후 민주주의 속에서 이익 분배에 매몰되어 안일을 누려왔던 건 생각지도 않고, 전후의 헌법과 교육이 일본을 나쁘게 했다고 주장한다. 그리고 헌법이나 교육기본법 개정논의에 열심히 참가해 그 기본 법제를 바꾸는 것만이 현상을 타개할 최후의 비책이라 호소한다(야마구치 2002: 30-31).

이처럼 극심한 혼란이 계속되던 가운데, 고이즈미(小泉純一郎)가 그간의 당내 이익유도형 정치리더십에 대한 비판을 전면에 내세우며 등장했다. 잘 알려진 것처럼 그는, 자기가 소속된 자민당마저 부술 각오가 되어있다며 우정민영화 등 일련의 개혁정책들을 급진적으로 드라이브 해 일본국민들의 열렬한 지지를 받았다. 우치야마는 이런 고이즈미의 파퓰리즘적 정치수법의 두드러진 특징으로서 다음 두 가지를 꼽는다. 첫째, 인상적인 한 마디를 활용해 선과 악의 대립구도를 강조하는 '정치의 극장화'. 둘째, 여당이나 정부 내 반대를 찍어 누르며 '관저주도' 및 '수상지배'로 개혁정책을 주도하는 톱다운 식 정책결정방식. 우치야마 유는 대중의 정념에 호소하는 고이즈미 류 '정치의 극화(劇化)'를 통한 개혁추진의 새로운 양상에 대해 이렇게 지적한다.

> [그의] 지론이었던 우정사업민영화는, 자민당의 … 이해에 저촉되기에 당내로부터 격렬한 반대가 쏟아졌다. 하지만 고이즈미는 물러서지 않고 개혁에 반대하는 자들을 '저항 세력'이라 부르며 규탄했다. 2005년 … 총선거에서는 조반(반대) 의원들을 공인해 주지 않고 해당 선거구에 대립 후보로 '자객'을 지명해 보내기까지 했다. 이런 양상은 매스미디어 상에서도 센세이셔널하게 다뤄져서 유권자들의 관심을 불러 일으켰다. 그야말로 정치를 극화시킨 '고이즈미 극장'의 진면목을 보여준 셈이었다. 그 결과 자민당은 … 전에 없던 대승을 거뒀고, 고이즈미는 염원하던 우정민영화를 실현할 수 있었다(内山融 2007: 7).

고이즈미 총리가 은퇴한 뒤 재연된 자민당의 혼란 덕분에 민주당은 또 한 번 정권 교체를 이뤄낼 수 있었다. 하지만 때 이른 정권붕괴를 초래한 그 직접적 계기로서의 3.11 사태가 아니더라도, 집권 직후부터 노정된 민주당 내의 혼란과 국정운영 능력의 부재는 사람들을 크게 실망시켰다. 모두가 강력한 정치적 리더십을 바라마지 않던 바로 그 때, 그리하여 전에 없던 지지를 몰아주었음에도 민주당 스스로가 내세웠던 "정치주도"란 캐치프레이즈가 무색하리만치 실망스러운 행보를 거듭했기 때문이다. 그런지라 2012년 정권을 되찾은 자민당의 아베 정권이 고이즈미 식 포퓰리즘 노선을 관저주도로 다시금 밀고 나가게 된 것은 지극히 당연한 귀결이었던 것이다.

Ⅲ 어려운 시대의 좌절한 사람들: 국가적 자부심이라는 가짜 약

돌이켜 보면 일본의 전후 고도 성장기란, 본래라면 오히려 서로 상충될 터인 '자유의 확대와 확실성', 그리고 '경제성장과 격차의 축소'가 양립하던 극히 예외적인 시대였다. 이런 양립이 가능할 수 있었던 건 물론 안정적인 경제성장과 이로 인한 실생활 면에서의 안정이 지속된 덕분이었다고 할 수 있다(야마다 2015: 63). 그 결과, 쇼와 시대(1926–89) 말기에 이르면 소위 "1억 총 중류"란 표현이 공공연히 회자될 만큼 낙관적인 사회적 분위기를 구가하게 된다.

하지만 헤이세이 시대에 접어들면서 일본에서도 이제 본격화된 글로벌한 차원의 신자유주의의 충격과 그로 인한 사회경제적 리스크의 확산 및 계층 간, 세대 간 양극화 덕분에, 그간의 밝은 분위기는 순식간에 전반적인 불안감으로 뒤바뀌게 되었다. 이로 인해 일본사회에 이른바 "희망격차"가 만연한 가운데, 이런 처지로 자신들을 내몬 근본적인 원인일 배후의 신자유주의적 구조변동을 직시하기보다 당장의 원념을 투사할 희생양 찾기에 골몰하는 울분에 찬 '패자 그룹'이 대거 생겨나게 되었다.

르상치망 차원의 희생양 만들기나 보상심리로서 배타적인 자긍심을 과시하는 것은, 사실 현재 일본에서뿐 아니라 양극화로 인한 문제가 첨예해지면서 포퓰리즘적 "분노의 정치"가 급속도로 세를 얻고 있는 오늘날 서구에서도 널리 발견되는 현상이다. 이때 자신들이 부당하게 패자 그룹으로 끌어내려졌다고 믿고 있는 저들의 행동양식에 대해 후쿠야마는 이렇게 묘사한다. 한편으로 그들의 분노는 이 모든 사태를 초래했음에도 그저 방관만하고 있을 따름인 승자 그룹 쪽으로 향한다. 하지만 동시에, 그들은 저들이 보기에 정부 및 좌파 엘리트들의 비호를 등에 업고 부당하게 혜택을 누리고 있는 듯 보이는 소수자 집단에게도 향한다. 패자 그룹으로선 어느 쪽으로든 비난받아 마땅한 누군가의 탓으로 이 모든 사태의 책임을 지우고 싶어 한다는 것이다(후쿠야마 2020: 150).

이런 식의 책임전가는 민주당 등 소위 '좌익'과 더불어서, 현 사태의 또 한 원흉으로 지목된 재일 한국인을 향해 넷 우익들이 강변하고 있는 '특권'론에서도 그대로 되풀이된다. 그들에 따르면 재일 한국인은 지나치게 보호받고 있는데, 이런 "무임승차" 탓에 당연히 보호받아야 할 어려운 처지의, 즉 패자 그룹 쪽 일본인들은 오히려 복지혜택에서 밀려나고 있다는 것이다. 이는 물론 실상과는 전혀 동떨어진 억지일 따름이다. 하지만 문제는, 이에 사실관계를 들어 아무리 설명하려한들 저들이 그런 반론을 '음모'라 치부해 버릴뿐더러, 애초에 대화 그 자체마저 거부한다는 데 있다(야스다 2013: 184).

대중적인 르상치망에 조응해 일고 있는 근래의 이 같은 우파 포퓰리즘의 경향성에 대해 엠케는 다음과 같이 묘사하고 있다.

> 자신들의 … 신념에 대한 밖으로부터의 비판은 결코 논의의 대상으로 삼지 않는다. '자신'과 '이방인', '우리' 대 '그들'로 양분된 세계관에 기본적으로 깔려 있는 적대적인 의식은 처음부터 비판을 튕겨낸다. 그런 비판은 우리 나라, 우리 민족 … 을 위해 유일하게 진실 되고 정당한 투쟁을 이끌어가는 이들을 … 억압하고 조종하는 일로 치부된다. 그리하여 자신은 어떤 반박이나 의심에서도 면제된다고 생각하는 폐쇄적인 사고방식이 더 한층 견고해진다.

> (중략) 비판적인 보도는 '가짜 언론'이 영웅적이고 애국적인 봉기의 가치를 모른다는 증거일 따름이다. (중략) 그리고 자신들의 공격성은 정당방위라 미화한다(엠케 2017: 87).

이 같은 억지가 성립할 수 있는 까닭은, 우파 포퓰리즘 측에서 기존의 정치적으로 올바른 가치관과 상식을 좌익의 '표현 독재'이자 억압이라 전복시킴으로써, 그런 금기의 위반을 일종의 정치적인 저항행위라도 되는 양 정당화시키고 있기 때문이다(엠케 2017: 262－263). 이런 맥락에서 일본 전후 민주주의의 핵심 테제로서의 역사문제와 일상차원에서 이를 끊임없이 상기시켜 주는 그 상징과도 같은 재일 한국인에 대한 공격은, 요컨대 포퓰리즘 류 분노의 정치의 일본적 전개인 셈이다.

그런데 여기서 주의할 점은 反역사·반한감정을 초점삼은 이러한 원념이 그저 사회 밑바닥에 깔린 불투명한 정념으로서만, 그에 따른 단속적인 혐오 소동으로서만 그치지 않고, 앞서 살펴본 대중영합 노선에의 전환과 맞물리면서 오늘날 일본정치를 좌우하는 실질적인 영향력으로까지 부상하게 됐다는 데 있다. 사실, 반한 감정이란 한국에서 흔히 오해하듯 일본 내 몇몇 우익인 사들이 만들어 낸 그런 것이 아니다. 물론 그간 일본 정치인들의 이러저러한 망언들이 없었던 건 아니지만, 이는 오늘날 일본사회 전반에 "혐한의 토양"이 두텁게 쌓여가는 와중에 전개되고 있는 한국(및 중국)과의 역사문제를 방편삼은 위로부터의 전후 일본에 대한 총체적 공세와는 결을 달리한다(야스다 2013: 311; 오구라 2015: 10－11). 요컨대 헤이세이 이래의 혐한이란, 첫째, 점점 더 절망적인 상황으로 빠져드는 일본의 장기화된 침체와 그에 대비되는 이천 년대 이후 한국의 경제적, 문화적 급성장의 대비로 인한 상처받은 자긍심과 둘째, 그런 열패감을 자신들의 르상치망의 배출구로 삼아 배외주의로 빠져들고 있는 패배 그룹의 부상, 그리고 셋째, 이러한 상황을 적절히 이용해 기존 전후체제에 대한 공세를 더해가고 있는 이념적 움직임이 뒤엉켜 표출된 것이다. 이런 측면에서 혐한은, 말하자면 이제 그 효용이 다해버렸음을 절감하고서도 그런 '전후'에 여전히 애매하게 한 발을 걸친 채 혼미를 거듭하고 있는 헤이세이 일본의 뒤틀린 자화상이라 할 수 있다.

이런 맥락에서, 일견 모순처럼 보일지 모르지만 '잃어버린 10년'이란 표현이 유행하기 시작한 바로 그즈음부터 일본에서 본격화된 한류는, 실은 혐한과 뿌리를 같이하는 사회적 징후라 할 수 있다. 김성민이 지적한 대로 88년의 서울 올림픽 내지는 심지어 2002년의 월드컵 공동개최 전까지만 해도, 일본의 일반인들에게 한국이란 그들 일상 너머의 타자일 따름이었다(김성민 2019: 23). 그런데, 이천 년대에 접어들면서 한국은 이러한 '부재하는 타자'에서 '과잉된 타자'로 급격히 전환되기에 이른다. 잘 알려진 것처럼 드라마를 중심으로 한 문화상품의 대유행도 유행이었지만, "경제도 산업도 일본은 진정 한국에게 패배한 것인가?" 같은 보도[46]에서 단적으로 드러나듯, 리만쇼크 등 세계적인 경제위기 속에서도 일본에 비해 위기를 훨씬 빠르게 극복해 내고 있던 한국의 역량 그 자체에 대한 관심이 급격히 고조되었기 때문이다.

요컨대 새로운 세기의 도래와 함께 그들로선 갑작스레 곁에 다가온 활기 가득 찬 한국의 이미지는, 일본 사회에 헤이세이 시대의 정체와 쇠퇴를 더 한층 부각시켜주는 일종의 '뒤집힌 거울상'처럼 비춰졌던 것이다. 민주화의 피어린 역경을, 외환위기를 차례차례 극복해낸 저 한국의 역동성을 어떻게 하면 일본도 되찾을 수 있을까. 이에 오구라 기조가 "룩 코리아"[47]라 명명한, 한국에 빗대어 일본의 현 상황을 비판하거나 개혁을 촉구하는 식의 한국 의식하기가 이때부터 자리 잡게 됐던 것이다.

이에 대해 오늘날 한국 쪽에서의 상황은 어떠할까? 글 첫머리에서 한일 양국 매스컴 간의 반향효과에 대해 언급하였지만, 인터넷 시대의 본격화와 함께 이제 이 같은 부정적인 상의 확대 재생산은 민간영역으로까지 광범위하게 확대되어 있는 형편이다. 그런 의미에서 현재의 일본만큼이나, 아니 그 이상으로 한국에서의 일본 의식하기 역시 사회 전반에 만연해 있다고 할 수 있다.

46) 『日本経済新聞』2010/09/14, 安西巧, '日本は韓国に負けたのか'

47) '룩 코리아'란, 말레이시아의 前수상 마하티르가 서구 대신 일본이나 한국을 배울 것을 골자로 1981년 주창한 'Look East Policy(동방 정책)'을 원용해, 2000년대 이후 한국에 대한 일본의 관심을 지칭하고자 만든 신조어임.

혹자는 이렇게 물을지 모른다. 고도성장기 이래 일본이란 한국에서 늘 비교의 대상, 경쟁 대상으로 여겨오지 않았냐고. 하지만 오늘날 한국에서의 일본 의식하기를 조금 더 자세히 살펴보면, 관심의 깊이는 여전하되 ‘종언’이니 ‘쇠퇴’니 하는 표현이 난무하는 데서 알 수 있듯, 논조 방향이 이전과는 정반대로 뒤집혀 있는 것을 알 수 있다. 요컨대, 앞서 오늘날 일본이 현재 한국의 활기를 부풀려서 스스로에 대한 문제의식을 표출하듯, 오늘날 한국은 현재 일본의 정체된 현실을 비하함으로써 스스로의 성취를 돌려 자랑하고 있는 셈이다.

그렇다면 한국 사회의 일각에서 회자되듯 방역에서의 성과 등, 일견 ‘코리아 애즈 넘버 원’으로 올라선 오늘, 저 일본이라고 하는 정점을 지난 상대는 우리가 더 이상 구애받을 필요가 없는 그런 존재일까.

> 일부 한국인들은 일본의 어려움을 고소하게 여길지 모르겠지만, 한국인들은 … [오늘날 일본의 정체를] 경고의 메시지로 읽어야 한다. 물론 한국 정치는 일본이 겪고 있는 무기력한 상황이 지배하고 있지 않으며, 이는 보수와 진보 세력이 번갈아 집권하는 데서 드러난다. (중략) 그리고 일본과 달리 한국은 스스로 목표점을 설정하고 이를 달성하려 한다. 한국은 사회를 동원하고 달성수준을 측정하는 데 사용될 수 있는 국가적인 목표를 거리낌 없이 규정했던 것이다. 그러나 그와 동시에 한국은 일본의 상황만큼 심각한 인구문제에 봉착하고 있다. (중략) 한국의 가장 큰 실패는 일본의 실패를 마치 거울처럼 그대로 반영하고 있다는 점이다(글로서먼 2020: 10－11).

글로서먼이 지적한 사회적 양극화 및 그로 인한 초저출산의 심화 등, 헤이세이 일본의 정체를 빚어낸 일본의 제반 문제점은 실상 한국 역시 그 퇴행경로를 거의 그대로, 아니 보다 심각하게 따르고 있는 형편이다. 이런 측면에서 객관적인 ‘룩 재팬(Look Japan)’은 여전히 한국에 ‘은감(殷鑑)’으로서 적지 않은 함의를 갖는다고 할 수 있다.

더 생각해 볼 문제

1979년에 에즈라 보겔이란 연구자는, 당시 이제 누구라도 부정할 수 없을 만큼 두드러지게 된 일본의 경제적인 부상에 대해 「일등국가 일본(Japan as Number One)」이란 책을 저술해 세간에 큰 화제를 불러일으켰습니다. 그리고 어느 연구자의 고백처럼, 일본이 곧이어 구가하게 된 80년대의 저 유명한 풍요로움은 보겔이 해당 저작의 제목에서 선언한 성취를 마치 확인이라도 해 주는 것처럼 보일 지경이었습니다. 이에 버블경제의 거품이 꺼지기 전까지, 아니 심지어는 일본이 장기불황에 접어든 뒤에도, 이 책은 여전히 현대 일본에 대해 논할 때면 빠지지 않고 등장하는 고전적인 저작으로 자리 잡게 됩니다. 그런데 사실 이 책에서 정말 흥미로운 점은, 보겔이 일본적인 방식이 후기 산업사회의 여러 문제에 대처하는 데 분명 엄청난 성공을 거두었다고 높이 평가하면서도, 동시에 과연 이 같은 모델이 앞으로도 지속적으로 효과를 낼 수 있을지에 대해 이미 79년 시점에서 문제를 제기했다는 데 있습니다. 이런 방식은 일본에게 유리했던 국제적 경제 환경 및 정치 여건 등, 그간 누려 온 상대적인 이점 덕분에 급속히 성장할 수 있던 고도 성장기에서나 적합한 것이 아닐까요? 게다가 보다 근본적인 문제로서, 그런 와중에 해당 모델이 효과적으로 작동할 수 있었던 것은 무엇보다도 성장에 대한 높은 국내적 합의가 이뤄진 덕분이었는데, 당시 그 같은 폭넓은 사회적 합의도 종언을 고하고 있다는 것이었습니다. 저자 보겔은, 이런 유리한 조건들이 더 이상 유효하지 않게 될 때, 그리하여 성장이 둔화되어도 과연 기왕의 일본적인 이익의 조화가 계속 유지될 수 있을까 물었던 겁니다.

보겔이 지적한 대로 국제적인 영향에 크게 좌우되던 일본은, 거품경제의 붕괴와 더불어서 냉전의 종언이란 시대적 격변과 맞닥트리면서, 흔히 '잃어버린 10년'이라 불리는 장기불황에 돌입하게 됩니다. 이후 일본은, 앞서 본문에서 살펴보았듯 지난날의 번영에 대한 강한 향수와 정보화 및 4차 산업혁명의 와중에서 어떻게 하면 다시금 국가적 경쟁력을 되찾을 수 있을 지의 혁신을 향한 모색 사이에서 거의 한 세대 동안 혼란을 거듭해왔습니다. 이는 이천 년대 이후 유례없는 문화적, 경제적 융성을 경험하게 된 우리 한국에도 여러 모로 생각해 볼 거리를 제공해 줍니다. 오늘날 저들의 사회적 정체를 야기하는 주범인양 지적받고 있는 일본적인 독특성의 다수는, 사실 바로 얼마 전까지만 하더라도 그들의 예외적인 성공을 가능케 한 핵심요인으로서 칭송받던 요소였던 것입니다. 이는 결국 어떤 제도나 방식이 그 자체로서 정답인 것이 아니라, 내외의 제반 요건들, 그리고 무엇보다도 시대적 요구와 서로 조응할 때 비로소 함의를 가질 수 있음을 의미하는 것이 아닐지요.

그런 의미에서 일찍이 보겔이 그의 책 말미쯤에 남긴 다음과 같은 우려는, 마침내 우리 한국도 선진국이 되었다는 흐뭇함에 기뻐하는 우리들로서도 한 번쯤 음미해 봄직한 경고가 아닐까 여겨집니다. "선진국을 따라잡겠다는 원대한 비전은 해당 사회 전체에 목적의식을 부여해 줍니다. 하지만 그런 성취가 실제로 이루어지고 나니, 일본은 어디로 나아가야 할지 더 이상 분명한 방향을 잃어버리게 되었습니다." 우리 한국의 경우는 어떨까요. 우리 사회가 해방 이래, 아니 개항 이래 줄곧 추구해 온 선진국화의 꿈이 어느 정도 현실화 된 오늘날, 이제부터 추구해야 할 우리의 새로운 공동체적 가치와 국가적 목표는 어떤 것이 되어야 할까요?

CHAPTER 05

동남아시아의 민주주의

최난경

I '제3의 민주화 물결' 이후의 민주주의

미국이나 독일, 일본과 비교해서 동남아시아에서의 민주주의 역사는 짧고 아직 예외적인 정치체제로 남아 있다. 그럼에도 불구하고 동남아시아는 비교민주주의 연구나 민주적 이행과 공고화에 대한 토론에서 매우 중요한 지역이다. 동남아시아 국가연합인 아세안(ASEAN: the Association of Southeast Asian Nations)에 속한 10개의 나라 중 민주주의로 간주될 수 있는 나라는 인도네시아, 필리핀, 말레이시아 뿐이다. 아세안에 소속되지는 않았지만 2002년 인도네시아로부터 독립한 동티모르가 동남아시아에서 보기 드물게 민주적 공고화에 성공한 것으로 평가되고 있다. 반면 권위주의 체제의 범주에는 베트남, 미얀마, 캄보디아, 브루나이, 라오스가 포함된다. 싱가포르와 태국은 선거민주주의 체제를 갖추고는 있지만 권위주의로 간주되기도 한다. '제3의 민주화 물결'이 마침내 동남아시아를 휩쓸 때의 흥분과 기대가 사라지고 전세계적으로 "민주적 결핍"이 새로운 물결을 형성하고 있는 21세기 초반의 현 시점에서 동남아시아의 경험은 민주주의에 대한 새로운 이해와 시각을 모색하는 데 중요한 자료를 제공한다.

본 절은 동남아시아의 민주주의를 비교적으로 분석하고 21세기 이후 확연히 드러난 민주주의에 대한 이론과 현실 사이의 차이에 대한 논의를 동남아시아의 사례와 접목시켜서 살펴보는 것을 주목적으로 한다. 세 부분으로 구성되었다. 우선, 비교적 관점에서 동남아시아 국가들이 민주주의를 도입하고 발전시키는데 성공 또는 실패한 과정을 살펴보겠다. 다음으로는 민주적 공고화에 대한 이론과 실제에 대한 토론을 동남아시아의 사례로 연장시켜서 살펴볼 것이다. 마지막으로 21세기 들어서 그 중요성이 더해진 선거민주주의와 정치적 대표 사이의 거리를 동남아시아의 민주적 퇴행의 상황에 초점을 두면서 분석하도록 하겠다.

▎그림 1-1 동남아시아

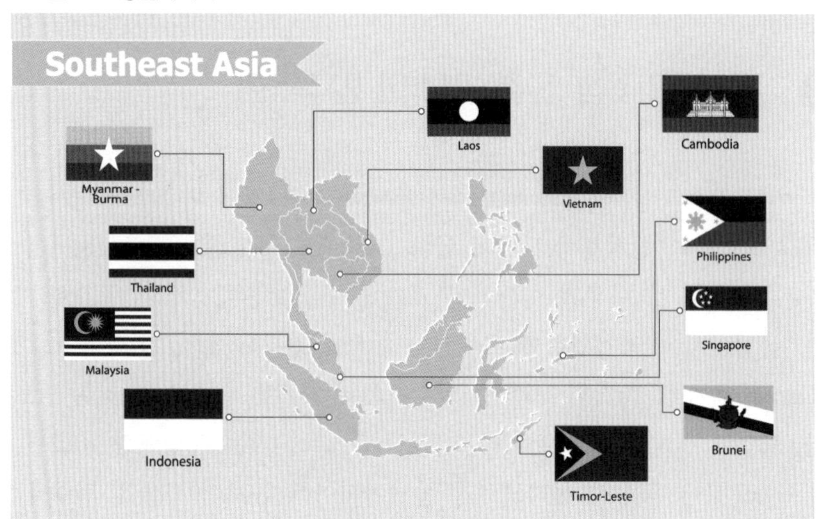

이 장에서 민주주의 개념은 선거나 의회와 같은 절차적 민주주의뿐만 아니라 선거를 통해서 선출된 정치인들이 어떻게 정치적 대표를 실행하는가와 같은 실질적 민주주의도 포괄한다. 경제적으로 선진국이고 정기적으로 선거를 치르는 싱가포르도 권위주의로 간주될 수 있는 이유이다. 실질적 민주주의를 고려하면 민주적 공고화의 수준이나 범위에 따라서 민주주의의 질을 구분할 수 있다. 예를 들어서, 자유민주주의의 모든 필수조건을 갖춘 '확고한 민주주의(embedded democracy)'와 그렇지 않은 '불완전한 민주주의(defective democracy)'를 구분할 수 있다(Croissant and Hellmann 2020: 10). 이코노미스트 인텔리전스 유닛(EIU: Economist Intelligence Unit)의 민주주의 지수도 정치적 자유뿐만 아니라 성숙한 정치문화가 정착한 '완전한 민주주의(full democracy)'

를 선거민주주의는 정착되어 있지만 정부의 기능이나 정치문화가 덜 성숙한 '결함있는 민주주의(flawed democracy)'로부터 구분한다. 2020년을 기준으로 한 민주주의 지수에 따르면, 동남아시아에는 완전한 민주주의가 없고, 결함 있는 민주주의에는 말레이시아, 동티모르, 필리핀, 인도네시아 외에도 선거민주주의가 정착되어 있는 태국과 싱가포르가 포함되어 있다(EIU 2021).

본 절에서 이용된 자료는 대부분 2차 문헌들이지만 지난 20년 동안 인도네시아의 민주화와 정당 및 선거정치를 연구해 온 저자의 경험이 다른 동남아시아 국가들의 정치와 민주주의에 대한 문헌을 읽고 이해하는 데 중요한 바탕이 되었다. 주로 동남아시아에 대한 비교민주주의 연구, 민주적 이행 및 공고화에 대한 일반적 논의와 동남아시아의 경험에 초점을 둔 지역연구자료, 그리고 최근 부상하고 있는 민주주의와 국가의 능력의 상관관계에 대한 학문적 토론이 자료로 이용되었다.

II 권위주의와 민주주의 사이에서

우선 비교민주주의 연구에서 동남아시아는 인종과 언어, 종교 및 문화의 다양성이 민주주의의 도입과 발전에 어떠한 영향을 미치는지에 대한 중요한 질문을 제기한다. 민주주의 보다는 권위주의가 보편적이라는 점에서 다양성이 민주주의에 별다른 영향을 미치지 않거나 오히려 부정적인 영향을 미친다고 볼 수도 있다. 하지만 각 사회의 내부적 다양성보다는 태국을 제외한 모든 동남아시아 사회들이 공통적으로 경험한 식민주의가 오히려 민주주의의 발달과정에 큰 영향을 미쳤다고 볼 수도 있다(신재혁 2021). 사실 동남아시아에서 민주주의의 도입은 갑작스럽게 2차 세계대전이 끝나면서 시작된 탈식민화의 핵심과제였던 근대국가를 형성하는 것과 맞물렸다. 따라서 대부분의 동남아시아 국가들에게 탈식민화의 과정은 인종, 언어, 종교 및 문화적 차이를 근대국가의 테두리 안으로 끌어안으면서 근대적 정치경제체제를 발전시켜야 하는 복잡하고 지리한 과정이었다. 민주주의의 행보도 갈지자 걸음의 연속이었다. 근대국가의 정치적 기반으로 대부분의 동남아시아 국가들이 민주주의를 선택했지만 유럽이나 북미에서 기원한 자유민주주의와는 사뭇 또는 많이 다르게 발전했거나 중도에 실패하고 권위주의체제로 탈선했다.

전제군주제인 브루나이와 공산주의체제인 베트남과 라오스는 독립 초반부터 권위주의 정권이 들어섰고 오늘날까지 유지되고 있다. 미얀마는 민주주의 체제로 출발했지만(1953-61), 두 차례에 걸친 쿠데타를(1962, 1988) 통해서 군부가 정치경제를 독점하는 권위주의 정권이 되었다. 독립이래 집권해 온 인민행동당에게 유리하게 짜인 선거제도를 통해서 상황에 따라서 경제발전을 채찍으로 쓰기도 하고 당근으로도 써 온 싱가포르는 선거권위주의 정권으로 볼 수도 있다. 민주주의를 채택한 다른 동남아 국가들도 정치적 안정과 경제발전 보다는 다양한 인종, 종교, 계급 및 지역 갈등과 분리독립운동 등을 해결하는데 전전긍긍해야 했다. 1980년대 말레이시아, 필리핀, 태국, 인도네시아가 개발도상국 대열에 들어서면서 변화의 조짐이 보이기 시작했다. 현대화와 도시화가 진행되고 교육받은 중산층이 성장하면서 자유주의도 확산되는 것처럼 보였다.

사실 동남아시아의 민주화 바람은 한국과 대만에서 민주적 이행의 격동이 시작하기 이전에 불었었다. 1973년 군부정치에 맞서 대학생들이 방콕의 거리로 나선 태국과 1983년 야당지도자 아퀴노가 피살되는 것을 계기로 민중의 힘이 마닐라 거리를 휩쓸던 필리핀이 동남아시아에 새로운 민주주의의 장을 여는 것처럼 보였었다. 하지만 동남아시아에서의 민주화의 전망은 20세기 말까지 불투명하고 암울한 상태로 지속되었다. 태국은 반복되는 군부의 쿠데타(1932, 1975, 1991)로 인해서, 필리핀은 친족정치로 인한 부정부패와 정실주의 때문에 민주주의 기제는 비민주적 행태를 처단하는데 부족했다. 캄보디아(1993-97)의 일시적 민주적 이행도 공고화로 이어지지 않았다. 다른 권위주의적 개발국가들은 경제발전과 정치적 안정을 지속하기 위해서는 개혁과 자유화에 대한 아래로부터의 요구를 미리 차단할 필요를 느꼈다. 지속된 경제발전을 이용해서 정치적 정통성을 확고히 한 인도네시아 국가는 순종적인 시민들에게 제한적으로 자유를 주기 시작했다. 반공주의 수하르토 정부는 정권에 대한 비판과 저항을 혹독하게 처단하는 한편 5년에 한 번씩 형식적으로 치렀던 선거를 '민주주의의 축제'로 포장했다. 고도의 경제발전을 이루면서 말레이시아를 신흥 중진국으로 부상시킨 마하티르 수상도 인종분쟁을 줄이기 위한 친말레이 부미뿌뜨라 정책을 유지하면서도 중국인들의 안전을 보장해 주는 유화정책도 도입하기 시작했다.

아이러니하게도 동남아시아의 민주화 전망이 다시 밝아진 것은 1997년 금융위기가 닥쳤을 때이다. 근대화와 경제발전이 민주적 이행으로 이어질 것이라는 이론과는 달리 동남아에서는 태국의 외환위기로 시작된 경제위기가 정치적 변동을 초래했다. 32년 동안 경제발전과 정치안정을 이끌면서 7선에 성공한 수하르토 대통령은 금융위기 이후 부정부패 및 정실주의의 심각성이 드러나면서 정통성에 타격을 받았다. 1998년 5월 수천 명의 학생들과 재야운동가들이 의회를 점령하자 군부를 동원해서 진압하려고 했지만 국회의장을 비롯한 기성정치인들의 권유로 사퇴를 선택하게 되었다.

인도네시아에서 전면적인 정권교체가 이루어지는 동안 동남아시아의 다른 국가들도 상당한 정치변동을 겪었다. 말레이시아에서는 경제위기로 큰 타격을 받은 중하층 계급이 마하티르의 장기집권에 대한 불만을 표현하기 시작했다. 그런 상태에서 정치적 세대교체의 상징적인 인물이었던 안와르 부수상이 부패 및 동성애라는 이유로 해임되자 대학생들을 중심으로 한 개혁운동이 야권세력의 적극적 지지를 받게 되었다. 하지만 안와르 이슈가 기억에서 사라지고 1999년 총선에서 야당연합이 패배하면서 말레이시아의 개혁운동은 실질적인 결과물을 가져오지 못했다. 외환위기의 여파로 필리핀도 비교적 심각한 경제침체와 정치변동을 겪었는데, 1998년 대통령선거에서 계층간의 갈등을 이용하고 친서민정책을 약속했던 배우 출신의 에스트라다가 최다득표로 당선되었다. 하지만 뇌물과 불법선거자금을 받은 의혹으로 2001년 의회가 탄핵절차를 추진하자 그의 지지자들이 격렬한 시위를 벌이면서 정국이 혼란에 빠졌다.

1997년 새 헌법을 통과시키면서 민주주의의 새 국면을 만들어 가고 있던 중 외환위기의 발원지가 된 태국은 극심한 경제침체 속에서 1998년 총선을 치렀는데, 통신업계 재벌총수였던 탁신 친나왓이 이끄는 타이락타이당이 여당 민주당을 제치고 압승하는 이변을 낳았다. 하지만 탁신 정부의 친농민정책과 부패혐의를 이유로 해서 방콕을 중심으로 한 도시중산층들이 반탁신 세력에 가담하면서 탁신 대 군부와 국왕이라는 정치대결판이 친탁신 세력을 상징하는 '빨간셔츠를 입은 농민들' 대 기득권을 상징하는 '노란셔츠의 도시중산층' 사이의 거리싸움으로 바뀌었다. 2006년 군부가 다시 쿠데타를 통해서 탁신과 타이락타이당의 정치생명을 끝냈지만, 정치적 망명 중인 탁신을 대신해서 여동생 잉록 친나왓이 타이락타이당의 후신으로 프어타이당을 창당하고 2011년 선거를 승리로 이끌었다. 하지만 태국의 정치적 혼동은 지속되었고 2014년 다시 쿠데타를 통해서 정권을 잡은 군부는 2016년 70년만에 왕권이 바뀌는 과정을 이용해서 군사통치를 장기적으로 이끌고 있다.

민주화 이론이 예측했던 것과 달리 경제발전보다는 경제위기로 정치변동의 계기가 오기는 했지만 정권교체와 민주적 이행에 성공한 인도네시아를 제외하면 대부분의 동남아시아 국가들은 잠깐 동안의 격동기 이후 민주적 퇴행의 방향으로 움직여 왔다고 볼 수 있다. 그리고 21세기 동남아시아의 민주주의의 현실과 전망은 다시 어둡기만 하다. 필리핀에서는 2015년 포퓰리즘을 통해 정권을 잡고 잔인하고 초법적인 방법으로 범죄를 처단해 온 두테르테 대통령이 2022년 선거에 부통령으로 출마할 것을 선언하면서 권위주의적 행보를 계속하고 있다. 독립 이후 여당연합인 국민전선이 경제발전과 인종갈등을 이용해서 권위주의적이고 비민주적으로 정권을 유지해 온 말레이시아에도 2018년 민주화와 개혁의 바람이 다시 불었었다. 61년만에 처음으로 야권연합 희망연대와 사바 지역정당인 와리산이 함께 하원의원 선거를 이기고 정권교체를 이루었다. 하지만 2년도 채 되지 않아서 야권연합이 이끄는 정부가 무너지고 3년 동안 수상이 세 번이나 바뀌는 정치적 불안정에 경제불황까지 겹치면서 민주주의의 전망도 불투명한 상태이다. 미얀마는 2012년 아웅산수찌가 보궐선거를 통해서 제도정치에 재입성하기는 했지만 군부를 통제하지 못한 상황에서 협력을 거부하고 대화를 단절하는 쪽을 택했다. 2021년 다시 군부가 쿠데타를 일으키고 민주화를 요구하는 세력들을 폭력적으로 진압하는 현재의 상황에 아웅산수찌가 일정 정도 빌미를 제공했다는 비난을 받고 있다. 동남아시아에서 유일하게 민주적 이행과 공고화에 성공한 두 나라는 동티모르와 인도네시아인데, 그나마 인도네시아도 2014년 이후 민주적 퇴행의 길을 걷기 시작했으며 2019년 총선과 대선 이후 오히려 '비자유적(illiberal)' 민주주의가 되었다는 것이 대세적 평가이다. 인도네시아의 사례는 이어지는 부분에서 좀 더 자세히 살펴보기로 하고, 아래 <표 1-1>에서 동남아시아의 민주주의의 현황을 프리덤 하우스와 이코노미스트 인텔리전스 유닛의 자료를 이용해서 요약해 보았다.

표 1-1 동남아시아 국가들의 민주주의 현황(2021)

나라	세계자유지수* (프리덤 하우스)			민주주의 지수** (이코노미스트 인텔리전스 유닛)
	정치적 권리	시민의 자유	판정	
동티모르	32	39	자유	7.06(결함있는 민주주의)
인도네시아	30	31	부분 자유	6.30(결함있는 민주주의)
필리핀	25	34	부분 자유	6.56(결함있는 민주주의)
말레이시아	21	31	부분 자유	7.19(결함있는 민주주의)
싱가포르	19	31	부분 자유	6.03(결함있는 민주주의)
태국	6	26	부분 자유	6.04(결함있는 민주주의)
미얀마	14	16	부자유	3.04(권위주의)
브루나이	7	21	부자유	-
캄보디아	5	20	부자유	3.10(권위주의)
베트남	3	17	부자유	2.94(권위주의)
라오스	2	12	부자유	1.77(권위주의)

자료: 프리덤 하우스(2021: https://freedomhouse.org/report/freedom-world/2021/democracy-under-siege); EIU(2021)

* 자유지수: 정치적 권리(선거과정, 정치의 다원주의와 참여, 정부의 기능)와 시민의 자유(표현과 믿음의 자유, 연대와 조직의 권리, 법치, 개인의 자율과 권리)라는 두 개의 부문에 대한 질문들에 대한 점수를 더해서 1-7등급으로 구분한다. 등급이 높을 수록 자유롭다.

** 민주주의 지수: '선거절차 및 다원주의', '정부의 기능', '정치참여', '정치문화' 그리고 '시민의 권리'라는 다섯 가지 범주에 대한 지표를 기준으로 해서 점수를 계산한다.

 민주적 공고화와 정치적 대표

민주적 공고화는 권력을 획득하는 데 민주적 절차 외에 다른 방법이 없으며 그 절차를 통해서 얻은 권력에 대한 정통성을 거부할 수 없다는 점이 확고해 진 것을 의미한다. 하지만 21세기 초 동남아시아에서의 민주주의 경험은 그것을 시작하거나 복구하기 위한 이행의 계기를 마련하는 것도 어렵지만 공고화시키는 것은 더 힘들고 복잡하다는 사실을 잘 보여준다. 민주적 이행이 공고화로 연결되지 않기도 하고 민주적 공고화가 이루어진 것으로 보인 이후에도 퇴행의 양상을 보일 수도 있고 공고화와 퇴행의 양상이 공존할 수도 있다. 1990년대 자유민주주의에 대한 절대적 확신이 도미노처럼 전세계를 휩쓸던 민주적 이행에 근거한 것이었다면(Fukuyama 1992), 21세기 초 자유민주주의는 심각해지는 불평등과 극단적 이데올로기를 극복하는데 역부족인 것으로 드러났다. 민주주의에 대한 신뢰가 사라지는 '민주주의의 공동화(the hollowing of democracy)' 현상이 지구적으로 확산되는 이 시점 동남아시아의 민주적 공고화에 대한 논의는 민주적 공고화에 대한 일반적인 접근방법들을 재고하는 것에서부터 출발해야 할 것이다.

우선 민주적 공고화에 대한 다양한 접근방법들을 간략하게 살펴보겠다. 아시아에서 민주적 이행에 성공한 나라들을 비교한 연구에서 임성학은 민주적 공고화에 중요한 영향을 미치는 요인들을 중심으로 크게 다섯 가지의 접근방법이 있다고 제시한다(임성학 2003: 197-9). 1) 거시적인 차원에서 사회경제적 구조요인과 민주적 공고화의 정도 사이의 상관관계를 경험적으로 분석하는 접근방법, 2) 미시적인 차원에서 정치행위자들이 어떻게 이행의 과정을 결정하는지와 공고화가 이루어지는 정도를 연결하는 접근방법, 3) 정당을 비롯한 정체체제의 종류와 제도화의 정도가 공고화에 미치는 영향을 분석하는 접근방법, 4) 정치엘리트의 내부적 응집성이나 특정 엘리트들이 거부권을 행사할 수 있는 능력이 공고화에 미치는 영향을 분석하는 접근방법, 그리고 5) 정치문화를 전통이나 국가정체성, 다양성 등의 측면으로 구분해서 민주적 공고화와의 상관관계를 분석하는 접근방법이다. 비교적인 관점에서 왜 민주주의가 다양한 양상으로 발전하는지 설명하는데 유용한 접근방법들이다. 한국과 대만의 민주적 공고화가 상대적으로 높은 반면, 필리핀과 태국은 중간, 그리고 인도네시아는 낮은 이유를 경제발전의 정도, 이행의 패턴, 그리고 정치체제가 민주적 공고화에 미친 영향에서 찾을 수 있다(임성학 2003: 207).

하지만 최근 민주적 공고화에 대한 논의는 절차적 민주주의를 넘어 실질적 민주주의도 강화되는지 고려하기 시작했다. 민주주의를 로버트 달(Dahl 1971)의 과두정치체제(polyarchy)처럼 선거나 의회와 같은 최소한의 요건만 포함해서 정의할 것인지 아니면 법의 통치나 헌법주의와 같은 보다 본질적인 요소도 고려할 것인지에 따라서 민주적 공고화에 대한 평가도 달라지게 된다(Diamond 2008; Diamond and Morlino 2006; Merkel 2004). 그리고 실질적 민주주의를 고려하는 것은 결국 절차적 민주주의를 통해서 선출된 '누가' '누구의 이해를' '어떻게' 대표하는가라는 정치적 대표(political representation)에 대한 질문으로 연결된다. 정치엘리트들이 대중의 이익을 대변하기 보다는 대중을 대신함으로써 정치적 대표가 민주주의를 실현하기 보다는 오히려 대체해 왔다는 오래된 비판이 새로운 학문적 관심을 받게 된 것이다(Pitkin 2004: 339).

사실 정치적 대표는 봉건제가 근대국가로 발전하면서 등장한 개념으로 민주주의에 대한 정의만큼이나 애매하고 복잡하다(Pitkin 1967). 근대국가가 발달하기 이전 국왕으로부터 세금징수와 영토보전의 의무를 부여 받은 봉건영주들에게 정치적 대표는 권리이기 보다는 부담이었다. 하지만 18세기 국왕의 절대권력에 맞서서 혁명을 일으키고 부르주아들이 직접 통치에 참여할 수 있도록 만든 민주주의의 옹호자들에게 정치적 대표는 평등하게 태어난 인간들의 동등한 권리였다. 정치적 대표는 민주주의를 근대국가의 테두리 안에서 실현하는데 있어서 필수적인 전제이자 도구였던 것이다. 그리고 많은 비서구 국가들에게 민주적 이행은 절차적 민주주의를 통해서 정치적 대표를 실현하는 체제를 정착시키는 것을 의미하게 되었다.

하지만 선거민주주의가 권력을 획득하는 유일한 기제로 자리를 잡았지만 선거를 통해서 선출된 정치인들이 협소하게 정의된 유권자들의 요구만 해결하는데 초점을 두는 실리적 대표에만 능숙하게 될 때 민주적 공고화를 평가하는 일이 쉽지 않다. 부패의 문제도 그렇다. 절차적 민주주의가 정착되면 명실상부한 부패는 법과 절차에 따라서 엄중한 처벌을 받게 되지만, 암암리에 진행되는 적당한 거래와 눈감아주기는 좀처럼 사라지지 않는다. 공식적인 기관이나 절차는 권력에 대한 정통성과 신뢰를 주장하는 데에도 중요하지만 암암리에 진행되는 적당한 거래와 눈감아주기를 숨기는 데에도 필요하기 때문이다. 권력을 추구하는 과정에서 비공식적인 대인관계나 관행이 공식적 절차와 기구에 미치는 영향력을 잘 알게 되는 정치인들은 권력과 지위를 유지하기 위해서 절차적 민주주의와 실질적 민주주의 사이에서 균형을 잘 찾아야만 한다. 선거 민주주의가 형식적으로 공고화되었어도 정치적 생존은 여전히 비공식적 관행과 관계에 의존하기 때문이다. 따라서 절차적 민주주의를 중심으로 민주적 공고화를 평가하면 정치적 대표로 선출된 사람들이 어떻게 정치적 대표를 실현하는지 간과하기 쉽다.

문제는 실질적 민주주의를 중심으로 민주적 공고화를 분석하는 것이 쉽지 않다는 점이다. 다양한 양상으로 발달한 민주주의 체제들을 민주주의의 질에 따라서 구분하는데 정치적 대표의 내용과 방법, 그리고 결과를 고려해야 하기 때문이다. 그리고 정치적 대표를 분석하기 위해서는 정치대표를 선출하는 민주주의 제도 이외에도 국가가 발달한 정도나 능력, 그리고 국가-사회의 관계도 이해해야 한다. 이점에서 최근 민주주의와 국가능력의 상관관계에 대한 이론적 논의를 아시아의 민주화 경험에 연장해서 분석한 아우렐 크로와상과 올리 헬만의 <Stateness and Democracy in East Asia>(2020)을 고려해 볼 만하다. 경제, 문화 및 계급에 초점을 둔 연구들에 비교해서 민주주의의 발전 양상을 국가성(stateness)과 연관해서 분석한 연구가 상대적으로 부족하다는 관찰에서 크로와상과 헬만은 동아시아의 민주화 과정과 결과를 좀 더 포괄적으로 분석할 필요를 제기한다. 민주주의가 국가능력의 일부분만 설명할 뿐, 다른 국가능력과의 상관관계가 민주화에 대한 논의에서 거의 포함되지 않았다는 지적은 정치적 대표를 뽑는 절차적 민주주의만 간주하고 그렇게 선출된 정치인들이 누구의 이해관계를 어떻게 대표하는지라는 실질적 민주주의를 간과해 왔다는 민주적 공고화에 대한 자성적 평가와 일맥상통한다.

민주주의의 제도 자체만으로는 '불완전한 민주주의(defective democracy)'를 '확고한 민주주의(embedded democracy)'(Croissant and Merkel 2019)로부터 구분할 수 없기 때문에 국가의 다른 능력들을 민주주의의 질에 대한 분석에 포함해야 한다는 주장이다. 그러한 국가성에는 전통적으로 인정되어 온 선거체제와 행정력뿐만 아니라 정치적 권리와 시민의 자유 그리고 평행적 책임성이 포함된다(Croissant and Hellmann 2020: 10－11).

우선 국가의 능력과 민주주의의 질 사이의 상호연관성을 보여주는 사례로 대만과 한국을 고려할 수 있다. 두 나라 모두 강한 국가가 효율적 기구를 바탕으로 해서 높은 수준의 민주주의를 공고화시키는데 중요한 역할을 한 것으로 보인다(Hellmann 2020; Templeman 2020; 정용덕 2019). 하지만 대부분의 동남아시아 국가들은 국가의 능력이 민주적 이행과 공고화에 늘 결정적인 역할을 하는 것이 아님을 보여준다. 예를 들어, 초기의 민주화에도 불구하고 권위주의 체제로 돌아간 경우인 태국과 캄보디아는 강력한 국가가 민주적 이행이나 공고화를 보장하지 않는다는 점을 증명한다(Chambers 2020; Un 2020). 신정실주의 정치체제가 유지되는 상황에서 국가의 능력이 높으면 정실주의적 이해관계가 오히려 민주적 역이행을 초래할 수 있다는 점을 잘 보여준다. 자유롭고 공정한 선거를 도입한 직후 선거경쟁이 치열해지면서 정치인들과 정당들이 부패한 거래나 배타적으로 행동하면서 국가의 능력을 약화시킬 수도 있다. 그렇게 약해진 국가의 능력 때문에 민주주의가 제 기능을 하지 못하고 정착에 실패하기도 한다. 하지만 민주적 기구들이 성숙해지면서 정치엘리트들의 배타적 요구를 막아낼 수 있는 국가의 능력이 강해질 수도 있다. 따라서 국가의 능력과 민주주의 사이의 관계는 직선적이기보다는 순환적이라고 봐야 한다.

선거민주주의가 비교적 잘 정착된 필리핀이나 인도네시아의 경우는 강력한 국가가 존재하지 않은 상황에서 민주주의를 도입하면 권력을 추구하는 정치후보자들이 투표의 대가로 공직이나 뇌물을 제공하는 정실주의적 관행을 지속하거나 오히려 더 의존하는 경향을 잘 보여준다(Huntington 1991; Fukuyama 2014). 선거민주주의가 제도화되었지만 선거를 통해서 선출된 정치인들이 국가의 기초권력, 특히 행정적 능력을 제고하는 데 관심이 없다면 선거민주주의가 약탈적 국가의 덫에 갇혀서 현상유지의 상태에서 동결될 수 있다(Croissant and Hellmann 2020: 20; Kuhonta and Truong 2020; Mietzner 2020). 사법기구나 법을 집행하는 능력이 약한 국가가 지속되는 상황에서 정치엘리트들은 표를 매수하거나 정실주의와 같은 부당한 방법으로 투표를 동원하고 수직적 책임을 회피할 수 있기 때문이다.

불과 얼마 전까지 동남아시아에서 민주적 공고화가 가장 잘 된 나라로 평가 받았던 인도네시아를 좀 더 자세히 살펴 보자. 1945년 네덜란드로부터 독립하면서 도입한 민주주의 체제를 통해서 역동적인 선거 및 정당정치를 경험했지만 인종 및 종교 간의 갈등과 급속하게 무너지는 경제로 인해서 근대국가의 발전에는 실패했다. 그런 상황에서 대통령이 된 수하르토는 1960년대 말부터 1990년대 말까지 32년 동안 개발독재정부를 이끌면서 눈부신 경제발전을 이루고 근대국가의 기반도 강화시켰다. 따라서 1997년 외환위기를 기점으로 예상치 못했던 민주적 이행이 시작되었을 때 인도네시아 국가는 비교적 높은 능력을 갖춘 상태였다. 인도네시아 학자 마르크스 밋츠너(Mietzner 2020: 180)는 인도네시아가 다른 동남아시아 국가들과 달리 개발독재체제 아래에서 구축한 국가능력 덕분에 민주적 이행초기의 급격한 감소에도 불구하고 민주적 공고화로 넘어갈 수 있다고 주장한다. 심각한 경제위기와 맞물린 선거민주주의의 재도입으로 인도네시아 국가의 능력이 상당한 타격을 받았지만 경제가 회복하면서 정치개혁이 오히려 국가성을 일정 정도 강화시켰다는 것이다.

하지만 국가의 능력과 민주주의의 관계는 여전히 복잡하다. 국가의 능력이 강한 상태에서 민주주의를 도입해야 확고한 민주주의를 성취할 가능성이 크다는 주장은 현실적으로 국가의 능력이 약한 나라들에게 큰 의미가 없다. 민주주의가 정착해야 정치엘리트들이 국가의 능력을 강화시키는데 전념할 수 있다는 주장은 민주적 이행 심지어 공고화 이후 퇴행의 양상을 보이는 사례 때문에 설득력을 잃는다. 인도네시아는 민주적 정치개혁에도 성공했지만 비공식적인 정실주의적 관계 및 행태가 선거정치, 정당정치와 함께 전국적으로 확산된 사례이기도 하다. 민주적 제도와 지방자치제가 확고하게 자리잡으면서 인도네시아의 정치대표성은 이제 국가의 높은 능력보다는 지방정부나 개별 정치인들의 능력과 수완에 따라서 결정된다. 자원이 풍부한 지방정부가 빈곤한 지역의 정부보다 지역민의 교육과 의료에 많은 투자를 할 수 있게 되었다. 하지만 빈곤한 지역이라 하더라도 인맥과 수완이 뛰어난 정치인이 대표하는 선거구의 주민들은 부유한 선거구의 주민들이 받는 만큼이나 수준의 교육이나 의료혜택을 받을 수도 있게 되었다. 전국적인 차원에서 인도네시아 시민들의 민주주의와 정부의 효율성에 대한 지지도가 지속적으로 높은 반면, 지역 또는 사회계층에 따라서 국가에 대한 만족도에 차이가 벌이지기도 했다(Mujani et al. 2018). 선거민주주의 제도의 도입과 정착은 인도네시아의 국가능력에 상대적으로 큰 영향을 미치지 않은 반면 민주주의의 질 –즉, 정치적 권리나 시민의 자유, 평행적 책임과 같은 국가성– 자체를 높이지는 못하는 결과를 가져온 것이다(Mietzner 2020: 188). 그렇게 낮은 질의 민주주의는 국가의 능력 자체를 위협하지는 않을지 모르지만 쁘라보오 수비안또와 같은 독재적 인물이 대통령 선거에 출마해서 상당한 득표를 할 수 있거나 시민들이 이슬람을 이용한 정치적 선동에 흔들리기 쉽다는 점에서 우려를 낳는다.

 정치엘리트와 민주주의의 질

민주적 공고화의 정도를 평가하기 위해서는 민주주의의 질과 국가의 능력 사이의 관계를 고려해야 하고 그 관계의 핵심에는 정치엘리트들과 그들이 수행하는 정치적 대표가 있다. 그리고 많은 동남아시아 국가에서 어떤 내용의 정치적 대표가 어떤 방식으로 이루어지고 있는지는 공식적인 기구나 절차뿐만 아니라 비공식적 관계나 관행들이 국가의 능력에 어떤 영향을 미치는 지에도 달려있다(Croissant and Hellmann 2020: 14). 정당이나 의회와 같은 정치대표기구와 국가의 제한된 능력 사이에서 누가 정치엘리트가 되고 그들이 어떻게 권력을 획득하고 유지하는지가 바로 민주주의의 질을 결정한다. 국가의 능력이 약한 상황에서도 정치엘리트들은 유권자들의 이해관계를 대표해야 하는데, 선진사회에서 국가가 일반적으로 수행하는 기능들을 비공식적 관계나 관행들을 이용해서 수행할 수 있다. 국가의 능력이 높으면 배타적 이해관계가 개입하려는 시도를 잘 막아낼 수 있겠지만 국가의 능력이 약한 상황에서 다양한 조직적 및 관계적 능력을 가진 배타적 이해관계들이 서로 경쟁하게 된다. '제3의 민주화 물결'이 지나간 다른 지역과 비슷하게 동남아시아도 선거민주주의의 도입과 정착이 사회적 요구에 잘 반응하고 책임을 지는 정치적 대표를 보장하지 않는다는 점을 보여준다.

동남아시아 민주주의의 질이 공식적 기구나 절차와 약한 국가 사이에서 정치적 대표를 수행하는 정치엘리트들에게 달려 있다는 점에 동의하더라도 누가 민주적 공고화를 막고 역이행이나 퇴행까지 초래하고 있는가라는 질문에 대한 대답을 찾는 일은 쉽지 않다. 인도네시아의 민주주의가 퇴행을 시작했다는 진단이 내려지기 이전부터 수하르토 시절의 과두제 집권층들이 여전히 실질적 권력을 행사하고 있다는 견해가 광범위하게 받아들여졌었다(Robison and Hadiz 2004, 2014; Winters 2014; Warburton and Aspinall 2019). 정권은 바뀌었지만 오래된 와인인 기득권 세력들이 민주주의라는 새 병을 이용해서 살아남았을 뿐만 아니라 부패한 거래와 관행을 숨길 수 있는 새로운 절차와 기술도 터득했다는 주장이다. 구정권의 실세들이살아남는데 성공했을 뿐만 아니라 민주적 제도와 절차를 통해서 새로운 정통성을 주장할 수 있다는 점에 포착해서 좋은 민주주의자들로 변했다는 것이다. 하지만 선거민주주의의 제도적 정착이 구세대 정치인들뿐만 아니라 신세대 정치인들에게도 유용한 정치적 기회를 마련했다고 볼 수 있지 않을까? 인도네시아 정치엘리트의 프로파일을 체계적으로 조사한 한 연구에 따르면, 지난 20여 년 동안 제도정치로 입문한 정치인들 중 최소한 반 이상이 수하르토가 하야한 이후에 정치에 입문한 것으로 보인다(Poczter and Pepinsky 2016). 또 다른 연구에 따르면, 2010년대 초반 34개주와 500여 개의 시 및 구의 지방의회에 당선된 의원들 중 4분의 3 이상이 수하르토 정권과 아무런 연관이 없는 것으로 드러났다(Santoso et al. 2013: 8). 그렇다면 문제는 과두제 집권층이 여전히 실질적 권력을 갖고 있다는 것 보다는 (최소한 지방정치 차원에서 볼 때) 세대교체에도 불구하고 정치적 대표가 정실주의적인 관계와 관행에 따라서 이루어진다는 것이 아닐까?

많은 동남아시아 나라들에서 정치적 대표가 정실주의적 관계와 관행에 따라서 이루어지는 이유 중 하나가 갈수록 심화되는 경제적 불평등이다. 경제 선진국인 싱가포르와 중진국인 말레이시아와 태국을 제외한 나머지 국가들은 경제적으로 개발도상국이거나 후진국이다. 따라서 정치적으로는 강할 수 있지만 거버넌스에 약한 편이다. 1998년 금융위기 이후 강요된 신자유주의의 압력에 맞서서 가난하고 힘없는 시민들에게까지 복지의 혜택을 골고루 나눠줄 수 있는 능력이 없거나 자본주의적 시장의 논리에 맞서 싸울 의지가 부족하다. 민주주의 체제를 운영하는 나라들에서도 선거를 통해서 얻은 권력에 대한 정통성은 정치엘리트들에게만 유용하다. 그런 정치엘리트들은 자신들의 권력에 대한 정통성을 입증하기 위해서 약한 국가의 인프라와 자원을 정실주의적 관계를 통해서 빼돌리고 유권자들에게 선택적으로 나눠준다. 불평등이 심해지는 상황에서 선거민주주의가 제도화되면 거래를 바탕으로 해서 선택적으로 이루어지는 정치적 대표가 받아들여지고 민주주의에 대한 도구적 견해가 지배적이게 된다. 정실주의적 관계와 관행으로 권력을 얻게 되고 그런 정치엘리트들과 정실주의적 관계와 관행을 통해서 원하는 것을 추구하는 시민들 사이에서 선거민주주의의 의미가 변질되고 민주주의의 질은 계속 낮을 수밖에 없다.

불평등의 심화 때문에 민주주의가 제대로 작동하지 않는다는 주장도 있지만 민주주의가 제대로 작동하지 않아서 불평등이 더더욱 심화되고 있다는 주장도 제기되고 있다. 하지만 다른 지역에서의 추세와 유사하게 동남아시아에서 경제적 불평등은 민주주의나 권위주의에 상관없이 증가해 왔다. 아시아개발은행이 2019년에 출간한 <Demystifying Rising Inequality in Asia>에서 후앙과 모건 그리고 요시노는 1990년대 중반부터 2008년까지 20년 동안 아시아에서 국내 및 국가 간 불평등이 42% 증가했다고 제시한다(Huang, Morgan and Yoshino 2019: 7). 불평등의 심화는 개인이 선택할 수 있는 교육과 의료, 직업의 폭을 제한하고 사회적 신뢰를 손상시킬 뿐 아니라 비효율적이지만,

대중적으로 인기가 있는 정책들을 추진할 필요를 높이는 등 정치적 대표와 거버넌스에 부정적인 영향을 미친다. 국가의 자원이 제한되어 있는 상황에서 불평등이 심화되면 특정한 요구에 대한 댓가로 정치적 지지를 약속하거나 투표에 대한 보상으로 제한된 국가의 자원을 배당하는 정실주의적 관행은 더욱 중요해지게 된다(Huang, Morgan and Yoshino 2019: 12). 선거민주주의를 도입한다고 해서 공정성이 커지고 사회적 단결력이 증대되지는 않는다.

아래 <표 1−2>는 불평등의 정도를 판단하기 위해서 수입과 같은 금전적인 측면과 기회의 균등과 같은 비금전적인 측면을 동시에 고려해야 한다는 입장에서 몇몇 동남아시아 국가들의 경제적 불평등에 대한 자료를 요약했다. 소득의 불균등 정도를 보여주는 지니계수를 통해서 동남아시아의 각 나라들 내부의 불평등이 특히 인도네시아, 싱가포르, 베트남에서 심화된 것을 볼 수 있다. 경제적 불평등을 결정하는 주요인들이 교육과 재산 그리고 직업이라는 점에서 기회의 평등과 같은 비금전적인 요인도 같이 고려하면 다른 동남아시아 나라들에서의 불평등의 수준도 심각하게 보인다. 예를 들어 2010년 즈음 지니계수를 각 나라의 하위 20%의 소득층과 상위 20%의 소득층으로 나누어서 보면 말레이시아, 필리핀, 태국, 그리고 베트남에서도 불평등이 심각함을 알 수 있다.

표 1-2 동남아시아 국가들의 경제적 불평등

나라	일인당 GDP		지니계수 변화		소득층에따른 지니계수			평균 교육연수	
	1997	2015	1990년대	2000년대	연도	하위 20%	상위 20%	1990	2010
인도네시아	1,110	3,440	32.8	36.8	2011	8.27	42.58	3.3	7.3
말레이시아	4,570	10,570	46.9	44.2	2009	4.56	51.38	6.5	9.8
필리핀	1,230	3,560	45.5	45.6	2012	6.0	48.8	6.6	8.2
싱가포르	27,750	52,090	44.6	47.1	2010	5.08	43.99	5.8	10.6
태국	2,690	5,270	47.2	42.1	2008	6.4	47.2	3.8	7.3
베트남	350	1,990	35.2	36.0	2010	5.92	49.31	3.9	7.5

자료: Deyshappriya(2019: 113-114); London(2018: 25-28)

이렇게 각 국가별로 그리고 전 지역적으로 심화되는 불평등이 국가-사회 관계와 정치적 대표에 어떤 영향을 미쳤는지에 대한 체계적인 연구는 아직 없다. 실질적 민주주의에 초점을 두고 국가의 능력이나 거버넌스와 연관해서 민주주의를 좀 더 포괄적으로 측정하고 평가하는 일이 쉽지 않기도 하다. 권력을 획득하는데 민주적 절차 외에 다른 방법이 없으며 그 절차를 통해서 얻은 권력에 대한 정통성을 거부할 수 없다는 점이 확고해질 때 민주주의가 공고화된 것으로 보면, 정치적 대표의 내용과 범위, 방범이나 민주주의의 질에 대한 질문은 별로 중요하지 않다. 하지만 21세기 들어 전세계적으로 확산된 '민주주의의 공동화' 현상은 현실적 대안이 없는 상태에서 민주주의에 대한 불신과 냉소적 견해가 대중뿐만 아니라 정치엘리트들 사이에도 광범위하게 공유되고 있음을 반영한다. 국가-사회의 관계나 폭력에 대한 독점과 같은 국가의 능력에 민주적 제도와 절차가 부여하는 중요성을 부정할 수는 없고 선거와 다당제를 유지하는 권위주의 정권들이 경험적으로 입증하고 있다. 하지만 민주주의에 대한 불신과 불평등의 심화는 민주주의에 대한 도구적 견해를 정당화시키고 정치적 대표가 민주주의를 실현하기 보다는 대체하는 현상을 지속시킬 것으로 우려된다.

 민주주의의 유연성과 필요성 사이에서

동남아시아에서 민주주의가 아직 예외적인 정치체제이기는 하지만 '제3의 민주화 물결'은 민주화에 성공한 몇몇 나라들 외에도 중요한 파장을 남겼다. 민주적 이행을 시작하고 어느 정도 공고화에 성공한 나라들은 민주주의의 중요성과 유연성을 입증했다. 민주적 이행이 좌절되었거나 권위주의를 유지하고 있는 나라들도 선거나 다당제와 같은 민주주의의 과시적인 요소를 통해서 정통성과 책임을 검증 받아야 하는 추세를 받아들이고 있다. 선거민주주의나 다당제가 허용되지 않는 나라는 브루나이, 베트남, 라오스뿐이고 국민주권설을 부정하는 나라는 브루나이뿐이다. 권위주의적인 말레이시아, 싱가포르, 태국, 캄보디아와 같은 나라들에서 집권세력은 민주적 제도를 자신들에게 유리하도록 조작하고 반대나 저항의 목소리를 내는 것을 사실상 불가능하게 할 수는 있지만 야당세력의 존재 자체를 부정할 수는 없다.

민주주의 제도와 절차를 조작해서 권위주의가 유지되는 한편, 몇 안 되는 민주주의 나라들의 민주적 질도 그다지 높지 않다. 프리덤 하우스에서 가장 높은 자유지수를 받은 동티모르마저도 '불완전한 민주주의'로 간주되고 (Croissant and Abu-Sharkh 2020) 한때 민주화의 성공사례로 칭찬받았던 인도네시아도 공고화가 되지 않은 낮은 질의 민주주의라는 판정을 받고 있다 (Mietzner 2020). 오랜 선거문화를 자랑하고 훨씬 먼저 민주화를 시작했던 필리핀도 족벌정치와 정실주의로 인해서 고질적으로 약한 민주주의 체제를 유지하고 있다. '제3의 민주화 물결'이 남긴 교훈은 최소한의 민주주의를 유지해야 할 중요성과 필요성에 대한 합의이다. 하지만 제한된 국가의 자원 및 능력과 심화되는 불평등 사이에서 어떻게 권력을 획득할 수 있는지 그리고 그렇게 획득한 권력을 누구의 이해관계를 위해서 어떻게 사용할 것인지라는 정치적 대표와 관련한 질문은 여전히 제도적 민주주의의 범주 밖에서 결정되고 있다.

더 생각해 볼 문제

동남아시아 민주주의에 대한 이론 및 경험과 연관해서 좀 더 생각하고 토론해 볼 만한 문제들을 몇 가지 제안하고자 한다.

첫째, 동남아시아뿐만 아니라 선진민주주의의 국가들에서도 민주주의의 현실은 주권자인 국민이 통치한다는 민주주의의 이상과 많이 다르다는 점을 잘 보여준다. 각양각색의 길을 걸어 온 민주주의의 현실은 공정하고 투명한 경쟁을 통해서 선출된 정치엘리트들이 다수의 의견을 정책결정에 반영하는 대의민주주의 모델과도 다르고, 대중의 참여정치를 통해서 정치엘리트들이 과두제를 형성하고 발전시키는 것을 방지할 수 있는 참여민주주의 모델과도 다르다. 이상과 달리 민주주의의 현실에는 정치엘리트가 핵심이다. 그리고 민주주의와 정치엘리트에 대한 논의에 짧지만 다양한 동남아시아의 민주주의 경험을 고려해 볼 수 있다. 정권과 정치엘리트는 바뀔 수 있지만 핵심 기득권은 유지된다는 과두제 이론이 여전히 대세이지만, 선거민주주의가 반복되면서 정치적 대표에 대한 유권자의 반응의 결과가 체인효과를 이루고 그 결과 정치엘리트 집단의 수도 증가하고 분산된다는 대안적 입장도 고려할 수 있다. 정치엘리트 내부의 변화뿐만 아니라 정치엘리트-유권자 사이의 관계가 변화하는 양상도 고려할 수 있는 또 다른 입장도 고려해 볼 수도 있겠다.

둘째, 민주주의의 퇴행이 불평등의 심화라는 경제문제와 깊숙이 연관되어 있다고 보는 입장에서 대중, 특히 중산층이 민주주의와 거버넌스 사이에서 어떤 역할을 하고 있는지 좀 더 연구하고 논의할 필요가 있다. 중산층의 높은 정치의식과 활발한 정치참여는 경제발전이 민주적 이행과 공고화에 긍정적인 역할을 할 것이라는 근대화 이론의 핵심적인 전제 중 하나였다. 하지만 불평등이 심화되는 상황에서 중산층들은 민주주의에 대한 신념보다는 의료, 교육 및 고용 등 복지정책과 직접 연관된 거버넌스를 더 중요하게 보는 경향을 보여왔다. 민주주의에 대한 불신과 회의가 거버넌스의 실패에서 찾을 수 있다면 그 실패에 의해서 위기에 몰린 중산층들이다. 그들에게 민주주의를 더 민주적으로 만드는 일은 민주주의로의 이행하는 것만큼 중요하지 않을 수 있다.

마지막으로, 민주주의와 사회적 소수집단의 관계를 좀 더 체계적으로 살펴볼 필요가 있다. 어렵게 시작된 민주화가 5년만에 군사쿠데타에 의해서 권위주의로 퇴행하고 있는 미얀마는 다민족, 다문화 사회에서의 민주주의에 대한 논의는 권위주의의 잔재뿐만 아니라 다양한 소수집단들에 대한 차별의 역사를 해결하고 평등한 지위와 권리를 보장하는 방법에 대한 전 사회적인 토론이 함께 이루어져야 할 필요성을 잘 보여주는 사례이다.

PART

2

민주주의의 이론과 쟁점

CHAPTER 01

대의제 민주주의와 선거제도

이미준

I 대의제 민주주의와 선거제도의 효과

'민주주의의 꽃은 선거'라는 말을 들어보았을 것이다. 선거를 통해 국민들은 자신의 뜻을 가장 잘 대변하는 대표자를 선출하고, 선출된 대표자들은 임기동안 국민들을 대표해 필요한 정책과 법안을 만든다. 이렇게 선거를 통해 대표를 선출하여 이들이 국민을 대표해 크고 작은 정치적 결정을 하게 하고, 국민들은 다음 선거에서 이들을 재신임하거나 혹은 낙선시키면서 선출된 대표들이 국민에게 책임을 지도록 하는 형태의 민주주의를 대의제 민주주의라고 말한다. 그러니 보다 정확히 말하자면 선거는 대의제 민주주의의 꽃이라 할 수 있다.

현대를 살아가는 우리들에게 대의제 민주주의가 아닌 다른 형태의 민주주의는 상상하기 어렵다. 민주주의에서 선거를 하는 것은 당연한 것이고, 정치적 결정을 선출된 대표들이 내리는 것 역시 자연스럽다. 하지만 대의제 민주주의의 역사는 민주주의의 역사에 비추어 볼 때 상당히 짧다. 오랫동안 민주주의는 시민들이 직접 참여를 통해 중요한 공적 결정을 내리는 제도를 의미했다. 대의제와 민주주의의 결합은 18세기 후반 미국 혁명과 프랑스 혁명을 거치며 정교화되었다. 그리고 그 후 대의제 민주주의는 점차 민주주의에 대한 지배적인 이해로 자리잡게 된다.

대의제 민주주의는 시민들의 숫자가 매우 많고, 각자가 생업으로 바쁘며, 영토가 넓은 근대국가에서 모든 시민들이 1인 1표라는 평등한 정치적 영향력을 행사하도록 보장해준다. 이는 투표에 참여하는 데에는 많은 시간이 들지 않으며, 선거의 주기는 꽤 긴 편이기 때문에 많은 시민들이 대표를 선출하는 데에 참여할 수 있기 때문이다. 한국, 유럽을 비롯한 많은 민주주의 국가에서 투표율은 60%를 넘어선다. 만일 대의제 민주주의 대신 시민들이 직접 토론장에 모여 정치에 대해 논의하고 표결을 통해 중요 정책을 결정해야 한다면 시민들의 참석율은 이보다 훨씬 낮을 것이다.

하지만 이 참여의 단순성이 바로 대의제의 단점이기도 하다. 대의제 민주주의에서는 투표 외에 시민들이 정책결정에 참여할 통로가 많지 않다. 그리고 국민들이 무엇을 원하든 정책은 결국 국회에서 국회의원들이 표결을 통해 결정하기 때문에 시민들은 과연 내가 주권자가 맞는지 의구심을 품게 된다. 선거철에는 국민이 나라의 주인이지만 선거가 끝나면 국회의원이 나라의 주인이 된 것 같은 기분을 느끼는 것, 대의제 민주주의에서는 흔한 일이 아닐까?

그렇기에 우리는 대의제 민주주의의 장점을 살리되 단점을 보완할 수 있는 운영방식을 고민할 필요가 있다. 그 중심에 놓인 문제가 바로 선거제도이다. 우리는 다양한 국민의 뜻을 받아들이고 논의해서 정책을 만들 국회의원을 선출하고, 국회의원이 자신의 일을 제대로 하지 못하면 다음 선거 때에 낙선시키면서 책임을 묻기를 원한다. 선거제도는 여기서 선출되는 국회의원의 다양성에 상당한 영향을 준다. 그렇기에 기성 정치에 비판적인 이들이 제시하는 개혁안에는 흔히 선거제도 개혁이 포함되어 있다.

본 절은 선거제도에 따라서 의회의 구성이 어떻게 달라질 수 있는지 살펴보며 대의제 민주주의에서 선거제도가 왜 중요한 것인지, 그리고 특정한 방향으로 선거제도를 개혁하는 것이 어떠한 효과를 가져올 수 있는지 이해하는 것을 목표로 한다. 이를 위해 본 절에서는 먼저 대의제 민주주의의 성격을 살펴보며 왜 대의제 민주주의에서 의회 내 다양성이 중요한지 생각해보고, 다음으로 다양한 선거제도를 검토하며 선거제도가 선출되는 대표들의 다양성에 어떻게 영향을 주는지 알아볼 것이다.

Ⅱ 대의제 민주주의의 성격과 의회 내 다양성의 의의

1. 대의제 민주주의의 등장과 성격

18세기에 대의제 민주주의 이론이 정교화 될 무렵까지 민주주의는 오랫동안 인민의 직접적인 지배에 바탕을 둔 정치체제를 의미했다. 그 원형이 바로 고대 그리스 아테네의 민주주의이다. 고대 아테네에서는 시민들이 추첨을 통해 정해진 기간 동안 공직을 맡고, 중요한 결정은 모든 시민이 참여할 수 있는 민회에서 논의해 결정했다. 이처럼 추첨으로 뽑힌 대표의 역할 이상으로 시민들의 직접적 참여가 필요했던 것이 그리스 아테네의 민주주의였다. 그렇기에 현대 대의제 민주주의를 비판하며 시민들이 보다 많은 결정권을 가져야 한다고 주장하는 이들은 고대 아테네의 민주주의를 모범으로 제시하기도 한다.

그러나 후대의 사람들이 아테네의 민주주의를 꼭 긍정적으로 이해했던 것은 아니다. 17세기를 지나며 영국을 비롯한 서구 몇 개의 국가에서 주권은 국왕이나 귀족이 아닌 인민에게 있다는 인민주권 원칙에 바탕을 둔 정치적 움직임이 더 자주 나타나게 되었고, 18세기 프랑스와 미국 등지에서는 인민주권 원칙을 실현할 수 있는 정치체제에 대한 논의가 확대되었다. 하지만 이 무렵까지 민주주의라는 단어는 대체로 부정적인 의미를 담고 있었다. 그 바탕에는 민주주의는 (자격이 부족한) 다수에게 권력을 부여하는 제도라는 생각이 깔려 있다. 모든 나라에서 다수는 가난하며, 대중은 지혜와 덕성보다 감정과 선동에 쉽게 휩쓸린다. 그렇기에 다수 지배의 원칙을 바탕으로 한 민주주의는 가난한 이들이 지혜보다는 감정과 선동에 기초해 지배하는 불안정한 정치체제일 수밖에 없다.

그렇기에 18세기에 인민주권 원칙을 바탕으로 한 정치질서를 구상했던 이들은 다수에게 권력을 부여하되, 보다 전문성을 갖춘 대표들이 더 많은 결정권을 행사할 수 있는 정치체제를 제시했다. 이것이 바로 대의제 민주주의이다. 시민이 평등하게 한 표를 행사해 좋은 대표를 선출하고 대표들이 공적인 결정을 내린다면, 우리는 인민주권 원칙을 실현하면서 동시에 보다 더 자격

있는 이들에게 공적인 결정권을 부여할 수 있다. 물론 당대 대의제 민주주의가 논의되었던 배경에는 정치에 참여할 수 있는 권리가 넓은 국토에 흩어져 살고 있는 많은 숫자의 인민(상당수의 성인 남성)에게 확대되었다는 물리적 조건이 있었다. 시민들이 직접 결정에 참여하기보다 대표를 통해 의사를 결정하는 것이 인민주권 원칙을 실현하는 더욱 현실적이고 효율적인 방법이 된 것이다. 그러나 이러한 물리적 고려와 더불어 다수에게 직접 결정권을 부여하기보다 자격 있는 대표에게 중요한 결정권을 부여할 수 있다는 것 역시 대의제 민주주의를 옹호하는 중요한 논지였다.

인민주권 원칙을 대의제 민주주의 이론으로 구체화 한 대표적 인물은 18세기 후반 프랑스의 시에예스(Sieyès)였다. 당대 프랑스는 왕정 국가였고, 왕은 필요하다면 나라의 세 개 신분계층(성직자, 귀족, 그 외 인민)의 협의기구인 삼부회의 자문을 구해 국무를 수행할 수 있었다. 예상할 수 있는 것처럼 삼부회는 주로 왕이 소집하고 싶을 때 소집되었고, 그 안에서 인민의 대표가 지니는 영향력은 미미했다. 변화는 1789년에 찾아왔다. 루이 16세는 증세를 위해 200여 년 만에 삼부회를 소집했고, 그 안에서의 갈등을 계기로 제3신분인 인민들은 성직자와 귀족과 같은 특권층이 아니라 인민에게 주권을 부여할 것을 주장하며, 인민의 대표로 구성된 제헌의회를 수립하고자 했다. 이러한 움직임을 이론적으로 정당화했던 것이 시에예스가 저술한 ≪제3신분이란 무엇인가?≫(1789)였다. 여기서 시에예스는 특권층이 아닌 인민들의 대표들로 구성된 대의제 민주주의를 정당화했다. 다만 이때 그가 선동에 취약한 다수가 큰 권력을 가지는 것을 우려해 대의제 민주주의를 선호했던 것은 아니다. 시에예스가 대의제를 통해서 확보하고자 했던 것은 대표의 전문성과 효율성이었다. 시에예스는 노동분업이 생산성을 높이는 것처럼, 국민들이 대표를 선출하고 대표가 전문적으로 국민을 대표하는 방식으로 대표와 국민 간에 분업이 이루어지면 국민의 뜻이 더 효과적으로 공적 결정에 반영될 것이라 보았다. 생업으로 바쁜 사람들에게 정치적 결정 역시 내리기를 기대하는 것보다, 전문적으로 정책을 논의하는 사람들을 선출해 이들에게 정책을 만들도록 하는 것이 더 효율적이라는 발상이다.

비슷한 시기 미국에서도 인민주권의 원칙을 바탕으로 한 대의제 민주주의가 실현되었다. 미합중국(United States of America)이라는 이름에서 나타나는 것처럼, 미국은 주(State)들의 연합으로 수립되었다. 초기 미대륙에서는 영국계 이민자들이 독립적인 여러 개의 주를 만들고, 여러 주가 느슨하게 하나의 연합을 형성하고 있었다. 미국은 영국과 지리적으로 떨어져 있기 때문에 상당한 자치수준을 누렸으나, 이후 영국 정부가 신대륙의 거주자들이 의회에 대표를 보내는 것은 거부하면서도 신대륙에 세금을 부과하면서 주들이 연합해서 영국에 맞서 1776년 독립하게 된다. 독립 이후 13개 주들은 연합정부의 헌법을 제정하기 위해 제헌회의를 열게 되는데, 이때 각 주와 연방의 권한을 어떻게 설정하는가를 둘러싸고 강한 중앙정부(연방정부)를 수립하려 하는 연방주의자들과 주정부에게 폭넓은 자치권을 부여하는 느슨한 연방체제를 옹호한 반(反)연방주의자들의 치열한 논쟁이 있었다. 논쟁에서 반연방주의자들은 작은 정치단위에서 이루어지는 보다 직접적인 형태의 민주주의를 옹호하며 연방정부보다 주정부가 많은 권한을 가져야 한다고 주장했다. 이에 맞서 연방주의자들, 특히 매디슨(Madison)은 넓은 미 연방에서도 대의제 민주주의를 통해서 인민주권이 행사될 수 있다고 주장하며 연방정부에 더 많은 권한을 부여하는 연방제를 옹호했다.[1)]

논쟁에서 매디슨이 넓은 미 대륙이라는 지리적 조건을 고려해서 참여 민주주의에 대한 현실적 차선책으로 대의제 민주주의를 제시했던 것은 아니라는 점이 중요하다. 매디슨은 대의제 민주주의가 반(反)연방주의자들이 제시하는 직접 참여에 기초한 민주주의보다 더 좋은 제도라 보았다. 사람들은 늘 자신의 이익을 추구하려 하고, 때로는 쉽게 선동당하기도 한다. 시민들의 직접적 참여에 기초한 민주주의는 이에 취약하다. 수많은 사람들이 수많은 이해관계를 주장하기 때문에 이해관계를 조정하기가 어렵고, 자치의 단위가 작

1) 정확히 말해서 매디슨은 대의제를 기초로 한 공화정을 옹호했다(*The Federalist Papers* No. 10, No. 51). 당대 민주주의라는 단어는 인민들의 보다 직접적인 참여를 기초로 한 제도를 의미했고, 매디슨은 이에 부정적이었다. 매디슨은 자신이 제시한 대의제에 기초한 정치체제를 공화정이라 불렀는데, 이는 대의제 민주주의와 딱히 다르지 않다.

아질수록 세력이 큰 파벌이 소수 이익을 억누르고 자신들의 이익을 관철시키는 것을 막기 어렵기 때문이다. 그러나 대의제는 이와 다르다. 대표의 숫자는 대표되는 이들의 숫자보다 매우 적을 수밖에 없기 때문에 대의제 하에서는 경쟁하는 이해관계가 줄어든다. 그리고 영토가 넓으면 넓을수록 그 안의 이해관계도 다양해지고 한 파벌의 힘이 약해지기 때문에 다양한 이해관계가 서로를 견제해서 한 집단의 이익이 전체를 지배하는 일을 막을 수 있다. 다양한 이해관계들이 서로를 견제할 수 있어야 한다는 것, 그리고 이것은 자치단위가 커질수록 더 효과적이라는 것, 또 이해관계에 치우친 당사자들보다 대표자를 선출해 논의를 하는 것이 더 합리적인 조정을 가능하게 한다는 것이 매디슨이 대의제 민주주의를 정당화 한 주요 이유였다.

지금까지 살펴본 바와 같이 대의제 민주주의는 넓은 영토와 많은 시민들로 구성된 근대 국가에서 인민주권의 원칙을 실현시키기 위한 제도로 도입되었다. 하지만 대의제 민주주의가 시민들의 직접 참여를 바탕으로 한 민주주의의 차선책으로 논의되었던 것은 아니다. 대의제 민주주의를 주장한 이들은 대의제 민주주의야말로 대표자들이 전문적으로 공적인 결정을 논의하면서 다양한 이해관계를 보다 효과적으로 견제하고 조정할 수 있도록 하기에 인민주권 원칙을 실현할 수 있는 가장 좋은 제도라고 보았던 것이다.

2. 대의제 민주주의와 의회 내 다양성

시에예스와 매디슨의 시각에서 바라본다면, 올바르게 운영되는 대의제 민주주의에서 대표들은 다양한 이해관계를 대표하고 효과적으로 조정하며 좋은 정책들을 만들 것이다. 하지만 대표들이 이러한 역할을 하기 위해서 유권자는 사회 내의 다양한 이해관계를 대표하고 조정할 수 있는 대표를 선출하고 의회를 구성해야 하며, 또한 대표는 유권자를 충실하게 대표해야 한다. 그런데 이때 대의제 민주주의가 효과적으로 운영되기 위해서 대표가 어떻게 유권자를 대표해야 하는지, 그리고 의회의 구성은 어때야 하는지에 대한 시각은 다양하다. 이 절에서는 예를 통해 그중 몇 가지를 검토하기로 한다.

첫째로, 대의제 민주주의에서 대표가 다양한 이해관계를 조정하며 유권자를 대표한다는 것은 어떤 의미인지 생각해보자. 예를 들어 한국과 다른 국가의 FTA 체결이 논의되고 있다고 하자. FTA 체결은 중장기적으로 한국에 이익이 될 것이라 예측된다. 특히 IT업계와 자동차업계가 많은 이득을 얻게 될 것이다. 하지만 반대로 농수산업계는 수입 농수산물 때문에 큰 어려움을 겪게 될 것이라 예상된다. 현실의 많은 문제들은 이처럼 유권자 집단들 간의 이해관계가 복잡하게 얽혀 있다. 그렇다면 이때 농촌 지역구 출신 대표는 농민들의 이익을 대표하기 위해서 FTA에 반대해야 하는가, 아니면 국가 전체의 이익을 고려해 FTA가 체결되는 것을 용인해야 하는가?

이에 대한 답변으로 먼저 우리는 대표자가 특정 집단이 아니라 나라 전체의 이익을 위해 행동해야 한다고 주장할 수 있다. 만일 서울 강남구 국회의원은 강남구의 이익만 추구하고, 부산 동래구 국회의원은 동래구의 이익만 추구한다면 특정 지역구가 아니라 대한민국 국민 전체의 이익을 대변할 의원은 아무도 없지 않을까? 국회의원은 대한민국의 국회의원이기에, 특정 집단이 아니라 나라 전체의 이익을 증진시키기 위해 노력해야 한다. 이러한 시각에서 본다면 농촌 지역구 출신 대표라 할지라도 국가 전체의 이익을 고려해 FTA 체결을 용인해야 할 것이며, 농촌 지역 유권자 역시 농민의 이익을 가장 잘 대표할 사람이 아니라 나라 전체의 이익을 가장 잘 판단하고 추구할 사람을 대표로 선택해야 할 것이다. 이러한 대표 개념을 주장한 대표적인 학자가 버크(Burke)이다. 버크는 <브리스톨 연설문>(1774)에서 선거의 목적은 나라 전체의 이익이 무엇인지 잘 판단할 수 있는 대표자를 선출하는 것이고, 선출된 대표는 자신의 지역구의 특수한 이익이 아니라 나라 전체의 이익이 무엇인지를 판단해서 의정활동을 해야 한다는 것을 분명히 했다.

이와 반대되는 답변으로, 대표는 자신이 대표하는 유권자의 견해와 이익을 대표해야 한다고 주장할 수도 있다. 전문적 능력을 갖춘 대표가 보통 사람들을 대신해 나라 전체의 이익에 부합하는 결정을 내려야 한다는 말은 대표들이 주요문제에 대해 전문성을 갖출 수 있으며, 또한 불편부당하게 평범한 사람들의 이익을 판단할 수 있다는 것을 전제로 한다. 하지만 이 전제에 의구심을 품을 수 있다. 오늘날처럼 복잡한 세상에서 아무리 똑똑한 사람이라고 해서 과연 수많은 문제들에 대해 충분한 지식을 갖추고 나라 전체의 이익을 잘 판단할 수 있을까? 다시 말해 판사 출신 정치인이 과연 복잡한 경제, 무역, 외교, 사회 문제까지 전문성을 갖출 수 있을까? 게다가 과연 부유층 엘리트 출신 의원이 보통 사람들의 이익을 충분히 헤아릴 수 있을까? 이들은 의도야 어떨지 몰라도 결국 자신과 같이 부유하고 학력이 높은 사람에게 유리한 결정들을 내리게 되는 것은 아닐까? 이렇게 본다면 나라 전체의 이익을 대표한다고 말하는 의원은 결국 자신의 배경과 비슷한 특정 집단의 이익에 더 많은 비중을 두어 나라의 이익을 판단하게 될 것이다. 그렇다면 우리에게 필요한 것은 나라 전체의 이익을 대표한다고 하는 의원이 아니라, 자신을 선출해 준 유권자 집단의 의견과 관점을 대표하는 의원이다. 즉, 농촌 지역구 출신 의원은 농민의 목소리를 듣고 이들을 충실히 대표하며, 다른 집단과 조정을 통해 FTA 체결과 농민에 대한 보상방안을 결정해야 한다.

이때 중요한 것은 목소리 큰 한 집단의 이익이 과도하게 대표되어서 목소리가 작은 집단의 이익을 침해하는 것을 방지하는 것이다. 이를 위해서 우리는 대표의 다양성을 확보할 수 있어야 한다. 다시 말해, 우리의 예에서 FTA를 체결했을 때 손해를 입는 집단의 이해관계까지 모두 고려해 결정을 내리기 위해서는 농민들의 이익을 대변할 수 있는 대표, 자동차업계의 이익을 대변할 수 있는 대표, 어민들의 이익을 대변할 수 있는 대표, IT업계의 이익을 대변할 수 있는 대표가 의회에 진출해 있어야 한다. 이렇게 다양한 대표가 의회에 있어야만 상이한 이해관계를 조정하고 합의해서 FTA를 체결할 것인지, 체결한다면 손해를 입는 집단에 어떠한 방식으로 보상을 할 것인지를 보다 공정하게 결정할 수 있다.

둘째로, 대의제 민주주의를 잘 운영하기 위해서 의회의 구성은 어때야 하는지 생각해보자. 만일 우리가 버크와 같이 농촌 지역구 출신 의원도 나라 전체의 이익을 고려해 의정활동을 해야 한다고 생각한다면, 우리는 특정 집단을 잘 대표할 수 있는 의원보다는 나라 전체에 좋은 것이 무엇인지 잘 판단할 수 있는 전문가와 엘리트들이 정치를 하는 것이 적합하다고 생각할 것이다. 농민의 이익은 농민 출신 대표가 가장 잘 대표할 수 있을지 모른다. 하지만 농민 출신 대표가 경제, 안보, 사회 문제 등 다양한 문제들에 대한 포괄적인 지식을 갖추기는 쉽지 않기 때문에 그가 유권자들의 선택을 받기 위해서는 필요한 학력과 전문성 등을 갖추어서 후보자가 나라 전체의 이익을 대표하기 위해서 필요한 자질을 갖추었다는 것을 설득시킬 필요가 있다. 결과적으로 이때 의회 의석의 상당수는 고학력 전문직 출신 엘리트들로 채워질 것이다. 우리에게 필요한 것이 경제, 사법, 외교, 안보 등에 대한 전문성을 두루 갖춘 사람이라면, 농민 출신 정치인보다 명문대를 나온 고위직 공무원 출신 정치인이 유권자들에게 신뢰를 얻고 선택받는 데에 유리할 것이기 때문이다.

하지만 우리가 대표는 자신이 대표하는 유권자 집단의 이익을 충실히 대표해야 한다고 주장한다면 앞에서 언급한 바와 같이 의회 내의 다양성을 확보하는 것이 매우 중요해진다. 만일 의회 내 300석이 모두 고학력 전문직 출신의 남성으로 채워져 있다면, 고졸 하청 노동자의 이익, 비정규직 여성의 이익, 농민들의 이익 등은 정책을 만들 때 충실히 고려되지 않을 것이다. 국회의원들은 이들의 일상과 생활에 대해 별로 아는 바가 없으며, 자신과 더 비슷한 사람들의 시각에서 문제를 바라보기 쉽기 때문이다. 그렇기에 정책을 결정할 때 어느 한 집단의 이해관계도 소외되지 않고 반영되도록 하기 위해서는 노동자 계층을 대표할 수 있는 의원, 농민들을 대표할 수 있는 의원, 환경 보호에 관심을 둔 유권자들을 대표할 수 있는 의원, 여성의 권리 증진을 원하는 유권자들을 대표할 수 있는 의원 등, 다양한 집단의 이익을 대표하는 정당과 대표들이 의회에 진입해야 한다.

다음 절에서 구체적으로 살펴보겠지만 선거제도는 선출되는 대표들의 배경과 의회 구성의 다양성에 큰 영향을 준다. 선거제도는 크게 다수제와 비례대표제로 구분되는데, 이때 비례성이 강할수록 대표의 다양성이 확대되는 경향이 있다. 이는 비례성이 강할수록 의회 내에 더 많은 정당이 의석을 얻을 수 있기 때문이다. 그렇다면 다양한 집단과 이념을 대표하는 의원들이 의회에 진출할 수 있다. 그렇기에 의회 내 다양성을 확보하는 것이 대의제 민주주의에서 중요하다고 주장하는 이들은 비례성이 높은 선거제도를 선호한다.

이와 달리 다수제는 큰 두 개의 정당 간에 정권이 교체되는 양당제를 강화시키는 경향이 있다. 여기서 의회 내 다양성은 상당히 제한된다. 그러면 이제 다수제와 비례대표제가 의회의 구성과 대표들의 배경에 어떠한 영향을 미치는지 보다 자세히 살펴보자.

III 선거제도가 의회 내 다양성에 미치는 영향

선거제도는 매우 다양하고, 유사한 제도를 채택한 나라들이라 하더라도 구체적인 운영방식에 차이가 있다. 다양한 선거제도를 구분하는 기준으로 래이(Rae 1967)는 세 가지 요소에 주목했다. 당선자 결정방식(electoral formula), 선거구 크기(district magnitude), 그리고 기표방식(ballot structure)이 그 요소들이다.

아래에서 더 상세히 살펴보겠지만, 당선자 결정방식은 크게 다수제와 비례대표제로 구분된다. 선거구 크기는 한 선거구에서 선출되는 대표의 숫자를 말하는데, 다수제에서는 주로 한 명, 비례대표제에서는 여러 명을 선출한다. 마지막으로 기표방식은 유권자가 어떻게 기표를 하는지 결정한다. 한 명의 후보에게 표를 던지는지, 자신의 선호도에 따라 후보들에게 순위를 매기는지, 정당에 투표하는지 등이 그 예이다. 이 절에서는 래이의 구분에 따라 선거제도를 구분하고, 가장 흔히 사용되는 선거제도들의 특징을 살펴보기로 한다.

1. 단순다수제와 절대다수제

1) 다수제의 운영 방식

당선자 결정방식에는 크게 다수제와 비례대표제가 있다. 이 중에서 다수제는 단순다수제와 절대다수제로 구분되는데, 일반적으로 지역구당 한 명의

의원을 선출한다. 먼저 단순다수제(single-member plurality voting, simple majority, 혹은 FPTP: first-past-the-post)는 유권자가 후보에게 표를 던져서 가장 많은 표를 얻은 후보가 당선되는 방식이다. 예를 들어서 선거에서 이일번 후보가 35%, 김이번 후보가 40%, 박삼번 후보가 25%의 득표를 했다면, 40% 득표율의 김이번 후보가 당선된다. 단순다수제를 택한 대표적인 나라는 영국으로 영국은 비례대표 없이 단순다수제로만 하원 의원을 선출한다. 한국의 지역구 선거 역시 단순다수제로 운영되고 있다. 한국의 지역구 선거제도를 종종 단순다수소선거구제라 부르는데, 이는 단순다수제(당선자 결정방식) + 소선거구제(선거구 크기)를 의미한다. 한국에서 1, 2명을 선출하는 선거구를 소선거구, 그 이상을 중대선거구라 구분하기 때문에 나온 명칭이다.

다수제에서 후보자가 무조건 총 유효표의 50% + 1표를 얻어야 당선이 되도록 할 수도 있다. 이를 절대다수제(majoritarian system)라고 부르는데, 첫 번째 선거에서 당선자가 결정되는 경우가 드물기 때문에 투표를 두 번 하는 것이 일반적이다. 절대다수제를 택한 대표적인 예는 프랑스의 대통령 선거이다. 프랑스 대선에서는 1차 투표에서 가장 많은 표를 얻은 두 후보만 2차 투표에 진출한다. 후보가 둘이기 때문에 2차 투표의 승자는 무조건 총유효표의 50% + 1표 이상을 얻으며 당선된다. 이렇게 두 후보가 경쟁해서 한 명이 당선되도록 하는 2차 투표를 흔히 결선투표(run-off)라 부른다.

프랑스에서는 국회의원 선거에서도 투표를 두 차례 한다. 하지만 운영방식은 대통령 선거와는 조금 다르다. 국회의원 선거에서는 1차 투표에서 12.5% 이상의 득표를 한 모든 후보가 2차 투표에 참여할 자격을 얻고, 2차 투표에서는 가장 많은 표를 얻은 후보가 당선된다. 소수의 지지만을 얻은 후보를 탈락시키고, 이들을 지지했던 이들이 자신이 차선으로 지지하는 후보에게 투표해 더 많은 유권자의 선택을 받은 후보가 당선될 수 있도록 하는 것이다. 이러한 방식의 2회투표제 역시 절대다수제의 한 방식이다.

이론적으로 볼 때 단순다수제와 2회투표제 중에서는 2회투표제가 민주주의의 다수결 원칙을 보다 정확히 반영한다. 단순다수제에서는 무조건 경쟁후보보다 표를 많이 받으면 승리하지만, 2회투표제에서는 후보자가 유효표의

50% + 1표 이상을 받아야만 당선이 확정되기 때문이다. 하지만 통상적으로 단순다수제에서 승리한 후보는 절대다수제에서도 승리할 가능성이 높기 때문에 단순다수제와 절대다수제가 아주 다른 선거제도는 아니다.

다만 생각해 볼 문제가 있다. 예를 들어서 한국의 87년 대선에서도 일어났던 일이지만, 신생 민주주의 국가에서 후보가 난립하며 30% 언저리의 적은 득표율을 얻고도 선거에서 승리하는 경우가 왕왕 발생한다. 이때 총 유효표의 30%를 얻어 당선된 후보가 다수의 선택을 받은 후보라 말할 수 있을까? 대표가 유권자를 대표하도록 선택받고 정책을 만들 권한을 위임받았다고 하기에 30%의 득표율은 부족하지 않을까? 단순다수제를 비판하는 사람들은 단순다수제가 다수의 승인을 받은 대표를 선출하지 못하는 경우가 매우 많다는 점을 지적한다. 그렇기에 과반지지를 받아야만 당선이 확정되는 2회투표가 더 민주적이라는 것이다.

다른 예로, 프랑스의 2002년 대선 1차 투표에서 우파 시라크(Jacques Chirac) 후보와 좌파 조스팽(Lionel Jospin) 후보가 결선투표에 진출하리라는 예상을 뒤엎고, 시라크가 19.9%, 르펜이 16.9%, 조스팽이 16.2%를 득표하면서 극우 르펜(Jean-Marie Le Pen) 후보가 시라크 후보와 함께 결선투표에 진출하는 이변이 있었다. 시라크는 1차 투표에서는 르펜에게 3% 남짓 앞섰을 뿐이지만 결선투표에서 82.2%를 득표하며 대통령에 당선됐다.[2] 2회 투표제는 유권자들에게 투표의 기회를 두 번 주면서, 1차 투표에서 다른 후보들에게 투표했던 유권자들에게 당선 가능성이 가장 높은 두 후보 중 누구를 더 선호하는지를 밝히도록 한다. 1차 투표에서 시라크와 르펜은 큰 차이 없는 득표율을 얻었지만, 결선 투표를 통해 프랑스 국민들은 자신들이 원하는 것은 극우 대통령이 아니라는 점을 분명히 보여준 것이다.

정리하자면, 다수제는 일반적으로 지역구당 한 명의 의원을 선출하며, 그 방식으로는 단순다수제와 절대다수제가 있다. 투표를 두 번 하는 절대다수제는 단순다수제에 비하면 번거롭고 선거비용이 더 많이 들기 때문에 보편적인 방식은 아니지만, 다수의 뜻을 보다 정확하게 반영한다는 장점이 있다.

---

2) http://electionresources.org/fr/president.php?election=2002(검색일: 2021.9.2)

2) 다수제의 장단점과 의회 내 다양성

다수제의 장점은 단순성, 책임성, 그리고 (상대적) 안정성이다. 이때 다수제의 장점인 책임성과 상대적 안정성은 다른 한 편으로 다수제의 단점과도 연결된다.

첫째로, 다수제는 단순하고 직관적이기에 유권자들이 투표방식과 당선자 결정 방식을 이해하기 쉽다. 둘째로, 다수제는 일반적으로 지역구에서 한 명의 의원을 선출하기 때문에 지역구 유권자들이 요구사항이 있을 때 누구에게 접촉해야 하는지, 지역구에 문제가 있을 때 누구에게 책임을 물어야 하는지가 상대적으로 명확하다. 하지만 반면에 이것이 지역구 이기주의로 이어지기도 한다. 대표들은 지역구에 이익을 가져다주어야 재선 확률이 높아지기 때문에, 나라 전체의 이익과 다르더라도 지역의 이익을 추구하려 한다. 상당한 적자가 예상되는 지역 개발 사업이 정치적 고려에 따라 승인되고, 적자는 결국 세금으로 메우게 되는 경우가 예가 되겠다.

마지막으로 다수제는 두 개 거대정당을 바탕으로 한 양당제를 불러오는 경향이 있다. 예를 들어 영국은 보수당과 노동당 사이에서 권력이 교체된다. 그 외 정당은 일부 의석을 얻을 수는 있어도, 정부를 구성하는 데에 영향을 줄만큼 많은 의석을 가져가지는 못한다. 이것이 정부의 안정성과 연결되는데, 다수제가 안정적이라는 말의 의미는 다음에서 비례대표제를 살펴보면 보다 분명하게 드러날 것이다.

선거제도를 연구하는 학자들은 대체로 다수제보다 비례대표제를 선호하는 경향이 있다. 이는 다수제가 의회 내 다양성을 떨어뜨리기 때문이다. 사회 내에는 다양한 이념과 문제의식을 가진 유권자들이 있기 마련이다. 하지만 다수제에서는 다양한 이념과 문제의식을 대표하는 정당이 의회에 진입하기 어렵다. 그 이유를 살펴보자.

보통 뒤베르제의 법칙(Duverger's law)이라 알려진 주장에 따르면, 단순다수제는 거대 양당이 의회를 지배하는 양당제를, 비례대표제는 여러 당이 경쟁하는 다당제를 불러온다(Duverger 1954). 이 경향은 단순다수제에서 특히 두드러진다. 예를 들어 김철수씨가 여론조사에서 전국에서 고르게 17% 정도의 지지를 받는 정당을 지지한다고 하자. 이때 다수제에서 김철수씨가 원하는 정당이 당선될 확률은 없다. 이때 거대 양당 중 김철수씨의 이념과 조금 가까운 정당과 김철수씨가 싫어하는 정당이 비등한 지지를 받고 있다고 하자. 김철수씨는 결국 차선으로 당선가능성이 높으면서 자신의 뜻과 조금 더 가까운 정당에 투표하기로 결정한다. 상대정당이 당선되는 것은 참을 수 없기 때문이다. 많은 유권자들이 이렇게 자신의 생각을 대변하지만 당선가능성이 없는 정당보다 당선가능성이 있는 정당에 표를 던지기 때문에, 군소정당은 표를 얻지 못해 점차 사라지고 선거는 거대 양당 간의 경쟁이 된다.

경쟁하는 정당의 숫자가 적다면 이들이 대표하는 생각과 이념 역시 제한적일 수밖에 없다. 우리의 예에서 김철수씨가 지지하는 정당처럼 전국에서 고르게 17% 정도의 지지를 얻는 정당은 17%의 유권자를 대표하지만 의회에서는 한 석도 얻을 수 없다. 환경, 인권 등과 같이 많은 유권자가 관심을 두고 있지만 경제나 안보처럼 중대한 문제라 여겨지지 않는 문제들에 초점을 둔 녹색당과 같은 정당 역시 다수제를 택한 국가에서 의석을 얻는 것이 쉽지 않다. 그렇다면 다수제를 통해 구성된 의회에서 환경, 인권 문제는 충분히 논의되기 어려울 것이다.

정리하자면, 다수제는 의회 내 다양성을 상당히 축소시킨다. 이때 의회 내에서 다양한 주장과 생각들이 논의되기는 어렵다. 게다가 이때 많은 유권자는 거대 양당의 후보가 내 의사를 정확히 대표하기 때문에 투표하는 것이 아니라, 두 정당 중 그나마 내가 선호하는 정당 혹은 내가 싫어하지 않는 정당에 투표하게 된다. 하지만 대의제 민주주의는 시민들의 의사를 대표하는 이들을 선출하여 정책을 만들도록 하는 제도이지 많은 사람들이 그나마 덜 싫어하는 이들을 선출하는 제도는 아니다. 그렇기에 우리는 다수제가 과연 대의제 민주주의의 목적에 부합하는 선거제도인지 비판적으로 생각해 볼 필요가 있다.

2. 비례대표제

1) 비례대표제의 운영방식

비례대표제(proportional representation)는 정당이 선거 전에 후보자의 명부를 작성해 공개하고, 유권자는 (일반적으로) 정당에 표를 던지는 방식이다. 비례대표제를 도입한 나라마다 선거구 크기, 의석 배분 방식, 명부 결정 방식에 차이가 있지만, 다수제에 비하면 의회 내에 더 많은 숫자의 정당이 진입할 수 있기에 의회의 구성이 다양하다는 것은 공통적이다.

먼저 선거구 크기를 살펴보자. 비례대표제의 큰 특징은 선거구 크기가 크다는 것이다. 한 선거구에서 여러 명을 선출하는데, 규모가 작은 나라들의 경우 전국이 하나의 선거구가 되기도 한다. 그 대표적인 예가 이스라엘이다. 이스라엘 의원의 숫자는 120명으로, 하나의 전국 선거구에서 모두가 선출된다.

다음으로, 선거에서 가장 많은 득표를 한 후보가 당선되는 다수제와는 달리, 비례대표제는 정당이 얻은 총 유효표를 기준으로 수식을 사용해서 각 정당이 가져갈 의석수를 결정한다. 의석배분 방식에는 헤어(Hare)식, 동트(d'Hondt)식, 생라기(Sainte-Laguë)식 등이 있다. 각각의 방식에 따라 의석을 배분하는 데에 사용되는 수식이 조금씩 달라지지만, 여기서는 자세히 설명하지 않기로 한다.

의석 배분을 결정할 때 아주 적은 득표율을 얻은 정당에 의석을 배분하는지 여부도 나라마다 차이가 있다. 예를 들어서 1%의 득표를 한 정당에게도 의석을 배분해야 할 경우 의회 내에 진입하는 정당의 숫자가 상당히 많아질 수 있다. 그렇다면 의회 내 다양성은 더 커지겠지만, 극단적인 주장을 하는 정당이 의석을 얻을 수도 있고, 많은 정당들 간에 정책을 합의하는 것이 보다 더 어려워질 수도 있다. 그렇기에 아주 적은 득표를 한 정당들이 의회에 진입하지 못하도록 봉쇄조항(threshold cause)을 넣는 경우들이 있다. 네덜란드에서는 0.67%, 이스라엘에서는 3.25%의 득표율을 기록한 정당들만 의석을 배분받는다.

마지막으로 나라마다 비례대표 명부 결정 방식에도 차이가 있다. 정당이 명부를 작성할 때 후보자의 명단과 당선순위를 모두 결정하는지, 아니면 정당이 후보자의 명단을 제시하고 유권자가 이 중에서 누가 당선될 것인지에 영향을 미칠 수 있는지 여부에 따라서 전자를 폐쇄형 정당명부식, 후자를 개방형 정당명부식 비례대표라 부른다. 예를 들어 120명으로 구성된 의회에서 정당이 33.3%가량을 득표해 40석을 얻게 되었다고 하자. 폐쇄형 정당명부식에서는 명부의 1번부터 40번까지가 당선된다. 개방형 정당명부는 운영방식이 다양한데, 예를 들어서 핀란드에서는 정당이 아니라 후보에게 투표한다. 각 정당의 후보들이 얻은 표를 합산해 정당의 득표율을 계산하고, 이에 따라 각 정당이 가져갈 의석수를 결정해서 가장 많은 득표를 한 후보들이 당선되는 방식이다.

개방형 정당명부식을 택할 경우 유권자가 가장 선호하는 후보들이 당선되기 때문에 유권자의 선택의 폭이 넓어진다는 장점이 있다. 폐쇄형 정당명부식은 정당이 후보순위를 결정하기 때문에 정당의 철학을 대변하는 후보들을 당선시키는 데에 유리하며, 또한 정당이 다양성을 확대시키기 위해 노력할 경우(예를 들어 여성 당선자 확대, 소수인종 당선자 확대), 쿼터를 주거나 명부 순위를 조정해 당선자의 숫자를 쉽게 늘릴 수 있다는 것이 장점이다.

비례대표제만큼 비례성이 높지는 않지만 다수제보다 비례성이 높은 방식으로 반(半)비례대표제(semi－proportional representation)가 있다. 호주에서 사용하는 단기이양식투표제(STV: Single transferable vote)가 대표적인데, 한 선거구에서 여러 명을 선출하고, 유권자는 후보들에게 순위를 매겨서 자신의 선호를 표시하는 방식이다. 단기이양식투표제는 유권자의 후보 선택폭이 넓어지고, 또한 선거구를 대표할 수 있는 대표자가 생기기 때문에 지역 유권자가 대표에게 지역 현안을 돌보지 않은 책임을 물을 수 있다는 장점이 있다. 하지만 유권자들이 많은 후보들에 대한 선호 순위를 결정하기 위해서는 후보자에 대한 정보를 찾고 선호를 결정할 정도로 정치에 대한 관심이 있어야 하기 때문에 유권자에게 부담이 된다.

2) 비례대표제의 장단점과 의회 내 다양성

비례대표제의 가장 큰 장점은 의회 내 다양성을 확보하는 데에 유리하다는 것이다. 수적 혹은 정치적 소수집단이 의회에 들어가 유권자를 대표할 수 있다는 것이 비례대표제의 큰 특징이다. 먼저 소수인종의 경우를 보자. 이스라엘의 경우 아랍계 유권자가 전체의 16% 정도인데, 2015년 선거에서 아랍계 정당연합이 120석 중 13개석을 얻었다. 만약 이스라엘이 단순다수제를 택했다면 아랍계의 지역적 분포에 의석 숫자가 크게 영향받았을 것이다. 아랍계가 전국에 흩어져서 산다면 지역구 선거에서 소수 아랍계 대표자가 당선되기는 매우 어렵기 때문이다.

다음으로 의회 내 이념의 다양성도 확보될 수 있다. 한국의 경우 2004년 17대 총선에서 1인 2표제로 선거제도가 바뀌면서 13%가량의 지지를 받은 민주노동당이 비례대표 의석 중 8석을 배분받았다. 그전까지 민주노동당은 대체로 10% 정도의 지지를 받았지만 총선에서 의석을 얻지 못했다. 한국이 혼합형 선거제도가 아니라 비례대표제를 택했다면 17대 총선에서 민주노동당은 35석 이상을 배분받았을 것이다. 비례대표제와 다수제가 가져오는 의회 내 다양성의 차이는 이처럼 크다. 이와 더불어 비례대표제에서는 의회에서 논의되는 이슈 역시 더 다양해질 수 있다. 녹색당과 같이 환경문제에 집중하는 정당은 다수제에서는 당선이 어렵지만 비례대표제를 택한 유럽국가들에서는 상당한 숫자의 의석을 얻고 있다.

하지만 비례대표제의 다양성이 문제가 될 수도 있다. 첫째로 비례대표제에서 정당은 적은 득표율로 의석을 가져갈 수 있기 때문에 극단주의 정당이 의석을 얻는 경우들이 늘어나고 있다. 의석을 얻게 되면 국가에서 정당교부금을 지원받고, 연정에 참여할 가능성도 열리며, 선거운동에도 이점이 있다. 자유민주주의의 주요 원칙인 개인의 평등한 권리와 자유를 부정하는 정당이 의회에 진출해 정책결정에 참여하고 세를 확대시켜 나갈 수 있다는 것이다. 이를 막을 수 있는 하나의 방법은 봉쇄조항의 최저득표율을 높이는 것이다. 적은 득표율로 의회에 진입할 수 없도록 하여 극단주의 정당의 의회 진출을 막는 것인데, 이때 최저득표율이 높아질수록 의회 내 다양성이 떨어진다는 것은 분명하기에 일부 국가들은 여전히 봉쇄조항을 택하지 않고 있다.

둘째로, 연정을 둘러싼 문제들이 발생한다. 의원내각제에서는 일반적으로 과반의석을 차지한 정당 혹은 정당의 연합이 총리를 선출하고 정부를 구성할 수 있는데, 비례대표제에서 한 당이 과반의석을 차지하기 어렵기 때문에 둘 이상의 정당이 힘을 합쳐 과반의석을 확보해 연정을 구성하는 경우가 많다. 이때 정당 간의 견해차가 커서 연정구성에 실패할 경우 결국 재선거를 해야 한다. 정부의 공백이 생기고, 정치적 혼란이 가중되는 것이다. 2019년 스페인에서는 4월 총선에서 다수당이 된 사회당이 다른 정당들과 연정을 구성하는 데에 실패하면서 세 번의 선거를 거쳐 2020년에야 정부가 출범한 바 있다. 비례대표제와 비교했을 때 다수제가 더 안정적이라고 말하는 이유는 다수제에서는 의회에 진출할 수 있는 정당의 숫자가 매우 적기 때문에 한 정당이 과반 의석을 차지하는 것도, 소수정당과 합의해서 정부를 구성하는 것도 상대적으로 수월하기 때문이다.

비례대표제의 또다른 단점은 유권자와 대표의 연계성이 떨어진다는 것이다. 다수제에서는 인구가 적은 지역이라고 하더라도 지역을 대표할 의원이 있다. 그렇기에 전국 단위 정책과 지역 주민의 이익 사이에 갈등이 벌어질 때 지역구 의원이 의회 내에서 지역 주민들의 이익을 지키기 위해 노력하게 된다. 하지만 비례대표제에서는 인구가 적은 지역의 이익이 충분히 보호받지 못하거나, 또는 지역의 유권자가 요구사항이 있어도 이를 전달하고 책임을 물을 의원이 없는 문제가 발생할 수 있다. 이 문제를 보완하기 위해 네덜란드는 정당이 투표에서 획득한 의석을 권역별로 배분하여 권역별 대표가 그 권역을 대표할 수 있도록 하고 있다.

3. 혼합형 선거제도

1) 혼합형 선거제도의 운영방식

혼합형 선거제도(mixed electoral system)는 다수제와 비례대표제를 혼합한 방식으로, 독일과 한국이 이 제도를 택하고 있다. 혼합형 선거제도는 어떻게 두 제도를 혼합하는지에 따라 비례대표제에 더 많은 비중을 둘 수도 있고, 다수제에 더 많은 비중을 둘 수도 있다. 비례대표제에 큰 비중을 둔 혼합형이 독일식이다. 한국의 경우 비례대표 의석이 전체 300석 중 47석으로 매우 적은 편이기에 지역구 선거의 중요도가 높다.

혼합형 선거제도에서 유권자는 지역구 후보에 한 표, 정당에 한 표를 던지게 된다. 이때 전체 의석 배분이 정당이 얻은 득표율에 유사하게 배분되도록 비례대표 의석 배분을 조정하는 방식을 연동형 비례대표제(mixed-member proportional representation)라 부른다. 이것이 어떠한 방식인지 독일 하원의 예를 살펴보도록 하자. 독일에서는 정당명부 투표로 전체 의원의 50%를 충원하고 지역구에서 50%를 충원한다. 선거가 끝나면 지역구 당선자가 확정되고, 정당이 얻은 득표율에 따라 전체 의석에서 각 정당이 얻을 의석수가 확정된다. 이때 5% 미만을 득표한 정당은 비례대표 의석을 배분받지 못한다. 문제는 한 정당이 지역구에서 얻은 의석이 정당 득표율에 따라 얻을 수 있는 의석 수를 초과하는 경우들이 발생한다는 것이다. 예를 들어서 A 정당이 정당투표에서 30%의 지지를 받았다고 하자. 전체 의석을 600석이라 했을 때 이 정당은 180석을 배분받게 된다. 하지만 A 정당은 지역구 선거에서 이미 200석을 얻었다. 이 경우 A 정당은 이미 180석 + 20석을 얻었기에 비례대표 의석을 배분받지 못한다. A 정당이 20석을 초과로 얻었기 때문에 의석수를 600석으로 유지할 경우 A 정당은 33.3%의 의석을 차지하게 된다. 실제 정당 득표율보다 3.3%의 의석을 더 가져가는 것이다. 이때 A 정당의 의석 비율이 30%가 되게 하려면 비례대표 의석수를 늘리면 된다. 즉, 의석수를 660석으로 늘리면 A 정당은 200석, 전체의석의 30%를 가져가게 된다. 이렇게 늘어난 60석을 보정의석이라 부른다. 독일 선거에서는 보정의석 때문에 의원정수가 선거마다 달라진다.

이와 달리 정당득표는 비례대표 의석에만 국한시켜서 의석을 배분하는 방식이 있다. 즉, 전체 600석에서 비례대표 의석이 300석이라면, 정당득표에서 33.3%를 얻은 정당은 지역구 의석 더하기 비례대표 의석 300석의 33.3%인 100석을 가져간다. 이러한 방식을 병립형 비례대표제(mixed-member majoritarian, 혹은 parallel system)라 부른다. 17-20대 총선에서 한국이 이 방식을 택했다. 한국은 21대 총선에서 비례대표 의석에 독일식 연동형 비례대표제를 일부 도입하였으나, 비례대표 의석 수가 무척 적기 때문에 별다른 변화를 이끌어내지는 못했다.

2) 혼합형 선거제도의 장단점과 의회 내 다양성

한국에는 독일이 택하고 있는 연동형 비례대표제를 확대 도입해야 한다고 주장하는 사람들이 많다. 독일식 연동형 비례대표제는 다수제의 장점인 대표와 유권자 간의 긴밀한 연결과 비례대표의 장점인 다양성을 함께 가져갈 수 있기 때문에 가장 좋은 선거제도라는 것이다. 하지만 전세계적으로 볼 때 혼합형은 대단히 인기있는 선거제도는 아니다. 잘 운영되면 두 선거제도의 장점을 가져갈 수 있지만, 잘못 운영되면 단점만을 가져갈 수 있기 때문이다.

다수제와 비례대표제를 어떻게 결합하느냐에 따라서 혼합형 선거제도의 특징은 상당히 달라진다. 독일과 같이 비례성에 큰 비중을 둘 경우 비례대표제의 장점인 다양성이 확대되는 것은 분명하다. 하지만 독일 역시 초과의석과 보정의석 때문에 의원수가 계속 늘어나고 있어서 선거제도 재개정을 논의하고 있다. 의원이 많으면 의사결정도 비효율적이고 세금지출도 커지기 때문이다. 게다가 의회 내 다양성을 강화하는 것이 목적일 때, 상대적으로 단순한 비례대표제 대신 복잡한 혼합형을 도입해야 할 이유 역시 분명하지 않다.

한편 한국과 같이 다수제에 더 많은 비중을 두어서 비례대표 의석을 적게 배분한 혼합형 선거제도를 운영한다면 의회 내 다양성은 제한적으로 확대될 뿐이다. 앞에서 언급한 것처럼, 17대 국회에서 민주노동당은 13%의 지지를 얻었지만 분배받은 의석은 전체 300석 중 8석 뿐이었다. 100석 이상을 가진 거대정당들 앞에서 8석을 가진 정당이 현실적으로 유의미한 영향력을 행사하기는 쉽지 않다. 그렇기에 한국식 혼합형 선거제도는 다수제의 제한된 다양성을 약간 보완할 수는 있겠으나, 거대양당구도에 영향을 주기에는 부족하다.

혼합형 선거제도에서 연동형을 선택할지 병립형을 선택할지, 그리고 비례대표 의석 비율을 어떻게 결정할지에 대한 정답은 없다. 각 나라는 정치적 맥락에 따라서 이를 결정하고 있다. 한국의 경우 다수제로 운영되는 지역구 선거에서 지역주의의 영향이 크기 때문에 지역주의의 정치적 영향을 축소시키고 의회 내 다양성을 확보하기 위해 선거제도의 비례성을 높여야 된다는 데에는 많은 이들이 공감하고 있으나, 비례성을 높이려는 시도들은 많은 저항에 직면하고 있다. 이는 단순다수제가 거대양당에게 유리하며, 거대양당이 지역지지기반까지 갖추고 있을 경우 더욱 유리하기 때문이다. 비례대표 의석을 늘리기 위해서는 지역구 의석 수를 줄여야 하고, 이때 새롭게 생긴 비례대표 의석의 일부는 새로운 정당들이 가져가게 될 것이다. 기존 거대 정당의 입장에서는 지역주의 덕에 쉽게 승리할 수 있는 지역구의 숫자는 줄어들고, 비례대표 선거에서 어느 정도의 의석을 얻을 수 있을지가 불확실하기에 선거제도 개혁을 지지할 유인이 부족하다. 이 때문에 한국의 선거제도 개혁은 좌초하고 있다.

한국의 사례는 혼합형 선거제도의 난점과 선거제도 개혁의 어려움을 동시에 보여주는 예라고 할 수 있다. 다수제와 비례대표제를 효과적으로 결합시키는 것은 어려우며, 한 번 이해관계가 확립된 뒤에 선거제도를 바꾸는 것은 더더욱 어렵다. 한국에서 선거제도 개혁이 필요하다는 것은 분명해 보이지만, 혼합형 선거제도를 어떻게 구성해야 의회 내 다양성을 높이면서 동시에 현실적으로 거대정당들이 받아들일 수 있는 개혁을 추진할 수 있을지 더 많은 고민이 필요하다.

 더 나은 대의제 민주주의를 향해서

대의제 민주주의는 국민들이 선거를 통해 대표를 선출하고 대표에게 책임을 묻는 형태로 주권을 행사하는 민주주의라 할 수 있다. 선거제도는 대의제 민주주의의 핵심 제도로, 좋은 선거제도는 시민들의 이익을 보다 정확히 대표하는 의회를 구성하는 데에 크게 기여한다. 무엇이 최고의 선거제도인가에 대한 정답은 없지만, 학자들은 대체로 다수제보다는 비례대표제나 반(半)비례대표제를 선호한다.

비례성이 높을수록 다양한 배경을 가진 대표들, 다양한 관점을 가진 대표들, 다양한 이해관계를 대표하는 대표들이 의회에 진입하기 수월하다. 한국에서 선거제도 개혁을 말하는 사람들이 비례대표의 의석을 늘려야 한다고 주장하는 것이 바로 이 때문이다. 그러나 비례성이 높은 선거제도가 반드시 좋은 것만은 아니다. 소수의 지지를 받는 정당 역시 당선될 수 있기 때문에 극단적인 주장을 펴는 정당과 대표들 역시 당선될 수 있기 때문이다. 타협이 어려운 주장을 하는 대표의 숫자가 늘어날수록 의사결정이 더 어려워지는 것은 분명하다.

이상적인 선거제도는 국민들의 다양한 이익과 의견을 반영할 수 있도록 의회 내 다양성을 높이면서 동시에 정치적 불안정성을 야기하는 극단적인 의견들을 배제할 수 있는 제도일 것이다. 하지만 우리가 살펴본 것처럼 현실에서 이렇게 완벽한 선거제도는 실현될 수 없다. 다만 각 나라의 상황에 따라 선거제도를 조정할 수 있으며, 한국의 경우는 다양성을 높일 수 있는 방안을 생각해보아야 한다는 것만은 분명해 보인다.

좋은 선거제도를 논의하며 잊지 말아야 할 것은 선거제도는 대의제 민주주의의 핵심이나, 만병통치약은 아니라는 것이다. 단적으로 말해서 선거제도는 대표들이 과연 선출된 이후에 국민의 뜻을 대표할지 사익을 추구할지, 그리고 얼마나 충실하게 다양한 계층의 이익을 대표할지 결정하는 데에 일부 영향을 줄 수 있을 뿐이다. 민주주의는 시민들이 의견을 교환하며 나라가 나아가야 할 방향에 대해 고민하고, 대표들에게 의사를 표현하고, 대표를 감시하고, 대표에게 책임을 묻는 주권행사를 필요로 한다. 선거제도는 의회의 다양성과 대표의 다양성에 상당한 영향을 주지만, 대표의 다양성이 다양한 시각과 이익의 충실한 대표로 이어지기 위해서는 시민들의 참여와 감시가 필수적이다.

더 생각해 볼 문제

1. 우리가 본문에서 살펴본 바와 같이 비례대표제는 다수제에 비해서 다양성이 높은 의회를 구성하게 됩니다. 적은 득표율로도 의회 내에 의석을 가질 수 있기 때문입니다. 하지만 단점도 있지요. 상대적으로 소수의 지지를 받는 극단주의 정당이 의회 내에 의석을 얻는 것을 막기도 어렵습니다. 이를 위해서 많은 국가는 일정정도 이상의 득표율을 얻어야지만 의석을 얻을 수 있도록 봉쇄조항을 채택하고 있습니다. 그런데 이때 봉쇄조항을 너무 높게 설정하면 의회의 다양성이 줄어들고, 그렇다고 봉쇄조항을 채택하지 않으면 극단적인 주장을 하는 집단이 의석을 확보하는 경우도 생깁니다. 그렇다면 생각해 봅시다.
   여러분들은 봉쇄조항이 필요하다고 생각하십니까? 만일 봉쇄조항이 필요하다면 의회의 다양성을 확보하면서 동시에 극단적 주장을 하는 집단이 의석을 얻는 것을 제한하기 위해서 적절한 최저득표율은 얼마가 되어야 할까요? 참고로 독일의 경우 5%, 이스라엘의 경우 3.5%, 네덜란드의 경우 0.67%, 한국의 경우 3%를 택하고 있습니다.
2. 비례대표제를 택한 많은 나라들은 의원내각제 국가이기 때문에, 정권을 수립하기 위해서는 선거에서 승리한 정당이 단독으로 과반을 확보하거나, 단독으로 과반을 확보하지 못하면 색깔이 비슷한 다른 정당과 함께 연정을 구성해서 과반의석을 확보해야 합니다. 이때 연정을 구성하게 되는 경우가 많습니다. 비례대표제에서는 의회에 진출하는 정당의 숫자가 늘어나기 때문에 한 정당이 과반수 의석을 차지하기가 어렵기 때문이지요. 이때 이 과정에서 상대적으로 적은 득표를 한 정당이 연정의 파트너가 되기도 합니다.
   예를 들어서 독일의 녹색당은 90년대 말과 2000년대 초반에 10% 언저리의 득표율을 얻었지만, 사회민주당과 파트너가 되어서 연정을 구성한 바 있습니다. 사회민주당이 40% 언저리의 득표율을 얻으며 단독으로 정부를 구성하기에는 의석이 부족했기 때문에 녹색당과 함께 정부를 수립하기로 한 것이지요. 연정 파트너가 된다면 얻는 것들이 많이 있습니다. 예를 들어서 사회민주당이 녹색당을 설득해 연정을 구성하려면 녹색당이 중요하게 생각하는 정책을 수용하기도 하고, 몇 개 장관 자리를 녹색당에서 지지하는 인물로 지명하게 해주겠다고 제안을 하겠지요. 그렇기에 득표율이 상대적으로 적은 정당이라도 영향력을 발휘할 수 있습니다.

그런데 2000년대들어 극우정당의 부상이 문제가 되고 있습니다. 극우정당의 의석 점유율이 늘어나면 우파정당이 연정파트너를 선택해야 할 때 고민을 하게 됩니다. 이념 성향이 다르더라도 민주적 질서를 존중하는 중도좌파 정당을 연정파트너로 골라야 할지, 이념 색이 더 비슷하지만 민주적 법치질서를 종종 무시하는 극우정당을 파트너로 삼아야 할지 계산을 하게 되는 것이지요. 우파정당과 극우정당은 극우정당이 상당한 의석을 얻었던 2010년경 오스트리아와 덴마크 등에서 연정을 구성한 바 있습니다. 이때 우파정당은 극우정당의 요구를 몇 가지 들어줄 수밖에 없었지요. 다수제의 경우 득표율이 낮은 정당이 의석을 얻기가 어렵기 때문에 이러한 혼란은 이론적으로 더 적을 것입니다.

생각해 봅시다. 의회 내에 다양성을 확보하고, 다양한 관점과 의견을 조정해 정책을 만드는 것은 대의 민주주의의 중요한 과제입니다. 비례대표제는 의회의 다양성을 증가시키기 때문에 다수제보다 긍정적으로 평가받지요. 하지만 다양한 의견 중에는 자유민주주의와 양립할 수 없는 의견들도 있을 것입니다. 만일 이러한 의견을 가진 집단이 연정파트너가 되는 방식으로 실제 지지율을 많이 넘어선 정치적 영향력을 가지게 된다면, 우리는 이것을 민주적 제도 운영의 결과로 나타날 수 있는 일시적인 현상이라 바라보고 다음 선거에서 정권을 교체하기 위해 노력해야 할까요? 그렇지 않다면 이러한 문제가 발생하는 것을 막기 위해서 극단적인 주장을 하는 정당들을 법적으로 해산시키고 이들이 연정파트너가 되는 것을 제도적으로 막아야 할까요?

더 읽을거리

- 데이비드 파렐. 전용주 역. 2017. ≪선거제도의 이해≫. 한울아카데미
- 스티븐 레비츠키, 대니얼 지블랫. 박세연 역. 2018. ≪어떻게 민주주의는 무너지는가≫. 어크로스.

CHAPTER 02

포퓰리즘, 민주주의의 빛과 그림자?

심승우

I 포퓰리즘이라는 유령

이 절에서는 현재 지나치게 정치적으로 악마화되고 있는 포퓰리즘을 다르게 혹은 새롭게 볼 수 있는 관점과 포퓰리즘이 갖는 규범적 가치의 재구성 가능성을 모색해 볼 것이다. 이런 맥락에서 포퓰리즘에 대한 선과 악, 좋음과 나쁨의 판단 등의 판단을 유보할 것이다. 대신에 포퓰리즘의 기원과 개념, 포퓰리즘을 둘러싼 이론적, 실천적 논쟁들을 살펴봄으로써 그동안 지나치게 '정치적 악의 근원'으로만 매도되어 왔던 포퓰리즘의 다른 측면, 특히 대의민주주의에 대한 보완 가능성을 적극적으로 모색해보려 한다.

2000년대를 전후하여 미국과 유럽을 중심으로 확산되기 시작한 포퓰리즘은 선거에서 가장 중요한 쟁점이 되고 있고 지지자와 비판자를 적대적으로 대립하게 만들기도 한다. 그러나 서구의 경우에도 포퓰리즘에 대한 개념과 정의는 다양하고 이질적이며 때로는 모순되기도 한다. 누군가에게 공공의 적으로 규정되는 포퓰리즘은 다른 누군가에게는 직접민주주의의 이상을 실현할 수 있는 원동력으로 간주되며, 포퓰리즘을 통해 희망을 찾으려는 집단들을 공화국을 붕괴시키는 암적 존재로 비판하기도 한다. 이념적으로 대립적인 진영에서조차 우파 포퓰리즘, 좌파 포퓰리즘으로 포섭하고 정치적 전략을 펼치기도 한다. 어떤 맥락에서는 마르크스가 『공산당 선언』에서 공산주의를 유럽을 배회하는 유령에 묘사한 것처럼, 포퓰리즘은 정치적인 유령처럼 자유주의적 대의민주주의 주변을 배회하면서 출몰하고 문득 사라지는 것 같기도 하다.

때문에 포퓰리즘에 대한 균형적 이해와 객관적 평가를 위해서는 포퓰리즘을 공적인 영역에서 배제해야 할 정치적 악으로 규정하기 보다는 일단은 공적인 담론의 공간에서 포퓰리즘에게 자신의 정체성을 드러낼 수 있는 발언권을 부여하는 것이 필요하다. 때문에 본 절은 포퓰리즘의 입장에서 포퓰리즘을 대신하여 포퓰리즘이란 무엇인지를 체계적으로 제시하면서 민주적 가치를 논변해 볼 것이다.

현재 시점에서 잠정적인 결론은 포퓰리즘이 질적으로 새로운 정치체제를 추동했다거나 혹은 어떤 대안적인 대의민주주의를 재구성했다고 보는 것은 아직은 무리이며 포괄성과 체계성, 일관성, 지속 가능성에 있어 아직은 검증되지 않은 근본적인 한계를 가진다는 점이다. 그럼에도 불구하고 포퓰리즘은 미국과 유럽을 비롯하여 세계 곳곳에서 배회하면서 정치적 영향력을 증가시키고 있다.

Ⅱ 포퓰리즘은 민주주의의 그림자?

대표적인 포퓰리즘 연구자들인 뮈데와 칼츠바서에 의하면 "포퓰리즘이란 사회가 궁극적으로 상호 적대하는 동질적인 두 진영, 즉 '순수한 민중'과 '부패한 엘리트'로 나눠져 있다고 여기며, 정치는 민중이 가진 일반 의지의 표현이어야 한다고 주장하는 중심이 얇은 이데올로기"이다(Mudde and Kaltwasser 2019: 15−16). 이런 정의에 따라 포퓰리즘을 적극적으로 해석한다면, 포퓰리즘은 아테네 시민을 의미했던 데모스들의 통치로서 '인민의 자기 지배'라는 민주주의(democracy)의 이상과 본질적으로 대립적이라고 단정할 수는 없을 것이다.

이러한 개념 정의가 암시하는 것처럼, 포퓰리즘에 대한 혐오와 거부감 같은 통상적인 규범적 판단으로부터 벗어나, 포퓰리즘이 카리스마적 리더십을 통해서든 인기영합적인 정책을 통해서든 인민이 자신들과 공동체의 운명을 결정한다는 근본적 원리를 공유하고 있다는 점에 주목한다면, 긍정적이든 부정적이든 민주주의와 불가분의 관계를 가지고 있다는 점은 분명하다. 그러나 '어떤' 민주주의, 민주주의의 '어떤' 특성에 초점을 맞추는가에 따라 포퓰리즘과 민주주의의 관계는 상당히 역동적이고 복잡해질 수 있다. 이런 점에서, "포퓰리즘은 민주주의의 그림자(a shadow cast by democracy itself)"라는 캐노반(Canovan)의 언설은 은유 이상의 정치적 진실을 드러내고 있다(Canovan 1999).

캐노반 역시 '그림자'라는 비유를 통해, '좋은' 민주주의와 대비되는 포퓰리즘의 '나쁜' 특성을 대비시키는 것으로 보인다. 그러나 민주주의의 그림자로서 포퓰리즘이라는 언설은 복잡한 함의를 가지고 있다. 그림자 담론은 '좋은' 민주주의로부터 '어둡고 나쁜' 그림자(포퓰리즘)를 떼어놓으려는 배제의 전략을 정당화할 수 있지만, 민주주의의 그림자로서 포퓰리즘이 민주주의와 분리 불가능하다는 함의를 가지고 있는 동시에 때로는 민주주의를 성찰하게 만드는 자화상의 의미를 가질 수 있다. '그림자론'은 포퓰리즘 연구자들이 많이 드는 비유인데, 여기서 그림자는 실체 없는 이미지를 의미하기 보다는 대의민주주의라는 동전의 이면 혹은 자유민주주의를 따라다니는 특성을 의미하는 것이다(Eatwell and Goodwin 2018: 48).

그러므로 모기처럼 민주주의를 집요하게 따라다니는 포퓰리즘이라는 그림자는 어떤 민주주의자에게는 거부와 경멸 혹은 공포의 대상일 수 있지만, 어떤 민주주의자에게는 인민에 대한 호소를 통해 민주주의를 새롭게 사고할 수 있는 성찰적 계기가 될 수 있으며 나아가 민주주의 이상에 대한 대중의 원동력을 촉발시키는 운동으로 다가올 수 있다.

물론 경험적이고 역사적으로 포퓰리즘이 특정 지도자에 대한 맹목적 추종, 인기영합적이고 감성에 호소하는 선동 정치, 법치주의 및 절차적 민주주의의 위반, 소수자에 대한 억압 같은 퇴행적인 현상을 야기할 수 있을 것이다. 또한 대의제도를 매개하지 않는 포퓰리즘이 공동체의 민주주의를 왜곡하거나 일반의지를 강조하면서 차이와 다양성을 억압할지도 모른다. 그러나 경험적이고 규범적으로 부정적인 측면이 있을지라도 그러한 몇 가지 부정적 요소를 포퓰리즘의 본질적 특성으로 규정하여 낙인을 찍거나 악마화시키는 것은 포퓰리즘의 입장에서는 억울한 매도일 수 있다. 포퓰리즘이 근본적인 한계를 가지고 있다는 것과 포퓰리즘이 항상 언제나 중우정치(衆愚政治)로 전락한다는 것은 다른 차원의 문제이다. 이제 우리는 지금도 그 정체성이 모호한 포퓰리즘란 무엇인지를 역사적, 이론적으로 정의해 볼 것이다.

III 포퓰리즘의 철학적, 역사적 기원

1. 포퓰리즘의 개념적, 철학적 기원

포퓰리즘의 어원은 라틴어 포풀루스(populus: 인구)에서 연원한다는 것이 일반적인 해석이다. 영어 'people', 프랑스어 'peuple', 이탈리아어 'popolo', 스페인어 'pueblo' 등의 유래가 되는 포풀루스는 고대 로마 이후 역사의 흐름 속에서 상당히 다양한 의미로 변용되었지만 그럼에도 불구하고 다수의 대중이 권력의 원천이라는 의미는 공통적이다(Canovan 2014: 28-76). 어원상으로 볼 때, 포퓰리즘을 글자 그대로 해석하면 인민주의, 민중주의, 대중주의로 해석할 수 있으며 인민의 뜻과 의지가 중심이 되어야 한다는 규범적 주장, 그 이상도 이하도 아닌 것이다. 즉, 어원상 포퓰리즘은 정치(민주주의)는 엘리트(왕, 귀족, 소수의 통치집단 등)가 아니라 민중이 가진 일반 의지의 표현이어야 한다는 당위적, 규범적 주장이며 "엘리트가 아니라 인민의 뜻에 따라 인민을 위하여, 인민의 힘으로 결정한다"는 근본적인 원리를 담고 있다고 볼 수 있다. 비유컨대, 우리가 자본의 논리가 중심이 되는 자본주의 논리를 부정적으로만 평가하지 않듯이, 인민의 뜻과 의지가 중심이어야 한다는 포퓰리즘 자체는 본질적으로 나쁜 것은 아니다.

그러나 포퓰리즘의 고대적 기원을 살펴보면 그리 우호적으로만 해석되기는 힘들다. 사실 포퓰리즘에 대한 개념적 기원은 고대 로마에 앞서 고대 아테네의 민중선동가 혹은 민중지도자로 불리었던 데마고고스에서 발견된다. 아테네 민주정이 쇠퇴하던 시기에 데마고고스는 포퓰리스트라는 부정적 평가와 결합되어 사용된바, 데마고고스는 경박한 대중과 유사한 말투, 행동, 몸짓, 차림 등을 공유하면서 대중의 감성에 호소하는 연설로 영향력을 발휘하는 정치인들을 의미했던 것으로 해석된다. 당시에 아테네 지식인들은 이러한 데마고고스를 경멸했던 것으로 보이는데, BC 4세기경에 탁월한 지도자이자 철학자인 투키디데스, 아리스토텔레스, 아리스토파네스 등은 데마고고스인 클레온(Cleon)을 반엘리트주의자, 반이성주의자로 비판하는 기록이 이를 웅변하고 있다(황옥자 2021).

근대정치의 직접적인 지반으로 작용하고 있는 고전적 자유주의자들이나 보수주의자들 즉, 로크나 버크, 토크빌 등과 같은 사상가들에게도 포퓰리즘은 위험한 다수의 폭정을 의미했다. 즉, 신중한 분별력이나 탁월한 지식 등으로 공동선을 인식할 수 있는 자격과 덕성을 갖추지 못한 대중들 혹은 무산자(無産者)의 정치참여는 정치공동체를 타락시키는 원흉으로 간주했던 것이다. 미국 건국의 아버지이자 연방문서를 주도적으로 기초한 매디슨(James Madison)이 다수의 인민이 지배하는 민주주의 체제에 대해 사회의 공공선을 저해하고 정치체제의 존속을 단축시키는 것으로 비난한 것이 단적인 사례이다. 실제로 매디슨을 포함하여 미국의 '건국의 아버지들'이 주창한 『연방주의자 논고(Federalist Papers)』를 보면, 모든 인민의 직접적인 참여를 지향하는 고대 그리스식의 직접 민주주의의 위험성을 제기하면서 압도적인 다수가 파벌을 이루어 통치하는 민주정의 필연적 불안정성을 강조한다. 다수의 폭정이 야기하는 민주정의 필연적 불안정성은 포퓰리즘으로 왜곡될 수밖에 없으며 지속 가능한 정치공동체를 창출하기 위해서는 다수에 대한 견제를 핵심 원리로 삼는 다원적인 정치체제, 삼권분립과 대의제를 통한 안정된 정부 수립 등이 훨씬 탁월한 체제이라는 것이다. 이들에게 인민의 다수가 지배하는 정치체제는 전체적인 공동선보다는 적대적인 이익추구와 파벌정치가 횡행한다는 것을 의미하며 필연적으로 대중의 참여정치는 공동선에 무지한 대중들의 맹목적인 이익 추구의 만연으로 근본적으로 사회의 공익과 조화를 이룰 수 없다는 것이다. 따라서 매디슨의 경우에는 파벌의 특수이익과 공동이익을 구별할 줄 알고 사회의 공공선을 추구할 수 있는 이성과 지혜, 덕성을 갖춘 대표자들의 통치를 기반으로 한 공화정을 선호하는 것이다. 이처럼, 19세기, 20세기의 자유주의 시대를 살아간 이들에게 민주주의는 사실상 포퓰리즘과 동의어로 간주되었으며 현대 사회의 저명한 정치가인 윈스턴 처칠이나 루스벨트조차도 공공연히 대중의 정치참여에 대해 회의와 환멸을 표출한 것도 널리 알려진 사실이다.

그런데 아직 보통선거권조차 온전히 확립되지 않았고 문맹률로 높았던 초기 자유주의 시대에 대중의 통치 참여의 위험성을 경고하고 경멸하는 시대적 한계를 인정한다고 하더라도, 1인 1투표가 일반적이고 민주주의를 헌법이념으로 내세우는 현대 민주주의 국가에서 '인민의 자기결정'(self-rule)이라는 민주주의 이상을 추구하는 대중의 실천과 운동을 폄하하거나 비난하는 역설을 어떻게 이해해야 할까? 더구나, 포퓰리즘의 역사적(근대적) 기원을 본다면 포퓰리즘은 경제적 지배세력과 이를 대변하는 정치경제적 엘리트 집단을 비판하고 다수 대중의 이익을 위해 정치가 작동해야 한다는 민주주의 요구를 전면에 내세우고 있다.

2. 포퓰리즘의 역사적 기원: 미국 인민당을 중심으로

'포퓰리즘' 용어가 정치현실 속에서 의미를 가지며 역사적으로 등장하는 것은 1890년대 미국 남서부 농촌 지역에서 대지주와 독점기업의 정치경제적 지배와 그들의 이익을 대변하는 대의정치에 대한 불만과 분노에서 출현한 '인민당(People's Party)'이었다. 인민당과 조금 앞서거나 비슷한 시기에 러시아에서 활발하게 진행되었던 나로드니키(Narodniki) 세력도 포퓰리즘의 기원으로 평가되고 있으며 이들은 '인민 속으로'를 구호로 인구의 다수를 차지하는 농민들이 모든 권력의 직접적인 주체가 되는 농촌공동체 사회주의를 주창하였다.

이 절에서는 미국의 인민당을 중심으로 포퓰리즘의 역사적 원형을 모색해 볼 것이다. 실제로 1890년대 격동의 시기에 인민당은 당시에 다른 이름으로 포퓰리스트당(Populist Party)이라고 불렸고, 당원들은 포퓰리스트라고 불리었으며 실제로 인민당을 창당하기 위해 모인 1891년 전국대회에서 캔자스 농민 동맹의 회원이 '포퓰리스트'라는 용어를 사용하였다(박성진 2021). 이들은 19세기 말 경제사회의 대규모 변동으로 인해 농촌 지역을 중심으로 발생한 극심한 빈부격차와 엄청난 빈곤 그리고 거대 기업의 독점과 횡포에 대항하고자 포퓰리스트라는 용어를 사용했다. 인민당은 '보통 사람들(the plain people)'을 위한 정부를 표명하면서 당대의 불평등과 정치부패 등 시대적 모순을 극복하고 새로운 미국을 건설하고자 하는 사회운동이자 정당정치의 일환이었다. 1892년 7월 4일에 작성된 인민당 강령은 당시 미국이 경제적 지배집단과 부패한 정치권력이 주의회, 연방의회, 사법부, 언론 등을 지배하고 있다고 비판하면서 "수백만 노동의 결실이 인류 역사상 전례 없는 소수의 거대한 부를 축적시키려는 집단을 위해 뻔뻔스럽게 도난당하고 있으며, 이들 거대한 부의 소유자는 공화국을 멸시하고 자유를 위태롭게 하고 있다. 또한 이에 못지 않게 정부의 부정으로 인해 두 거대 계급-부랑자와 백만장자-이 양산되고 있다"고 날카롭게 비판하고 있다. 특히 이들은 당시 공화당과 민주당 등 양대 정당이 인민(people)의 생존과 존엄성 등은 아랑곳하지 않고 정치경제적 엘리트들만의 이익을 대변하고 있다고 비판했다. 비록 인민당의 운명은 단명으로 끝나긴 했지만 이들의 포퓰리즘 운동은 이후 공화당과 민주당의 정책은 물론 미국정치 영역 전반에 많은 영향을 주었다. 진보적 민주당원은 물론 시어도어 루즈벨트와 같은 공화당 정치인들이 전향적인 정책을 수립하는 데에는 인민당의 돌풍으로부터 직접적인 영향을 받았다고 볼 수 있다.

한편, 이 시기에 공화당이나 민주당은 포퓰리스트들을 민주주의를 위협하거나 대의정치에 반대하는 세력으로 인식하지 않았다. 물론 인민당의 진출과 성장은 기존의 기성정당, 즉 민주당과 공화당에게 두려움의 대상이었으며 특히나 당시에 기득권을 가지고 있던 사람들, 즉 막대한 자본을 소유하고 있는 대기업이나 금융회사에게 포퓰리스트 당과 정책은 자신들의 부와 재산을 위협하는 불안과 공포의 존재였다. 당시에 포퓰리즘 운동은 실업과 빈곤, 불평등을 극복하겠다는 정당성으로 인해 노골적으로 거부되지는 않았지만, 기성 정당과 기득권 세력에게는 두려운 대상이었을 것이다. 이처럼 역사적 기원으로서 포퓰리즘은 다수 국민들의 이익, 공동체 전체의 의사를 대변하지 못하는 엘리트 대의제를 비판하면서 현실의 병폐와 모순을 극복하기 위하여 인민의 집단적 자기결정과 직접행동을 강력하게 주창하는 정치운동, 사회운동이라고 볼 수 있다.

그렇다면 지금 우리가 살고 있는 이 시대에 확산되고 있는 포퓰리즘은 왜 위험하고 불온하며 심지어 공포의 대상이 되어 버린 것일까? 실제로 포퓰리즘은 정치계, 학계, 언론, 시민사회 등을 유통하면서 사실상 공동체를 오염시키는 악마의 이미지가 확산되고 있는 것이 사실이다. 그렇다면 어떻게 포퓰리즘은 정치적 악(惡)의 화신이 되어 버린 것일까? 어원과 역사적 현상을 고려할 때, 포퓰리즘은 인민주권을 현실화시키고 대중이 직접 통치하겠다는 강력한 이상과 실천을 포함하고 있는바, 이런 포퓰리즘이 어떻게 반(反)민주주의의 상징이자 공화국의 적이 되어 버린 것일까? 다음에서 이제 포퓰리즘과 민주주의의 양가적 관계를 살펴보고자 한다.

 현대 포퓰리즘의 특성

지금 우리가 살고 있는 신자유주의적 자본주의, 대의민주주의 한계와 관련하여 현대 포퓰리즘의 특성은 다음과 같이 도출할 수 있다.

1. 인민주권의 현실화

포퓰리즘은 대의정치에서 소외된 인민주권으로서 대중의 정치적 역능(potential)에 호소하면서 대의자들로 하여금 인민의 목소리에 직접 반응하고 인민의 의지에 따를 것을 주창한다는 속성을 가진다. 공동체의 의사결정으로서 정치가 인민의 의지에 따라 인민을 위해 이루어져야 한다는 규범적 주장은 다양한 유형의 포퓰리즘에 공통된 특성이다. 이런 점에서 포퓰리즘은 미국과 서구를 중심으로 정치경제적 불평등과 양극화가 심화되고 경제적 이익의 재분배에서 인민이 소외되고 배제되고 있는 현실 속에서 '인민을 위하여'라는 명분으로 인민주권의 적극적이고 즉각적인 현실화를 주창한다. 대표적인 포퓰리즘 연구자인 카스 무데가 "포퓰리즘의 핵심 개념은 분명히 '인민'"(Mudde 2004: 544)이라고 단언한 것도, 포퓰리즘의 핵심 특성이 "기성 권력구조와 사회의 지배적 사상과 가치에 맞서는 '인민'에 대한 호소"(Canovan 1999: 3)라고 캐노반이 강조한 것도 이런 맥락이며, 인민의 자기통치라는 민주주의 이상에 대한 "포퓰리스트의 시끌벅적한 '민주주의 사랑'"(뭉크 2018: 71), "가난을 끝장내는 유일한 방법은 빈민들에게 권력을 주는 것"이라는 베네수엘라 전 대통령 우고 차베스의 발언은 삶과 공동체의 통제권에서 소외된 인민들이 다시 주인의 자리에 올라서야 한다는 호소이며 포퓰리즘에 대한 대중의 지지가 어떻게 작동하는지를 나타내고 있다. 비록 '인민의 이름으로, 인민을 위하여'라는 구호가 선동적이고 기만적인 수사학으로 끝날지라도 포퓰리즘의 대중적인 기반이 분명이 존재한다는 것을 증명하고 있다.

물론 이러한 포퓰리즘이 기반하는 인민의 일반의지를 어떻게 파악하느냐, 인민의 의지와 뜻을 어떻게 실현하느냐 등과 관련하여 권위주의, 전체주의적 방식으로 포퓰리즘이 왜곡될 위험성은 항존하며 이러한 포퓰리즘에 대한 부정적인 평가는 역사적 근거를 가지고 있다. 특히 추상적인 인민의 일반의지에 대한 강조는 개별적인 구성원의 자유를 억압할 가능성이 높다는 우려는 여전히 유효하다. 그러나 포퓰리즘이 반드시 그러한 반(反)정치적인 흐름으로 나타나는 것은 아니며 포퓰리즘은 인민주권의 직접적인 현실화를 주창한다.

특히 신자유주의 시대에 정치엘리트 간의 타협으로 점철되는 정치적 의사결정 과정에서 정치적·경제적 자원의 분배에 대한 인민의 참여와 통제권은 사실상 무력한 현실, 그래서 '엘리토크라시(elitocracy)', '금권정치(plutocracy)', '기업정치(corporatocracy)'로 전락해 버렸다는 대의민주주의에 대한 비판과 불만 속에서(긴스버그 외 2013), 포퓰리즘은 헌법 명문에만 존재하는 인민주권의 현실화를 주창하면서 대중의 정치적 영향력을 급진적으로 확장하기 위한 다양한 전략을 추구하는 것이다.

2. 정치엘리트에 대한 불신과 분노

'인민당'으로 상징되는 미국 포퓰리즘 등장의 정치적 함의를 고려한다면 현대 사회에서 중요한 정치현상이자 쟁점이 되고 있는 '포퓰리즘적인 것'은 엘리트 중심적인 대의정치적인 관행과 제도에 대해 평범한 사람들이 가진 불만, 분노 등과 불가분의 관계를 가지고 있다. 이런 관점에서 "민주주의란 통치엘리트를 선택하는 제도적 장치에 불과하며 정권 교체 역시 인민의 노력의 결과가 아니라 선거경쟁에서 승리하는 엘리트 집단 간의 능력에 달려있다"는 주장이 명료하게 드러내는 것처럼(슘페터 2011), 정치적 의사결정에서 대중을 배제하려는 '정치엘리트의 통치'에 대한 불만은 현대 포퓰리즘의 공통된 특성이다. 이런 정치적 소외의 만연 속에서 "우리 선한 대중들"과 "나쁜 위정자들"이라는 도덕적인 이분법적인 구도는 물질적인 기반을 가지며 때문에 포퓰리즘은 대의민주주의의 깊은 균열 사이에서 항상 언제나 발생하고 작동할 수 있다.

주권자인 인민과 정치엘리트간의 괴리가 포퓰리즘이 발생하는 핵심적인 괴리라는 것은 서구에서 2000년대 이후 확산되기 시작한 포퓰리즘 현상에서도 드러난다. 무페(2016)에 의하면, 1980년대 대처와 레이건의 신자유주의 정책이 세계적으로 확산되면서 국가권력은 국내외 금융자본과 기업에 의해 압도당하는 현실이 되었고 전세계적으로 불평등과 양극화, 복지 축소 등으로 가장 고통받는 사람들은 일반 시민, 노동자 대중이었다. 그러나 이들을 위한 대의정치 시스템과 정치엘리트들은 무기력했던 것이다. 자본과 시장을 민주적으로 조정, 통제하거나 최소한 악영향을 순화시켜야 했던 서구 국가들의 대의정치, 의회정치가 실패로 귀결된 현실이 결국 엘리트에 대한 불신과 분노를 표출하는 포퓰리즘이 확산되는 토양이 되었다는 분석이다. 이러한 무페의 분석은 콜린 크라우치(Colin Crouch)가 제시한 '포스트 민주주의(postdemocracy)' 분석과 일치한다(크라우치 2008). 포스트민주주의는 대의민주주의에서 대중들의 정치적 무기력과 무관심, 정치에 대한 냉소가 팽배해지는 현상에도 불구하고 엘리트 정치집단 간의 타협으로 귀결되는 대의정치의 한계를 강조하고 있다. 근본적으로 이러한 대의제의 한계를 국민 스스로 정치적 주체화를 통해 해결할 수 없는 주체적, 구조적 제약성을 강조하고 있다.

이런 상황임에도 불구하고 엘리트에게 위임한 통치권을 회수하여 국민이 스스로 공동체의 진로와 운명을 결정하겠다는 주권권력의 표출에 대해 종종 '포퓰리즘'이라는 낙인이 찍히게 된다는 것이 포퓰리즘 옹호자들의 주장이다. 엘리트 중심적인 기성의 대의정치 질서 속으로 대중성, 외부성, 이질성이 침투하는 상황을 비이성적, 비정상적인 것으로 악마화시킨다는 것이다.

3. 포퓰리즘적 리더십

시민사회의 정치적 무기력과 대중 배제적인 엘리트간 타협의 정치는 역설적으로 특정 정치인이나 정치세력에 대한 팬덤 현상을 통해 정치적으로 소외된 욕망을 표출로 드러나기도 한다. 포퓰리즘이 엘리트과 대중의 대립적 관계에 기반하여 "기득권 지배 계급이 만들어낸 기성 질서에 대한 인민의 분노가 있는 곳이면 어디든지 포퓰리즘이 발생"할 수 있다면, '나쁜' 기성정치인, '저들의 이익만'을 표상하는 정치엘리트와 대비되는 '우리들의' 진정한 대표라는 이분법적 도식이 강력하게 작동할 수 있다는 것이다. 그리고 이런 포퓰리즘적인 지지는 '우리들'과 진정한 정치인과의 동일시, 혹은 카리스마적 리더십에 대한 팬덤현상으로 나타난다는 것이다. 때문에 포퓰리즘은 기성질서의 엘리트 혹은 그런 인력풀 속에서 충원되는 엘리트가 아니라 기존의 정치문법과 다른 방식을 활용하는 정치인을 지지하는 경향이 있다. 일반적으로 상류층 엘리트와 다른 대중적, 서민적 출신성분과 분위기, 일상적으로 친숙한 언어와 제스쳐 등을 활용하는 새로운 정치인은 대중들에게 있어 '저 위선적이고 나쁜 정치모리배와 달리' 자신들의 불안과 불만, 욕망을 거침 없이 대변해줄 진정한 정치인으로 인식된다. 그러므로 기성 정치엘리트와 다른 특성을 가지며 오히려 일반 대중과 더 많이 닮아 있고 대중의 불만을 격정적으로 표출하는 포퓰리즘 정치인에 대한 동일시는 일반 정치인에 대한 지지와 그 규모와 강도, 성격이 다르다고 볼 수 있다. 그러나 이러한 팬덤 현상이 강력하게 나타나는 것은 근본적으로는 대중의 정치적 무기력, 정치적 소외감을 반증하는 것으로 볼 수 있다.

4. 제도적 통로를 우회하는 운동으로서 포퓰리즘

기성 정치제도의 문법과 중도적인 합의의 정치를 넘어서려는 포퓰리즘은 선거, 의회, 정당정치, 사법부, 언론, 시민사회 등 제도적, 절차적 문제해결의 순수성을 의심하면서 다양한 수단과 통로를 통해 대의정치를 우회하거나 기성 엘리트 집단에 특정한 선택지를 직접적으로 강제하는 전략을 구사하면서 기존의 권력관계에 불만을 직접적으로, 즉각적으로 표출하는 방식을 구사하는 경향이 있다(장석준 2018). 이는 기존의 정당정치에 대한 실망과 냉소, 환멸을 느끼는 포퓰리스트로서는 자연스러운 선택이 될 수 있다. 정의롭지 못한 현재의 제도와 질서의 허구성을 폭로하고 비판하면서 거리와 광장 혹은 삶과 사회의 현장 곳곳에서 직접행동과 광범위한 대중들의 운동을 더욱 역동적으로 활용하게 된다는 것이다. 우리나라의 경우, 집권 초기부터 보수정당 및 언론 등 대부분의 정치사회 세력으로부터 '포퓰리즘' 정권으로 비판받았던 참여정부의 노무현 대통령의 통치스타일도 이런 맥락에서 설명될 수 있다.[3)]

3) 노무현 대통령이 당선 이후부터 의회와의 관계 못지않게 "국민과의 대화", "검사와의 대화"처럼 국민과 관료 등을 대상으로 직접적이고 격의 없는 대화와 토론을 진행한 것은 포퓰리즘이 갖는 특유의 역동성의 중요한 특징으로 볼 수 있다. 노무현 참여정부 시기에 아마도 그 어느 때보다 시민사회단체의 운동이 활발해진 것도 이런 특성과 무관하지 않을 것이다. 실제로 당시에 낙선운동과 매니페스토 운동 같은 직접적인 정치참여 활동 뿐만 아니라 입법과 사법, 경제정책, 복지, 환경, 교육 등 다양한 사회영역에서 시민단체들은 제도권 정치와 관료 사회에 대해 감시와 견제, 압박을 조직적, 효과적으로 진행하였고 보수진영에서는 이런 단체와 활동들을 "포퓰리즘 집단", "홍위병" 등으로 맹비난하기도 했다. 당시에 보수세력들은 노무현 정부의 많은 개혁정책들을 '복지 포퓰

물론 포퓰리즘 운동이 대의제의 기구나 제도를 무조건 반대하거나 부정하는 것은 아니다. 사실 현대 정치사회에서 포퓰리즘은 정치권력을 장악하여 정부를 구성하기 보다는 기존의 제도와 질서가 직접적으로 대중들의 삶의 불안과 고통, 소외감 등을 치유하는 방향으로 개혁될 것을 요구한다. 물론 그 방향이 인권과 민주주의, 공동선에 부합하는 부합하는 것인지, 아니면 기만적이고 대중영합적인 선동에 의해 권위주의적이고 전체주의적 방향으로 나아갈지는 미지수이다. 그럼에도 불구하고 입법, 사법, 행정 등의 삼권과 언론 및 기존의 시민사회단체 등 대의정치 제도와 기구들이 대중의 모든 정치적 흐름과 욕망을 포섭할 수 없는 한, 통상적인 대의 민주적 정치 채널을 제치고 직접 자신들의 목소리를 높이는 포퓰리즘 전략은 계속될 수밖에 없을 것으로 보인다.

 우파 포퓰리즘과 좌파 포퓰리즘

포퓰리즘이 이러한 특성을 공유한다고 할지라도 어떤 정치적 지향성과 이념적 흐름과 결합하느냐에 따라 포괄적인 수준에서 우파 포퓰리즘과 좌파 포퓰리즘으로 구분할 수 있다.

1. 우파 포퓰리즘

우파 포퓰리즘 역시 엘리트와 대중의 이분법적 도식을 활용하면서 기성정치엘리트를 비판한다. 이 과정에서 외부인, 이주민, 이질성에 대한 대중의 통속적인 표상과 거부감을 최대한 활용한다. 때문에 우파 포퓰리즘의 적은 모든 사람들의 평등한 인권과 민주주의를 주창하는 좌파 혹은 진보세력이 옹호

리즘', '경제 포퓰리즘', '교육 포퓰리즘' 등으로 낙인을 찍는 데 열중했던 것이다.

하는 소수자들이다. 서구에서 주류를 차지하는 우파 포퓰리즘은 '고상한 척 하는 정치가'와 이주민을 포함하여 종교적, 인종적, 문화적 소수자 등 이질적이고 외부적인 요소들이 순수한 공화국의 신성함과 일체감을 훼손하고 있다고 비판한다. 특히 경제적인 불황기와 실업률이 상승하고 경제적 고통이 커질 때, 우파 포퓰리즘은 대중들의 고통과 절망의 원인을 신자유주의가 아니라 내부에 들어온 외부인들로 지목하고 이들을 비호하는 기성 정치인에 대한 대중의 분노와 행동을 촉구한다(정진영 2018). 프랑스의 대표적인 우파 포퓰리스트인 르펜이 기성정치인들에 대해 "인민들과 동떨어진 채 자기 이익만 챙기는 기득권 정치엘리트"라고 비판하면서 반(反)이민 정책과 외국인 혐오증을 이용한 공약으로 민족주의 감정을 자극하고 텔레비전 쇼를 통해 친(親)대중 활동을 펼친 것이 대표적이다. 또한 르펜이 우파 내부의 경쟁자인 사르코지에 대해 '이민자의 아들'이라고 공격하는 동시에 선거의 뜨거운 쟁점이었던 다문화주의에 대해서는 표심을 얻어내려는 지식인의 위선과 정치엘리트의 권모술수로 매도한 것도 '백인, 남성, 블루칼라' 중심의 대중적 감성에 호소한 것이었다. 이러한 유형의 우파 포퓰리즘은 민주주의 쇠퇴, 대의제의 한계를 자양분으로 하여 불안과 공포, 배제의 논리를 확산하면서도 반(反)자본, 반(反)신자유주의, 반(反)불평등을 주창하는 것이 아니라 인종주의와 결합시켜 대의제에 대한 공격을 확산시키는 것이다.

외국인 혐오(xenophobia)와 결합된 우파 포퓰리즘은 오스트리아, 이탈리아 등 유럽 여러 나라의 공통된 특징이며 인종주의에 기반한 국민적 정체성, 민족국가의 단일성, 혈연적, 문화적 순수성 등을 중심으로 배제의 정치를 주창하는 경향이 있다. 2000년대를 전후에 서구에서 확산되는 포퓰리즘은 대부분 우파적인 경향이 강하다고 볼 수 있다. 프랑스의 국민전선, 독일의 '독일을 위한 대안', 이탈리아의 '동맹', 스웨덴 민주당 등이 대표적인 극우 포퓰리스트 정당으로 평가된다. 물론 세계 초강대국 미국 공화당의 비주류 정치인이었지만 급속하게 대통령으로 당선된 트럼프가 가장 대표적인 우파 포퓰리스트일 것이다. 본인이 억만장자이었지만 트럼프는 신자유주의 정책이 기득권층과 기업가들과 정치가들, 이익단체, 로비스트 등 다양한 기득권층의 이익을 대변한다고 비판하면서 '침묵하는 다수' 즉 백인노동자계층과 중산층의 피해와 고통에 분노할 것을 호소했다. '트럼프주의'(Trumphism)는 이민문제, 외교문제, 경제문제 등에 있어 미국우선주의, 보호무역주의를 의미하게 되었다. 트럼프 정치전략의 핵심은 소득의 양극화와 부의 불평등이 신자유주의 자체의 노정된 결과가 아니라 무역의 상대국, 외국 기업, 미국 안의 이질적인 요소 때문으로 환원시켜 대중의 경제적 고통과 분노를 표출하게 만들었다.

2. 좌파 포퓰리즘

좌파 포퓰리즘의 대표적인 사례는 현대 포퓰리즘의 부정적인 대명사로 사용되고 있는 라틴아메리카의 포퓰리즘일 것이다. 물론 라틴아메리카의 포퓰리즘은 1990년대 신자유주의 포퓰리즘까지 포함될 정도로 그 이념적 스펙트럼이 다양하기는 하지만 주된 흐름은 좌파 포퓰리즘으로 분류될 수 있다. 이 지역에서 포퓰리즘은 1960년대 관료적 권위주의체제가 성립되기 이전 시기에 이미 '페론주의'로 유명한 아르헨티나부터 브라질, 에콰도르, 페루, 볼리비아 등을 거쳐 1998년 베네수엘라 우고 차베스 대통령까지 사회정의와 정치적 독립, 노동자와 빈민의 생활수준 향상 등을 주창하면서 대중의 지지를 얻었다. 그러나 한편으로는 독재와 비효율적인 국유화, 무분별한 복지공약 등의 폐해를 야기했다는 비판을 동시에 받았다.

이들 나라에서 포퓰리즘 정치는 다양한 차이가 존재하지만 대체적으로 남미 포퓰리즘 정치는 '도시노동자계급과 도시빈민, 농민'을 순수한 '인민(people)'으로 명명하는 동시에 제국주의 세력 및 세계 다국적 기업, 금융자본 지배세력 등과 결탁한 과두정 세력들을 부패한 엘리트로 규정하였다는 점, 특히 경제적 불평등을 정치쟁점화하고 배제당하고 차별당하는 모든 사람은 누구나 '인민'이라고 주장하면서 빈민들을 위한 진정한 발전모델을 제시했다는 유사한 특성을 가지고 있다. 사후적으로 이러한 라틴아메리카의 포퓰리즘은 독재와 경제침체 및 국가파산의 원흉으로 지목되었다.

사실 라틴 아메리카의 포퓰리즘 정권의 부정적 영향은 결정적으로 포퓰리즘의 양가적 의미를 진지하게 고려하지 못하고 일방적으로 부정적인 이미지를 고착시키는 결과를 낳았다. 그러나 라틴아메리카의 다양한 정치경제적 특징 및 결과들을 포퓰리즘으로만 환원해서 설명하는 것은 비약이며 실제로 라틴아메리카 연구자들은 16세기 이후 전개되어 온 이 지역의 탈식민성, 제국주의, 세계체제로의 편입, 미국과 소련 등 두 강대국과의 외교전략 등을 종합적으로 고려해야만 포퓰리즘의 양가적 의미를 공정하게 평가할 수 있다고 평가한다. 라틴아메리카의 급진적인 정치세력이 설정한 다수의 인민과 지배세력의 적대적 설정은 시대적, 정치경제적 맥락 속에서 자유와 평등, 정의의 가치에 부합하는 것이었으며 국가적 어려움은 다양한 변수들이 복합적으로 작용했기 때문이라는 것이다(김은중 2016).

한편, 최근 서구에서 비등하고 있는 우파포퓰리즘과 대비되는 좌파 포퓰리즘은 민족이나 인종을 앞세운 외국인 혐오에 강력히 저항하면서 인권과 평등의 급진화를 주장한다. 때문에 좌파 포퓰리즘은 평등과 민주주의를 급진적으로 추진하면서 우파 포퓰리즘이 배제하려고 했던 이주민, 성 소수자, 종교적 소수자, 난민 등을 포함하여 여성, 비정규직, 실업자 등등 현재의 정치경제 질서에서 소외되고 배제된 모든 세력들의 연대와 직접행동을 주창하는 경향이 있다(장석준 2018). 좌파 포퓰리즘은 다양한 사회적 약자들의 연대를 통해 엘리트 중심의 대의정치 질서를 비판하고 자본 중심의 경제질서의 폐해를 근본적으로 치유하기 위해 광범위한 대중의 참여와 사회운동을 조직화한다.

대표적으로 2016년 민주당의 대통령 후보로 나서 경선에서 돌풍을 일으켰던 버니 샌더스 상원의원은 사회주의 이념을 공식 슬로건으로 내걸면서 미국의 신자유주의 정책과 금융자본의 지배, 초국적 기업의 횡포, 이를 지원하는 미국 관료와 정치인들을 싸잡아 비난하면서 특히 미국 젊은이들과 진보적인 유권자들의 캠패인 등을 중심으로 전폭적인 지지를 얻어내었다. 샌더스는 전국민 의료보험, 공립대학 무상교육 정책, 급진적인 부자증세 등을 제안했으며, 시민의 적극적인 정치참여를 기반으로 한 정치혁명을 주창하였다. 유럽에서는 좌파 포퓰리즘의 대표적인 사례로 그리스의 시리자(SYRIZA, 급진좌파연합)나 스페인의 포데모스(Podemos)가 돌풍을 일으킨바 있다.

무페는 서구의 좌파 포퓰리즘의 특징에 대해 신자유주의 정치경제 질서의 지배집단의 실정(失政) 즉, 경제적 실패에도 불구하고 대중의 희생을 정당화하며 자신들의 정치경제적 이익을 관철시키려는 통치엘리트들에 대해 적대적인 모든 인민들의 광범위한 참여를 촉구하면서 대의제적 질서로는 성취할 수 없는 평등성을 추구하는 것이라고 강조한다. 아울러 전통적인 좌파는 '제3의 길'이라는 소위 타협적인 중도노선으로 인해 이러한 급진적인 노선을 포기해 왔다고 분석하면서 포퓰리즘이 새로운 좌파 운동의 동력이 될 것으로 예상한다(무페 2016).

Ⅵ 포퓰리즘의 미래?

본 절에서 그동안 정치적으로 악마화되고 불온시되어 왔던 포퓰리즘의 긍정적 측면을 강조하여 포퓰리즘에 대한 균형적 관점을 강조했을 지라도, 당연히 포퓰리즘의 위험성은 항존한다. 예컨대, 공동체의 운명을 좌우할 정책과 방향을 결정하는 데 있어 즉각적이고 맹목적인 경제적 욕망과 선호에 의해 선동되는 포퓰리즘은 공동체 전체에 큰 폐해를 미칠 수도 있을 것이다. 주로 카리스마적 리더십과 결합하여 특정한 가치만을 진리로 내세우고 자신들만이 일반의지의 대변자라고 선전하면서 다른 의견, 차이와 다양성을 배척하거나 파괴하려 할 때, 대중의 정치적 소외와 무능력이 민주주의 위축과 결합하여 대의제 및 헌정주의적 수단을 부정하려 할 때, 이방인·이질성에 대한 대중들의 공포와 피해 심리를 자극하는 배제의 논리와 결합하여 타자를 제거하려는 원초적인 욕망과 결합할 때, 포퓰리즘은 재앙이 될 수 있으며 실질적으로 양차 대전 기간에 대의정치의 붕괴와 결합된 포퓰리즘은 파시즘과 나치즘이라는 끔찍한 결과를 야기한다는 것은 인류가 이미 경험한 사실이다.

한 가지 확실한 것은, 지금 이 시대를 '대의민주제의 위기'라고 규정할 때, 이 위기는 최소한 한국에서는 포퓰리즘이 너무도 강력하게 작동해서 대의제를 압도한다는 문제가 아니라는 점이다. 오히려 정치엘리트가 진정한 '대의'를 제대로 못하고 있으며 "국민들의 살림살이"가 더 궁핍해지고 미래의 희망이 보이지 않기 때문에, 정치에 대한 대중의 무관심과 불신, 냉소가 팽배해 있는 지금의 대의정치 현실이야말로 향후 다양한 스펙트럼의 포퓰리즘 분출을 자극할 수 있다.

아마도 포퓰리즘의 미래는 지금의 대의정치가 인민의 경제적 고통과 정치 사회적 소외감, 실존적인 불안감 등을 어느 정도 완화하고 인민에게 새로운 공동체의 비전과 방안을 보여줄 수 있느냐에 달려있을 것 같다. '무늬'만 민주주의라는 지금의 엘리트크라시, 과두정치적인 자유주의적 대의정치가 근본적인 혁신을 하지 못한다면, 포퓰리즘 운동은 더욱 강화되거나 최소한 상당 기간 강력하게 지속될 것으로 보인다. 주권권력의 현실화라는 민주주의 이상을 전략적으로 추구하는 긍정적인 포퓰리즘과, 한편으로는 기성 집단과 질서에 대한 극단적인 혐오와 거부감을 가지면서 맹목적인 추종과 선동에 의해 휘둘리며 반인권적, 반민주적인 수단조차 마다하지 않는 부정적인 포퓰리즘이 동시에 준동할 수 있을 것이다.

그러므로 위험한 포퓰리즘이 반복해서 나타나지 않기 위해서라도, 엘리트-대중의 이분법적 대립 구도를 순화시키고 선거의 엘리트주의적 통치기제를 근본적으로 개혁하여 대중의 목소리와 실천들이 지금보다 더욱 가시화되고 소통될 수 있게 만드는 정치적 과정을 모색하는 것이 포퓰리즘의 위험성에 대한 더욱 효과적이고 생산적인 대응 방안으로 보인다. 이를 위해 일차적으로는, 정치적 의사결정에 대한 인민 대중의 참여와 실질적인 영향력 확보를 가능하게 만들 수 있는 세련된 제도적 디자인을 모색하는 것이 필요할 것이다. 비례대표제 등 선거 제도 자체의 개혁 못지않게 대중의 영향력과 통제권 강화를 위한 통로와 제도를 창안하여 그 공간에서 대중의 목소리, 차이와 다양성이 소통되고 투쟁하면서 잠정적 합의를 도출하는 실질적인 효과를 가져온다면, 포퓰리즘의 부정적 현상은 제어될 수 있을 것이고 이는 지금의 자유주의적 대의민주주의 제도를 질적으로 업그레이드시키는 데 기여할 것이다.

더 생각해 볼 문제

영화 '내부자': "민중은 먹을 것만 주면 되는 개, 돼지인가요?"

대의제에서 선거 자체는 비록 민주주의 꽃이지만 귀족주의적(aristocratic) 특성을 가지고 있다는 비판을 받습니다. 실제로 우리가 선거를 통해 대통령이나 국회의원 등을 선택할 때, 우리보다 더 탁월한 사람을 선출한다는 의식적, 무의식적 판단을 하고 있습니다. 실제로 국회의원들은 일반 국민들보다 훨씬 높은 학력과 고소득 전문직업, 많은 재력과 부유한 가문 출신인 경우가 많습니다. "선거는 잘난 사람들이 하는 것"이라는 의식도 크게 작동하고 있는 것 같습니다. 이처럼 선거는 일상에 바쁜 사람들을 대신하여 공동체를 운영할 대표들을 뽑는 것이지만 부작용도 만만치 않습니다. 일단 선거 자체가 평범한 시민들보다 '우월한 엘리트'를 선출한다는 의식에 기반하는데, 그 이면에는 '열등한 우리 대중' 이라는 위계적 도식이 지속, 강화, 재생산된다는 분석입니다. 실제로 선거나 특정 시기를 제외하면 유권자 국민들이 정치적 의사결정에 대해 유의미한 발언권과 영향력 등을 행사하기는 거의 불가능해 보입니다. 어떤 사안에 대해 내가 아무리 공부해도 정책결정과정에 참여하기 힘들다면 무기력을 느낄 것이고 이는 악순환적으로 정치적 무관심과 무능력을 심화시킬 것입니다. 통치자와 통치받는 자가 분리되고 그 거리(distance)가 고착되어 버린다면, 그 결과로서 정치구조적인 배제와 정치적 불평등 속에서 '평범한 사람들'의 일상과 '거리가 너무도 먼' 정치에 대한 무관심과 냉소는 더욱 팽배해지고 결국 정치는 다양한 영역의 소수의 엘리트들이 지배하게 되는 것입니다.

우리가 역사적으로 정부형태를 평가할 때, 통치권력이 귀족들의 분파 사이에서만 순환되는 체제를 귀족정이라고 부르고, 일인(一人)이 최종적인 결정권을 행사하는 체제를 군주정이라고 부르는 것을 고려한다면, 지금 대표자들이 중심이 되는 대의정치 현실을 다수가 통치하는 진정한 민주정이라고 부를 수 있을지는 의문입니다. 선거나 특정한 상황을 제외하고 다수의 인민들은 생업에 종사하면서 사실상 여론조사 외에는 집단적 의사결정에 거의 영향력을 미칠 수 없는 것이 현실이기 때문입니다. 루소가 2백년 전에 "일반 인민들에게 선거는 4년이나 5년에 한 번씩 투표할 때만 주인과 자유인이 되고 선거만 끝나면 다시 노예로 돌아가는 제도"라는 비판은 지금은 전혀 의미 없는 것인지 성찰할 필요가 있습니다. 실제로 국민은 정치공동체의 주체가 아니라 자신들을 통치할 정치엘리트를 승인하거나 거부하는 '무늬만 주권자'이며 기껏해야 '압력'이나 '민원'을 행사하는 객체의 자리에 머무는 것은 아닐까요? 원리상으로 통치의 주체가 되어야 할 인민이 실질적으로 객체가 되어버린 현실, 잘못된 정책으로 가장 고통받는 대중들이 정치적으로 무력한 현실, 사실상 통치엘리트라는 대리인에게 주인의 자리를 합법적으로 내주고 소시민의 일상과 안락에 안주해 버리는 현실을 어떻게 극복할 수 있을까요?

영화 '내부자'에 나오는 명대사, "국민은 개, 돼지"라는 비유는 어쩌면 정치적 현실을 적나라하게 표상하는 것인지도 모릅니다. "민중은 개 · 돼지로 취급하면 된다"는 것은 "먹고 살게만 해주면 개, 돼지의 신분에 만족할 것"이라는 말과 다르지 않습니다. 너무 도발적인 질문일 수도 있지만, 여러분들은 선거를 통해 선출된 대표자들을 주인으로 모시는 개, 돼지의 신분에 만족하시나요?

CHAPTER 03

다문화주의와 한국 민주주의의 미래

심승우

 다문화주의 시대적 배경

다문화주의는 원래 미국, 캐나다, 호주 등 이민국가들과 유럽의 근대 국민국가 형성 과정에서 배제되고 억압된 다양한 인종 및 문화집단들이 동화주의(assimilation) 정책 및 정치경제적 차별과 불평등에 대해 반발하면서 등장한 개념이다. 대표적인 다문화 국가로서 미국은 원래 이민자의 나라였으며 기본적으로 북아메리카 대륙을 점령한 유럽인들 자체가 '이주자'라고 볼 수 있다. 그럼에도 이들은 아메리카 대륙의 원주민인 인디언들을 삶의 터전에서 내쫓았으며 인간 사냥 같은 대량 학살을 자행하기도 했다. 이후에 원주민의 땅을 강탈한 미국은 이후 노동력 확보를 위해 아프리카의 흑인 '노예'를 대량 수입하여 대규모 농산업으로 경제대국의 발판을 마련했으며 1900년대 이후에는 남아메리카 대륙의 많은 국가들의 이주노동자를 수용하여 경제발전에 활용했다. 세계의 초강대국으로 성장한 미국의 현재는 아프리카 노예를 비롯하여 중남미, 아시아 등 제3세계 이주민들의 피와 땀이 없었다면 불가능했을 것이다. 그럼에도 불구하고 미국은 인종적 소수자들에게 백인들과 동등한 정치사회적, 문화적 권리를 인정하지 않았으며 1960년대까지도 흑인을 비롯한 소수자에게는 투표권을 부여하지 않았다. 이러한 정치경제적 불평등과 문화적 차별에 저항하여 분출되기 시작한 흑인민권운동 및 다양한 사회운동은 미국에서 차별금지법 제정과 적극적인 우대조치(affirmative action) 등 인권과 민주주의 발전과 맞물려 다문화 정책을 촉진시키는 계기가 되었다.

이처럼 서구의 역사적 현실에서 다문화주의는 토착민(원주민)을 포함하여 언어적, 문화적, 민족적 소수집단들이 1970년대 이후 자신들의 독특한 문화적 정체성을 존중받고 동등한 정치경제적 권리를 보장받으려는 과정에서 발생하고 확산된 개념이자 사회운동이다. 특히, 세계화에 따라 이민자 집단이 급증하면서 건국 초부터 이민국가였던 미국뿐만 아니라 유럽 선진국가들에서도 방문노동자 문제를 중심으로 다문화주의가 정치사회적 이슈로 등장해왔다. 이를 반영하듯, 최근까지 미국의 대선에서도 이주민 및 이민정책 문제가 중요한 쟁점이었으며 영국과 프랑스, 독일 등에서도 주요 선거 때마다 다문화주의 관련 정책은 뜨거운 이슈가 되어 왔다. 서구에서 이주민 및 다문화정책이 중요한 정치적 이슈가 된 것은 근본적으로 다문화주의가 백인적 가치관과 세계관, 인종주의를 중심으로 한 차별적이고 불평등한 정치경제적 위계질서에 대한 비판을 공유하고 있었기 때문이다.

이런 시대를 배경으로 기본적으로 다문화주의는 언어와 민족과 인종을 달리하고 상이한 문화적 정체성을 가진 집단들의 동등한 권리 인정과 평등한 대우라는 민주주의 문제의식과 어렵지 않게 접속된다. 실제로 서구에서 다문화주의가 중요한 정치적 쟁점으로 부상하게 된 것은 그 국가들의 민주주의 발전과 불가분의 관계를 맺고 있었다.

II 다문화주의란 무엇인가

1. 사회학적 사실로서 다문화 현상

다문화주의라는 개념은 '문화'라는 개념 자체가 갖는 모호함과 이중성, 맥락성, 이념성 만큼이나 복잡하고 논쟁적인 문제를 내포하고 있다. 문화(cult-ure)의 어근인 'cult'는 어원적으로 "재배하다", "양육하다", "기르다" 등의 뜻을 가지는데 농업을 비롯하여 식물이나 생물 등을 키우는 것을 의미한다. 이처럼, 문화의 본질은 개인적 차원이든 집단적 차원이든 문화는 고정불변하거나 폐쇄적인 것이 아니라 내부적, 외부적 요인 및 환경들과 끊임없이 상호작용하면서 변화하고 성장하는 현재 진행형으로 사고해야 한다는 것이다.4)

통상적으로 우리가 익숙한 다문화주의 용어는 이주민의 증가라는 다문화적 상황을 의미하는 사회적 '사실'을 지칭할 때 많이 사용된다. 특히, 세계화 이후에 국경을 넘는 인간과 자본, 상품, 문화, 정보의 이동이 돌이킬 수 없는 세계적 차원의 흐름을 지칭할 때 자주 사용되며, 자본과 노동의 세계화에 따른 새로운 인종, 종교, 문화의 유입으로 동질적이었던 국민국가가 다양한 기준에 의해 분화되어 가는 현상과 연관이 깊은 개념이자 이론이다. 이러한 다문화 현상은 오늘날 거의 모든 국민국가에서 가시화되고 있으며 우리의 경우도 예외가 아니다.

2020년 기준 국내 거주 외국인의 숫자는 200만명 정도로 추정되며 결혼이주여성 및 다문화가정 구성원 등 이주배경 국적취득자 110만명 정도를 합하면 300만명을 넘을 것으로 추정된다. 2019년 우리나라 인구는 전년대비 15만명(0.3%) 증가했는데 인구증가의 대부분은 외국인이 차지했다(행정안전부 2020). 더구나 단일민족국가로서 세계에서 가장 강력한 혈통주의 국적법을 채택해온 대한민국의 국적제도가 최근 개선 조짐을 보이고 있어 직간접적으로 이주배경을 가진 국민도 증가할 것으로 전망된다(김병록 2020). 그동안, 대한민국의 국적제도가 기본적으로 채택하고 있는 혈통주의는 종족적-계보적 민족주의를 배경으로 하는데, 이주민 유입이 오래전부터 진행된 서구에서 한국 같은 배타적인 국적 제도를 유지하는 국가는 거의 없다고 볼 수 있다. 독일 등 혈통주의를 채택하는 국가에서도 상당한 수준으로 출생지주의를 보완적으로 도입하고 있다. 출생지주의(속지주의)는 개방적인 시민적-영토적 국민주의를 표상하며 영토에서의 출생만으로 국적을 부여하는 개방적인 국적부여 제도로 평가받고 있다. 이러한 세계적 추세를 반영하여 한국도 우리의 상황에서 맞는 정책과 제도를 모색해야 하는바, 2021년 6월 현재 법무부가

4) 우리가 보통 역사적으로 위대한 문명으로 평가하는 메소포타미아, 비잔틴 문명 등이 동서양과 남북반부를 교차하는 교역의 중심지에 있었다는 것은 의미심장하다.

입법 예고한 국적법 개정안에 따르면, 한국과 유대가 깊은 영주권자가 국내에서 자녀를 낳을 경우 해당 자녀는 법무부 장관에게 국적 취득 신고만 하면 한국 국적을 얻게 된다. 비록 혈통을 공유하고 있는 외국인, 특별한 자격을 부여받은 외국인 영주권자 등 까다로운 조건이 붙기는 했지만 그동안 유례없는 혈통주의를 고수해온 대한민국으로서는 향후 전향적인 국적법 개정에 대한 국가적, 시민사회적 논의로 가는 첫걸음을 뗀 셈이다.

서구 사회에서도 다문화주의가 전면화되는 가장 중요한 요인은 인구학적으로 이민을 통해 사회적 소수가 빠르게 증가하고 있다는 점이지만 이들의 높은 출산율을 통해 소수집단의 절대적인 숫자가 증가하고 있는 것도 다문화주의의 진전을 가져오는 중요한 변수가 되고 있다. 즉, 미국과 유럽의 경우에는 이주노동자가 이입된 국가에서 결혼하고 아이를 출산하여 인구 비중을 급속도로 높이고 있으며 이를 통해 인종적 소수자의 정체성 역시 확대, 재생산되고 있는 것이다(김남국 2008: 34). 이처럼 이주 및 이주민 배경의 인구 증가는 서구 국가들로 하여금 인권과 민주주의 규범에 입각한 다문화주의 정책을 도입하게 만드는 중요한 계기가 되었다.

2. 이념적 접근으로서 다문화주의

한편, 국경을 넘는 이주민의 급속한 증가라는 사실적 접근으로서 다문화적 현상과 달리, 규범적·이념적 접근에서 다문화주의는 다문화 시대에 국가 혹은 사회가 어떻게 나아가야 할 것인가, 인종적 문화적 다양성에 어떻게 대응해야 하는가를 의미하는 정치이념적 성격을 강하게 가진다. 특히 정치이념으로서 다문화주의는 미래의 바람직한 사회에 대한 비전과 이상적 규범을 논쟁적으로 담고 있으며 정치적 슬로건이나 레토릭으로 활용되면서 뜨거운 정치적, 정책적 이슈가 되고 있는 것이다. 때문에 규범적, 이념적 관점에서 다문화주의는 이주민의 증가로 상징되는 차이와 다양성의 문제를 자유와 평등의 문제의식과 연관지어 정치사회적 의제로 제기하면서 "권리와 재화의 분배에 있어 이주민과 소수자 등을 어떻게 대우할 것인가", "문화적 다양성과 이질성 속에서도 사회통합을 어떻게 일구어낼 것인가"라는 등속의 정책과제가 중요하게 등장한다.

이러한 규범적, 이념적 접근과 서구 다문화 정책의 발전을 고려할 때, 다문화주의는 폭넓고 다양한 가치들을 반영하는 이념이지만 대체적으로 한 사회 내 다양한 인종이나 민족집단, 혹은 소수집단의 문화를 단일하고 동질적인 문화로 동화시키지 않고 서로 인정하고 존중하면서 공존하는 것을 목적으로 하는 이념체계라고 볼 수 있다. 단일성으로 포섭되기 힘든 국가 내부의 차이와 다양성, 정체성 표출은 계속될 수 밖에 없기 때문에 다문화주의는 지역적, 일국적 차원뿐만 아니라 국가 간 국경을 아우르는 세계적 차원에서도 중요한 정치사회적 쟁점이자 화두가 될 것이다. 다문화적인 다양한 정체성을 동질적인 국가나 국민 개념으로 획일적으로 포섭하는 것은 더욱 큰 갈등과 분열을 초래할 수 있기 때문이며 그렇다고 국가가 다양한 소수자의 정체성을 그대로 인정한다면 구성원들을 하나로 묶을 수 있는 소속감과 사회통합을 성취하기 힘들다는 딜레마가 존재하기 때문이다.

그러므로 다문화 현상을 오래전에 경험한 이민선진국의 경우에, 소수자에 대한 문화적 인정과 문화적 생존 요구, 정체성 인정 등을 적극 지지하려는 다양한 적극적 조치, 역차별적인 방법 등의 문제를 놓고 사회적 논쟁이 되고 있는 것이다. 한국 사회의 경우에도 규범적 의미에서 다문화주의는 향후 중요한 이슈로 등장할 새로운 균열 즉, 인종, 문화, 종교를 중심으로 한 균열에 대한 대응과 해결에 대한 논쟁을 전제로 하는 것이다. 국가적 차원에서 어떤 대응이 바람직한 것인가에 대한 논쟁은 소수자 집단뿐만 아니라 전체 사회구성원의 정치적 의식과 민주주의의 문제에도 중요한 영향을 미치게 된다.

3. 사회철학적 접근으로서 다문화주의

한편, 철학적 관점에서 다문화주의는 보다 폭넓게 정의될 수 있는 바, 마르티니엘로(Martiniello)의 명료한 정의에 따른다면(Martiniello 2002: 87-110), 다문화주의는 한 사회가 인종, 종교, 성별, 성적 취향 등에 따라서 구별되는 이질적인 주변문화로 이루어져 있고 이들은 서로 등등한 지위를 지닌다는 관점에서 출발한다. 다문화주의적 관점은 국민국가의 동질성이란 명제 아래 가리어져 보이지 않았던 소수자와 그들의 문화를 공동체의 구성 요소로 긍정하고 지금까지 성찰의 대상으로 삼지 않았던 이들을 주체적 존재로 인정하는 철학적 함의를 가진다. 논의를 확장한다면, 성, 인종, 계급, 라이스프타일, 성적 취향, 종교, 정치적 이념 등 등 다양한 생활세계의 중요성을 강조하면서 등장한 포스트모더니즘을 배경으로 공동체 내부의 다양한 소수집단, 하위문화 집단들의 권리와 발언권을 지지하는 흐름을 폭넓게 다문화주의로 정의할 수 있다.

그러므로 특히 미국이나 유럽 등 서구적인 맥락에서 다문화주의는 보편성과 진리의 자리를 차지해 온 서구중심주의, 인종주의, 백인우월주의, 오리엔탈리즘 등에 대한 비판과 저항, 극복이라는 정치사회적 함의를 가진다. 그러므로 다문화주의는 근대 이후 보편성의 이름으로 세계를 지배해온 서구의 근대문화를 세계에 존재하는 다양한 문화들 중 하나로 주변화시킬 것을 요구하는 동시에 국가적 차원에서는 주류문화의 획일적 지배를 벗어나 다양한 소수문화들의 공존과 통합을 추구하는 정치적 이상으로 이해할 수 있다. 이런 맥락에서 다문화주의는 인종, 종교, 재산, 성별, 연령, 지역 등과 무관하게 구성원 모두를 존엄성을 가진 평등한 인간으로 대우해야 한다는 민주주의의 제1원리와 불가분의 관계를 가지고 있다.

서구 사회의 다문화 통합정책 역시 비록 다양한 유형을 가지고 있지만, 본질적으로 민주주의와 불가분의 관계를 가지는 바, 다수자 혹은 주류집단들이 다양한 영역의 소수자의 인권과 시민권 등을 동등하게 인정하는 방향으로 전개되어 왔으며, 이는 그 사회의 민주주의 증진에 따라 시민사회의 인권과 평등의식이 함향되어 왔기 때문이다.

 다문화 정책의 유형

서구의 다문화 사회 유형과 관련하여 가장 권위 있고 또 국내에서도 가장 많이 원용되고 있는 유형론은 캐슬스(Castles)와 밀러(Miller)의 세 가지 모형 즉, 동화주의, 다문화주의, 차별배제 모형이 있다(Castles and Miller 2013). 이들은 공저 『이주의 시대(The Age of Migration)』에서 대규모의 국제이주는 자본주의의 경제적 논리에 의한 것이며 근대적 자본주의가 추동한 지구적 수준의 남북 불평등 심화 및 자유무역의 확장, 정치사회 및 경제적 압력과 갈등의 심화가 다문화 시대를 확산시킨 거시적 배경이라고 설명하고 있다. 세계자본주의 발전 과정에서 지속적인 경제성장을 추진하기 위해 선진국은 값싼 외국의 노동력을 수용해야 했고, 이런 수요에 대응하여 빈국에서 부국으로의 이주노동력의 흐름을 지속적으로 형성해 왔으며 이들이 이입국에서 가족과 문화적 집단을 형성해 왔다는 것이다.

사실, 미국 등 대부분의 서구국가들은 이주의 초기 시대인 19세기에는 최대한 외국인들의 유입을 반대했으며 이웃한 유럽국가들에서조차도 최소한의 백인 노동력만 이주하도록 법적인 제약을 가했다. 그러나 20세기 중반 이후에 자본주의 활황기를 맞이하여 본격적으로 아시아, 남미, 아프리카 등 세계 곳곳으로부터 비백인 이주민들을 대거 수용하기 시작하여 자국의 지속적인 경제발전을 추구하는데 활용했던 것이다. 이러한 시대를 배경으로 국경을 넘는 이주현상을 보편적인 조건으로 만든 신자유주의적 세계화는, 의도하지 않은 결과로서, 서구 국가들의 갈등과 분열, 통합의 문제를 가장 중요한 정치적 의제로 제기하는 동시에 서구 국가들의 인권과 민주주의를 시험대에 올리게 되면서 국가마다 다양한 유형의 정책을 취하게 만들었다.

캐슬스와 밀러의 논의(2013)에 기반하여, 일반적으로 다문화 현상에 대응하는 국가의 정책모형은 크게 세 가지로 분류된다. 첫째는 미국 방식인 동화주의 혹은 'melting pot' 모형으로 현재 미국은 다문화 사회를 표방하고 실제로 다문화주의적 정책도 상당 수준으로 시행하고 있지만 여전히 동화주의 정책도 혼재되어 있다. 둘째는 캐나다 방식인 다문화주의 혹은 'salad bowl' 모형으로 캐나다는 1970년대 이후부터 고유한 문화적 정체성을 기반으로 한 공존과 통합 정책을 추진하고 있다. 셋째는 독일·일본·한국 등 단일민족을 강조해 온 국가들이 채택하고 있는 '차별적 포섭과 배제' 모형으로 사실상 다문화 현상에 대해 가장 보수적이고 배타적인 정책모형이다.

강조할 것은, 이러한 유형구분은 서구의 다문화 사회의 진전, 혹은 다문화주의 발전에 따른 정책모형을 구분한 것으로 어디까지나 분석을 위한 이념형적 구분이며, 한 나라가 시기적으로 혹은 이주집단에 따라 다양한 유형을 복합적으로 사용할 수 있다는 점이다. 즉, 한 사회나 국가의 다문화 정책이 일방적으로 다문화주의만을 따르거나 동화주의만을 따르지는 않고 있으며 다문화주의적 기조가 우세하지만 부분적으로 동화주의적인 정책이 펼쳐질 수 있고 반대로 동화주의적 기조가 우세하면서 다문화주의적 정책이 가미될 수도 있다. 또한 시민권, 사회정책, 노동시장 등 다양한 기준에 따른 여러 유형 분류 속에서 특정한 기준에 따라 평가가 달라지기도 한다. 다만 한 국가의 정책적 기조가 어떠냐, 어떤 특징이 더 우세하느냐에 따라 정책모형별로 국가의 특성을 구분할 수는 있을 것이다.

1. 차별배제 모형

차별배제 모형은 다문화 현상에 대응하는 가장 보수적이고 폐쇄적인 정책 유형이라고 볼 수 있다. 정확히 말한다면, 차별적 포섭/배제 모형(the differential exclusionary model)은 비(非)다문화주의 혹은 반(反)다문화주의로 특징지을 수도 있다. 왜냐하면 차별배제 모형은 근본적으로 이주민으로 상징되는 외부인, 외부성에 대한 차별과 거부, 배제를 중심 기조로 하며 국가는 특정 경제영역(특히 저임금 노동력을 필요로 하는 국내 생산 및 서비스 분야)에서만 외국인을 일시적으로 받아들이고 정치, 사회, 복지, 문화영역에서는 그들의 정착을 차단하고 차별적 대우를 정당화하기 때문이다. 혈통에 기반한 민족적 동질성이 차별과 배제의 기준이 되는 경우가 대부분이다.

캐슬스와 밀러는 이 모형에 독일과 오스트리아 같은 과거의 '방문노동자'

형 노동력충원국가들, 걸프산유국들, 일본과 한국 등 아시아의 신흥경제국들을 포함시키고 있다. 상대적으로 동질적 민족국가의 환상에 강력히 기반을 두고 있는 차별배제모형에서 차별의 기준은 흔히 민족적 동질성 여부이다. 즉, 접근이 제한되고 배제되는 것은 혈통을 공유하지 않은 외국 이주민들이다.

이런 정책을 가장 강력하게 추진한 대표적인 국가는 독일이다. 게르만 순수혈통의 자부심이 강한 독일은 이주노동자들의 체류기간을 엄격히 제안하면서 방문노동자들의 장기 정착을 원천적으로 차단하는 배타적인 이민정책을 운용해 왔으며 지극히 제한적인 경우를 제외하고는 이들에게 시민권을 부여하지 않았고 이주민의 가족 결합권, 안전한 거주지위, 직업선택 및 이동, 복지 등을 인정하지 않았다.

이러한 차별배제 모형도 국가별로 이주민의 급속한 증가라는 다문화 현실에 직면하여 대응한 조치였고, 또 역사적 경험을 보면 이런 모형으로부터 점진적으로 동화주의로, 다문화주의 모형으로 나아가는 경향이 있다. 과거에 강력한 차별배제모형을 추진했던 독일도 점차 이주민의 가족결합권 및 노동권, 복지권 등을 부여하면서 다문화주의적인 정책을 발전시켜왔다. 대표적으로 독일은 속인주의를 속지주의로 바꾸고, 일정 연령까지 이중 국적을 허용하면서 이주민 및 외국인의 성원권(membership)을 전향적으로 수용하고 있다. 1970년대까지 차별배제모형을 고수했던 스웨덴은 이주민에 대한 평등한 노동권 및 문화권 뿐만 아니라 정치적 참여권까지 최대한 보장하는 급진적인 다문화주의 정책으로 전환하기도 했다.

이러한 전환이 일어나는 계기는 인권과 민주주의 규범의 발전이 주요 원동력이라고 볼 수 있다. 이주노동자 혹은 난민을 받아들이게 되는 국가에서 아무리 그 이주를 일시적인 것으로 제한하려 해도 이주민의 일부는 정착하여 집단적인 정주지를 만들어 왔으며 설사 불법체류가 발생하더라도 이주민들의 저항 및 국내외 시민사회단체의 연대에 의해 국가가 이들을 반인권적인 폭력적인 방법으로 추방하지 못했기 때문이다. 더구나 이들을 공식적이고 직접적으로 차별하거나 불평등하게 대우하는 것은 서구 민주주의 국가들의 헌법적 가치와 충돌하게 된다는 정의의 문제도 작용했다. 물론 이런 정책의 전환에는 해당 국가의 경제적 필요에 의해 여전히 이주노동에 대한 수요가 존재하기 때문이라고 볼 수 있다. 어쨌든, 국내외 인권 및 민주주의 규범의 발전 때문이든 경제적 필요에 의해서든, 서구에서 이주민의 정주화는 지금까지 필연적인 현상이다(김병록 2020).

2. 동화주의 모형

외국인, 이주민에 대해 법적, 제도적으로 차별적이고 폐쇄적인 정책을 완화하고 어느 정도 전향적인 수용 정책을 펼치게 되면 이제 중심적인 문제는 소수집단의 인종적, 종교적, 문화적 정체성과 특성을 어떤 방식으로 허용하고 다수 집단 혹은 주류 문화와의 관계 설정을 어떻게 하느냐가 중요한 과제가 된다. 즉, 이주민의 정주를 거부하는 단계에서 이제 이주민의 정주화를 허용하게 되면 이들을 어떻게 다수의 주류문화와 통합시킬 것인가라는 문제의 단계를 경험하게 된다는 것이다.

동화주의는 이주민들이 현재 살고 있는 국가의 문화에 흡수되고 적응할 때 개인적으로, 집단적으로 행복하고 사회통합에도 유리하다고 전제한다. 때문에 이민자가 출신국의 언어, 문화, 사회적 특성을 완전히 포기하여 주류 사회의 일원이 되는 것을 정당화하며 이는 미국을 포함한 많은 유럽 국가들 다수가 1960~1970년대까지 취해온 정책이다. 이 정책유형은 이민자들을 기존 문화에 통합하고 흡수하는 것을 기본적인 정책 기조로 삼고 있기에, 마치 다양한 종류의 금속을 녹여 새로운 하나의 혼합물을 만들어 내는 용광로(melting pot)처럼, 다양한 특성을 지닌 사람들이 새로운 하나의 국민으로 형성될 수 있다는 '인종의 용광로'에 종종 비유된다. 다양한 소수자 역시 이러한 동화를 수용한 대가로 사회의 공식적 일원으로 인정되며, 정부는 이들이 주류 사회의 언어나 문화를 습득하고 이민자의 자녀가 정규학교 취학, 노동시장 등에 진출할 수 있도록 지원한다. 현재로서는 프랑스가 가장 이 모델에 가까운바, 공화주의를 내세우는 프랑스는 이민자들이 프랑스의 정치사회적, 문화적 가치체계에 동화되기를 강조하기 때문에 동화주의를 이민자 정책의 기조로 삼고 있다.

사실, 동화주의의 이상적 목표는 국가의 다양한 구성원들 즉, 성별, 민족별, 출신국가별, 인종별로 다양한 정체성과 문화적 특성을 인정하는 동시에 개별적인 정체성의 공존과 병립을 넘어 다양한 정체성들이 서로 녹아들 수 있는 새로운 융합적 문화 혹은 고유의 특성을 지니면서도 서로 어우러져 새로운 국가를 만들어 낸다는 이상주의적 지향성을 가지고 있다.

그러나 현실적으로는 그 원대한 목표와 달리 대부분의 서구 국가에서 동화주의는 유럽계 백인중심의 문화가 주류문화가 되고 그 속에 소수의 문화가 녹아 들어가는 일방적인 흡수통합이라는 비판을 받아 왔다. 사실상 다양한 소수 집단을 주류 집단문화에 동화시키는 과정에 불과하고, 더구나 새로운 이주민들이 주류 문화에 동화되는 과정에서 다양한 인종과 문화의 독립성을 보호받지 못하는 동시에 사실상 소수문화의 정체성을 주변화, 열등화, 소외시키는 경향이 있다는 비판이다. 무엇보다도 동화주의의 역효과로서 인종적 소수자들의 실질적인 인권이 보장받지 못하고 있으며 정치사회적, 경제적으로 소수자를 차별하거나 사회적 약자로 전락시키는 부작용을 낳고 있다는 비판을 받는다(이용균 2014).

이런 비판과 부작용 때문에 오늘날 대부분의 서구 국가에서는 명시적으로 동화주의정책은 포기되고 다문화주의적인 '통합정책'으로 대체되었지만, 통합정책 역시 동화정책의 점진적이고 완화된 형태에 지나지 않으며 통합정책의 궁극적인 목적도 여전히 이주민을 지배문화로 흡수하는 것이라고 비판받는다. 캐슬스와 밀러는 동화주의 모형이 영국, 프랑스, 네덜란드 등 과거 제국주의 국가였던 나라들 혹은 이주민국가로 출발한 나라들에서도 이 모형을 적용해왔으며, 이 중 호주 같은 이민국가들은 차별적 배제로부터 시작해서 동화주의모형으로 진전한 다음 점진적인 통합이념으로 옮겨가서 마침내 다문화주의 모형을 시행하는 과정을 거치고 있다고 분석한다.

이처럼 서구 국가들에서 이주민 정책은 시기별로 수정, 진화, 퇴보하기도 했지만 인권에 대한 국제적 압력과 다인종, 다문화사회라는 현실로 인해 필연적으로 봉착하게 되는 사회갈등을 경험하면서 적지 않은 국가들이 다문화주의 이주정책으로 진화하거나 부분적으로 다문화주의적인 정책을 많이 시행하고 있다는 것이다.

3. 다문화주의 모형

미국과 캐나다, 호주와 뉴질랜드 등 유럽인들이 대륙을 건너가 건설한 이민국가의 경우에는 역사적으로 오래전부터 존재해 온 원주민 집단이나 소수민족집단, 국가건설 과정에서 정치적으로 대립적인 집단의 존재 등 대단히 복합적인 인종적 특성을 가지기에 이들을 대상으로 한 독특한 정책적 특성을 가진다. 그러나 이 절에서는 서구 국가들에서 1960년대 이후 아시아, 아프리카, 남미 등 비백인 이주민 집단을 수용하면서 촉발되어 형성된 정책을 중심으로 다문화주의 모형을 살펴본다. 실제로, 미국과 유럽의 경제선진국 등의 국가들에서 다문화주의가 쟁점이 된 것은 경제적 이주로 인한 문제들 즉, 이주노동자의 정주화와 이들의 국적과 시민권 부여 문제, 가족결합권 문제 등으로 촉발된 경우가 많으며 현재 결혼이주여성과 이주노동자를 중심으로 한국의 다문화 정책에도 시사하는 바가 크다.

다문화주의 모형은 기본적으로 차별적인 이민정책과 귀화 정책에서 시작해 인종-중립적인 이민정책과 포용적인 귀화 정책으로의 전환을 특징으로 하면서 이민자들이 자랑스럽게 자신의 소수민족 정체성(ethnic identity)을 표현할 수 있고 이를 공적 제도들(경찰, 학교, 미디어, 박물관 등)이 의무적으로 보호하고 보장할 것을 법과 정책으로 규정하고 있다. 물론 다문화주의를 표방하는 서구 국가들에서도 이주정책은 시기별로, 전략적으로 수정, 진화하기도 하고 때로는 퇴보하기도 하며 각각의 이주 집단에 차별적으로 적용될 수 있다.

그럼에도 다문화 정책모형의 기본적인 발상은 이민자들이 가진 출신국의 문화적 관행과 정체성을 국가가 인정하고 유지하도록 지원하면서 이민자들이 정주국가에 더욱 강한 소속감과 자부심을 갖고 잘 적응할 수 있다는 생각을 기반으로 한다. 다문화주의를 세계 최초로 공식 정책으로 채택하고 샐러드 그릇(Salad Bowl)이나 모자이크(Mosaic)라는 은유로서 다양한 문화의 조화로운 공존을 부각시키면서 다문화주의를 국가 브랜드로 내세우고 있는 캐나다가 대표적인 사례이다.

이러한 다문화주의 모형에서 이주민들은 동화주의 모형에 비해 수월하게 시민권을 부여받을 수 있으며 이주민들은 자신의 고유한 정체성을 포기하지 않으면서 모든 정치, 사회, 경제, 문화 영역에서 원칙적으로 동등한 권리를 부여받게 되다.

이러한 다문화주의 정책모형은 국가의 역할과 관련하여 크게 평등지향적 패러다임과 자유방임적 패러다임으로 나뉠 수 있다. 평등지향적 자유주의 다문화주의 정책은 민주주의와 밀접하게 연계되는바, 국가적 차원에서 다수집단과 소수집단의 평등을 지향하는 적극적인 사회정책을 강조하는 입장이다. 국가와 다수집단은 소수자의 문화적 정체성과 문화적 차이를 수용하는 것을 넘어서 이주민과 인종적 소수자들이 처한 다양한 불평등한 상황을 극복하기 위해서는 이들에게 적극적인 정치사회적, 경제적 정책을 추진해야만 진정으로 공정한 사회가 될 수 있다는 것이다. 캐나다, 호주, 스웨덴 등이 대표적이다.

이에 비해 자유방임적 다문화주의 정책은 국가와 다수집단이 문화적 차이와 인종공동체의 존재는 수용하지만 국가적 차원에서 소수문화집단을 대상으로 한 재분배와 평등 같은 사회정의를 보장하거나 소수문화의 유지를 국가적 차원에서 지원할 필요는 없다는 입장이며 미국, 프랑스 등이 대표적이다. 물론 이주민에게 정주민과 동등한 기회를 부여하고 적극적인 조치를 위한 반(反)차별주의 입법을 취하는 경우도 있지만 이주민의 다양한 취약성을 보정하기 위한 국가의 적극적인 개입을 주창하지는 않는다.

물론 한 사회나 국가의 다문화 관련 정책이 반드시 하나의 기조를 유지해야 하는 것은 아니며 또 하나의 기조만을 일관되게 유지하기 힘든 상황도 존재한다. 왜냐하면 쟁점 영역 및 상황적 맥락에 따라 다문화주의가 더 적합할 수도 있고 동화주의가 필요한 경우도 있기 때문이다. 그러나 정치공동체의 합의된 지향성이 분명하다면, 일관된 정책기조와 틀을 유지할 때 중장기적인 정책목표 달성도 용이할 수 있을 것이다(김욱 2012).

이상 우리가 살펴본 세 가지 모형을 한국의 이주민 정책에 기본적으로 적용할 경우, 차별적 포섭/배제 모형은 이주노동자 정책을 설명하는 데에 적합한 반면에, 동화주의 모형은, 최근 많은 진전이 있기는 하지만, 결혼 이민자 정책에 알맞은 모형이다. 외국인 노동자들은 기본적으로 정주화와 귀화의 대상이 아니고 일정한 기간 동안 노동력을 제공한 후에 본국으로 돌아가는 단기간의 임시 거주자로 간주된다. 반면에 결혼이주여성은 한국인 가정을 유지하고 인구를 재생산할 한국인으로 인식되기에 다양한 법과 조례 등이 집중되고 있다고 볼 수 있다.

 한국사회와 다문화주의

우리 사회에서 '다문화'란 용어는 2000년대 초 '살색'과 '혼혈아' 등 차별적인 용어의 개선과 관련하여 시민단체가 '혼혈인' 대신에 '다문화가정 2세'란 용어를 권장했던 것에 유래한다는 분석이 있다. 그러나 '다문화'란 용어의 확산은 2005년 노무현 정부가 "다문화 사회를 지향한다"고 공식적으로 표방하고 2006년에 '여성결혼이민자 가족의 사회통합 지원대책'을 발표한 이후, 이러한 가정을 다문화가정(가족)이라고 부르면서 널리 확산되었다.

문제는 그동안 우리 사회에서 '다문화' 혹은 '다문화주의'가 개념적 구분 없이 사용되어 왔으며 특히 우리 사회에서 '다문화'란 용어는 서구에서의 '다문화주의'를 의미하는 것이 아니라, '다문화가족'을 의미하는 것으로 제한되어, 여러 가지 혼란을 야기해 왔다. 국내의 저출산 고령화 문제와 맞물려 결혼이주여성 및 다문화가정이 급증하자 이들이 내국인 남성의 부인, 며느리, 어머니로 인식되면서 다문화 정책이 집중되는 현상은 더욱 강화되어 왔다(김혜순 2014).

1. 결혼이주여성 정책의 특성과 문제점

한국정부는 2005년부터 <여성이민자가족의 사회통합지원>, <다문화가족지원법> 등 사회통합관련법을 제정한바, 한국의 대표적인 다문화 정책은 주로 결혼이주여성 및 한국인 남성으로 구성된 다문화'가정'을 주 대상으로 하며 본질적으로 다문화 사회통합의 목표를 가족의 유지로 설정하고 있다. 이주노동자 등 다른 외국인 이주민에 비해 한국 정부의 다문화 정책의 주요 대상이 되고 있는 결혼이주여성 정책은 한국 다문화주의의 상징이 되어 왔지만 규범적인 한계가 그대로 노출된다.

즉, 결혼이주여성들에 대해서도 지나치게 한국문화의 우월성을 강조하고 한국 문화에 대한 적응과 동화만을 강조하고 있다는 비판이며 심지어 한국의 다문화주의를 상징하는 결혼이주여성정책 역시 '외국인 배우자를 지원하여 가정을 지키도록 하는 가족정책'을 의미한다는 비판까지 나오고 있다. 왜냐하면, 결혼이주여성과 관련된 법 및 제도들의 주 대상은 결혼이주여성 '개인'이 아닌 '가족'이며 주요목적은 가족의 형성과 유지 그리고 자녀양육으로, 가난한 나라 출신이 대다수인 결혼이주여성들은 경제적, 사회적 약자로서 가족제도 안에서 전통적인 아내, 어머니, 며느리로서 역할수행을 요구받고 있는 것이다.

이처럼 한국의 다문화 정책은 결혼이주여성들이 한국인과 결혼한 후 가족을 형성하고 생산·재생산 노동을 통하여 저출산·고령화와 사회적 문제를 해결하는 데 기여할 것이라는 도구주의적 시각이 지배적으로, 결혼이주여성들의 고유한 문화적 정체성과 실존적 주체성 등은 간과되고 있으며 동등한 권리를 가진 국민으로서의 위상과 주체성이 취약하다고 평가된다.

이는 더 나은 삶을 위해 이주한 여성들에게 그 댓가로서 사실상 문화적 정체성 포기를 은근히 혹은 노골적으로 강요하는 셈이며 이런 현실을 반영하듯, 한국으로 귀화한 결혼이주여성들은 실질적인 시민적 권리를 행사하는 데 많은 제약을 받게 되며 3년 정도의 일정한 결혼기간을 거쳐 법적으로 '국민'의 자격을 얻게 되더라도 한국 사회에서 구조화된 인종주의로 인한 다양한 차별과 억압, 그리고 경제적 어려움 속에서 사회적으로 고립된 채 생활을 하고 있다는 진단이 많다(김유정 2021). 사적·공적 영역에서 결혼이주여성들의 인종적·문화적 정체성과 시민적 주체성을 외면하면서 다문화적 사회통합을 기대하는 것은 억지의 논리인 동시에 그런 정책효과도 애초에 기대하기 힘들다는 것이다. 결국 우리나라 다문화 사회통합정책의 핵심은 인구대책 성격이 강하며 한국정부가 추구하는 다문화 사회통합은 한국사회가 앞으로도 동질적인 사회로 남아야 함을 전제로 결혼이주여성과 그 자녀들의 완전한 한국사회로의 적응·동화를 추구하고 있다고 할 수 있다.

물론 이런 시민사회단체의 비판과 결혼이주여성의 요청에 의해 최근에는 비교적 상호문화적인 성격의 프로그램도 증가하고 있다. 예를 들어, 결혼 이민자들이 구사할 수 있는 외국어(중국어, 베트남어, 몽골어 등등), 결혼이주여성의 문화적 배경 등을 정주민들(대표적으로 이주여성의 남편 및 시부모 등 가족들)에게 교육하는 프로그램도 증가하고 있다. 또한 결혼이주여성(및 다문화가족 구성원)의 경제적 역량 및 자립심 강화를 위한 복지정책 등 다양한 지원을 하는 것은 다문화주의적 성격을 가진 정책이라고 볼 수 있다.

2. 이주노동자 정책의 특성과 문제점

결혼이주여성보다 더욱 오래전에 1980년대 말부터 대규모로 유입된 외국인 근로자(이주노동자)에 대해 중앙정부는 1993년 말부터 산업연수생제도를 시행하여 이후 고용허가제 등의 많은 정책변화를 경험하고 있지만, 이주민의 절대 다수를 차지하는 외국인 노동자에 대한 정부 정책이 지나치게 관리통제 처분 중심으로 전개되고 있다는 비판이 국내뿐만 아니라 국제사회에서도 끊임없이 제기되어 왔다(심승우 2016). 한국 자본주의 발전 단계에서 3D 업종에 대한 외국인 노동력이 절실하게 요청되는 상황에서 이주노동자 유입이 급증했음에도 불구하고 이주노동자들은 권리를 가진 인간, 주체성을 가진 실존적 인간 보다는 노골적으로 혹은 공공연히 3년 기한의 노동력 상품으로 간주되었을 뿐이었기 때문이다. 2000년대 초반까지도 시행되었던 산업연수생 제도는 유엔과 국제인권단체 등으로부터 '현대판 노예제라는 오명을 받을 정도로 악명이 높은 저임금 장시간 노동착취 제도였다. 대표적으로 당시에 이주노동자들은 사업장 이동의 자유도 없었으며 불법적인 보증금제 관행, 여권 압수, 일상적인 인격 모독, 폭언과 폭력에도 구제받을 수 있는 방안이 극히 제한적이었으며 정부 당국은 사실상 이런 현실을 방치하고 있었다는 비판을 받았다. 비록 2003년 이후 개정된 고용허가제 하에서는 3번까지 사업장 이동을 가능하게 만들어 놓았다지만 사업주 동의를 필요로 하는 등 사실상 직업선택의 자유는 크게 제약된다는 비판을 받고 있다. 한국정부 및 한국사회가 이주노동자를 바라보는 관점은 여전히 차별배제 모형(differential exclusionary model)에서 벗어나지 못하고 있다는 것이다. 2010년대 이후 국내 인권 단체뿐만 아니라 국제인권단체들도 이주노동자들의 인권 및 시민권에 대한 제고를 공식적으로 한국 정부에 요청하고 있는 상황이며 이주노동자들의 인권에 대한 관심도 높아지고 있지만 한국의 인권과 민주주의 향상에 비해 큰 진전이 없다는 지적을 받고 있다.

한국의 미래와 다문화주의

1980년대 후반부터 유입되어 2000년대 초반부터 특히 급증하기 시작한 이주집단의 존재와 활동은 이미 우리 사회에 다문화주의 담론을 확산시키고 있으며 우리의 생활양식 및 사고방식, 가치체계에도 지대한 영향을 미칠 것이다. 이러한 다문화 현상대한 대응은 한국 사회의 민주주의 발전과 밀접한 관련을 맺고 전개될 것으로 보인다. 서구 사회의 다문화 발전 양태를 살펴본 것처럼. 국내적, 국제적인 인권 규범의 발전이 우리에게도 강제력을 가질 수 있으며 특히 세계 경제규모 10위권이며 국제사회에서의 높은 위상에 부합하는 인권 정책을 추진할 책임이 부과되고 있는 것이다. 그동안 인권과 민주주의가 한국 국적을 가진 국내인의 문제, 한국 국민의 문제였다면 이주민의 인권 및 시민권 문제와 관련하여 소수집단을 포용해 내고 그들의 주체성을 인정하려는 노력은 우리 사회 민주주의 발전 수준을 가늠하는 척도이자 민주주의의 질과 밀접한 관련을 맺게 될 것이다.

보다 근본적으로, 세계적인 다문화 현상은 우리에게 위기이자 기회로 다가온다(심승우 2013). 다문화 현상이 위기일 수 있는 이유는 이주민의 증가로 상징되는 차이와 다양성이 다양한 영역에서 긴장과 갈등, 통합의 위기를 가져올 수 있기 때문이다. 일반적으로 동질적인 민족국가 내에서 인종적, 문화적 이질성이 증가할 경우에 이들의 존재와 실천, 권리와 의무 부여의 문제 등으로 국민적 갈등과 정치적 논쟁이 가열되는 것이 일반적이었다. 특히, 경기 상황의 위축이나 실업률 증가 등의 경제난이 심화될 경우 이주민과 정주민 집단의 갈등이 격화될 수 있다. 더구나 앞으로도 지속될 이주민의 증가 추세 속에서 경제적 불평등이 인종적, 문화적 소수집단과 결합될 경우 미래에 한국에서도 서구적인 소요 사태 가능성 또한 배제할 수 없을 것이다. 그러므로 향후 결혼이주여성 및 이주노동자 등 이주민의 증가가 필연적인 상황에서 향후 다문화 현상이 심화될 경우 발생할 통합과 연대, 유대의 위기에 대한 대응을 깊이 있게 고민해야 할 것이다. 향후 다문화 가정 및 자녀들의 급증, 다양한 영역에서 소수문화의 분화 등을 고려할 때, 정주민 집단과 이주민 집단, 다수자 집단과 소수자 집단, 주류 집단과 비주류 집단을 함께 묶어줄 수 있고 정치적으로 협력하게 만드는 민주적 공론장의 구성을 어떻게 모색할 것인가도 대단히 중요할 것이다.

한편, 다문화주의가 기회일 수 있는 이유는 이주민의 증가로 상징되는 다문화 현상이 우리 정치문화의 내용과 외연을 확장시킬 수 있으며 문화적 역량을 함양할 수 있는 기회를 제공하기 때문이다. 다문화주의는 차이와 다양성, 이질성의 포용을 통해 기존 공동체의 질적인 도약을 가능하게 만드는 내외적 요인이 될 수 있기 때문에, 그동안 폐쇄성이 강한 혈연적인 민족공동체에 익숙했던 우리의 문화적 정체성을 풍요롭게 만들 수 있고 아울러 단일민족 구성원(국민이 된 자)에 한정되었던 인권과 평등에 대한 문제의식을 확장시키면서 민주주의와 관련된 다양한 감성과 역량을 동시에 함양할 수 있을 것이다. 이는 궁극적으로 개방적인 시민문화를 형성하는 것이며 우리 사회의 민주적 역량과 창조적 문화역량을 높이는 것을 의미하는바, 주류집단, 다수자 집단뿐만 아니라 다양한 소수자, 이주민 집단을 포용하면서 세계적으로 모범적인 민주적·개방적인 시민사회를 건설하는 대한민국의 미래지향적 국가전략이 될 수 있을 것이다.

더 생각해 볼 문제

다음은 한국의 반(反)다문화주의에 대한 설명입니다. 이에 대해 여러분들은 어떻게 생각하고 평가하시나요?

한국에서 반다문화 담론의 논리는 의외로 단순하다. 반다문화 담론의 논리는, 3D 관련 노동현장에서 외국인 노동인력의 불필요성을 주장하면서 외국인들이 국민들 특히 취약계층의 일자리를 빼앗고 있으며 싼값에 이들을 사용하는 기업주들의 무책임, 특히 불법체류자의 강제추방을 강력하게 시행하지 못하는 정부의 안일한 대응을 강도 높게 비판하고, 강도 강간 등 외국인 범죄율 증가가 치안불안을 심각하게 야기할 것이며 무엇보다도 외국인 여성과의 결혼 급증은 한국인의 혈연적 순수성을 훼손하여 공동체 의식이 무너질 것이며, 향후 다민족 사회로 전환될 경우에 인종 간 갈등을 일으켜 사회통합에 심각한 위협이 될 수 있다는 것이다.

일반적으로, 다수에 의한 소수의 차별은 때로는 인종혐오를 드러내는 말이나 전단, 인터넷 등에 쓰여진 표현의 형태로, 또는 특정 자격시험이나 취직, 가게, 집을 구하는 일 등에서 접근을 방해하는 형태의 차별로, 더욱 심하게는 소수자에게 인종차별적인 동기에서 직접 폭력을 행사하는 물리적인 형태로 나타난다. 이민 선진국에서는 이런 차별을 법적으로 처벌하는 비차별의 법제화 단계에 진입했지만 아직 한국 사회에서는 이주민에 대한 다양한 수위의 차별이 전면화 되고 있지는 않은 상황이다.

그러나 온라인에서 출발한 국내 반(反)다문화주의 움직임이 점점 조직화되고 있다. 종전에 일부 누리꾼이 개별적으로 인터넷 게시판 등에 반대 의견 및 댓글을 올리던 수준에서 하나의 대규모 조직으로 발전해가는 모습이다. 외국인 혐오증, 이주민 추방운동을 펼치고 있는 반다문화 단체들의 회원들이 급증하고 있으며 이들의 행동도 다문화 집회와 시위 등으로 점차 조직화되고 있는 것이다. 이들은 수시로 연대하면서 오프라인 집회를 개최를 하고 있으며 최근에는 법무부나 고용노동부 등 정부기관 및 국회의원 사무실에 항의 전화를 돌리고 2012년 대선을 앞두고 반다문화 정책을 강력하게 제기하는 등 정치권 및 언론, 방송, 관련 단체 등에 전방위적인 압박을 가하고 있다.

CHAPTER 04

인공지능과 빅데이터 시대의 민주주의

박성진

 대전환의 시대

디지털 기술이 발전하면서 현대 사회는 급격하게 변화하고 있다. '4차 산업혁명'이라는 말이 의미하는 것처럼 세상은 말 그대로 모든 분야에 걸쳐 혁명적으로 변화하고 있다. 생활의 많은 부분들이 이미 사이버 공간으로 전환되었으며 스마트폰과 같은 디지털 디바이스들은 이제 인간 생활의 필수적인 요소가 되었다. 그리고 4차 산업혁명이라는 기계혁명의 완성으로 노동의 많은 부분들이 인공지능이나 로봇으로 대체되고 있는 실정이다. 기계에 의한 노동 대체 현상은 단순 노동의 영역에서뿐만 아니라 고도의 정신노동을 요구하는 영역까지 광범위하게 이루어지고 있으며 수많은 사람들이 기계로 인해 노동의 외곽으로 밀려나고 있는 상황이다.

이와 더불어 새롭게 도래하는 인공지능 기술의 발전은 산업의 거의 모든 영역에서 변화를 추동하고 있으며 인간의 판단을 대신하여 많은 것들을 결정하고 있다. 마케팅 분야에서 채용 과정에 이르기까지 인공지능의 분석과 판단은 이제 필수적인 것이 되었고 인간의 판단보다 더 신뢰를 받고 있다. 더 많은 데이터에 더 많은 진리가 담겨있다는 현대 사회의 신화적 믿음은 인공지능이 분석하는 빅데이터(Big-Data)에 무한의 신뢰를 보내며 기계의 판단과 분석을 인간의 판단이나 분석보다 우수한 것으로 만들었다. 따라서 인공지능 기술과 로봇 등을 소유한 집단과 그렇지 않은 집단 사이의 격차는 점점 확대되고 있는 상황이며 이로 인한 다양한 사회적 문제가 도출되고 있다. 또한 인공지능에 의한 차별 및 혐오 표현 등 다양한 윤리적 문제가 대두되기도 하였다.

이러한 사회적 변화는 생활과 경제의 영역을 넘어 정치의 영역으로 나아가기도 한다. 디지털 기술과 인공지능의 발전은 정치적 환경과 권력의 구조를 재편하면서 정치적 패러다임을 교체하고 있다. 예를 들어 유튜브를 비롯한 다양한 플랫폼의 등장과 1인 미디어의 활동은 가짜뉴스를 생산하기도 하지만 사회의 다양한 목소리를 드러내며 다원주의 및 다문화 사회의 발전에 일조하기도 하였다. 그리고 거대 IT기업의 등장은 국경과 주권의 범위를 넘거나 해체하며 주요한 권력기관으로 등장하였고 독과점을 통해 사회적 양극화를 심화시키기도 하였다.

이처럼 4차 산업혁명으로 상징되는 사회의 총체적 변화는 정치 자체에 대한 변화와 더불어 민주주의의 변화를 요구하고 있으며 민주주의의 핵심 가치인 자유와 공존에 대한 의미와 더불어 인간과 정치 행위자에 대한 재성찰을 요구하고 있다. 따라서 본 절에서는 도래하는 새로운 시대에 대해 고찰하고 이를 민주주의의 관점에서 살펴보도록 하겠다.

Ⅱ 빅데이터와 인공지능 사회의 민주주의

1. 미래사회와 불안한 민주주의

인공지능과 빅데이터, 사물인터넷과 초연결사회 등은 도래하는 4차 산업혁명 사회를 상징하는 말이다. 4차 산업혁명을 상징하는 이러한 단어들을 연결해 보면 우리는 다음과 같은 내용을 어렵지 않게 유추할 수 있다. 즉 미래사회는 인간을 포함한 모든 존재와 사물들이 네트워크로 연결되어 서로 정보를 교류하고 이로부터 생산된 거대한 데이터와 자료들을 인공지능이 분석한다는 것이다. 그리고 이미 이러한 것들은 현실이 되었고 인공지능의 분석과 데이터는 우리 생활 전반에 활용되고 있다. 온라인 쇼핑을 통해 우리가 구매한 내역들은 모두 저장되어 마케팅 자료로 활용되고 있으며 우리가 무심코 검색한 모든 내용들 역시 기록되어 데이터가 되고 광고를 비롯한 다양한 방면에서 활용되고 있다. 우리가 삶을 살아가는 이 공간은 이미 초연결성과 초지능성을 바탕으로 모든 것들이 상호 연결되고 인간 활동의 거의 모든 기록이 저장되는 사회이다. 사람, 사물, 공간이 연결되어 그 경계마저 희미해지는 시대인 것이다.

이러한 초연결 사회는 매일 막대한 양의 정보가 생산되고 그로 인해 엄청난 부가가치가 창출된다. 그리고 이렇게 막대한 양의 정보와 데이터를 바탕으로 이윤을 창출하기 위해서는 이러한 데이터들을 저장할 수 있는 클라우드 및 정보통신기술이 필요하다. 그리고 이러한 사실은 엄청난 양의 데이터를 수집할 수 있으며 동시에 이렇게 수집된 데이터를 저장할 수 있는 기업만이 미래사회를 주도하게 될 것이라는 사실을 나타내고 있다. 따라서 근미래 사회에서는 몇몇 소수의 거대기업이 시장을 지배하게 될 것이다. 이는 2016년에 발간된 백악관 보고서에서도 4차 산업혁명은 구글(Google)이나 IBM과 같은 슈퍼스타에 편중된 기술변화로 이어지며 독과점 현상이 발생할 것이라고 경고하고 있다(Furman 2016: 20). 다음은 근미래 사회의 독과점 문제에 대한 글이다.

> 모든 데이터는 기계에 의해서 처리된다. 데이터에 접근할 수 있고 그를 활용한 알고리즘과 플랫폼을 만들어내는 능력을 소유한 집단이 모든 것을 지배한다. 그 지배집단은 검색과 디지털 서비스의 운영체제, 소셜 미디어 플랫폼을 만들어낸 글로벌 정보기술 기업들이고 사용자들의 활동내역에 접근하고자 하는 국가권력이다. 우리는 데이터를 만들어내는 주체이지만, 사용하는 주인이 아니다(구본권 2015: 14).

4차 산업혁명은 인간의 활동과 생활에 많은 편의와 편리를 가져다 줄 것이다. 하지만 산업체계의 전면적인 개편과 독과점 그리고 거대 IT기업의 시장 지배는 피할 수 없는 현상이다. 이러한 불균형적인 시장구조는 다시 정치적 불균형을 초래할 것이며 사회 곳곳에서 심각한 양극화를 발생시킬 것이다. 정보와 기술을 독점하며 자신들의 이익을 확장시키고 사회적 영향력을 확대하는 기업들로 인해서 권력은 소수에게만 집중된다. 그리고 이러한 부조리는 차별과 새로운 계급을 생산하고 민주주의에 심각한 위험이 될 것이다. 이미 기술로 인해 민주주의가 위협받는 현상은 곳곳에서 나타나고 있다. 중국에서는 이미 개인의 인터넷 사용에 따른 활동들을 전면적으로 감시하고 있으며 미국에서는 소수의 기업들이 각 개인들의 정보를 활용하여 막대한 이윤을 창출하고 있다.

민주주의와 자본주의는 합리적인 개인이라는 것을 전제로 한다. 그리고 그 개인은 자신에게 주어진 '정보'를 바탕으로 자유의지를 가지고 선택하고 판단한다. 사회는 개인들의 합리적 선택에 의해서 발전하고 유지된다. 이러한 합리주의적 배경에서 합리적 선택을 위한 자료, 즉 데이터는 무엇보다도 값진 원료이며 우리는 지금 어디서든 정보를 포획할 수 있는 '빅데이터' 시대에 살고 있다. '빅데이터' 시대에서는 사람들의 정보에 대한 접근이 쉬워지고 그 속도가 증가하기는 하였다. 하지만 이로 인해 민주주의는 더 발전하지 못하고 후퇴하고 있다. 매일 매 순간 쏟아지는 인간 행동에 대한 전례없는 데이터의 양은 이러한 데이터를 수집하고 분석할 수 있는 소수에게만 양질의 정보를 허락한다. 정보의 수집과 분석에 의해 권력 구조가 재편하고 오히려 보통의 합리적 개인들은 양질의 정보에 대한 접근이 차단된다.

정보와 기술의 독과점 현상으로 개인의 자유가 심각하게 침해되는 현상도 곳곳에서 발생하고 있다. 개인 정보의 노출은 개인의 자유에 대한 침해로서 민주주의의 근간에 대해 심각한 위협이 될 수 있다. 개인의 정보를 철저하게 보호한다고 하지만 지금도 인공지능은 페이스북에 노출된 몇 가지 정보를 가지고도 개인을 특칭하며 그의 직업과 심지어 거주지까지 알아낼 수 있다. 이러한 사실은 모든 것이 연결된 사회에서 정보를 다루고 수집하는 기관이 마음만 먹으면 언제든지 개인의 정보에 접근할 수 있다는 것을 뜻하고 민주주의의 핵심적 요소인 자유를 언제든 침해할 수 있다는 것을 의미한다.

거대 IT기업의 독과점 문제 및 개인 정보의 문제와 더불어 미래사회가 민주주의를 위협할 수 있는 또 하나의 심각한 지점이 있다. 그것은 기술의 혁신적인 발전이 많은 사람들을 노동과 일자리로부터 멀어지게 할 것이라는 점이다. 이미 산업현장에서는 인공지능과 로봇으로 수많은 인력들이 대체되고 있으며 누구의 일자리도 안전을 보장받지 못하고 있다. 이미 제조업 일자리의 상당수가 로봇에 의해 대체되었으며 학교 현장에서는 인공지능 가상 교사가 등장하였고 간단한 신문 기사는 알고리즘에 의해 자동적으로 작성되고 있다. 또한 인공지능 변호사와 의사가 도입되었으며 설계나 디자인도 인공지능에 의해 이루어지고 있고 심지어 예술 분야에서도 인간을 대신해 인공지능이 활약하고 있다. 이것은 민주주의의 주체인 시민들의 삶이 불안 속 놓이게 되고 안정적인 삶을 살아가기 힘들게 된다는 사실을 의미한다. 2015년 옥스퍼드 대학의 연구에 따르면 현재의 직업군 중 약 47%가 자동화의 영향으로 사라지거나 축소될 것으로 전망했다. 현대 사회에서 인간의 노동은 로봇에 비교하면 '대책이 안 설 만큼 불안'하게 취급된다. 그리하여 기술이 발전하면서 노동은 시민들로부터 점점 멀어지게 될 것이다. 시민들이 자신의 일자리를 잃고 노동의 외곽으로 밀려난다는 것은 민주주의에 심각한 위험을 야기할 수밖에 없다. 민주주의의 주체인 시민의 불안은 곧 민주주의 자체의 불안이기 때문이다. 그렇다면 우리는 다가올 미래사회의 민주주의를 위해서 무엇을 해야 하는가?

2. 전환시대 민주주의의 복원

우선 우리는 다가올 전환 시대의 문제를 극복할 수 있는 방안을 역사적 관점에서 살펴볼 수가 있다. 과거에도 사회 전반을 변화시키는 산업혁명이 일어났고 변화된 사회에 많은 모순이 존재했었다. 산업혁명 이후 영국 사회에서는 생산량이 급격히 증가하고 런던의 템스강을 오가는 물동량이 비약적으로 늘어났지만, 사람들의 삶은 과거의 상황보다 더 비참했다. 산업혁명은 농노들을 공장 노동자로 전환시키고 대도시로 모이게 만들었지만 대도시에서 살아가는 그들의 삶은 오히려 농노 시절보다 더 비참했다. 산업혁명이 만들어낸 부는 소수에게만 집중되었으며 가공할 빈부격차가 발생하였고 대다수 노동자들은 빈곤과 실업의 상태에 던져졌다. 실제로 이 시기에 단순히 일자리가 없는 상태(out of work)와 구분되는 '실업(unemployment)'이라는 개념이 최초로 등장하기도 하였다.

인간의 삶을 더 윤택하게 하기 위해서, 즉 인간의 더 나은 삶을 위해서 시작된 산업혁명이 인간의 삶을 더 비참하게 만들었다. 따라서 영국 사회는 이러한 모순적 상황을 해결하기 위해 사회의 전면적인 개혁을 시도한다. 그리고 그 개혁에 국가가 적극 나서기 시작한다. 당시 영국 사회에서 국가는 결코 시장에 개입해서는 안 되며 국가의 개입은 개인의 자유를 침해하는 것으로 인식되었고 '계약의 자유'가 중요시되었으며 국가는 외부로부터의 공격 등 폭력적 사태로부터 개인을 보호하는 최소의 역할만을 수행해야 했다. 하지만 모순된 사회에서 개혁을 위해서는 국가의 역할이 확대되어야 했다. 따라서 영국은 개인들이 최소한의 삶을 영위할 수 있는 생계비를 획득할 수 있는 권리가 있다고 천명하며 새로운 법을 만들고 사회를 개혁하기 시작한다. 그리하여 실업자 및 저소득자를 지원하는 다양한 법률을 제정한다. 1909년 연소득 160 파운드 미만의 소득을 가진 사람들을 지원하는 '실업 대책법'을 제정하고 1911년에는 실업 상태에 놓인 노동자들을 지원하는 '국민보험법' 등을 제정하게 된다. 그리고 복지 제도도 대폭 개선하여 노인들을 지원하는 '양로연금법'과 아동을 보호하는 법 등을 만들어 사회 안전망을 확충하게 된다. 영국은 산업혁명으로 인한 대전환의 시기에 발생한 사회적 모순을 극복하기 위해 그동안 실시되었던 자유방임적(laissez-faire) 경제정책을 포기하고 국가의 적극적인 사회적 개혁으로 위기를 극복하였다.

주지하듯이, 기계혁명의 완성이라고 불리는 4차 산업혁명은 수많은 사회적 모순을 발생시킬 것이다. 따라서 우리는 이러한 문제점을 해결하기 위해 과거의 영국 사회가 그러했던 것처럼 과감한 사회적 개혁을 시도해야 한다. 그렇게 해야만 민주주의를 위기에서 구할 수 있다. 그리고 이러한 사회적 개혁을 추동하기 위해서는 3차 산업혁명까지 지속되었던 정치철학에 대한 획기적인 전환이 필요하다. 인공지능과 로봇을 소유한 사람들과 그렇지 못한 사람들 사이에 발생한 엄청난 소득의 격차를 극복하기 위해서는 '부(wealth)'라는 것은 사회적 제도와 시스템에 의해서 생겨나는 것이며 그 혜택은 사회의 구성원들에게 돌아가야 한다는 이념이 필요하다. 다음은 영국의 홉하우스(L. T. Hobhouse)가 산업혁명 이후에 발생한 사회적 모순을 극복하기 위해 제시한 '부의 사회적 요인'이라는 개념이다.

> 부의 사회적 요인을 무시하는 개인주의는 국가자원을 고갈시키고 산업생산물에 대한 사회의 공정한 분배권을 박탈하며 편중되고 불평등한 부의 분배를 초래할 것이다. 경제정의는 유익한 활동에 종사하는 각 개인이 받아야 할 보수뿐 아니라 사회적이거나 개인적인 역할도 반영하므로, 그에게 지급될 보수는 그런 유익한 역할을 효과적으로 이해할 수 있도록 촉진하고 지속시키는 데 필요한 금액으로 정해진다. 이런 역할과 그것에 대한 실질적 보상금의 평등이야말로 온전한 의미의 경제적 평등이다(홉하우스 2006).

인공지능과 로봇경제 시대, 혁신기술로 인해 발생하는 독과점 현상과 노동대체 현상을 극복하기 위해서, 그리고 이로 인해 발생하는 민주주의의 위기를 넘어서기 위해서는 국가로 상징되는 공동체가 기술혁명으로 인해 발생한 막대한 부가가치에 사회적 개념을 가지고 접근해야 한다. 사회와 민주주의를 유지하기 위해서는 그 구성원들의 시민으로서의 삶을 영위할 수 있도록 해야 하며 그러기 위해서는 국가가 적극적인 재분배 정책을 실시해야 한다. 그리고 이를 단순히 사회주의나 공산주의적 정책이라 폄훼할 수는 없다. 왜냐하면 시민으로서의 사회 구성원들이 기술혁명 시대의 부가가치를 창출하는데 일조하고 있으며 이들은 응분의 몫을 분배받을 권리가 있기 때문이다.

기술혁명 시대 가장 중요한 것으로 취급받는 것은 바로 데이터이다. 그것도 인간이 분석이나 수집할 수 없는 가공할 정도의 양을 가진 데이터, 즉 빅데이터가 새로운 시대 부가가치를 위한 주요한 원천이다. 이 빅데이터를 분석하여 광고도 만들고 소비자에게 그 광고를 노출한다. 그리고 마케팅은 물론 산업의 다양한 분야에서 이를 활용하고 있다. 즉 미래사회의 부는 인공지능에 의해서 분석되는 빅데이터와 기초하는 경우가 대다수이다. 자율주행자

동차를 비롯하여 수많은 인터넷 플랫폼이나 쇼핑공간이 모두 인공지능에 의해 수집되고 분석된 빅데이터를 기초로 운영 및 설계된다. 그런데 그 빅데이터는 모두 시민들의 활동에 의해서 만들어진다. 다시 말해, 빅데이터가 석유와 같은 미래사회의 주요한 원자재라고 한다면 그 원자재를 생산하는 것은 바로 시민이기에 빅데이터에 의해서 창출된 부는 공공의 부(common wealth)라 할 수 있고 시민들은 이로 인해 창출된 부가가치를 분배받을 자격이 있는 것이다.

이처럼 미래사회의 기술혁명이 만들어내는 민주주의의 위기를 극복하기 위해서는 과거와 같은 정책과 국가의 역할로는 한계가 있는 것이 사실이다. 따라서 근미래 사회, 즉 극심한 독과점 현상으로 인한 엄청난 빈부격차와 노동으로부터의 소외 현상을 민주주의의 위기가 아닌 기회로 전환하기 위해서는 국가와 개인의 관계 및 국가와 사회의 역할을 근본적으로 다시 고민해야 한다. 미래사회에 적합한 자유의 개념을 재설정하고 '기본소득제'를 비롯한 다양한 아이디어들을 공유하여 미래사회의 위기를 넘어가 민주주의를 발전시켜야 한다.

Ⅲ 불평등의 가속화 그리고 알고리즘의 억압

현대 사회를 살아가는 사람들은 대부분 궁금한 것이 있으면 구글이나 네이버 등 인터넷의 다양한 플랫폼을 이용하여 자신의 궁금증을 해소한다. 검색은 언제 어디서든 자유롭게 이루어지고 자신이 사고 싶은 물건이나 즐겨 찾는 식당, 가게 등 다양한 정보를 인터넷을 통해 수집한다. 그리고 자신의 일상과 생활을 다양한 소셜 네트워크를 통해 공유한다. 이러한 변화는 이미 삶의 일부이며 일상이 되었고 이미 오프라인에서 유통되는 모든 소비 비용의 총합을 온라인이 넘어선 지는 한참이 되었다. 또한 인간의 인터넷 접속 시간도 계속해서 늘어나고 있으며 코로나19의 영향도 있기는 하지만 인간의 소통과 연대도 가상의 공간에서 더 많이 이루어진다. 이미 메타버스(metaverse)에서 다양한 행사나 기획이 이루어지고 있고 가상공간에서의 참여와 소통은 익숙한 것이 되었다. 인간은 이제 공간과 시간의 한계를 넘어 과거와 비교할 수 없는 편리함을 가지게 되었으며 이미 이 편리함과 익숙함은 인간의 삶의 일부가 되었다. 하지만 이러한 변화는 인간에게 편리함만을 가져다준 것이 아니었다. 인간은 편리함을 획득하는 대신 거대 IT기업과 권력에 자신의 모든 정보를 내어 주었다.

우리는 이미 인터넷에 접속했을 때, 스마트폰이나 모니터에 보이는 광고들이 개인 맞춤형 광고라는 사실을 알고 있다. 유튜브(YouTube)에서 보이는 정보나 수많은 동영상 역시 나에게 특화된 맞춤형 영상들이다. 인터넷 공간에서 이루어진 나의 모든 활동들이 정보화되고 전송되어 이것을 분석한 인공지능에 의해 선택된 광고들이 내가 보는 화면에 구현되는 것이다. 언뜻 보면 매우 친절한 것처럼 보일 수 있다. 하지만 이러한 사실은 인간의 계급을 고착화하고 민주주의를 불안정하게 만든다. 인공지능은 우리의 데이터를 샅샅이 조사하고 우리의 습관과 희망 그리고 두려움과 욕망을 찾아낸다. 그리고 우리의 재정 상태와 나이 성별을 모두 분석하며 우리에게 적합한 광고를 제시한다. 실제로 미국에서는 인공지능이 저소득층에게는 대부업체의 광고와 명문대학이 아닌 영리대학 광고를 주로 보여주며 수입이 낮은 사람들에게만 적합하다고 판단되는 서비스와 소비제품들을 광고한다. 그리고 신분 상승과 더 많은 소득과 자산을 가지고 싶어한다는 욕망을 이용하여 다양한 방식으로 상품을 광고하며 그들을 착취하고 있는 것이다. 이러한 모습은 대상을 배려해 주는 것 같지만 인간의 계급을 고착화하고 민주주의를 위협하는 것이다.

이와 더불어 미국 법무부에서 사용하는 범죄예측모형 알고리즘도 소수인종과 사회 비주류 계층이 재범 확률이 높다고 판단하여 더 높은 형량이 나오게 유도하며 이들이 사는 지역에 범죄 발생 빈도가 높다고 판단하여 정밀 감시하게 하여 경범죄로 인한 검거 비율을 지속적으로 늘리고 있다. 즉 알고리즘은 사회 취약계층에 대한 범죄 발생의 빈도가 높다고 판단하여 그들을 더 세심하게 감시하게 하여 검거 비율을 높이며 이것은 다시 데이터가 되어 사회 취약계층을 잠재적 범죄자로 만들거나 범죄 경력이 있는 전과자로 만들어 버린다.

또한 수많은 은행의 대출 심사에도 인공지능이 활용되고 있는데 이 알고리즘은 대부분 사회적 약자들이 대출 상환 능력이 부족하다고 판단한다. 잠재적 성장 가능성을 평가하지 않고 기존의 데이터에 의존하여 사회적 취약계층에 대한 대출을 원천적으로 차단하는 것이다. 여기서 수많은 사람들의 가능성은 원천적으로 봉쇄되고 대부업체로 밀려나며 오직 기존의 자산가들만이 다시 사업을 확장할 수 있는 기회를 획득한다. 이러한 악순환은 사회적 약자들이 가진 발전의 가능성과 적절히 분배되어야 할 기회의 평등을 원천적으로 차단하는 것으로 민주주의에 대한 실질적 위험이다.

그리고 인공지능 사회의 가장 큰 문제는 알고리즘이 인간을 억압한다는 사실이다. 우리는 이 억압의 측면을 두 가지 관점에서 살펴볼 수 있는데, 이 중 하나가 알고리즘이 인간의 행위에 대한 표준을 만든다는 사실이며 다른 하나는 알고리즘이 우리의 생각과 행위를 조정한다는 사실이다. 우선 현대 사회의 알고리즘은 다양한 분야에서 활용되고 있는데 그중 가장 많이 활용되는 분야가 평가 분야이다. 이미 아마존과 같은 거대 기업이나 미국의 수많은 대학들이 채용이나 학생 선발에 있어 인공지능 알고리즘을 사용하고 있으며 대학이나 기업의 평가에도 알고리즘이 이용되고 있다. 인공지능 알고리즘이 다양한 분야와 요소들을 평가하게 되면서 업무의 효율성이 높아지고 있으며 인간이 개입하지 않는다고 하여 이러한 기술들이 공정하다고 평가되기도 한다. 하지만 이것은 인간을 억압하는 새로운 기재로 작동하고 있으며 인간으로 하여금 주체적으로 판단하지 못하고 알고리즘의 평가 기준에 맞추어 자신의 행동을 제약하거나 검열하게 만든다. 예를 들면, 인공지능은 대학평가의 국제화 점수를 주요한 요소로 판단하고 있다. 따라서 외국인 학생 비율이 중요한 요소로 부각되었다. 그리하여 각 대학들은 수학 능력에 상관없이 외국 국적의 학생을 무작위로 유치하는 모습을 보였다. 사회와 집단 그리고 개인들은 알고리즘이나 알고리즘 개발자들이 중요하다고 생각하는 것을 기준으로 움직이기 시작하였으며 이러한 것들이 사회의 표준이 되고있는 상황이다.

인적성 검사도 마찬가지이다. 알고리즘이 긍정적으로 판단하는 방향으로 인성과 적성을 구성하려 하고 인간은 자신의 행동 기준을 인공지능에 맞추려고 애쓰고 있다. 인간의 편리를 위해 고안된 인공지능이 이제는 표준과 기준을 만들고 인간들이 그것에 따르고 있는 모순적 상황이 발생한 것이다.

그리고 인공지능은 언제든 암시를 주는 다양한 방법으로 인간의 행동을 조정 혹은 조장하고 있다. 위에서 말했듯이 인공지능은 다양한 방식으로 각 개인의 정보와 성격 그리고 특징 등을 파악하여 그에 적합한 광고를 제시한다. 인간이 생각하고 판단하여 구매까지 이르게 한다는 것이다. 인공지능이 이렇게 인간의 생각과 판단에 개입할 수 있다는 것은 인간의 정치적 선택과 판단에도 충분히 개입할 수 있다는 것을 의미한다. 실제로 페이스북의 데이터과학자들은 2010년 미국 총선과 2012년 미국 대선 때 6,100만 명의 페이스북 가입자를 대상으로 실험을 실시했다. 페이스북 뉴스피드에 "난 투표했다"라는 메시지를 지속해서 노출함으로써 수십만 명의 사람들을 투표장으로 이끌었다. 투표를 홍보하고 독려한다는 공익적인 목표를 가지고 시작된 페이스북의 실험이었지만 34만 명을 투표장으로 이끈 이들의 실험은 이들이 마음만 먹으면 알고리즘을 통해 사람들의 정치적 행위까지 조정할 수 있다는 가능성을 확인해 주었다. 이러한 투표 독려 행위가 특정 세대나 특정 집단에 집중된다면 페이스북은 마음만 먹으면 한 국가의 선거 결과를 좌지우지할 수 있다. 페이스북과 같은 거대 IT기업은 이제 주권과 국경을 넘어서는 가장 강력한 권력이 되었고 우리의 민주주의는 그들의 손에 놓여 있다.

이러한 사태는 우리가 '더 많은 데이터에 더 많은 진리가 있다'는 믿음을 가지면서 시작되었다. 이것은 더 많은 데이터를 분석하는 인공지능의 판단이 더 합리적일 것이라는 맹목적 믿음에 근거한다. 그렇다면 우리는 이것을 어떻게 극복해야 하는가? 우선 근대적 합리주의의 신화를 넘어서기 위해서는 인간이 변화해야 한다.

 포스트휴먼과 포스트데모스

저명한 미래학자 레이 커즈와일(Ray Kurzweil)은 '특이점(singularity)'이라는 개념을 통해 미래사회를 설명한다. '특이점'이란 인공지능의 지적 능력이 인간의 지적 능력을 뛰어넘는 순간을 지칭하는 것으로, 느리게 발전하는 인간의 능력에 비해 빠른 속도로 발전하는 인공지능의 지적 능력이 곧 인간의 능력을 추월하게 될 것이라는 사실을 강조한다. 특이점의 시대에는 우리의 상상을 넘어서는 다양한 변화가 발생할 것이며 인공지능이 결정이나 결단의 주체로 등장하게 될 것이다. 그렇다면 이 시대에는 정치의 형태도 변화하게 될 것이고 정치에 대한 근본적인 개념이 변화하게 될 것이다. 그리고 인공지능과 신기술에 포획된 인간은 정치적 주체성을 상실하게 될 것이다. 그동안 정치의 주체와 '정치'라는 것의 행위자는 오직 '인간'이었다. 정치라는 영역과 민주주의에서 고려의 대상은 오직 '인간'뿐이었던 것이다. 하지만 우리는 이제 인간을 넘어선 정치체제를 고찰해야 한다. 기술발전으로 인해 정치체제가 변화하고 민주주의 자체가 변화되어야 하는 이 시점에서 정치학은 "기존의 인간이 아닌 인공지능을 포함한 새로운 정치 행위자 혹은 새로운 데모스를 어떻게 바라보아야 하며 어떤 의무와 권리를 부여해야 하는지와 같이 생소하고 낯설지만 반드시 대답해야 하는 질문에 직면해 있다"(박성진 외 2017). 그리고 이 질문에 대한 대답은 기술과 알고리즘에 억압된 인간에 대한 해방적 대안이 될 것이다.

현재 인간은 트랜스휴먼(Trans－Human)의 단계에 진입해 있다. 인간은 다양한 과학기술을 통하여 인간의 능력을 증강시키고 있으며 유전공학 및 다양한 의학 기술을 통해 그동안 난치병으로 취급되던 질병들을 정복하고 있다. 인간의 능력이 증강되고 있으며 인간의 삶에서 운명과 같은 것으로, 인간을 인간답게 만드는 중요한 요소인 '병들고 늙어 죽는다'는 사실들이 인간 삶의 필수적 요소가 아닌 극복의 대상이 되었다. 이처럼 인간은 과거와는 다른 보다 진화된 트랜스휴먼이 되었다. 인간은 이제 진화를 위해 자연의 선택을 기다리지 않고 직접 진화에 개입하여 스스로를 강화시키고 있으며 더 나은 인간, 보다 진보된 인간을 스스로 만들고 있다. 그리고 기술은 이제 진화의 극단으로 달리며 인간을 개량하는 트랜스휴먼에서 인간 자체를 변화시키는 포스트휴먼으로 나아간다.

트랜스휴먼이라는 개념이 인간의 능력을 증강하고자 하고 인간의 수명을 연장하는 인간 중심적 사고이며 계몽주의적 사고와 근대적 합리성을 중심으로 구성되어 있다면 포스트휴먼적 사유는 그 내용적 기반을 달리한다. 포스트휴머니즘은 포스트모던적 사유를 중심으로 인간 중심주의적 사고를 넘어 인간의 개념을 처음부터 새로 써야 한다고 이야기한다. 즉 근대가 만들어 놓은 기존의 가치들을 극복하고 새로운 개념을 정립해야 한다는 것이다.

트랜스휴먼이 인간을 중심으로 인간의 능력을 향상시키는 것을 목적으로 하였다면, 트랜스휴머니즘은 기존 인간의 능력은 더 발전시킬수록 좋은 것이며 인간의 합리성은 더욱 고양되어야 한다고 말한다. 이에 반해 포스트휴머니즘은 인간의 조건을 새로 설정하기를 요구한다. 포스트휴머니즘에 따르면, '인간'이라고 하는 개념은 인간이라는 종에 의해 인간 중심적으로 설정된 것으로 이는 동물을 비롯한 다른 종과의 차별을 전제하고 있는 것이다. 따라서 동물과 같은 다른 종뿐만 아니라 인공지능과 같은 사물들은 인간의 도구로 간주되고 있다.

하지만 기술이 더 발전하고 인공지능 기술과 뇌과학 기술이 더 발전한다면 인간은 기계와의 결합을 시도하게 될 것이고 인간과 기계와의 구분이 어렵게 될 것이다. 지금은 기계나 컴퓨터가 인간의 신체에 포섭되는 구조이지만 시간이 더 지나면 결국 인간이 기계나 컴퓨터에 포획되는 구조로 전환될 것이다. 지금도 뇌와 컴퓨터 인터페이스 개발을 주력으로 하는 뉴럴링크(Neuralink)와 같은 회사들은 인간과 컴퓨터를 연결하는 연구를 진행하고 있으며 이미 뇌에 이식할 수 있는 인터페이스 장치를 공개하기도 하였다. 이러한 기술의 궁극적 발전은 인간의 모습 자체를 변화시킬 것이다. 그리고 인간은 의식으로서만 존재할 수도 있으며 로봇의 신체를 빌려 생활할 수도 있을 것이다. 그렇다면 우리는 이제 인간의 조건을 다시 생각해야 한다. 인간이 인간일 수 있는 조건과 인간의 개념에 대한 재성찰을 시도해야 하는 것이다.

인간이라는 종을 중심으로 인간과 기계 그리고 동물을 구분하는 사유는 그 위력을 상실하게 될 것이며 우리가 그동안 믿어왔던 근대적 합리성은 큰 의미를 가지기 힘들 것이다. 인간에 대한 개념이 근본적으로 흔들리고 수정되며 '생명'에 대한 형이상학적 개념도 수정될 것이다.

이러한 변화는 민주주의의 행위자도 변화시킬 것이다. 그동안 권력의 주체라고 할 수 있는 인민, 즉 데모스는 인간으로만 구성되었으며 국경과 주권이라는 범주를 중심으로 한정되었다. 하지만 포스트휴먼 시대의 새로운 인민, 곧 포스트데모스는 기존의 인간을 비롯한 인공지능이나 다양한 하이브리드 인간이 될 것이며 이들은 네트워크 망에 따라 연대하며 국경과 주권의 한계를 넘어설 것이다. 민주주의 역시 일국적 차원에 머물지 않으며 포스트데모스를 통해 "민족주의적 축을 따라서가 아니라, 세계적인 포스트휴먼적 접속들의 유목적 그물망 안에서 사회적으로 새겨지고 생태적으로 통합"될 것이다(브라이도티 2016). 인간중심주의를 넘어 인간과 비인간 그리고 다양한 종을 넘어서는 이러한 생태 접속적 민주주의는 결국 인공지능을 포함한 모든 포스트데모스의 평등을 추구하며 이러한 과정에서 근대적 합리주의는 무너지고 기술과 데이터에 포섭된 과거의 인간은 해방될 것이다.

이처럼 포스트휴머니즘과 포스트데모스의 탄생은 합리성에 포획된 인간과 인공지능과 빅데이터에 대한 맹신을 무력화시킬 수 있다. 현재 인간은 합리주의를 기반으로 기술과 데이터를 신봉하며 그것으로부터 진리를 추출할 수 있을 것이라는 종교적 믿음에 집착하고 있다. 이 믿음과 시대적 흐름을 막을 수는 없다. 그렇다면 우리가 선택할 수 있는 길은 그 믿음과 데이터에 대한 맹목적 신화의 극단인 포스트휴머니즘으로 나아가는 것이다. 맹목적 믿음의 끝에는 그동안 믿어왔던 모든 것의 해체 그리고 새로운 시대 및 포스트데모스의 탄생이 있다.

 민주주의의 재구성

마르크스에 따르면, 세계의 발전은 계급투쟁에 의해서 결정되는데 그것은 경제적 생산수단에 의해 발생하며 최종적 혁명은 생산수단이 최고의 절정에 도달했을 때 성취된다. 궁극적으로 풍요로움이 성취되면 완전히 성숙한 공산주의가 대두될 것이라는 말이다. 이러한 믿음은 한때 세계에 많은 영향을 끼치며 많은 사람들의 마음을 움직였다. 그러나 오늘날 이러한 마르크스의 이론을 그대로 신봉하여 프롤레타리아 혁명의 필연성을 믿는 사람들은 그리 많지 않다. 그럼에도 불구하고 마르크스의 이론은 아직 시대적 힘을 완전히 상실했다고 볼 수는 없다. 왜냐하면 그가 제시한 이러한 사회발전의 도식은 4차 산업혁명 시대를 살아가고 있는 우리에게 많은 시사점을 제시하고 있기 때문이다. 기술의 발전은 생산성을 비약적으로 확대시키며 수많은 불평등과 부조리를 생산할 것이지만 기술의 발전은 결국 포스트휴먼 혁명으로 이어져 세계를 다시 재구성할 것이다. 기술혁명의 극단에 놓인 포스트휴머니즘의 사유는 포스트데모스를 만들고 민주주의의 혁명을 추동할 것이다. 하지만 이러한 변화를 그대로 방관할 수는 없다. 왜냐하면 그 사이 수많은 사람들이 노동과 일상적 삶의 외곽으로 밀려나 고통 속에서 살게 될 것이기 때문이다.

기술혁명의 시대는 마르크스가 생각한 것보다 더 급격히 사회를 발전시킬 것이며 기술과 데이터를 소유한 집단과 그렇지 않은 집단 사이의 간격을 생산하고 가공할 빈부격차와 수많은 피해자들을 양산할 것이다. 그리고 다양한 소셜미디어와 인터넷 플랫폼을 통한 권력의 감시와 통제는 더욱 강화될 것이다. 사람들은 그것이 권력에 의한 권력의 감시와 통제라는 의심도 하지 않을 것이며 자신의 판단이 주체적인 것이라 착각하며 소비하며 선택하고 행동할 것이다. 그리고 이러한 판단에는 정치적 판단과 행동도 포함될 것이다. 이렇게 기술과 데이터의 시대는 민주주의를 위협하며 우리로 하여금 거짓된 민주주의 속에서 살면서 진정한 민주주의 사회에서 살고 있다고 믿게 만든다.

이러한 예측은 단순한 비관주의에 의존하지 않는다. 이미 우리 생활에 깊숙이 천착되어 작동하고 있는 엄연한 사실이다. 단지 우리가 알아보지 못할 뿐이다. 그리고 이러한 변화는 거대한 전환에 따른 시대적 흐름으로 역전시키거나 거스를 수도 없다. 그렇다면 우리는 이제 새로운 시대 새로운 가치를 고민해야 한다. 국가의 역할과 권리와 의무에 대한 총체적 재설정이 필요하다. 그래야만 노동과 일상적 삶의 외곽에서 고통받는 사람들의 삶의 무게를 조금이라도 줄일 수 있다. 그리고 최종적으로 기술과 데이터에 포획된 인간의 해방을 위해서는 인간 자체에 대한 고민을 다시 시도해야 한다. 더 이상 근대적 합리주의와 인간중심적 사유 및 정치질서는 미래사회에 모든 종 인간과 비인간 그리고 생태계를 위한 정책과 제도를 생산하지 못한다. 이미 네트워크 속에서 기존의 민주주의와 주권은 그 작동을 멈추었거나 축소되고 있는 상황이다. 따라서 우리는 포스트휴먼 시대 민주주의의 인민을 포스트데모스로의 전환하여야 한다. 기술혁명을 포스트휴먼의 혁명으로 전환하여 새로운 민주주의와 시대를 재구성해야 하는 것이다.

더 읽을거리

- 한국포스트휴먼연구소, 『포스트휴먼 사회와 새로운 규범』, 아카넷, 2019.
- 로지 브라이도티 저, 이경란 역, 『포스트휴먼』, 아카넷, 2015.
- 이경란, 『로지 브라이도티, 포스트휴먼』, 커뮤니케이션북스, 2017.
- 도나 해러웨이 저, 황희선 역, 『해러웨이 선언문』, 책세상, 2019.
- 도나 해러웨이 저, 민경숙 역, 『유인원 사이보그 그리고 여자』, 동문선, 2002.
- 김진석, 『강한 인공지능과 인간』, 글항아리, 2019.
- 캐시 오닐 저, 김정혜 역, 『대량살상 수학무기』, 흐름출판, 2017.
- 버지니아 유뱅크스 저, 김영선 역, 『자동화된 불평등』, 북트리거, 2018.

CHAPTER 05

팬데믹 시대의 위기와 민주주의

심승우

I 민주주의를 소환하는 팬데믹 위기

코로나 사태로 상징되는 현대 사회의 위기는 특정한 지역, 특정한 사회영역이나 정책 분야에만 국한된 것이 아니라 복합적이고 다차원적이며 궁극적으로 공동체 전체의 위기로 귀결되고 있다. 주지하듯이, 프리드먼(Thomas Friedman)은 코로나19로 세계가 BC/AC(Before Corona/After Corona)로 구분될 것이라고 역설하였으며(Friedman 2020), 세계 석학들 역시 이전과는 확연히 다른 세계가 도래할 것으로 전망하고 있다. 그러나 코로나 19가 미칠 팬데믹의 위기와 해결 방안에 대해 보건의료 및 과학기술 중심적인 진단과 처방은 학문적 영역뿐만 아니라 TV와 라디오, 유튜브 등을 통해 쏟아지고 있지만 정작 이 위기에 대한 시민의 참여와 민주주의의 역할에 대한 목소리는 크게 들리지 않고 있다. 더구나 국가적, 세계적 차원에서 사람들의 삶에 치명적인 영향을 미칠 수 있는 감염병과 기후변화, 생태위기 등은 과거처럼 과학기술 혁신만으로 근본적으로 해결하기 힘들며 공동체 차원의 집단적인 지성과 실천이 요구되는 사항이다. 그러므로 팬데믹 코로나, 생태 위기 등의 문제들에 대해 전문가나 엘리트에게 결정권한을 위임하는 것이 아니라 특히 집단의 운명은 집단 스스로 결정해야 한다는 민주적 자치의 원리가 더욱 중요하게 부각되어야 한다. 새로운 위기의 시대에 우리 공동체는 어떤 가치들을 지향하며, 어떻게 대응하고 어떻게 나아가야 할지, 지금의 삶과 사회의 구성 원리는 어떻게 달라져야 할지, 이러한 의사결정 과정에서 시민들은 어떤 역할을 해야 하고 엘리트-대중의 관계는 어떠해야 할지 등에 대해 더욱 강한 민주주의가 요구된다는 것이다. 코로나 19 사태로 상징되는 국가적, 지구적 위기와 재난의 본질과 해결 방법에 대해 우리 정치공동체가 어떻게 인식하고 어떤 방식으로 어떻게 대응하며 어떤 대안을 만들어 나갈 것인가는 사실 한 국가만의 문제가 아니라 전 인류의 생존과 번영에 있어서도 중요한 함의를 가진다.

Ⅱ 후기근대사회의 위기의 특성

1. 항존하는 현대 위기의 특성

1990년대에 이미 앤토니 기든스 및 울리히 벡 같은 성찰적 근대화론자들은 현대 문명사회에서 위기는 근본적이고 전사회적이며 항상적인 것임을 강조해 왔다. 인간사회와 자연세계를 계몽적 이성의 힘으로 통제하고 진보의 이름으로 발전시킬 수 있다는 믿음과 실천은 역설적으로 '통제불가능한' 고도의 위험사회를 야기하고 있다는 것이다.[5] 때문에 현대 사회에서 지속적으로 발생하고 있는 위기는 이성과 과학의 발전으로 상징되는 근대의 필연적인 산물이며 "위험이 항상적으로 사회의 중심 현상이 되는 사회" 속에서 이런 위험은 위기의 시대를 양산하는바, 근대적 이성과 다른 차원의 이성과 합리성을 요구한다고 주장한다(기든스 2010). 더구나 기든스는 1990년대 이미 '시공간 원거리화(time-space distantiation)'라는 개념을 통해, 특정한 지역에서 발생한 하나의 사건은 시공간을 초월해 전 지구적인 영향력을 미칠 수 있으며 지구적인 사건이 지역적 차원에 미치는 영향력의 속도와 범위 역시 과거와 비교할 수 없는 수준이라고 강조한바, 이번 코로나의 팬데믹 확산은 역사적

5) 통제불가능한 위기에는 지금 인류가 당면하고 있는 팬데믹 및 생태위기, 과학기술의 부작용 등이 대표적이지만 도덕적, 실존적 위기, 인간문명의 타락, 유대와 연대의 해체 등 근대적 이성의 부정적 징후 전반을 포괄하는 것이다.

으로 현대적 위기의 본질과 위험성을 실증하고 있다. 제레미 다이아몬드의 역작 『총, 균, 쇠』에서는 잉카 문명의 멸망은 서구 세력의 정복 때문이라기보다는 서구에서 전파된 천연두 등의 전염병으로 인해 많은 사망자가 발생하면서 그 토대가 급격히 약화되었기 때문으로 진단한다. 어느 사회학자의 지적처럼, 만일 현대 문명이 급작스럽게 붕괴한다면, 그 붕괴는 기후 위기 또는 전염병 같은 자연의 복수이거나 핵 전쟁과 같은 과학의 복수일 가능성이 크다.

울리히 벡에 의하면, 현대사회의 'risk'는 정치경제적, 사회적인 환경과 결합되어 나타나는 재난 즉, 사람과 기술이 만들어내는 '제조된 위험(manufactured risk)', '생산된 불확실성(manufactured uncertainty)'을 본질로 한다. 벡은 개인적 차원에서 감당해야 할 어려움 혹은 홍수나 태풍, 가뭄 등처럼 비록 불가항력적일지라도 계산 가능하고 예측 가능한 위험으로서 'danger'의 중요성도 강조했지만, 근본적으로 예측 불가능하고 불확정적인 'risk'의 공포와 파괴력을 더욱 강조한다. 사람들은 흡연으로 인한 암 발생 가능성을 염려하지만 언제 어떤 식으로 출몰할지 모르는 코로나 바이러스에 더욱 공포를 느끼며, 인류를 절멸로 내몰 수 있는 기후재앙에 대한 막연한 두려움을 가지고 있다.

비록 이번 코로나19 바이러스는, 중세 시대의 가장 큰 재앙인 페스트나 스페인독감이 증명하듯이, 오래된 위험으로 간주될 수 있지만 그것이 발생하고 확산하는 속도와 파괴력은 과거의 그것과 비교할 수 없는 새로운 양상과 특징을 가진다는 점에서 새로운 위험으로 분류할 수 있을 것이다. 그리고 이러한 위험은 과학기술과 문명의 발전이 야기하는 단순한 부작용이 아니라 근대이성과 과학의 발전 자체에 내재한 산물이며 언제든 다양한 방식으로 예측 불가능한 시간과 장소에서 불확정적으로 발생할 수 있는 재앙으로 간주되어야 한다. 그리고 우리의 시대는 이렇게 항상 위험을 중심으로 사고해야 하고 위험이라는 가치를 항상 고려해야 한다는 점에서 가히 '위험사회'라고 볼 수 있다(울리히 벡 1997).

이러한 담론은 기후변화 위기와 관련해서도 적실성 있게 적용될 수 있다. 코로나 감염병만큼이나 향후 국가적, 인류적 재앙으로 닥칠지 모르는 기후변화 위기는 더 이상 위기의 존재 여부를 다투거나 불확정적인 개념 여부를 떠나 인류와 국가, 국민들의 미래의 삶과 생존에 직접적인 위협요소라는 인식이 확산되고 있다. 사실 이번 코로나19 사태 이전만 해도, 화석연료에 기반한 산업혁명 이래로 지구온난화가 가속화됨에 따라 기후변화는 인류의 지속가능발전을 위협하는 가장 큰 위험으로 간주되어 왔다. 2018년 IPCC[6]의 <지구온난화 1.5℃> 특별보고서가 발표되면서, 지금까지의 기후변화 대응으로는 지구온난화의 속도를 늦추기에 충분하지 않으며, 보다 획기적인 온실가스 감축과 기후변화 대응이 이루어지지 않으면 인류 전체가 위기에 처할 수 있다는 경고도 확산되고 있다. 유엔환경계획(UNEP) 등의 기후변화위기 관련 보고서에서도, 지난 5년(2014~2018)은 기상관측 이래 가장 더운 5년이었고, 산업화 이전(1880~1920년) 대비 1.1℃ 상승하였고, 현재 정책이 지속된다면 2100년에는 '특이점'인 1.5℃ 또는 2℃를 넘어 3℃를 넘어설 것으로 전망되고 있다.[7] 주지하듯이, 특이점(singularity)이란 블랙홀처럼 기존의 물리적 법칙이 적용되지 않는 영역, 기계가 인간의 지능을 초월하는 시점 등을 의미하는 것처럼, 생태계에서는 인간의 이성과 과학으로는 통제 불가능한 자연의 질적인 변화를 의미하며 비관적으로는 인류뿐만 아니라 지구 자체의 생존 자체도 위협받게 되는 수준을 의미한다.

그럼에도 불구하고, 기후변화 및 위기에 대한 다양한 조치들은 기후변화 대응 정책의 편익, 국가산업경쟁력, 경제적으로 지속 가능한 발전 방안, 경제

6) IPCC는 1988년 11월 유엔 산하 세계기상기구(WMO)와 유엔환경계획(UNEP)이 기후변화와 관련된 전 지구적인 환경 문제에 대처하기 위해 각국의 기상학자, 해양학자, 빙하 전문가, 경제학자 등 3천여 명의 전문가로 구성한 정부간 기후 변화 협의체이다(두산백과 참조).

7) 2018년 이후 World Economic Forum의 <The Global Risks Report>에 따르면, 기후변화 관련 리스크인 극한기후현상, 자연재해에 대응하는 조치의 실패 가능성이 확실해지고 있으며 인간과 지구에 대한 기후변화의 영향력도 매우 높은 리스크로 평가되고 있다(Worl Economic Forum 2020). 올해 발표된 <The Global Risks Report 2021>(WEF)에 따르면, "극한기후현장(Extreme weather)", "기후변화 대응조치(Climate action failure)"가 지구적 삶의 위기 지수(Top Global Risks by Likelihood)에서 1, 2위를 차지했다. "Climate action failure"는 Top Global Risks by Impact에서도 2위를 차지했다(1위는 Infectious diseases이다).

적 효용에 기반을 둔 기업 적응의 문제 등 기존 접근방식에 기반한 산업주의적 패러다임을 크게 벗어나지 못하고 있다. 물론 저탄소 정책이나 전기차 공급 등이 유의미한 결과를 내올 수도 있지만, 예컨대 생태위기는 단순히 온실가스를 감축하는 기술적 문제, 전탄소 산업발전 등의 문제에 그치는 것이 아니라 근본적으로 기술과 효용, 편익을 둘러싼 행위자 간 권력관계와 힘의 불균형 문제, 자본주의의 고유한 논리와 산업 체제의 문제, 근본적으로는 인간본성과 욕망, 삶과 사회의 재구성이라는 관점에서 총체적으로 통찰할 필요가 있는 것이다.

2. 위기에서 기회로?

이처럼 4차산업혁명으로 상징되는 후기 근대의 초연결시대에서 코로나19와 기후변화 위기로 대표되는 '미지(未知)의 위험'은 성별, 연령, 계층은 물론 국가를 넘어 확산하면서 사람의 사회적 관계와 사회적 행위, 사회적 사고방식을 변화시키고 있으며 정치, 경제, 사회, 문화, 교육, 노동, 보건의료, 과학기술 등 전사회적인 영역에 예측 불가능한 영향을 미칠 수 있다. 이처럼 현재 발생하는 위기와 재난의 본질은 매우 복합적이기 때문에 문제를 해결하는 과정에서도 과학적 정보, 지식의 제공과 활용만으로 문제를 해결하는 데 많은 어려움이 발생하게 된다. 예컨대, 현재 탈원전 정책의 경우에도 원자력 안전과 해결방향에 대해 다양한 기술적·과학적·이념적 차이가 해결 방안에서의 직간접적인 이해관계자의 갈등과 충돌 등과 결합하여 '순수한' 과학적 범주를 벗어나는 양상으로 전개되고 있다. 이 외에 대부분의 자연과학적, 기술과학적, 생태학적 문제들도 본질적으로 사회적으로 논쟁적인 성격을 가지게 된다. 그러므로 지금의 코로나 팬데믹 위기 역시 단지 각국 정부의 방역대응 관리체계, 과학기술을 통한 해결방안, 여전한 산업성장 정책 등에 의존하는 것은 사태에 대한 미봉책일 뿐이다.

한편, 코로나 19 같은 광범위한 재난 이후에 사회는 급격한 변화를 겪거나 변화의 압력에 직면하게 되지만, 이러한 변화는 역사적으로 위기이자 기회로 작용할 가능성에도 주목할 필요가 있다. 팬데믹 위기는 그동안 당연시 여겨지던 가치관, 세계관, 삶의 방식 등을 포함하여 삶과 사회의 구성원리와 질서, 정치경제적 제도들의 정당성과 규범성을 성찰하게 만들면서 국가간 관계, 국제질서의 토대도 변화시킬 수 있기 때문에 이러한 역동적인 변화에 대한 국가, 인류공동체의 대응이 다양한 미래를 노정할 수 있다는 것이다. 실제로 역사적으로 전염병 팬데믹, 전쟁과 같은 대규모의 재난은 사회 변화에 큰 영향을 주었다. 스페인 독감은 사회 의학과 건강보장에 대한 근대적 관념을 형성했으며 본격적인 복지국가의 건설은 2차세계대전의 상황 속에서 가능했다. '복지국가(welfare state)'란 말 자체가 '전쟁국가(warfare state)'와의 경쟁 속에서 등장한 것이 대표적이다(주윤정 2020). 전쟁으로 인해 전장으로 파견된 남성 노동력을 대체하기 위해 여성의 사회참여가 증가했으며, 전쟁을 통해 역설적으로 사회보장 및 인권과 시민권이 확장되는 계기가 되었다는 것이다. 현재 전세계적으로 포스트 코로나에 대한 다양한 국가 전략과 발전 담론 등이 각축을 벌이는 것 역시 이런 재난 이후의 역사적 경험을 증명한다. 이처럼, 재난은 인류에게 엄청난 고통을 야기하기도 했지만 그것을 회복하는 과정에서 세계는 과거의 문제와 모순들을 해결해 나가면서 새로운 발전을 위한 공공의 토대를 마련해갔다. 그렇다면, 지금의 코로나 위기 그리고 앞으로 닥칠지 모르는 기후변화 등의 국가적, 인류적 재난을 극복하려는 다양하고 치열한 노력 속에서 대한민국은, 아니 인류공동체는 고통과 시련 속에서도 새로운 평화와 통합, 발전의 패러다임을 강제당하는 동시에 적극적으로 모색해야 할 것이다.

 팬데믹 위기와 위축된 민주주의

1. 민주주의 위기와 성찰

코로나 팬데믹 상황은 우리가 그동안 인지하지 못하고 있던 여러 문제들을 드러내고 있으며 방역과 기술적 대응 차원만이 아니라 다양한 인권문제와 사회통합의 문제 그리고 생태계의 문제들까지 동시에 제기되고 있는 바, 문제의 복합성만큼이나 공동체의 협력적 대응이 절실하며 특히 위기 극복의 방향과 방안에 대한 최종적인 의사결정으로서 정치의 역할이 중요하다고 볼 수 있다.

특히, 통제하기 힘든 현대의 위기를 어떻게 극복하고 우리 공동체가 어떤 방향으로 나아갈지에 대해서는 지금보다 훨씬 광범위한 소통과 공론의 장이 적극 추진되어야 할 것이다. 과거와 달리, 위기의 시대에 과학기술은 과학기술자만의 것이 아니라 사회 속의 모든 시민의 삶과 운명에 강력한 영향을 미친다. 당장 2020년 코로나19 사태를 맞이하여 수년 동안 계속될 마스크 쓰기와 거리두기 등을 포함한 다양한 보건의료 조치 및 전면적인 정보수집을 포함하여 사회안전, 교육 및 노동, 문화정책 등으로부터 자유로운 시민은 없을 것이다. 과학기술을 생산하고 그것을 공동체의 다양한 영역에 적용시키는 것은 과학기술자와 정책수립기관의 전유물이기는 하지만, 그러한 결정과 정책의 직접적인 영향을 받으면서 자신의 삶과 운명을 맡길 수밖에 없는 존재는 일반 시민이다. 문제는 사회의 다수 구성원인 시민들은 전문적인 정보의 규범성과 타당성, 효과성 그리고 과학기술에 입각한 사회구조의 변화가 과연 정당성을 갖는 것인지, 또 그것을 수용할 것인지에 관해 영향력있는 발언권을 가지지 못했다는 점이다. 시민은 단지 엘리트와 전문가들이 결정한 정책의 홍보대상이거나 과학기술 산물의 수동적 소비자의 지위에 만족해야만 하는 상황이다.

그러나 현재의 위기는 정치와 과학기술뿐만 아니라 시민사회의 적극적인 역할을 요청하고 있으며 기본적으로 민주적 공론장을 통해 해결 방안과 대안의 방향과 지침을 정한다는 민주주의 원칙을 새롭게 제기하고 있다. 즉, 발생하고 있는 위험의 중요성과 의미, 위험을 통제하고 관리하기 위한 의사결정 및 정책형성 과정에 다양한 행위자들, 대표적으로 정부기관, 기업이나 산업집단, 노동조합, 미디어, 과학자, 전문직업단체, 시민단체 및 일반시민들 간의 정보제공과 교환, 의사소통 등이 적극적으로 작동해야 한다.

2. 포스트 코로나 시대의 과제

특히, 이번 코로나19 대유행이 '코로나 불평등'을 불러왔다는 점에 대해 사회적 공감대가 형성되어 있다. 코로나 긴급대응 조치로 인한 경제적, 산업적, 사회적, 교육적 양극화가 심각해지고 있다는 것이다. 정보통신기술 기반 비대면 활동이 일상으로 자리잡으면서, 경제주체들 사이에 득실은 극명하게 엇갈렸다. 시장 지배력이 큰 디지털 플랫폼 사업자들에게 이익이 쏠리고, 대면 서비스업에 종사하던 자영업자들은 큰 타격을 입었다. 4차 산업혁명이 진척될수록 명암은 더 선명해질 가능성이 크다. 부유층의 부는 거의 타격을 입지 않는 반면에 저소득층의 부는 더욱 감소할 가능성이 높다. 실제로 노인, 구직 청년, 고용이 불안정한 비정규직 노동자, 코로나 19에 취약한 분야의 노동자들, 사양산업의 많은 인력들, 디지털 사회의 사각지대에 놓인 이들의 삶의 고통은 더욱 심해지고 있다. 계층간 자산 보유 격차도 엄청나게 증가하고 있으며 더구나 소득이 낮을 수록 신체적, 정신적, 사회적 건강 상태가 더욱 악화되고 있다는 분석도 나오고 있다. 세대별로는 젊은층에서 총체적인 건강 상태가 악화되고 있다(중앙선데이 2021). 아테네 민주주의가 타락하지 않기 위해서는 중산층을 더욱 두텁게 만들어야 한다는 아리스토텔레스의 기본 명제를 논하지 않더라도 경제적 불평등 심화는 건전한 민주주의에 치명적이다. 경제적 빈곤층, 사회적 약자가 증가할수록 시민들의 참여와 심의는 질적으로, 양적으로 더욱 낮아질 수밖에 없다는 경험적 사실에 비추어봐도 한국 민주주의의 큰 위협신호이다. 경제적 불평등과 양극화가 심화될 수록 정치공동체의 긴장과 갈등, 분열은 심화될 수밖에 없다는 점에서 향후 한국의 정치발전에 큰 위협이 될 것이다.

이처럼, 현재와 미래의 팬데믹 위기는 문제의 복합성만큼 다양하고 이질적인 관점의 유기적인 분석, 공동체 전체의 협력적 대응이 절실하다. 인간의 삶과 휴머니즘의 문제, 공동체의 유대와 연대, 성장주의와 산업개발 패러다임을 넘어서는 노동의 문제, 교육과 문화의 재구성 문제 등에 대해서도 기존의 전문가주의, 산업주의를 넘어서는 강한 민주주의를 요청하고 있다. 지금까지 자유주의적 대의정치가 본질적으로는 다양한 영역의 엘리트에게 결정권을 위임한 것이라면, 현재 전세계적으로 포스트 코로나 시대의 교육과 노동, 복지와 통합, 성장과 분배 등을 놓고 새롭고 다양한 국가 발전 전략에 대한 담론 등이 각축을 벌이는 것 역시 국가의 부활 만큼이나 민주주의 부활을 상징하는 것으로 해석될 수 있다.

그러므로 포스트코로나 시대를 대비하는 인간의 삶과 사회적 활동, 국가 발전의 지향점과 전략에 대해 성찰하고 새로운 공동선, 공공성을 위한 유대와 연대, 사회통합의 방안을 모색하는 더욱 치열하고 총체적이며 근본적인 접근 방식이 필요할 것으로 보인다.

 '국가의 귀환'과 강한 민주주의

1. 위기의 시대, 국가의 역할

주지하듯이, 1980년대 대처와 레이건 정부의 신자유주의 정책은 미국과 영국 뿐만 아니라 세계 모든 국가의 포괄적인 정책 기조이자 심지어 시대문명으로 작동해 왔다. '국가로부터의 자유', 실질적으로 시장과 기업과 자본의 자유를 주창하는 신자유주의는 고전적 자유주의의 지상명제였던 '자유방임국가', '야경국가'의 현대적 부활을 주창하면서 국가의 모든 정책을 경제성장과 효율성의 명목으로 종속시키는 결과를 낳고 있다. 이런 상황에서 코로나19로 인해 전세계적인 경제인프라가 심각한 위기에 처하고 있으며 거의 대부분의 국가들이 양극화와 불평등, 항상적인 생존의 불안 등의 극심한 고통과 분열을 경험하고 있다. 세계적인 위기에 대해 이미 신자유주의에 비판적인 학자들은 "세계화는 끝났다"고 평가하면서 신자유주의의 구조적 약점과 규범적 취약성이 그대로 드러나고 있다고 비판하고 있다(장하준 2020).

비록 이런 평가가 과장된 것일 수는 있겠지만 국가의 역할을 최소화하고 국경을 넘는 자본의 자율성을 최대한 확보하면서 기업과 금융자본의 이익을 극대화하려 했던 신자유주의의 한계와 치명적인 약점이 나타나고 있는 것은 사실이다. 때문에 미국을 비롯하여 많은 선진 자본주의 체제에서도 공공연히 '국가의 귀환' 담론이 천문학적인 규모의 재정지원과 함께 현실화되고 있는 것이다. 물론 이런 국가의 귀환이 위기 극복을 위한 일시적이고 잠정적인 현상일지라도, 팬데믹으로 인한 대량실업과 불황에서 노동자와 기업을 보호하고, 의료·교육·주거 등 사회서비스의 공급을 늘리고 사회보험을 강화하는 등 '안전', '복지', '고용'을 키워드로 한 정부의 역할 증대와 국가의 정책이념으로서 공공성의 강화는 시대적으로 당분간은 돌이킬 수 없는 흐름이 될 것이다(신진욱 2020; 윤홍식 2020).

국가의 공공적 역할의 핵심적인 의제가 갈등과 균열을 치유하고 사회통합을 회복, 유지하는 것이라면 그동안 신자유주의가 확대해 왔던 불평등과 약자의 희생이 코로나로 인해 더욱 심화될 것이기에, 비정규직과 빈곤층, 실업자로 상징되는 다수의 경제적 약자로서 시민들의 존엄성과 인간다운 생활을 위한 복지정책의 강화는 불가피한 선택이 될 것이다. 비록 불평등의 해소 및 적극적인 복지정책이 새로운 국가의 역할은 아니지만 코로나19 사태 이후 불평등과 인권의 위기는 질적으로 전혀 다른 차원이기에 이 문제를 해결하지 못하는 국가는 사실상 존재이유를 상실하는 것이며 이는 극단적인 갈등과 분열을 야기하여 정치공동체 존재 자체를 위협할 수도 있을 것이다. 새로운 위기의 시대에 질적으로 다른 차원의 불평등과 인권의 문제를 해소할 수 있는 강력한 주체는 국가이며, 시대의 위기가 강제하는 '국가의 귀환'은 바로 이런 맥락 속에서 이해될 수 있다. 때문에 향후 정부의 위기 극복 및 발전 전략은 팬데믹 위기라는 특별한 상황에서 위기의 본질과 성격에 대한 진단을 바탕으로 공공성에 대한 근본적인 성찰 속에서 정책과제의 우선순위와 국가의 책임과 역할이 가장 중요한 이슈가 될 것이다.

그런데 이러한 현상과 동시에 제기되는 문제는 이러한 국가의 귀환이 갖는 함의가 민주주의의 강화가 아니라 국가 관료 및 전문가, 다양한 엘리트들의 결정권을 오히려 강화시킬 수 있다는 우려이다. '국가의 부활'이 국가의 의사결정에 대한 대중으로부터의 통제를 약화시키는 것이라면 이는 민주주의가 아니라 자칫 민주주의와 대척적인 관료주의, 전문가주의의 부활로 귀결될 수 있다는 점이다. 당장 우리 정부가 코로나 발생 이후 2020년 7월에 신속하고 야심차게 발표한 단기적, 중장기적 개혁안이 담긴 <한국판 뉴딜종합계획>은, 경제성장을 촉진한다는 필요성에 불구하고, 위기 극복을 위한 정책전략이자 정책철학으로서 공공성이 어떻게 반영되었는지, 시민사회를 포함하여 다양한 각계각층의 의견과 대립, 비판 등이 어떻게 수렴되고 심의 과정을 거쳤는지를 확인하기가 힘들다.

당연한 제언이지만, 위기의 시대일수록 경제 성장과 기술 발전의 성과를 사회 구성원들이 조화롭고 평등하게 누리며 낙오되거나 소외되는 사람이 없도록 하고 유대, 연대, 상호신뢰와 협력을 통해 사회통합을 이루는 사회 시스템을 논의하고 개발하는 국가의 역할이 매우 중요하다. 특히, 언택트(untact) 문화 확산과 디지털 경제의 가속화로 코로나 이후에는 소위 '뉴노멀(new normal)'의 흐름이 확산될 것이라는 전망 속에서 국가는 이러한 새로운 일상이 개인적, 시민적 삶에 미치는 영향, 인간성과 시민성에 미치는 영향, 시민들의 슬픔과 불안, 분노 등 정서에 미치는 영향을 심층적이고 세밀하게 분석하여 이를 긍정적인 방향으로 전환할 수 있는 적극적인 역할도 모색해야 한다. 시민사회 및 공동체의 유대와 연대 등에 대한 코로나19 팬데믹의 부정적인 영향을 제어하고 '시민의 집'으로서 정치공동체의 민주적인 통합을 활성화시킬 수 있는 방안을 적극 추진해야 할 것이다.

특히, 신자유주의 이후 최근의 코로나 팬데믹 상황까지 정치경제적, 사회적 위계질서에서 밀려나고 실질적으로 주변화되고 배제되었던 개인들과 집단들, 공동체들의 목소리를 반영하면서 위기의 시대에 국가발전의 새로운 패러다임과 질적으로 새로운 민주주의 실천 방안을 모색해야 할 것이다.

2. 강한 민주주의 전략과 제도적 디자인

코로나 시대의 국가와 정부의 역할은, 당연한 이야기이지만, 과거처럼 공적인 의사결정에 대한 독점적이고 권위적이어서는 안 되며, 관료주의적, 전문가주의적 배타성을 가져서도 안 될 것이다. 서구에서 국가의 강력한 방역조치로 인해 거리의 시위와 집회 등 직접적인 저항에 부딪친 사건에 대한 평가는 다양할 수 있겠지만 코로나 팬데믹 시대의 국가의 귀환은 의사결정 과정 및 최종적인 의안에 대한 시민의 통제권을 의미하는 강한 민주주의를 수반해야 한다.

강한 민주주의(Strong Democracy)는 사실상 통치엘리트에게 공동체의 의사결정권을 위임한 채, 선거를 제외하고는 대부분의 시민들이 정치에 무관심하거나 의미 있는 영향력을 발휘할 수 없는 자유주의적 대의민주주의의 한계를 극복하고 직접적이고 이상적인 민주주의 원리에 충실하자는 바버(Benjamin Barber)의 원론적인 주장이다(바버 2006). 강한 민주주의는 Democracy의 어원 그대로 데모스(demos)들의 자기통치, 자치의 이상을 최대한 실현시키자는 입장으로 공적 의사결정에 대한 인민들의 적극적인 참여와 심의, 다양한 법과 정책 등에 대한 민주적 통제권의 강화, 민주적 의사결정이 이루어지는 더 작은 공동체로의 권력 이양 등을 담고 있다.

소위 포스트민주주의 시대, 즉 선거와 정당, 사법부 독립, 인권 존중, 개방적인 정치토론 등의 절차적 민주주의에도 불구하고 실질적인 통치권이 소수의 엘리트에게 전유되고 있는 현실 속에서, 강한 민주주의는 위기의 시대에 더욱 요청되는 민주주의 이상이다. 엘리트 중심의 대의민주제가 주민들 스스로 자신의 삶에 대한 통제 또는 운명을 다른 사람들에게 맡기는 것을 의미한다면, 강한 민주주의는 사적 영역과 권리 보호를 넘어서 동료 시민들과 함께 자신이 몸담고 있는 공동체에 참여하면서 공공선에 대해 숙고하고 개인과 집단의 삶을 지배하는 힘에 맞서 공동체의 운명을 스스로 결정해 나가자는 주장이다. 이는 시민들 스스로 자신의 삶에 대한 주인으로서 진정한 자유의 모습을 되찾는 것을 의미한다. 시민들은 다양한 공적 공간을 통해 이슈와 의제에 대해 다양한 의견과 이해관계를 표출할 수 있어야 하며 공론의 장에서 적극적인 대화와 토론, 심의를 통해 공동체의 운영 전반에 관한 발언권과 영향력을 행사할 수 있어야 한다.

이러한 강한 민주주의는 특히 팬데믹 위기의 시대에 관행적인 규범과 질서, 제도만으로 현재의 위기를 해쳐 나가기 힘든 상황에서, 근본적으로 모든 것이 의문시 되는 불활실성의 시대에 확고한 해결책이 보이지 않는 상황에서 공동체의 진로와 운명을 시민들의 참여와 심의를 통해 민주적 정당성을 더욱 제고하자는 주장이기에 현재의 상황에 오히려 더욱 빛을 발할 수 있는 민주주의 이상이라고 볼 수 있다. 불확실한 시대의 의사결정이 기업의 경우에는 CEO의 고독한 결정으로 기업의 운명을 좌우할 수 있겠지만, 정치공동체의 경우에는 상황이 근본적으로 다르다. 지금과 같은 공동체 전체의 위기와 비상상황에 대처함에 있어서 어떤 목표와 어떤 지향점 속에서 어떤 방식으로 어떤 민주주의를 통해 병리현상을 해결해 나갈 것인가에 대한 결정을 '정치가, 전문가'가 아니라 공동체 구성원들의 적극적인 참여를 통해 추진해야 한다는 강한 민주주의는 비록 이상적인 측면이 있을지라도, 새롭게 조명받고 현실의 제도로 구체화시켜야할 원리라고 볼 수 있다.

때문에 현 시점에서 강한 민주주의는 그 목표와 전략에 맞게 특히 두 가지의 전략의 제도적 디자인을 필요로 한다. 첫째는 시민의 주체성을 함양하고 위기 극복에 있어 시민의 참여와 집단지성의 발휘이다. 이는 포스트 코로나 시대를 대비해서도 중요한 민주주의 문제를 제기하는 바, 다양한 위기 대응 및 미래발전의 진정한 주체는 누구이고 누구이어야 하는가에 대한 근본적인 질문과 대답을 모색해야 한다. 코로나19 사태 이후 대부분의 정책적 대응방안들은 위기 극복에 있어 전문가주의, 과학기술주의 패러다임 속에서 위기극복을 위해 시민들, 시민사회를 대상화하는 경향이 있었다. "국민 덕분에 위기 극복"이라는 정치적 수사와 형식적인 민관 공동대응 구호가 넘쳐났지만 실제로 세계모범사례로 칭송받은 K－방역조치에 대한 시민들의 적극적인 협조와 순응 외에 시민사회가 위기 극복의 주체가 될 수 있는 철학과 비전, 방안은 실질적으로 제시되지 못했던 것이다.

실제로 민주적 관점에서 K－방역에 대한 비판적 입장에 의하면(시민건강연구소 2020), 시민들이 재난 대응의 주체가 아니라 국가에 의해 돌봄을 받아야 하는 수동적 존재로 자리매김되는 것을 우리나라 재난 대응의 취약점으로 지적하고 있으며, 세계적으로 모범적인 K－방역 모델로 평가받은 한국형 코로나19 방역의 성공요인으로 설명하는 시민참여가 사실은 시민 동원이나 자원봉사 등 정부가 내려주는 일방적이고 표준화된 지침에 대한 무조건적인 순응이라는 비판도 받고 있다. 다양한 공동체, 지역사회, 조직 등 개별적 조건에 맞춘 지식과 이에 기초한 실천을 강조하는 '시민참여형' 또는 '시민주도형' 방역관리 정책으로 나아가야 한다는 주장도 이런 맥락에서 해석될 수 있다.

이와 관련해서 재난 거버넌스에 대한 모색도 강한 민주주의의 제도적 모색에 있어 적극 반영해야 할 문제의식이다. 재난거버넌스는 재난에 대한 대처방안을 소수의 전문가들이 기술적 차원에 국한해서 모색하는 협소한 재난관리와는 달리, 재난 대응에 있어 전문가들만이 아니라 사회구성원 및 그들의 대의자들의 폭넓은 참여(이들의 경험세계에서 나오는 합리적 질문들, 의심들, 공포, 선호 등에 대한 존중)에 기반해 집단적 지혜를 모아 의제를 설정하고 그에 대한 해결책을 모색해 나가는 것을 지향한다(이영희 2014). 시민들이 재난문제에 일상적으로 관심을 기울이고 재난 관련 공적 의사결정에 적극적으로 참여할 권리를 주장하며, 재난으로 인한 공동체의 파괴에 대해 연민과 연대감을 가지고 공동체 회복과 통합에 기여할 수 있는 공동의 실천을 강조하는 재난 거버넌스는 공동의 운명에 인민들이 주체적으로 대처한다는 강한 민주주의 이상에 정확히 부합한다. 강한 민주주의의 맥락에서 재난거버넌스의 제도화는 국가와 관료, 전문가의 과잉결정과 권력 남용을 견제하는 동시에 시민들의 민주적 덕성과 역량, 연대감을 강화하는 강력한 계기가 될 수 있을 것이다.

그러므로 판데믹이 초래하는 개인과 사회, 공동체의 변화와 위기를 분석하고 극복하는 방안에 있어서 관료, 과학자, 의사, 인문사회학자, 시민단체 전문가, 일반 시민 등을 역할과 주체성을 연계시킬 수 있는 접근이 필요하다. 이는 포스트 코로나 시대에 어느 때보다 국가의 역할이 강화되고 있는 상황에서 국가권력에 대한 민주적 통제, 시민사회와의 민주적 거버넌스가 작동하지 않을 경우에, 의도하지 않을지라도, 권력의 오남용과 또다른 관료주의의 지배 가능성이 있기 때문에 국가가 시민에 대한 책무성을 수행하고 있는지 공적 통제를 맡은 시민과 시민사회의 책임도 강조한다.

더 생각해 볼 문제

기후변화 위기에 대한 조치들은 왜 실패하고 있을까?

'지구생태계의 재앙, 기후변화 위기로 인류의 공멸'이라는 이야기는 일반 시민들에게도 익숙한 담론입니다. 그러나 막상 일상적인 생활 속에서 기후 변화 위기를 의식하면서 친환경, 저탄소 배출이 무엇인지 정확히 파악하고 실천에 옮기는 시민들은 그리 많지 않은 것 같습니다. 이상한파, 폭염, 해수면 상등 등 이상기온 현상으로 삶의 터전을 버려야 하는 기후난민들이 세계적으로 증가하고 생태계 변화가 심각한 수준임에도 불구하고 기후변화에 대한 사람들의 위기 의식은 그리 절박해 보이지 않습니다. 나와 내 가족, 친구에게 일어날 재앙이 아니라, 남의 나라나 미래세대의 비극으로 여기다보니, 기후위기 대응을 위한 적극적인 실천에 나서지 않는 것 같습니다. 많은 국민들은 탄소중립을 위해 전기세 인상, 탄소세 부과, 일자리 감소 등에 반대할지도 모릅니다. 보다 근본적으로, 돌이킬 수 없는 재앙을 막기 위해 사회적 비용 지출과 공동 분담을 감수해야 하는데, 누가 얼마나 낼 것이냐를 놓고 계층 간, 세대 간에 치열한 갈등이 따를 수밖에 없습니다.

세계적으로도 다양한 기후변화 위기의 지표가 악화되고 있는 상황에서도 과학기술자 및 정책결정자들이 주도하고 있는 기후변화 조치들(Climate action)은 계속 실패하고 있다는 것이 일반적인 평가입니다. 탄소배출과 그로인한 기후변화 위기를 방치할 경우 공멸할 것이라는데는 대부분의 국가들이 동의하고 있지만, 막상 각 국가들이 처한 정치경제적 상황에 따라 대응의 속도와 성격 역시 다르고 때로는 갈등적입니다.

2021년, 우리나라를 비롯해 미국, 캐나다, 독일, 프랑스 등 120여 개국 정상들이 참석한 제26차 유엔기후변화협약 당사국총회(COP26)에서는 '글래스고 기후조약(Glasgow Climate Pact)'이 채택하여 2050년 탄소중립 달성계획을 발표했습니다. 탄소중립이란 온실가스 순배출량이 0인 상태입니다. 탄소중립 목표 달성을 위해서는 세계 모든 국가들이 석탄, 석유, 가스, 원전 등을 거의 사용하지 않고 경제성장을 유지해야 하는 어려운 과제를 이행해야 합니다. 이러한 국제사회의 목표에도 불구하고 산업화가 한창 진행 중인 중국, 인도, 석탄 · 가스 · 석유 등 화석연료 주요 생산국인 러시아, 호주, 사우디 아라비아 등은 탄소중립 시기를 늦춰야 한다는 등 다른 목소리와 반대 입장을 내기도 했습니다. 그동안 지구온난화, 기후변화 위기에 가장 큰 원인을 제공한 서구 산업선진국 국가들이 더 막대한 책임과 부담을 져야 한다는 목소리도 빠짐없이 나오고 있습니다. 과연 탄소중립을 적극 추진하는 선진국과 그렇지 않은 국가들의 갈등은 어떤 원칙으로 어떻게 해결해야 할까요?
이상기온, 지구온난화로 인한 폭염, 한파, 가뭄, 폭우, 지진 등의 신호는 지구의 생명이 얼마 남지 않았다는 경고일 수 있습니다. 이런 위기를 근본적으로 해결하기 위해 우리 시민들의 민주주의는 어떤 노력을 할 수 있을까요?

PART 3

한국 민주주의의 쟁점과 미래

CHAPTER 01

한국의 지역주의는 변화할 것인가?

이관후

 지역주의란 무엇인가?

1. 정치와 지역주의

정치에서는 특정 지역에서 출생하거나 거주하는 등 지역 연고를 가진 사람들이 집단적인 정치적 입장과 선호를 갖는 일들이 종종 나타난다. 이것은 공통의 지역적 기반을 갖는 공동체 구성원들 간에 자연스럽게 형성되는 일체감으로 볼 수도 있다. 그러나 이 일체감은 종종 다른 지역 공동체에 대한 적대적·배타적 감정으로 확장되기도 하며, 선거에서는 정치적 경쟁을 통해 실제 투표에도 큰 영향을 준다. 이러한 현상을 정치에서는 지역주의(Regionalism)라고 부른다. 이 지역주의는 민족, 언어, 문화, 역사, 지리, 정치제도, 경제구조 등 다양한 변수를 통해서 형성될 수 있다. 또 지역주의는 집단적 감성에서 출발하기도 하지만, 합리적인 방식으로 집단적 이익을 추구하는 과정에서 나타나기도 한다.

이처럼 그 원인과 과정은 매우 다양하지만, 지역적 정체성이나 집단적 이해관계가 정치적 변수로 표출되는 현상은 비교적 흔히 볼 수 있는 일이다. 그런데 한국 현대정치에서는 유난히 지역주의가 매우 결정적인 정치적 변수이자 민주주의 발전에 심대한 악영향을 미치는 요인으로 지적되어 왔다. 지역주의의 영향력이 다른 나라들과 비교할 때 매우 크고, 지역주의 변수가 계급 등 여타의 정치적 변수들을 상당히 오랫동안 압도하는 경향까지 보이기 때문이다. 이런 까닭에, 비단 일반 국민들뿐 아니라 다수의 정치학자들 역시 한국의 정치를 논할 때 가장 지역주의를 중요한 정치사회적 균열 요소로 이해하고 있다.

본 절에서는 한국 현대정치에서 오랫동안 영향을 미쳐 온 권역 수준의 '전통적 지역주의'와, 비교적 최근에 새로 나타나고 있는 선거구나 기초지자체를 중심으로 한 '소지역주의'라는 두 가지 현상을 함께 살펴보고자 한다.

먼저 한국에서 전통적 지역주의는 호남, 영남, 충청 등 전통적인 지리적 구분에 지역감정, 정치적 균열 등이 결합되어, 지난 수십 년간 한국정치에 영향을 미쳐온 현상을 말한다. 여기서는 한국의 전통적 지역주의가 어떤 과정을 거쳤고, 민주화와 수평적 정권교체가 반복되고 유권자 세대교체가 되면서 해소될 것이라는 전망에 대해 평가해 보고자 한다. 소지역주의는 비교적 최근에 주목받고 있지만, 정치적으로 소선거구 선거 제도를 채택하는 경우에 흔히 나타날 수 있는 현상이고, 사회학적으로는 이른바 '님비 현상'이라는 개념으로 일찍부터 관심의 대상이었다. 우리의 경우에는 그동안 전통적 지역주의에 가려져 상대적으로 덜 주목되었지만, 지역주의의 변화 혹은 완화와 더불어서 새롭게 이슈가 되고 있다.

2. 지역주의의 개념과 속성

비단 정치학자들뿐 아니라 보통 사람들조차 지역주의라는 용어를 매우 흔하게 사용하지만, 이를 한마디로 정의하기란 사실 쉽지 않다. 이를 연구하는 학자들 사이에서도 각자의 조작적 정의는 그 강조점에 따라 상당한 차이가 있다.

예를 들어 '지역주의' 개념에 대해, 김강녕(1996)은 "지역에 대한 의식·인식 또는 감정 등이 체계적으로 조직화되어 하나의 실천적 측면에서 이데올로기화된 신념체계"로, 김만흠(1997)은 "자기 지역중심주의로 지역 내부의 단결성과 주체성을 고양시키는 것을 의미하며, 상대적으로 여타 지역에 대한 경쟁이나 배타성으로 나타나는 것"으로, 김진하(2010)는 "지역의 정치적 영향력이나 권력을 신장시키거나 지역의 이익을 실현하고자 하는 정치적 이념으로 지역의 권익을 실현시키고자 하는 체계적인 신념"으로 설명한 바 있다.

이처럼 지역주의를 단번에 정의하기 어려운 것은, 무엇보다 지역주의의 원인, 형태, 특징이 매우 복합적이고 시공간적으로 다양하기 때문이다. 당장 지역주의를 설명하면서 학자들이 사용하는 '지역감정, 지역의식, 지역정서, 지역할거주의, 지역갈등, 패권적 지역주의, 저항적 지역주의' 등 다양한 용어들만 봐도, 이 복잡성을 이해할 수 있다. 그래서 최근에는 각각의 기존 논의들이 가진 차별성과 합리성을 인정하면서 "지역을 기반으로 지역이익을 추구하는 집단의식"으로 다소 포괄적으로 정의하기도 한다(장은형·엄기홍 2017).

그런데 이처럼 다양하고 포괄적인 정의를 받아들인다고 하더라도, 우리가 이러한 개념과 현상을 이론적 수준에서 '지역주의'로 받아들일 만한 공동의 지평은 반드시 필요할 것이다. 이와 관련해 특히 한국 정치에서 따져 볼만한 쟁점은 '지역감정'과 '지역주의'를 어떻게 구분할 것인가의 문제, 그리고 '지역주의'라고 할 때의 정치적 특징은 무엇인가 하는 문제다.

먼저 지역감정은, 지역주의라는 보다 중립적이고 정치적인 용어가 등장하기 이전에 흔히 언론에서 사용되었던 용어다. 일반적으로 지역감정은 '지역이라는 판단 기준하에 타 지역 및 지역민에 대해 가지고 있는 선입견, 이질감, 위화감, 악감정 등으로서 일정 지역민들이 널리 공유하고 있는 심적 상태'라는 사회심리학적 맥락의 개념으로 이해할 수 있다(정준표 2014). 이러한 정의를 우리가 앞서 살펴본 지역주의에 대한 정의들과 대조해 본다면, 지역감정은 '지역연고를 중심으로 한 지역집단 간의 감정적이고 즉흥적으로 일반화된 적대감'으로 이해될 수 있을 것이다(서경주 2002).

두 번째 쟁점은, '감정'의 수준을 넘어선 지역주의라고 해도, 사람들의 일상에서 나타나는 광범위한 사회적 현상이 아닌 '정치적 현상'으로 그것을 이해해야 할 기준이 불분명하다는 것이다. 가령 지역주의는 사회적으로 특정 지역민에 대한 부당한 차별로 표출될 수도 있고, 정치적 영역에서는 정부 정책의 편향성, 예산의 편중, 정실 인사 등 다양한 형태로 나타날 수 있다. 그런데 우리가 정치학의 영역에서 지역주의라고 부를 때, 가장 많은 학자들이 동의하는 기준은 바로 선거에서의 '투표 성향', 곧 '지역주의적 투표 행태'라고 할 수 있다. 선거에서 후보자의 자질 및 이념과 정책, 후보자 소속 정당의 이념과 정책 등의 선택 기준이 유권자의 지역주의적 투표에 압도되어 버리고, 유권자가 결과적으로 자신이 일체감을 가지고 있는 지역에 기반을 둔 정당 소속 후보에게 투표하게 될 때, 우리가 이것을 '지역주의'라고 부를 수 있다는 것이다(정준표 2014: 133).

이러한 지역주의적 투표 행태에서 우리가 유의해야 할 점은, 지역주의 현상이 다른 정치적 변수들과 대체로 항상 결합되어 나타난다는 사실이다. 선거에서 일반적으로 나타나는 보수·진보 같은 이념적 대립이나, 계급 등 사회경제적 변수, 부족·민족이나 인종 같은 정체성의 갈등들이 지역주의와 복합적으로 결부되어서 특정한 투표행태로 나타나는 경우는 매우 빈번하다. 또한 지역주의적 투표 행태는 그 나라가 어떤 정부형태와 권력구조, 선거제도를 택하고 있는가에 따라서도 많은 영향을 받게 된다. 강한 대통령제와 소선거구제를 택하고 있는 나라에서의 지역주의 성향은 1:1 대결 구도에서 강렬한 대립과 갈등을 보일 가능성이 높은 반면, 합의제 민주주의의 전통과 연립정부가 일반화된 의회제, 비례대표제와 다당제 정당구조가 확립된 나라에서는 지역주의가 비교적 완화된 형태로 나타날 가능성이 높을 것이다.

그 외에도 역사적, 문화적, 지리적 변수가 큰 영향을 미칠 수 있다. 대표적으로는 오랜 기간 동안 통일되지 않고 정치적, 문화적, 산업적 차이를 갖고 있었던 이탈리아의 남북 문제를 들 수 있고, 인종 갈등은 물론 산업에 있어서도 정치·문화적으로 큰 차이가 있었던 미국의 경우도 지역주의와 다른 변수들이 복합적으로 결부된 사례다. 그리고 우리의 경우에는 더욱 그 사례가 극적인데, 전 세계적 이데올로기의 격돌로 발발한 국제적 전쟁이 바로 우리의 한반도를 배경으로 일어나고, 이후 냉전을 거치면서 그 영향이 고스란히 지역주의에 투영되었기 때문이다.

Ⅱ 한국 지역주의를 어떻게 이해할 것인가?

1. 한국 지역주의의 기원과 전개

한국 정치에서 지역주의의 기원에 대해서는, 이를 삼국시대로까지 끌어올려서 설명하려는 2000년대 이전의 연구들(김문조 1993; 신복룡 1996)을 제외하면, 크게 2가지 주장이 제기된 바 있다. 하나는 1960년대 후반에 박정희가 주도하여 시작되었다는 주장이고, 다른 하나는 1980년대 후반 민주화 이후에 노태우와 3김(김영삼, 김대중, 김종필)의 분열에서 기인했다는 주장이다.

먼저 첫 번째 주장에 따르면, 1967년 6대 대통령 선거에서 박정희가 자신의 연고지역인 영남지역 유권자들을 적극적으로 동원한 것이 한국 지역주의의 출발이 된다(김만흠 1994). 윤보선과 박정희 두 후보가 맞붙은 이 선거에서, 구미 출신의 박정희는 본인의 고향인 경북에서 지역 출신임을 강조했고, 인근 영남권인 부산·경남 등에서 승리했다. 반면, 충남 아산 출신의 윤보선 후보는 서울을 비롯한 수도권에서 승리했고, 동시에 박정희의 영남 연고주의에 대항하여 호남 푸대접론을 제기했다.

겉으로는 두 후보가 모두 지역주의를 선동한 것처럼 보이지만, 실제로는 박정희 후보가 선제적으로 지역주의를 주도했다. 선거운동 과정이나 결과를 구체적으로 살펴볼 때, 영남 지역주의는 강하게 작동했지만 윤보선이 뒤늦게 들고나온 호남 푸대접론은 큰 효과를 보지 못했기 때문이다. 6대 대선에서 지역별 득표를 보면, 영남지역에서 박정희 후보는 부산(64.2% vs 31.2%), 경남(68.6% vs 23.0%), 경북(64.0% vs 26.4%)에서 크게 승리한 반면, 윤보선 후보는 충청과 호남에서 각각 충남(45.4% vs 46.8%). 충북(46.6% vs 43.6%), 전남(44.6% vs 46.6%), 전북(42.3% vs 48.7%) 등으로 별다른 차이를 보여주지 못했다. 결과적으로 박정희 후보는 영남지역의 몰표에 힘입어, 서울(45.2% vs 51.3%), 경기(41.0% vs 52.6%)의 패배에도 불구하고, 전국적으로는 51.4% vs 40.9%라는 여유 있는 승리를 거뒀다.

영호남을 가르는 지역주의가 보다 가시화된 것은 박정희와 김대중 후보가 맞붙은 1971년 7대 대통령 선거였다. 박정희는 부산, 강원, 충남 충북, 제주에서 50%대의 득표를 보인 반면, 김대중 후보는 이들 지역에서 대부분 40% 초반대의 득표를 보여서 10% 이상 뒤쳐졌다. 그러나 이러한 열세는 서울(40.0% vs 59.4%)에서 상당히 만회되었는데, 실제로 극적인 차이를 보여준 것은 영호남이었다. 박정희는 경남(73.4% vs 25.6%)과 경북(75.6% vs 23.3%)에서 압도적 우세를 보인 반면, 김대중은 전남(62.8% vs 34.4%), 전북(61.5% vs 35.5%)에서 우세했지만 영남에 비해 결집력이 낮았고, 호남의 유권자 수도 상대적으로 훨씬 적었다.

지역적으로 이렇게 차별화 된 투표 결과가 여전히 현재에도 지속성이 있다고 본다면, 영남 우위의 영호남 구도는 사실상 7대 대선에서 시작되었다고 할 수 있다. 정치사적 배경을 보다 구체적으로 살펴보면, 우선 조봉암 등 야당에 더 많은 지지를 보냈던 영남이 박정희가 등장한 5대 대선 이후 여당 후보를 지지하기 시작해서, 1971년 선거에서는 70% 이상의 압도적 지지를 보냈다는 점이 확연하다. 또한 박정희 후보가 과거에 항상 더 많은 득표를 했던 호남에서, 이 선거를 기점으로 호남 출신의 김대중 후보가 60% 이상의 득표를 하고 이 경향이 80년대의 선거에서도 계속 이어지고 강화되는 점이 확인된다(강명세 2001).

이와 달리, 한국의 지역주의가 1980년대 이후에 나타났다는 주장은 지역주의 '정당체제'의 수립과 관련되어 있다. 이 주장은, 정치적 지역주의를 특정 정치인에 대한 우발적 지지가 아닌 일관되고 지속적인 정치적 현상으로 보려면 '정당체제'가 중요한 변수라는 관점에 근거한다. 여기서 지역주의 정당체제는, 각 지역별로 특정한 정당이 지속적으로 우위 득표를 하는 현상과 더불어, 지역 내에서는 패권 정당으로서 기득권을 행사한다는 특징을 보여준다.

이러한 관점에서는 대선뿐 아니라 국회의원 총선거에서 특정 정당에 대한 선호 투표 경향을 살펴보아야 한다. 이를 위해 크게 1971년 이전의 6~8대 총선과, 1988년 이후의 13~16대 총선을 비교해 보면, 그 차이가 확연하다. 전자의 기간에서는 전국적으로 지역주의 투표 효과가 여야 모두 약 25%, 26% 정도인데 반해, 후자의 기간에는 여야의 지역적 투표 효과가 각각 69%,

76%로 증가했다. 각 지역별 패권 정당의 지역효과도 영남 69%, 호남 76%, 충청 70%로 매우 높다. 결과적으로 보면, 1988년 이후 선거 유동성이 감소하고, 1~2위 정당 간 지역별 차이가 확고하게 나타났으며, 모든 선거에서 지역적 지지가 일관되게 나타나고 있음을 알 수 있다(강명세 2001; 한정택 2007).

여기서 추가적으로 확인해야 할 것은, 이러한 지역주의가 이념과 가치 등 다른 요인들과 변별력 있게 구분되는가 하는 점이다. 계급분포, 정책선호, 인구사회학적 특성 등이 지역적 투표효과가 겹쳐서 착시 현상을 일으킬 수 있기 때문이다. 그런데 이에 대한 경험적 분석에 따르면, 영호남 유권자의 정책적 선호는 1980년대 후반 지역주의가 나타나기 전후에 실제로 극적으로 변화했다.

예를 들어, 그 이전까지는 경제 정책, 복지 정책, 대북 정책에 대한 입장에서 지역적으로 큰 차이가 없다가, 지역주의 정당체제가 등장한 이후 급격한 변화가 나타나는데, 지역주의를 제외하면 이를 설명하기가 어렵다. 즉, 개인의 이념과 정책선호가 지지 정당을 결정한 것이 아니라 오히려 지지 정당이 각 개인의 정치적 입장을 결정했다는 점이 확인되는 것이다. 이러한 관점에서 보면, 지역주의에서 나타나는 차이는 이념과 노선과의 갈등이 아니라 권력의 획득과 유지를 위한 경쟁에 불과하며, 이것이 정당체제를 통해 유권자에게 투영된 것이라는 주장이 설득력이 있다(이갑윤 2002).

그래서 정당체제를 중심으로 지역주의를 해석하는 연구자들은, 지역주의적 투표 행태가 1987년 제12대 대통령 선거에서 정당체제를 통해 등장하여 지금까지 대통령, 국회의원, 지방자치단체 등 민주화 이후에 지배적 선거균열로 자리 잡았다고 본다. 또한 이러한 지역균열은 지역적 지지를 기반으로 권력을 확대하려는 정치 지도자들에 의해 정당의 통합, 분열, 연합, 정당 지지자들의 동원 수단이 됨으로써, 한국의 정치에 큰 영향을 미쳤다는 데 동의하고 있다(이갑윤 2002; 황아란 2013).

2. 한국 지역주의를 어떻게 이해할 것인가?

지난 수십 년간 지역주의는 한국 정치를 사실상 '지배'해 왔다고 말할 수 있을 정도로 강력한 영향력을 미쳐왔다. 지역주의는 선거에서 유권자의 투표는 물론, 정당 정치나 의회 정치에서도 압도적 규정력을 발휘했으며, 그 결과 비단 정치적 균열뿐 아니라 사회적 갈등과 분열의 원인이 되기도 했다(정준표 2014). 이처럼 지역주의가 한국정치 발전의 가장 큰 장애물로 인식되면서 많은 정치인들은 '지역주의 타파'를 정치적 슬로건으로 내걸었으며, 지역주의에 따라 정치적 선택을 해 온 국민들 역시 지역주의 자체에 대해서는 매우 비판적이었다. 그 결과 노무현처럼 지역주의에 적극적으로 반대하고 그것을 정치적 신념으로 삼아 실천해 온 정치인이 대통령이 되는 사건도 일어났다. 그러나 민주화 이후 30여 년이 지난 지금도 지역주의는 한국정치에서 가장 주요한 변수로 작동하고 있다.

노태우와 김영삼, 김대중이 모두 대통령에 당선되고 난 후에는 지역주의가 완화될 것이라는 낙관적 전망과 달리 지역주의가 오랫동안 살아남으면서, 이에 대한 연구도 본격적으로 진행되었다. 다양한 분야의 여러 학자들이 지역주의를 학문적 대상으로 연구하면서, 한국에서 지역주의가 나타나게 된 원인, 혹은 그것을 이해하는 방식이 크게 몇 가지 관점으로 정리되기 시작했다. 그 주요한 주장들을 구분해보면, 사회경제적 배경과 구조에 의한 설명, 정치엘리트의 충원 과정에 따른 설명, 정치행위자들의 동원에 주목한 관점, 유권자 관점에서 본 합리적 선택이론 등으로 나눌 수 있다.

첫 번째로, 한국 지역주의 사회경제적 배경으로는 근대화, 산업화 과정에서 나타난 불균등 발전이 꼽힌다(이갑윤 1998; 강원택 2011). 1960년대 이후 급속하게 진행된 한국의 산업화는 서울과 부산을 잇는 '경부축'을 중심으로 이루어졌다. 수도권과 영남권을 잇는 이 산업축은 일찍이 일제강점기부터 철도 물류를 중심으로 기반이 잘 구축되어 있었는데, 여기에 한국전쟁 과정에서 피난 인구가 폭발적으로 늘어나고 부산이 임시수도 및 전쟁물가 수송의 거점이 되면서 그 영향력이 더욱 커졌다. 이러한 기반 위에, 박정희 정부 시기에 추진된 '경제개발 5개년 계획'은 경부고속도로 등 추가적인 물류 인프라가 구축되고, 구미, 포항, 울산, 마산, 창원 등 산업 도시들이 집중적으로 육성되는 결정적 계기가 되었다. 이러한 불균등 산업화 과정에서 호남은 상대적으로 배제된다. 그리고 이것이 의도된 결과였든 효율성을 추구한 합리적 선택이었든 간에, 이러한 경제적 격차가 근대적 산업이 부족한 호남 인구의 유출과 도시 빈민화, 그에 따른 호남인들에 대한 부정적 인식과 지역적 정서적 대립으로 이어졌다는 것이다.

두 번째 원인으로는, 정치적 자원의 지역적 결집과 배제성이 지목된다(이갑윤 1998). 이는 박정희, 전두환, 노태우, 김영삼 정권 등 30년이 넘는 기간 동안 정치권력의 영남 지역 독점으로 인해서 정치적 자원의 지역적 편중이 심화되고, 호남 등 타 지역출신들은 여기서 배제되거나 다른 정치엘리트를 중심으로 대항하는 현상이 나타났다는 주장이다. 박정희에서 노태우 정권에 이르는 기간 동안 대구·경북을 중심으로 한 정치엘리트들은 국가의 핵심 권력을 배타적으로 카르텔화 했으며, 김영삼 정부에서는 부산·경남 출신들의 약진이 두드러졌다. 반면 호남은 권력에서 철저하게 배제되고 정치적으로 탄압을 당하면서 국가 엘리트의 지역적 편중성이 매우 강해졌다. 이러한 정치적 인사 편중은 정실주의 인사를 통해서 행정 관료집단과 경제영역까지 큰 영향을 미쳤고, 한 세대 이상 지속되었다. 그 결과 권력 자원이 특정 지역에 집중되고, 이것이 다시 국가 정책의 지역적 불균등과 경제적 자원의 편중으로 이어지는 악순환으로 반복되면서, 배타적 지역주의를 더욱 강화시켰다는 것이다.

세 번째는, 정치 엘리트들이 지역주의를 정치동원에 적극적으로 활용하면서 지역주의가 공고화되었다는 것이다(김만흠 1994; 손호철 1997). 이것은 특히 1987년 민주화 이후에 지역주의가 정당체제의 형식을 통해서 정치적 균열의 주요 축으로 급속히 확장된 부분을 설명한다. 87년 대선에서는 노태우-대구경북, 김영삼-부산경남, 김대중-호남, 김종필-충청이라는 특정 정치인과 지역의 연결고리가 가시적으로 드러났는데, 이것은 87년 이전의 지역주의가 영남의 패권주의와 호남 배제라는 정서적 차원의 지역감정에 머물러 있었던 것과는 질적으로 다르다는 것이다. 이 관점에서 보면, 87년 대통령 선거에서 주요한 정치인들이 자신의 출신 지역민과 출향민들을 노골적으로 정치적 동원의 수단으로 삼으면서 정서적 지역감정이 정치적 지역주의로 탈바꿈 된 것이다. 이들 정치 지도자들은 대선에서의 지지를 기반으로 지역정당을 창당해서 지역을 정치적 자원으로 지속적으로 활용했다. 그 결과, 비단 대선뿐 아니라 총선과 지방선거 등에서 지역 내 패권정치의 폐해도 심각하게 나타났다.

네 번째는, 지역구 선거제도를 기반으로 하는 대의민주주의에서 유권자들의 합리적 선택으로 이해해야 한다는 것이다(이갑윤 2002; 박상훈 2001). 즉, 지역주의의 원인이 심리적, 경제적, 정치동원적 측면 등 어디에 있다고 하더라도, 그 근본적인 행위 동기는 자원 배분에서 자신들의 이익을 극대화하기 위한 것이므로, 이를 무조건 비정상적이며 퇴행적인 행태로 볼 것이 아니라, 유권자들의 합리적 선택으로 보아야 한다는 주장이다.

여기서는 이렇게 4가지로 한국의 지역주의를 이해하는 관점을 소개했지만, 사실 이러한 원인과 배경은 중첩되어 있다고 보는 것이 사실에 가깝다. 예를 들어, 구조적 설명과 정치엘리트의 행위자 중심의 설명은 쉽게 결합될 수 있다. 정치·경제적 차별 및 불평등이라는 사회적 균열 구조와, 선거에서 특정 정파에 대한 선호를 의미하는 '심리적 당파성'이 연결되는 것은 매우 빈번한 사례이기 때문이다. 사회경제적 배경과 지역 정당체제의 결합을 정당지도자의 출신 지역인 사이에 형성된 유권자 동원과 선거 연합으로 풀어내는 것도 가능한 설명이다. 보다 넓은 차원에서는 엘리트의 충원에서부터 노동시장 등에서의 지역 차별 등 다양한 주체들의 경험에 기초한 정서적 일체감이 계급적 벽을 넘어선 것으로, 혹은 그렇게 왜곡된 것으로 이해될 수도 있다(한정택 2013).

Ⅲ 한국 지역주의의 변화와 전망

1. 지역주의는 완화될 것인가, 지속될 것인가?

한국의 지역주의가 시작된 지 길게 보면 약 50년, 짧게 보더라도 한 세대 이상의 시간이 흘렀다. 지역주의를 정치적 자원으로 동원했던 과거의 정치 지도자들도 대부분 사라졌고, 사회경제적 변화는 물론 선거제도와 유권자 세대도 크게 달라졌다. 이러한 변수들을 감안하면, 지역주의가 갑자기 쇠퇴하지는 않더라도, 어떤 방식으로든 변화할 가능성이 있을 것이다. 또, 그 과정에서 정치인들과 유권자들의 대응도 달라질 것이다. 그런 과정을 통해서, 지역주의는 과연 사라지게 될까?

먼저 지역주의의 본질이 출신 지역에 따라 사람들을 차별하는 것이라면, 이러한 주장은 공식적으로는 더 이상 공감이나 설득력을 갖기 어려워졌다. 실제로 공식 담론에서 지역주의는 일종의 사회적 금기로서, 어떤 논리로든 그것을 옹호하는 주장은 찾아보기 어렵다. 온라인에서 일부 그러한 주장이 나타난다고 해도, 이것은 지역주의나 지역감정보다는 '지역혐오'라고 부를 만한 부조리한 행위일 뿐이며 공적 논의의 장에서 이들이 설 자리는 없다. 지역혐오를 조장하는 언표들은 과장되고 극단적인 표현을 통해서 사람들의 주의를 끌고, 이를 통해 상업적 이익을 얻고자 하는 행위일 수는 있지만, 공식 담론으로서의 설득력을 갖지는 못하고 있다.

지역주의가 약화되고 있다는 객관적 증거들도 제시되고 있다. 특히 16대 대통령 선거 이후 부산·울산·경남 지역에서 보수정당 지지율이 과거에 비해 낮아졌고, 호남에서도 이정현, 정운천 등 보수정당의 후보들이 당선되었다는 점 등이 눈에 띤다. 그 원인으로는 소위 3김 정치의 종식과 지역주의 투표 행태의 감정적 동기가 지역발전이라는 합리적 동기로 옮겨가는 추세가 나타나고 있다는 점이 제시되기도 한다(조진만·최준영 2005; 이정호 2014; 장은영·엄기홍 2017). 또한 새로운 세대가 유권자로 편입되면서 이들의 투표성향에서 지역주의가 완화되고 있고, 이 추세가 지속적으로 강화될 것이라는 주장도 상당한 설득력을 얻고 있다(강원택 2003; 조진만·최준영 2005; 정진민 2010; 임성학 2010; 이재묵 2014).

그렇다면, 지역주의는 이대로 소멸하게 될 것인가? 현재까지 다수의 연구는 지역주의의 약화와 더불어, 상당 기간 동안 이 현상이 지속될 것이라는 주장을 뒷받침하고 있다. 이러한 예측을 가능하게 하는 것은 크게 두 가지 유형의 연구들이다. 먼저 지역주의의 유권자들의 내면적 심성에 초점을 맞춘 사회심리학적 연구들에 따르면, 미국의 인종차별처럼 지역주의는 법과 제도적인 공식 담론에서는 부정되지만 은밀하고 상징적인 형태로 남아있을 수 있다. 다른 하나는 선거의 규모와 수준, 제도에 따라 따라서 지역주의가 차등적으로 나타난다는 점이다.

먼저, 지역주의와 관련한 사회심리학적 특성에서 가장 두드러지게 나타나는 것은 사람들의 심리에 남아 있는 '편견'이다. 이를테면, 호남인들이 보기에 영남인들은 "모든 것을 독식하면서 미안할 줄도, 부끄러운 줄도 모르고, 오히려 그것을 당연시하고 으스대는 편협하고 몰염치한 이기주의(자)"이며, 영남인들에게는 호남인들이 "모든 일에 사사건건 필요 이상으로 피해의식을 갖고, 불평의 눈으로 보고 불만에 차서 기회만 있으면 도전하고 반대하는 성가신 경쟁자"들이다(김용철·조영호 2016).

이렇게 내면화된 편견과 차별은, 합리적 선택이론에서 제기하는 여러 구조적 요인들에 의해 보완되고 체계화된다. 호남인들은 지역의 저발전과 호남인에 대한 차별이 권위주의 정권이 "권력분배 및 자원 배분 등에서 차별"을 하였기 때문인 것으로 생각한 반면, 다른 지역민들은 호남의 저발전에 대한 책임은 "호남사람들의 성격이나 행동양식"에 있다고 본다(김진국 1989). 민주화 이후, 이런 인식은 영남 패권주의적 상부구조와 불균등한 경제적 토대라는 중첩적 차별 구조를 둘러싼 호남인의 '소외의식'과 영남인의 '기득권 방어의식'으로 발전되었고(나간채 1991), 이는 1997년과 2007의 정권교체를 통해서 더욱 구체화 되었다.

1997년 사실상 최초의 호남출신 대통령이 선출되자, 수십 년간 정치경제적으로 배타적 기득권을 누리던 경상도 지역은 큰 상실감에 빠졌다. 반면 처음으로 중앙 권력을 갖게 된 호남출신들은 정부와 권력기관 내의 호남인에 대한 차별 실태를 구체적으로 파악하게 되면서, 더욱 큰 상실감과 소외감, 적대감을 갖게 되었다. 지역주의가 사람들의 내면적 심리사태를 넘어서 실제의 정권교체와 권력관계의 변화로까지 이어지고, 추측에 지나지 않았던 부분들이 사실로 확인되면서, 정서적 지역감정은 정치적 지역주의로 더욱 본격화되었다. 지역주의는 선거를 통한 권력 교체를 경험하면서 오히려 유권자들에게 학습효과를 불러일으켰고, '망국적 지역주의'로 일컬어지던 비판은, 호남의 '저항적 지역주의'와 영남의 '패권적 지역주의'라는, 보다 정교화된 정치개념으로 변화했다(김용철·조영호 2016).

이러한 지역주의가 과거의 냉전 반공주의, 이념적 보수주의와 결합하자, 그 영향력은 더욱 커졌다. 특히 2002년 이후의 선거에서 일부 정치인의 선동이나 온라인 일부에서 이러한 경향이 두드러진다. 호남 지역이 지지하는 정당과 정부가 대북문제에서 유화적인 입장을 취하자, 이에 대한 이데올로기적 공세가 전통적 지역주의와 결합된 것이다. 이때의 지역주의는 대북정책에 대한 정책적 토론보다는 호남에 대해 '종북좌파'라는 낙인 찍기를 하는 것으로 표출되었다. 일부 정치인들이나 극우선동가들이 5.18민주화운동을 북한과 연결시키고, 온라인에서 허위 사실이 증폭되고 인신공격과 혐오발언으로 이어지는 상황이 발생하기도 했다(김용철·조영호 2016). 이처럼 지역주의는 여전히 사회심리적 인식과 편견, 그리고 다양한 형태의 정치적 선호로 표출되는 사례를 통해 존속되고 있다고 할 수 있다.

지역주의가 다소 약화되거나 변화된 형태를 보이지만, 여전히 지속적으로 힘을 발휘하리라는 또 다른 주장은, 선거의 규모와 선거제도의 특성에 따른 지역주의 투표 성향의 차이로도 설명된다. 우선 선거의 수준으로 보면, 지난 2000년 이래로 세 번의 지방선거에서 모두 기초보다는 광역수준에서 지역주의가 강하게 나타난 사실을 확인할 수 있다(황아란 2013).[1] 특히 14대부터 18

1) 2014년 지방선거에서는 특히 대구와 부산 등에서 광역단위가 기초단위에 비해 지역주의 효과가 더 크게 나타난 것은 아니라는 연구도 있다(이재묵 2014). 다만 이 해의 선거에서 대구와 부산에서 새정치민주연합의 출마자가 각각 김부겸, 오거돈으로 정당보

대까지 대통령 선거를 살펴보면, 대선에서 영남과 호남을 중심으로 한 지역주의가 매우 지속적으로 나타난 사실을 확인할 수 있고, 이러한 결과는 거주지와 출신지 기준에서 모두 유의미하게 나타났다(장은형 · 엄기홍 2017).

선거제도의 변화에 따른 지역주의 변화 가능성은 충분하지만, 무조건적인 낙관주의나 제도환원주의는 경계할 필요가 있다. 실제 사례를 보면, 2006년 지방선거에부터 적용된 기초의원 선거에서의 단기비양식(SNTV) 중선구제는 지역주의 투표 성향의 완화를 기대하게 했다. 그런데 그 결과는 영호남에서 각각 상대 정당의 당선보다는 무소속후보 당선자가 늘어나는 현상으로 나타났다. 선거제도의 변화만으로 지역주의 완화를 크게 기대하기 어렵다는 비관적 전망은 이러한 경험에서 나오는 것이다(황아란 2007; 이준한 2011; 이재묵 2014).

물론 선거제도의 변화에 따른 유권자들의 정치효능감이 발휘되기까지는 일정한 시간이 소요되기 때문에, 무소속 당선자가 늘어난 것도 긍정적으로 볼 여지가 있다. 당장 상대 정당의 후보자를 선택할 정도로 큰 변화를 단번에 가져오지 못하더라도, 지역정당 내에서의 경쟁을 유권자의 선택으로 직접 추동할 수 있고, 이러한 과정이 반복되면 장기적으로는 지역정당의 영향력을 완화시킬 수 있을 것이기 때문이다. 또한 결선투표제 등 대통령 선거제도의 변화, 분권형 대통령제 혹은 의회제로의 권력구조 변화, 이에 영향을 받게 될 정당 체제의 변화 등은 지역주의에 분명히 영향을 줄 수 있는 변수라고 할 수 있다.

이러한 평가는, 연동형비례대표제가 제한적으로 실시되고 위성정당까지 출현한 2020년 총선에도 적용해 볼 수 있다. 총선 직전의 정치개혁은 이상적인 의석배분 제도와 현실적 지역주의가 충돌한 사례인데, 총선의 과정이나 결과는 제도 개혁을 시도한 입장에서 보면 다소 실망스러울 수 있을 것이다. 그러나 역설적으로 말하면, 선거제도가 지역주의에 영향을 미칠 수 있다는

다는 인물구도의 선거를 주도했고, 세월호 변수가 있었다는 점을 감안할 필요가 있다. 또한 당시 새정치민주연합이 반 노무현, 문재인계인 안철수, 김한길 공동대표 체제로 선거를 치렀다는 점도 영향을 주었을 것이다.

점을 기득권 정당들이 매우 우려하고 있고, 그래서 연동형비례대표제의 적용을 극도로 제한하는 의석수 제한(일망 '캡' 씌우기)에도 불구하고 위성정당이라는 또 다른 무리수까지 두지 않을 수 없었던 것이다. 따라서 선거제도의 변화는 처음에는 다소 제한적이라고 할지라도 장기적으로는 지역주의에 어떠한 형태로든 영향을 미칠 것으로 볼 수 있다.

2. 소지역주의 혹은 지역구주의의 탄생

한국에서 전통적 지역주의는 여전히 상당한 영향력을 미치고 있지만, 그 양상이나 강도는 확실히 이전 같지 않다. 특히 최근에 나타나고 있는 현상은 영호남과 같은 비교적 큰 권역 수준의 문화적, 지리적 공동체가 분화하고 있다는 점이다. 또한 선거제도에 따라 구획된 소규모의 선거구별로 지역이익을 추구하는 합리적 선택에 따른 투표 행위도 나타나고 있다.

우선 광역 단위에서 일정한 변화가 감지되는데, 호남권에서는 지난 20년 동안 민주당 계열 정당의 이합집산 때마다 총선에서 큰 변화가 나타난 바 있으며, 전북 지역에서는 광주·전남에 비해서 비민주당 계열 후보가 상대적으로 많은 득표를 하는 현상도 확인되고 있다(한정택 2013). 영남 지역주의에서는 1988년까지도 TK(대구·경북)와 PK(부산·경남)의 균열이 실제로 존재했고, 1991년 3당 합당으로 탄생한 민자당 이후 봉합되었지만, 이후 선거에서 PK(부산·경남)의 지지를 받는 유력 후보가 나타날 때마다 균열이 재개될 기미를 보이기도 했다. 대선에는 정주영, 이인제, 노무현, 문재인 후보의 득표, 지방선거에서는 오거돈, 김경수 후보의 당선, 20대 총선에서 민주당 후보들의 약진 등이 영남권 지역주의에 균열을 일으킨 사례라고 할 수 있다.

권역보다 작은 선거구를 둘러싼 소지역주의는 선거가 반복되면서 더욱 일반화되는 경향을 보인다. 전국적으로 도농복합, 시군통합, 군단위의 통합 선거구에서 이러한 현상은 매우 빈번하다. 여기서는 그중 하나의 경험적 사례만 살펴보자. 지난 제15대 총선에서 나타난 문경·예천, 군위·칠곡 등의 6개 복합선거구의 투표는 소지역을 기준으로 한 투표 행태가 매우 강하게 나타났다. 구체적으로 보면, 문경·예천에서는 황병태 후보가 예천지역의 60%, 문경지역의 16%를, 무소속의 이승무 후보는 예천지역에서 18%, 문경지역에서 58%의 득표를 했는데, 정준표(2014)는 "이러한 소지역주의적 투표는 자체가 문경 사람과 예천 사람 사이에 정도를 넘어서는 적대감(지역감정)이 존재한다는 것을 증명하는 것은 아닐 것"이라고 평가하고 있다. 즉 지역감정에 기초한 지역주의와는 차별적인 현상인 것이다.

사실 이런 소지역주의는 비단 기존의 시군단위에서만 일어나는 것은 아니다, 수도권이나 도심지역에서도, 선거구 획정을 할 때 어떤 동을 어느 선거구에 포함시키느냐에 따라서 선거결과가 크게 달라진다. 정당이나 후보들이 선거구 획정에 많은 관심을 쏟는 이유가 여기에 있다. 그런데 지역별로 큰 편차를 보이는 유권자들의 투표 행태는 이념과 계층에 따른 것도 있지만, 많은 경우 지역적 이슈를 더 잘 해결해 줄 수 있는 지역연고의 후보에 대한 경우도 적지 않다. 그리고 이러한 투표 경향을 '전통적 지역주의'라는 큰 틀로 이해하기는 어렵다.

이러한 소지역주의의 특성을 이해하려면, 유권자들이 어떤 기준으로 후보를 선택하는가의 문제를 보다 자세히 살펴볼 필요가 있다. 우리 선거를 분석한 많은 연구에서는 유권자들이 '개인적으로는 인물을 중요시하는 것처럼 보이지만, 집단적으로는 정당, 지역, 경제를 주요한 변수'로 여기는 현상이 발견된다. 이것은 일견 모순처럼 보이지만, 그 내용을 들여다보면 그렇지 않다. 유권자들이 인물과 능력을 평가할 때, 후보자들이 '도덕적으로 얼마나 고결한가, 공약을 잘 지킬 것인가'라고 평가하는 부분을, 그래서 '얼마나 지역의 이익을 잘 대변할 것인가'로 연결시키게 되면, 인물 중심의 투표와 정당투표, 지역투표, 경제투표는 서로 모순적이지 않게 된다(이관후 2016).

이처럼 유권자가 언제나 합리적 선택[2]을 하고 있다고 전제하고, 이 전제하에서 지역주의 정당이 우리 지역의 발전에 도움이 되리라고 생각해서 투표한다면, 정당투표와 인물투표가 하나로 일치된다. 어떤 후보자가 인물이 좋

2) 이때의 '합리적(rational)'은 '이치에 맞는(reasonable)'과 구분되는, 행위자가 자신에게 이익이 될 것으로 생각해서 하는 판단이다. 물론 결과가 보장되는 것은 아니다.

다는 것은, 동시에 그가 우리 지역의 발전을 위한 정당의 후보라는 뜻이 되기 때문이다. 또한 지역정당과 그 국회의원들이 지역발전을 위한 활동을 소홀히 한다고 생각하고 이를 대체할 수 있을 만한 유능한 후보가 발견된다면, 유권자는 인물과 지역발전, 경제적 요소를 모두 고려해서 지지 정당과 후보를 합리적으로 바꿀 수 있다(김민전 2009; 이관후 2016).

이러한 분석은 현역의원 프리미엄을 설명할 때도 유용하다. 구체적으로 무엇이 현직자의 이점을 구성하는지에 대해서는 연구자마다 다양한 의견이 있지만, 그러한 요인들이 모두 자기지역구의 발전에 누가 유리한가에 대한 평가로 귀결된다고 보면(김한나·박원호 2016: 69), 현직의 이점이란 결국 SOC 사업을 중심으로 '지역구'에 대한 배타적인 국가 예산획득 능력에 다름 아니기 때문이다.

이것은 경험적 연구에서도 확인된다. 예를 들어, 18대 총선에서 여당인 한나라당 후보들 중에서 국가 차원의 발전정책을 제시한 경우 호응도가 낮았던 반면, 야당 현역의원들이 선전한 지역은 지역구 발전에 관련된 구체적 공약을 제시한 경우였다(김도태 2008). 핵심적인 홍보 수단인 선거공보를 분석한 연구에서도 보면, 20대 총선 후보자들은 정책보다는 인물, 정당이나 의정활동보다는 본인의 지역구 활동에 많은 부분을 할애했는데, '정권 심판'이나 '정치 개혁'보다는 지역발전 정책을 강조하는 것이 실제 득표율에도 긍정적인 영향을 미쳤다. 유권자들이 정치 개혁이나 구태정치인 교체 같은 메시지에 반응하지 않고, 지역 내 도로 건설, 지하철 유치 같은 선심성 공약에 더 흥미를 느낀 것이다. 결론적으로 유권자들은 지역을 위한 인물, 지역을 위한 정책, 지역에서 나와 소통할 수 있는 인물을 선택했다고 할 수 있다(조희정·이한수·민희 2016).

그리고 이런 소지역주의는 다시 의원들의 의정활동에도 결정적인 영향을 준다. 20년 넘게 국회에서 일한 보좌관의 회고에 따르면, 의원들의 가장 많은 에너지와 시간을 쓰는 업무가 '지역구 관리'이며 그 경향은 점점 심화되고 있다. 이 보좌관은 "의원들은 선거 때가 되면 대형 개발 사업 공약을 안 내놓을 수가 없어져 공약(空約)의 공약(公約)화에 스스로 앞장서게 된다. 또 보좌진의 상당수를 지역에 배치해서 사사로운 민원에 성실히 응하지 않으면 금방 '지역구에 무관심'한 의원으로 악소문이 난다. 뿐만 아니라 상임위 배정이 의원의 전문성에 따라 결정되는 게 아니다. 지역구 민원의 유형에 따라 민원 해결에 유리한 상임위에 들어가기 위해 경쟁을 한다. 보좌진의 자료 요구나 질의서 공세도 결국 행정부를 압박해 지역구 민원을 해결하기 위한 수단이 되고 있다"고 밝히고 있다(이진수 2015).

이러한 소지역주의는 기존의 '지역주의'와는 분명히 구분되는 것으로 '지역구주의'라 불러야 할 미시적 현상이다. 사실 이러한 현상은 소선거구제를 채택하는 나라에서 아주 이례적이라고 보기는 어렵다. 한국의 기존 선거만 보아도, 농촌 지역의 유권자들은 전통적으로 다른 가치들보다 발전에 대한 열망을 보다 강하게 갖고 있어서, 소위 '힘 있는 여당'이라는 프레임이 유효했다. 이후 산업사회로의 진입으로 과거의 막걸리, 고무신으로 대표되는 즉자적 선거방식은 벗어났으나, 대신 유권자들은 지역발전과 '우리 지역출신 대통령', '힘 있는 국회의원'과의 상관성을 중시해 왔다. 총선에서 유권자들은 전국적 선거의제나 후보자들의 의정활동 전반에는 거의 관심을 보이지 않았고, 지역발전을 주요한 투표의 판단근거로 삼았다. 민주주의의 발전 정도가 점차로 높아질수록 소지역단위의 지역구 발전공약의 효과는 낮아질 것이라는 예측도 있었지만, 현실은 그 반대였다. 유권자의 합리적 선호라기보다는 '이기적 정치의식의 표출'이라고 불러야 어울릴 만한 이 현상은 오히려 보편화 된 것이다(김도태 2008).

물론 이러한 결과가 행위자로서의 자율성을 가진 유권자가 의도한 것인지, 아니면 권력구조나 선거제도가 야기한 것인지에 대해서는 확신할 수 없다. 그러나 우리 유권자가 국회의원을 입법부의 구성원으로서 국가전체를 위해 법을 제정하고 심사하는 역할, 정부를 견제하는 역할보다 지역구에 예산을 유치하는 역할에 더 많은 비중을 두고 평가하고 있다는 사실은 비교적 명확하다. 그것이 유권자들의 의도된 선택이라고 한다면 절차적으로는 정당할 수 있다. 그러나 이러한 현상은 정치발전이나 국가 전체로 보았을 때 결코 바람직하지 않거니와, 우리 유권자들이 이러한 투표편향에 대해 합의한 적이 없다는 것 역시 명확하다(이관후 2016).

Ⅳ 지역주의의 미래는?

한국 현대정치에서 지역주의는 매우 중요한 정치의 요소다. 2020년대에도 여전히 지역주의는 다른 모든 정치적 변수들보다 힘이 세다. 그러나 그것만이 유일한 변수인 것은 아니다. 새로운 유권자 세대의 등장, 사회경제적 양극화, 기술 변화와 새로운 삶의 형태 등은 어떠한 방식으로든 지역주의라는 기존의 정치적 변수에 영향을 미칠 것이고, 이미 다양한 방식으로 결합하고 있다. 그것은 어떤 측면에서 지역주의를 변화시키며 약화시키기도 한다. 그래서 한국 정치는 한동안 지역주의라는 기반 위에서, 다른 변수들이 함께 복합적으로 주요변수로 부상하고 연계되고 탈락되는 모습을 띨 가능성이 높다.

이쯤에서 한국 정치와 지역주의에 대해 근본적인 생각도 해 볼 필요가 있다. 대부분의 국민들은 한국정치에서 지역주의를 '망국병'이자 발본색원해야 할 것으로 여길 것이다. 그러나 민주주의와 포퓰리즘의 관계가 그러하듯이, 다양한 형태의 지역주의는 인접한 지역들을 하나의 정치적 단위로 하고 거기서 대표를 뽑아서 민주주의를 하는, 현대의 대의민주주의가 불가피하게 안고 있는 요소들 중 하나일 뿐이다.

우리는 흔히 일정한 지역에 거주하는 사람에게 주권의 실현 수단으로서 투표권이 주어지고, 투표권을 가진 사람이 유권자이며, 이들만이 대표될 자격이 있다고 생각한다. 사실 이것은 고대 아테네에서 클레이스테네스가 유권자의 개념을 기존의 부족에서 거주자인 시민으로 바꾼 것이 그 시초라고 할 수 있다. 사실 같은 곳에 거주하는 것만으로 누구에게나 동등한 정치적 권리가 부여된다는 것은 실로 혁명적인 발상이었으며, 이는 아테네 민주주의 이후 2천년 뒤에나 다시 나타난 개념이었다(Rehfeld 2005). 이처럼 근대 국민국가에서 '유권자'라는 개념은, 국가의 영토와 그 안에 거주하는 사람들의 정치적 평등에 기초하고 있지만, 인류 역사에서 그렇게 오랫동안 상식에 속하는 관념은 아니었다.

그리고 실제로 20세기 후반에 들면서 영토에 기반을 둔 유권자로서의 피대표자 개념은 지속적으로 약화되었다. 지구적 무역과 분업, 초국가적 기업들의 출현과 신자유주의적 금융질서, 기후위기, 이민 같은 세계화의 요소들은 비영토적 대표성의 문제를 촉발시켰다. 동시에 대표와 관련해 새로운 이슈들이 탈국가적 맥락에서 나타나기 시작했다. 젠더, 종교, 종족, 민족, 가치지향 같은 집단적 정체성이 정치적 대표를 통해 반영되어야 한다는 요구가 커지고 일부는 실제로 반영되기 시작했다(Urbinati and Warren 2008). 바야흐로 '지역'과 '정치적 대표'의 관계가 전 세계적으로 새로운 차원을 맞이하고 있는 것이다.

그러한 변화가 우리에게 던지는 질문을 무엇일까? 우리가 위에서 살펴본 대로 지역주의나 지역구주의가 힘을 발휘할 수 있었던 원동력은 그것이 가진 일정한 합리성에 있다. 권력의 획득과 저항, 지역의 발전 등 나름의 합리적 이유들의 지역주의와 소지역주의를 가능하게 했던 것이다. 그렇다면 변화하는 세계와 대표성의 변화 역시, 그것이 가진 합리성이 기존의 전통적 지역주의의 그것을 넘어설 수 있는가에 달려있을 것이다. 정치는 가능성의 기예이며, 지역주의 역시 정치의 일부분이기 때문이다.

더 생각해 볼 문제

1. 미국의 북부와 남부는 흑인 노예의 해방문제로 심각한 갈등을 겪었는데, 그것은 비단 인권뿐 아니라 산업적 차이에 기인한 것이었습니다. 농업을 기반으로 하는 남부 주들은 관습화된 노예 노동력을 포기할 생각이 없었고, 상업을 기반으로 한 북부 주들은 이들 노예를 자유민화 시켜서 노동자로 만들고 싶어했습니다. 보다 높은 차원에서 미국이라는 국가를 근본적으로 전통적 농업국가에서 상업국가로 탈바꿈시켜야 한다는 북부인들의 비전은 남부인들과 가치관이나 정체성, 국가관에서 충돌할 수밖에 없었습니다. 결국 이 갈등은 내전이라는 비용을 치르고 나서야 봉합될 수 있었는데, 그 여파는 오랜 시간이 지난 지금도 여전히 남아있을 정도입니다. 이런 성격을 지닌 갈등은 실은 세계적으로 여러 곳에서 볼 수 있습니다. 당장 본 절에서 다룬 우리의 지역주의도 그 배경에는 불균등 산업화가 자리잡고 있습니다. 모든 근대화나 발전과정에서 선택과 집중은 불가피할 수도 있습니다. 그러나 그렇게 지역적인 선택적 발전의 결과물은 잘 분배되지 않는 경향이 많습니다. 이탈리아나 독일, 프랑스에서도 먼저 산업화를 이룬 지역들은 상대적으로 낙후된 지역민들에게 저발전의 책임을 돌리는 경우가 많습

니다. 이런 문제를 어떻게 하면 사회적 타협을 통해서 풀어낼 수 있을까요?

2. 최근 인종이나 종교, 경제적 갈등으로 내전을 겪거나 혹은 분리독립을 추진하는 국제적 사례가 많습니다. 시리아 내전이나 이라크와 쿠르드족 문제, 남수단의 내전에서 분리독립을 추진하고 있는 티벳이나 스코틀랜드까지, 우리가 일상적으로 생각하는 지역주의 수준을 넘어서 국가 수준에서의 분리를 요구하는 경우에, 이것을 지역주의로 볼 수 있을까요? 만약 지역주의라면 어떤 지역주의일까요? 그러한 분리 독립의 주장을 수용해야 할까요, 아니면 어떻게든 기존 국가 안에서 자치권을 주는 등의 수준에서 해결해야 할까요? 만약, 우리나라에서 제주도나 호남, 영남이 별도의 국가가 되겠다고 한다면, 이런 문제를 국민투표에 부쳐서 해결할 수 있을까요? 그렇다면 국가란 도대체 어떤 것일까요?

3. 독일은 동독과 서독 통일 이후 많은 어려움을 겪었습니다. 경제적 정치적 어려움도 있었지만, 특히 지역 간 통합, 국민 간 통합에는 상당한 시간이 소요되었습니다. 통일이 된 이후에 양 지역의 괴리가 오히려 더 커지는 현상도 나타났습니다. 서독의 자본이 동독의 주민들을 저임금 노동자로 착취하는 행태가 나타나면서, 심리적으로도 더 적대감을 갖게 된 것입니다. 또한 서독 주민들이 동독 주민들을 패배자 취급하는 모습을 보이면서, 동독 주민들은 박탈감과 상실감을 갖게 되었습니다. 우리도 한반도에서 앞으로 남북 간에 상당한 수준의 교류나 협력, 그리고 어느 순간에는 통일을 맞게 될지도 모릅니다. 그때 우리는 새로운 지역주의를 맞닥뜨리게 될 것입니다. 이런 문제에 어떻게 준비해야 할까요?

더 읽을거리

- 서복경 · 이현우 · 이지호 · 남봉우 · 성홍식. 2016. 『표심의 역습 - 빈부, 세대, 지역, 이념을 통해 새로 그리는 유권자 지도』, 책담.
- 이갑윤. 1998. 『한국의 선거와 지역주의』, 오름.
- 서중석. 2008. 『대한민국 선거 이야기』, 역사비평사.

CHAPTER 02

시민교육과 민주주의

함규진

I 한국, '시민의식'이 뛰어난 사회일까?

글을 쓰는 현재, 코로나19 팬데믹이 온통 기승을 부리고 있다. 전 세계적으로 수많은 사람들이 죽고, 괴로워하고, 경제적 고통과 생활의 불편을 겪어오면서, 한국은 비교적 양호하게 역경을 헤쳐 나가고 있다고 (확진자 숫자나 사망자 발생률 등을 놓고 볼 때) 두루 이야기된다. 그 까닭을 두고 초기(2020년 전반기)에는 '민주주의의 승리'라는 말이 돌았다. 일부 권위주의적 국가에서 정부가 코로나 상황을 은폐하고 통제 위주로만 접근했던 것과 달리 한국은 상황을 투명하게 공개하고, 당국의 통제와 지침에 시민들이 자발적으로 협력하면서 감염을 최소한도로 억제했다는 것이다. 그러나 그것은 동아시아 일부 국가들에 감염이 한정되었던 초기 상황에서의 평가였으며, 전 세계로 감염이 확산했을 뿐 아니라 미국, 유럽 등 일반적으로 '선진 민주주의 국가들'로 알려져 온 국가들에서 오히려 대규모 확진자와 사망자가 쏟아지자, 이와는 정반대의 해석이 나오기 시작했다. 즉 오히려 한국은 권위주의 문화에 젖어 있기 때문에 상대적으로 코로나 상황에서 유리했다는 것이다. 보건 차원에서라지만 개인의 자유를 통제하고 감시하려는 정부의 접근에 선진 민주주의 국가의 시민들은 기본적으로 거부 반응을 보였던 반면, 한국은 시민의식이 높지 않으며 정부의 지시에 순응하는 문화가 짙기 때문에 체계적인 통제가 가능했다는 것이다.

무엇이 보다 사실에 가까울까? 국내의 일부 연구는 '한국의 권위주의 정치문화－낮은 시민의식'이라는 명제에 도전하고자 나름의 계량적 조사연구를 실시했고, 그에 따라 '한국인은 높은 시민의식을 갖고 있는 것으로 나타났다'는 반론을 제시했다. 한국방송공사(KBS)와 『시사IN』이 후원하고 서울대학교 임동균이 연구책임을 맡아 진행한 연구에서 조사 대상자들은 "① 선거 때 항상 투표한다. ② 법과 규칙을 항상 잘 지킨다. ③ 정부가 하는 일을 늘 지켜본다. ④ 사회단체나 정치단체에서 적극 활동한다. ⑤ 다른 의견을 가진 사람들의 생각을 이해하기 위해 노력한다. ⑥ 조금 비싸더라도 정치, 윤리, 환경에 좋은 제품을 선택한다. ⑦ 나보다 못사는 사람들을 돕는다"라고 연구진이 '이에 긍정할수록 민주적 시민성이 높다'고 규정한 질문에 일반적으로 높은 응답률을 보였고, 따라서 한국인의 시민의식은 높으며, 한국 방역의 성공은 권위주의가 아니라 민주주의 정치문화의 덕택이라는 것이다(시사IN 편집부 2020). 이를 참고하여 박동균이 진행한 비슷한 연구의 결론도 비슷했다(박동균 2020).

그러나 이를 자세히 들여다보면, 임동균의 연구에서 제시한 '시민의식 7대 지표'는 과연 그것이 높은 시민의식을 검증하는 지표인지 의심스럽다. 그 가운데 ①, ②, ③은 민주적 시민의식보다는 정부의 권위에 복종하려는 '신민의식'에 가깝다. 또한 ⑤, ⑥, ⑦은 시민의식보다 일반적인 윤리의식이라고 보는 게 더 적절하다. 외국 학계의 시민의식 측정 지표, 가령 새머러 센터(Samara Center for Democracy)의 캐나다 시민의식 조사연구에서 사용된 지표가 "① 선거 때 자주 투표한다. ② 자신의 정치적 이해관계와 그것을 증진시킬 방법에 대해 더 강하고 지속적인 의식을 갖고 있다. ③ 부정적이거나 양극화된 정치 운동에 영향을 덜 받는다. ④ 타인에 대해 관용적이며, 보다 포용지향적인 정치를 선호한다. ⑤ 정부가 하는 일과 그 각 부분들의 협력관계에 대해 잘 알고 있다"임을 보면(Samara Center for Democracy 2019), 임동균의 지표는 엇비슷한 듯해도 시민성 측정지표로서는 의문점이 많이 남는 지표임을 알 수 있다. 이런 회의적 평가는 임동균 자신의 후속 연구에서 '한국인은 일반적으로 타자에 대한 배려의식과 사회적 연대의식이 낮으며, 방역 지침 준수는 자기 자신의 안전이나 타인의 시선을 의식해서인 경우가 많다'는 결과가 나온 점에서도 뒷받침된다(시사IN 2021).

한편으로 다른 각도의 한국 사회 조사를 보더라도 현재 한국의 시민의식 수준에 대해서는 높은 평가를 유보하게 된다. 가령 사회갈등지수가 2017년 기준 OECD 34개국 중 3위로 상당히 높고 공동체 역량은 2015년 기준 OECD 35개국 중 35위로 제일 낮게 나타나는 등(교육부 2018), 적어도 엇비슷한 경제발전수준을 가진 나라들 사이에서 한국이 '시민의식이 뛰어난 사회'로 보기는 어려우며, 그 반대로 볼 가능성이 높음을 알 수 있다.

Ⅱ 한국 민주주의의 현황과 한계

현재 한국인의 시민의식이 그다지 높지 않다면, 그것과 민주주의와의 관련성은 어떨까. 민주주의의 수준을 평가하는 기준은 여러 가지가 있다. 그런데 시민의식과 관련해서만 본다면, '정치문화론'적 접근이 필요하다. 알몬드(Gabriel Almonds)와 버바(Sidney Verba)의 고전적 연구에서, 정치문화란 헌법이나 법률 등 정치제도만으로 평가하기 어렵고 오히려 그 제도의 실효성에 중요한 변수가 되는, 해당 사회의 사회구성원들이 공유하고 있는 정치적 규범이나 관습, 신념체계, 사고방식 등을 의미한다(Almonds & Verba 1963: 3－5). 그들은 제2차 세계대전 이후 다수의 나라가 민주적 제도를 채택했고, 그 헌법이나 법률상의 차이점은 크지 않음에도 실제 국가사회별로 민주주의의 발전 내지 공고성의 정도는 큰 차이를 보인다는 데 주목했다. 말하자면 미국이나 서유럽과 별다르지 않은 정치제도를 채택하고 있는 제3세계의 국가들이 쿠데타, 암살, 폭동 등으로 비정상적으로 정권이 교체되거나 아예 민주헌정이 중단되는 경우가 훨씬 잦았던 것이다. 그들은 그 중요한 원인이 사회구성원들의 정치문화가 다름에 있다고 보고, '향리형(parochial)', '신민형(subject)', '참여형(participant)'의 세 가지 정치문화 모델을 제시했다. 향리형은 식민지에서 독립하여 국가를 수립하기 이전에 중앙집권적 국가나 체계적인 정치참여의 경험이 거의 없었으며, 따라서 국가나 정부의 일에 대해 대체로 무관심한 채 향촌 차원의 일에만 관심을 기울이는 경우다. 신민형은 이와 달리 전근대 국가의 통치를 오래 경험했으나, 주체적인 근대화와 시민혁명의 경험이 없었고, 따라서 국가와 정부의 일에 관심은 높되 주체적이지 않고 추종적, 순종적인 태도를 보이는 경우다. 그리고 참여형은 주체적 근대화와 시민혁명을 통해 민주 정부를 수립한 경험이 풍부하며, 민주적 제도를 운영하는 일에 시민이 적극적으로 참여한다. 결국 참여형 정치문화가 시민문화(civic culture)의 근간을 이룰 때 안정적 민주주의가 가능하다는 게 알몬드와 버바의 결론이다. 한편으로 이는 보다 이전에, 정치-교육철학자 존 듀이(John Dewey)가 제시한 것처럼 제도만이 민주주의를 설명할 수 없다는 이념을 재확인해준다. "민주주의는 정부 형태 이상의 것이다. 민주주의는 공동생활의 양식이고 경험을 전달하고 공유하는 방식이다."(Dewey 1916: 87)

한국은 어떤가? 1987년의 '형식적 민주화' 직후, '한국은 전형적인 신민형 정치문화의 사회였으나, 참여형 정치문화의 사회로 이행하고 있다'는 주장이 힘을 얻었었다. 천 년 이상 동아시아적 전제국가의 통치를 경험하고, 다시 일본의 식민지배와 미군정을 경험했기 때문에 '외생적'으로 도입된 민주적 제도의 실효성을 충분히 발휘하기에는 국민 일반에게 신민형 문화 특유의 소극성이 두드러졌다. 하지만 '참여 폭발'에 따른 정권 교체와 권위주의 청산 경험이 거듭되면서, 스스로 정치의 주체가 되어 적극 참여하려는 참여형 정치문화가 확산되고 있다는 것이다. 따라서 그로부터 30여 년이 지난 현시점에서는 서구의 '선진 민주주의'에 뒤지지 않는 정치문화와 관행이 정착되리라고, 1990년대 초의 분석가들은 예상했었다.

4.19, 5.18, 6.10 등으로 이어져 온 참여폭발 민주화 운동의 역사는 동아시아 국가로서는 유일한 것이며, 분명 신민형 정치문화의 이념형과는 맞지 않는 부분이기는 하다. 하지만 서구 역사의 시민혁명과 비교할 때, 이는 폭발적인 시위와 저항으로 기존 정권의 강권을 꺾었지만 그 이상의 사회경제적, 제도문화적 변혁을 이뤄내지는 못했다. 궐기한 시민들은 일차적 목표의 성취만 보고 곧바로 평온한 신민으로 돌아갔다. 4.19는 그 과정에 거의 역할을 맡

지 않았던 민주당이 정권을 떠안는 결과만 보며 종식되었다. 6.10은 직선제 개헌만을 성취했을 뿐, 당시 여당과 야당의 적당한 타협으로 만들어진 헌법을 승인하고 그 헌법에 따라 치러진 선거에서 구 권위주의 세력의 재집권을 용인했다. 2016~2017년의 촛불항쟁은 그 이전에도 당선 가능성 1위 후보였던 대선후보가 몇 개월 일찍 당선되는 결과 외에 특별한 성과를 내지 않은 채, 계속 지적되어 온 1987년 헌법의 개정에서부터 오래 쌓여 온 한국 사회의 여러 병폐에 대한 근본적인 개혁에 이르기까지의 시도조차 별로 없는 채로 역사의 한켠으로 사라졌다.

말하자면 4.19에서 촛불항쟁까지의, 또는 그 이전의 3.1까지의 대규모 민중봉기는 국가 차원, 전체 공동체 차원에서 심각한 불의가 자행된다는 인식 아래 '공의(公義)'를 요구하는 봉기였다고 할 수 있으되, 개별적이면서 보편적인 '정의(正義)'를 스스로의 손으로 정립하고자 일어선 '시민의 불복종' 내지 '혁명'으로 보기에는 한계가 있었다(함규진 2020). 따라서 그것을 결과적으로 대립하는 두 기성 정파 가운데 한 정파에게 유리한 상황을 조성해 주는 이상의 실질적 사회개혁을 담보하지 못한 것이다. 분명 1987년 이후 한국정치사는 일찍이 1950년대에 그레고리 핸더슨(Gregory Henderson)이 진단한 '소용돌이의 정치(politics of vortex)', 즉 정권의 핵심에 모든 권력과 권위가 집중되며 정치권과의 매개수단을 갖지 못한 개인은 원자화된 상태로 엘리트의 정치행동에 무력하게 좌우되고 동원되는 방식의 정치에서는 탈피했다. 그러나 이제 소용돌이는 이원화되었다. 1990년대 한국 민주주의의 민낯이 지역주의와 가신정치였다고 한다면, 2000년대 이후로는 진영정치, 그리고 팬덤정치라고도 할 만한 이미지정치가 헤게모니를 갖고 있다. 이념적으로 큰 차이가 없는 두 주류 보수정당을 중심으로 모든 정치 쟁점이 명멸하며, 모든 것은 두 정당 중 어느 쪽의 집권 내지 선출직 확보에 유리한가로 수렴된다. 그 와중에 '생활정치', '이념정치'는 외면된다. 정부수립 이래 꾸준히 쌓인 모순과 폐단의 결과인 과도한 경제력 집중, 불균형한 한미동맹 체제, '부동산 공화국', '입시지옥' 등 한국 특유의 병폐를 근본적으로 타개하자는 주장이 묻힘은 물론, 성소수자의 권리나 동물권에 대한 배려, 적극적인 환경 보전 등 현재 서구 민주주의 정치에서 주요 쟁점이 되고 있는 쟁점들도 제대로 조명되지 않는다. 사회의 주된 관행을 건드리는 개혁은 반발과 우려를 낳을 수 있고, 선거전에서 불리하게 작용할 가능성이 크기 때문이다. 그래서 '그런 문제는 물론 대단히 중요하지만, 일단 이번 선거에서 이기고 난 다음에 보자'는 공허하며 반복되는 약속과 함께 후보자 개인의 도덕성 문제가 주요 쟁점이 되거나, 레드콤플렉스와 친일청산 문제처럼 공허하고 추상적인 쟁점이 정치지형을 재단한다. 이처럼 정치 문제가 후보자 개인의 문제가 아니면 역사 내지 시대정신 같은 초월적인 문제로 인식되면서, 국민 개인의 정치효능감은 높아질 수 없다. 진영정치의 한 쪽에 편승하여 '게임의 졸'로 투쟁하거나, 정치무관심에 빠져 개인의 문제에 골몰하거나 하는 수밖에 없는 것이다.

왜 그렇게 되었을까? 후발개발도상국의 자본주의 체제, 냉전체제, 분단체제 등등 거대 담론 차원에서 풀이할 수 있을 것이다. 그렇지만 정치문화와 시민의식을 의식적으로 개혁할 수 있는 수단이 있다면 그것은 기본적으로 교육이다. 따라서 한국의 시민교육은 어떤가, 그리고 어떻게 되어야 하느냐를 살펴볼 필요가 있다.

Ⅲ 시민교육, 한국과 세계

1. 주요 국가별 시민교육 사례

'시민교육'은 고대 그리스의 도시국가에서부터 있었다고 볼 수 있다.[3] 그러나 '국민국가'와 '대중정당정치'를 기본 배경으로 하는 조건에서의 시민교

3) 고대 스파르타에서는 모든 시민에게 '좋은 통치자가 되기 위한 교육과 좋은 피치자가 되기 위한 교육'을 실시했다고 한다(플루타르코스 2021). 또한 아리스토텔레스는 자신의 『정치학』의 마지막 권을 '공교육'에 할애하며, 좋은 정치는 시민들이 공적 문제에 대해 제대로 이해하고 참여하도록 교육하는 것이 관건이라고 주장했다.

육은 대체로 역사가 길지 않으며, 많은 경우 20세기에 틀이 잡혔다. 그 명칭도 국가별로 다양하다. 독일은 '정치교육(politische Bildung)', 미국은 '시민교육(Civics)', 일본은 '공민교육(公民敎育)', 한국은 '민주시민교육'이라는 용어를 사용하고 있다(심성보 2011).

한국 교육부의 정의에 따르면, '민주시민교육'이란 '비판적 사고력을 가진 주체적인 시민이 민주주의의 가치를 존중하고 서로 상생할 수 있도록 민주시민으로서의 역량을 향상시키는 교육'을 의미한다(교육부 2018). 한편 독일은 "정치공동체(국가사회)의 유지·발전을 위한 지식, 능력, 가치관을 육성하기 위한 교육적 노력"으로 정의하며, 영국이나 미국, 프랑스 등에서는 "시민이 소유해야 할 의지와 능력을 배양하기 위한 교육활동"을 의미한다고 본다(신수연 2019). 한편 조일수는 "한 국가의 정치 수준은 그 국가 시민의 질적 수준을 넘어서지 못한다. …시민교육은 훌륭한 자질을 가진 시민을 길러내는 것이다."(조일수 2021: 36－37)라고 보았다. 공통적으로, 시민은 정치적 차원에서 '시민'으로 불리기에 적합한 어떤 역량, 말하자면 '시민덕(civic virtue)'을 확보할 수 있으며 그러한 역량이 충분할 때 해당 사회의 민주주의가 유효하게 작동한다는 인식을 찾아볼 수 있다. 그러한 역량을 교육하는 것이 바로 시민교육이다.

한국 시민교육의 현황을 파악하기 위해 먼저 시민교육을 비교적 일찍 정착시킨 국가들의 사례를 보기로 하자. 먼저, 독일은 연방정치교육원과 주정치교육원이 정치교육을 포함한 교육의 전반적인 가이드라인 제시와 지원 역할을 맡고 있는 한편, 각급 학교(학교교육)와 지역사회 및 직능단체(사회교육)의 자율성이 강조되고 있다. 정치교육에 있어서는 전체적으로 학교민주주의와 직장민주주의의 강화, 과거사에 대한 반성과 성찰, 유럽 정체성 인식과 다양성 인정 등을 특징으로 하는데, 1976년에 교육원 등의 정부기구와 교원단체들이 중심이 되어 맺은 '보이텔스바흐 협약'이 정치교육을 비롯한 서독의, 그리고 통일 독일의 기본 교육 원칙으로 작동하고 있다. 이 협약의 정신과 요구사항을 보다 구체적으로 어떻게 구현할지는 각 주와 현장 교육단위의 자율적 협력에 따라 정해지기는 하되 큰 차이는 드문데, 그 가운데 헤센 주의

교육부가 2019년 개정한 '보이텔스바흐 협약의 교실 수업 실행 지침'을 김국현 등의 독일 시민교육 연구 팀이 분석한 바에 따르면, ① 갈등과 문제 지향, ② 논쟁의 원리, ③ 행동지향, ④ 판단과 추론이라는 4대 원칙을 중심으로 각각 2, 3개씩의 교수방법을 제시하고 있다(김국현 2020: 54). 이를 풀이하면 독일 학생들은 먼저 사회에 존재하는 정치적 문제를 인식하는 한편 그것을 자신의 문제로 체화하여 자신의 정치적 입장을 세우는 법을 익히며, 논쟁을 통해 다른 학생들 및 교사 등과 다양한 입장의 존재를 인식하고 그런 입장들 가운데 합의점을 찾는 훈련을 한다. 그리고 발-오-맛(Wahl-O-Mat) 등의 선거조언 어플리케이션을 활용하여 자신 내지 자신의 집단의 정치적 입장이 현실정치의 정당 및 정파와 조응되는 상황을 살펴보고, 마지막으로 자신의 입장-현실정치 구도-정책 쟁점과 과제 등을 두루 포괄하여 내실성 있는 정책 대안 의견을 구축할 수 있는 훈련을 받는다(장혜영 · 김주희 2017: 20-25).

핀란드는 시민교육의 기본 원칙으로 ① 정체성(identity), ② 참여(participation), ③ 상호작용(interaction), ④ 배려(caring)를 제시한다(심성보 2011: 426-429). 시민으로서의 역량을 확보하려면 공동체 내에서 스스로의 정체성을 바로 확립하고, 사회 현실에 직접 참여하며, 타인과 적절하고 평화적인 상호작용을 하며, 타인, 지역사회, 국가, 세계에 대한 배려심을 가지도록 교육해야 한다는 것이다. 핀란드 시민교육의 특징은 교육의 결과 육성된 시민으로서의 역량을 실천에 옮길 수 있도록 최대한 배려한다는 점이다. 그것은 핀란드 헌법 제2장 제6조 제3항에서 "청소년은 평등하게 대우받고, 개인으로서 존중받아야 한다. 그들의 발달 수준에 상응하는 정도로 자신들에 관한 문제에 영향을 미치도록 허용돼야 한다"라고 규정한 데서 출발한다. 그리하여 각 지역단위마다 설치된 어린이 의회(Lasten Parlamentti)는 초등학생들의 선거로 선출되고, 각 선거구를 대표하여 정책을 심의하며 결의안을 통과시키는 점이 '성인' 의회와 똑같이 운영된다. 그리고 그 어린이 의회에서 결정된 사안은 큰 무리가 없는 한 실현시키도록 하고 있다(심성보 2011: 442-443). 보다 상급 학교 학생들의 청소년 의회(Nuorten Parlamentti)와 청소년 관련 문제만을 집중 논의하고 결의하도록 하는 청소년위원회(Nuorten valtuusto)도 마찬가지다. 또한 청소년 선거(Nuorten vaalit)가 있는데, 실제 정당과 후보자를 놓고 벌어지는 각종 선거 전에 청소년만을 대상으로 정당 및 후보자에 투표하도록 하는 것이다. 그 결과는 실제 선거 직전에 발표되며, 실제 선거 결과를 구속하지는 않지만 일정한 참조가 될 수 있다(서현수 2020: 3-7).

미국의 경우에는 1910년대에 전미교육협회((National Education Association)의 노력에 따라, 기존 교과과정의 '정부론'이 단순히 정치과정의 기본지식 전달과 애국심 주입에 치중하고 있던 것을 개혁해 공동체와 시민의 관계, 공동체에서의 시민의 삶과 역할에 대한 이해 등등 보다 주체적이고 전체적인 입장에서 교육하는 시민교육 교과가 도입되었다. 그 도입 여부는 각 주의 재량에 맡겨졌으나, 현재까지 시민교육 교과를 도입하지 않은 주는 없다(차조일 2017). 이후 연방 차원에서도 시민교육의 보급과 강화에 꾸준한 노력을 기울여 왔는데, 가장 최근의 사례 중 하나는 '골스(Goals) 2000 미국교육법'(1994)이다. 이에 따르면 2000년대에 달성하려 하는 교육개혁 8대 목표 가운데 2개가 시민교육 향상에 할애되어 있으며, 그것은 각각 학교교육, 사회교육에서의 시민 역량 강화를 내용으로 한다. 또한 '민주주의 교육법'(2002)은 모든 미국의 기초 교과과정에 미국 헌법, 권리장전, 독립선언서 등 '자유, 평등, 정의, 시민의 권리와 책임'에 대한 미국의 고전 문서들을 읽고 배우는 과정을 포함하며(이를 공통핵심성취기준, Common Core State Standards이라 부른다), 시민 역량과 책임성을 강화하고, 신흥 민주국가들과의 학생 교류를 통해 시민교육의 수준을 높일 기회를 갖도록 해야 한다는 것이다(Branson 2002). 미국의 경우에는 출발부터 '주들 사이의 자유롭고 느슨한 연합'이라는 성격이 짙었으며 이에 반해 연방에의, 미국이라는 국가 전체에의 정체성과 애국심을 기르기 위한 고려가 교육에 작용해왔다. 그리하여 미국 독립, 남북전쟁, 1960년대 민권 운동 등을 거치며 미국이 통합되어 온 역사를 또한 개인의 자유와 평등, 정의를 구현한 역사로 이해하면서, '건국의 아버지들'에서 전해져 온 미국의 시민혁명적 전통을 일종의 '미국 민족주의'의 근거로 미국민들에게 내재화하려는 지향성이 유지되고 있다(이황직 2011: 44-49).

이처럼 민주주의와 시민교육의 발전에 앞섰다 여겨지는 국가들의 시민교육은 각국의 역사적, 상황적 차이에 따라 차이점을 보이면서도 공통점 또한 뚜렷이 나타난다. 피교육자가 정치적 공론장에서 주체성을 발견하도록 하는 데서부터 시작하며, 토론과 체험, 역할극 등을 통해 추상적인 민주주의와 정치이념의 쟁점들을 내재화하고, 이렇게 하여 육성한 시민적 역량을 실천의 장에서 확인하고 심화할 수 있도록 한다. 그리고 대부분의 경우 '시민교육' 교과가 독립 교과로 존재하며, 학교 교육과 사회 교육이 함께 중시되면서 양자가 긴밀히 연계됨으로써 각자 효과를 극대화하도록 설계되어 있다.

2. 한국 시민교육의 현황

한편, 한국의 경우 1992년부터 '교육자치제'가 시동되고, 1995년 '5.31 교육개혁' 이후 '학교운영위원회'가 도입되는 등 학교민주주의의 싹이 트기 시작했다(정연홍·박경희 2021: 954). 1987년의 민주화에 이어 시민교육의 도입 필요성도 제기되었다. 그러나 해방 직후 미군정이 도입해 잠시 시행한 공민 교과를 제외하면(심성보 2011: 159-160), 오늘날까지 시민교육, 민주시민교육은 독립 교과로 정립되지 못하고 있으며, 권위주의 시절의 틀을 답습하면서 통일교육과 사회과교육에서 어정쩡하게 '분담'되는 현실을 벗어나지 못하고 있다. 이에 따라 민주시민교육은 '체계적으로 이뤄지지 못하며, 이론 위주, 형식적, 일회적, 일방적, 비생활적이라는 한계를 극복하기 어렵다'(장미숙 2019: 10)

말하자면 정치적 현실에 대한 가치판단과 비판의식을 길러주는 부분은 '통일교육'이 담당해 왔는데, 이는 북한과 비교한 '대한민국의 체제 우월성'을 강조하고 주입하는 교육으로 참된 가치 비판, 정치이념 교육이 되지 못해왔다. 반면 정치과정과 제도에 대한 이해는 사회과교육이 담당하면서, '가치중립적' 태도를 유지하며 헌법이나 정부 기능 등에 대한 단순한 지식 전달에 그치는 모양새였다. 이는 최근 반성과 비판의 대상이 되면서 얼마간 변화하는 양상도 없지 않으나, 근본적으로는 권위주의 시대에 규정된 틀에서 크게 벗어나지 못하는 모습이다. 현실적인 학교교육이 입시교육에 치중하면서 '학교민주화'나 '시민/정치교육'은 '특정 정파 위주의 접근, 신성한 학교를 추잡한 정치로 오염시키려는 음모'로 비쳐지기까지 하며, 학교교육을 넘은 사회교육은 아예 존재도 없다시피 한다. 정치계는 물론 정치학계에서조차 시민교육의 중요성과 긴급성에 대해 이해가 부족한 모습을 보이며, 인성교육 내지 도덕교육의 범주에 시민교육을 억지로 포함시켜 '처리'하려는 태도마저 보인다(조일수 2021: 36).

이러한 시민교육에 대한 인식과 지원 미비는 교육(적어도 학교교육)의 주역이 될 교원들에 대한 현행 제도를 살펴봐도 여실히 드러난다. 현재 한국의 교원양성 과정은 초등학교와 중·고등학교 교원 양성과정으로 이원화되어 있는데, 초등교원을 양성하는 전국 교육대학교 및 초등교육과의 교육과정을 보면 <표 3-1>과 같이 거의 모든 학교에서 시민교육 과련 과목의 이수의 필수화가 부족하다. 일부 대학, 일부 학과에서만 1, 2개 과목이 필수화되어 있는 것이 전부여서, 한국의 초등교사는 모두가 시민교육 과목을 극소수만, 또는 전혀 이수하지 않고 졸업하여 교사가 될 가능성이 높은 것이다.

보다 경로가 다양한 중·고등학교 예비교원의 경우 더더욱, 대학 진학 무렵부터 시민교육에 관심을 갖고 애써 수강하려고 하지 않는 한, 시민교육 관련 역량을 전혀 갖추지 못한 채 교사가 되어 학생들을 가르치게 된다.

이들이 교사가 된 다음에도 시민교육을 자유롭게 진행할 수 없다. 독립교과도 교육 지침도 없는 상황에서 입시교육의 압박에 시달려야 할 뿐 아니라, '교사'와 '공무원'에게 이중적으로 부과되는 '엄격한 정치적 중립성의 의무' 때문에 교사는 수업 중 현실정치와 연관된 내용을 다룰 수 없다. 심지어 수업 외에서조차 거의 불가능하다.[4)]

4) 2016년, 세월호 집회에 참여한 교사에 대한 징계(https://www.yna.co.kr/view/AKR20161110154900004) 또는 2018년, 교사가 아닌 개인 자격으로 사적 소셜서비스 정치 게시글에 '좋아요'를 표시했다는 이유로 징계를 받은 교사(https://news.kbs.co.kr/news/view.do?ncd=3661608) 사례 등이 있다.

▎표 3-1 교육대학교 교육과정에서 시민교육 관련 과목의 개설 현황

	필수(전체)	필수(학과)	선택
서울교대		윤 1	교 2, 윤 1
경인교대			교 2, 윤 2, 사 1
춘천교대		윤 1, 사 2	교 6, 윤 2
청주교대			교 3
공주교대		윤 1, 사 1	교 1, 윤 1, 사 1
전주교대		사 2	교 1
광주교대	교 1		교 4
대구교대	교 1	윤 1, 사 1	교 7
부산교대		사 3	교 1
진주교대		윤 2	교 4
제주대(초교과)			교 9
이화여대(초교과)			교 2
교원대(초등과정)			윤 2

* '현대사회와 윤리' '법과 생활' 등등 구체적으로 시민교육을 대상으로 하지 않는 과목도 연관성이 있을 경우 포함하였음.

** '필수(전체)'는 그 학교에 입학한 학생이면 누구나 반드시 이수해야 하는 과목. '필수(학과)'는 각 학과에서 필수로 지정했으나 타 학과 학생은 이수하지 않는 과목. '선택'은 개설되었으나 학생이 선택하지 않을 수 있는 과목임(다만 여러 과목군 중 한 과목은 전체 필수이지만, 학생이 그 과목군 가운데 선택하지 않을 수 있는 과목도 포함하였음).

*** '교': 전체 대상 교양과목, '윤': 윤리교육과 이수 과목, '사': 사회과교육과 이수 과목.

이런 상황에서 다른 '민주국가'들의 학생들과 비교했을 때, 한국 학생들의 정치효능감은 매우 낮은 편이며, 학교민주화에 대한 실감도 낮고, 교육과정에서 내실 있는 민주적 참여와 의사결정을 경험할 기회도 적은 것으로 나타나고 있다(김태한 2013; 김태준 외 2015; 김보름 2020).[5] 한국의 학생들에게 학

5) 다만 이들 연구 사이에서는 상충되는 결론도 있다. 가령 김태한, 김태준 외의 연구에서는 한국 학생들의 정치효능감이 비교적 낮다고 여겨지는 반면, 김보름의 연구에서는 오히려 높은 편으로 나타난다. 그러나 이는 연구 기법이나 설문 구성의 차이 등에서 비롯된다 여겨지며, 전체적으로 이와 같이 평가하더라도 무리는 없을 것이다.

교란 강요된 '수용 공간'이며, 학교를 벗어나 본격적으로 진입하는 사회 또한 공동체적 연대나 참여를 통한 변화를 기대하기 어려운 공간이다. 그들에게 정치란 단지 교과목의 일부, 내지는 '그들만의 게임'일 뿐이다.

외국과의 비교를 통해 한국 시민교육의 현실과 한계에 대해 정리하자면, 첫째, 냉전이 종식된지 수십 년이 지난 지금까지도 경직된 이념적 편향성,[6] 과도한 정치중립성, 권위주의적 문화의 잔재 등이 엄존하면서 시민교육의 참된 발전과 활성화를 방해하고 있다.[7]

둘째, 입시교육에의 몰입과 그에 따라 교육은 개인의 영달을 위한 '점수따기 훈련'이며 학우들은 그 '경쟁자'이고, 그 과정과 직결되지 않는 교육 내용은 '무의미한 겉치레'로 학생, 교사, 학부모, 심지어 교육 당국까지 인식하고 있다.[8] 이에 따라 시민교육의 추진력과 열의가 발휘되기 어렵다.

셋째, 둘째의 원인이자 결과로, '수월성 교육'이 중시되고 '인적 자원 양성'이 교육의 기본 목표인 듯한 교육철학이 주류화되어 있다. 이에 따라 능력주

---

6) 어쩌면 한국과 '비슷하게' 사회주의 이념이 정치지형에 자리잡지 못하고 있는 미국만 하더라도, "자본주의와 사회주의는 서로 타협되지 않는 적들이다. 이에 맞서 두 가지 접근법을 경쟁시킬 필요는 없다. 우리는 두 이념 모두에서 배울 수 있다. 우리의 목표는 민주주의를 강화하는 것이다."(나딩스 & 브룩스 2018: 259)

7) 필자는 2010년대 중반에 초등학교 현장을 탐방하면서 반장, 회장 선거를 실시하는 학교와 그렇지 않은 학교가 있음을 알게 되었다. 선거를 폐지한 학교에 이유를 문의했더니 '자기 아이를 반장이나 회장을 시키려는 학부모의 등쌀로 아이들의 선거가 과열된다. 학교가 과도히 정치화되는 것 같아 폐지했다'는 대답을 들었다. 학생 자치의 장을 학생 개인의 '스펙 쌓기'로만 보려는 관점도 관점이지만, 학생들의 자치권을 '과도한 정치'를 이유로 마음대로 박탈할 수 있는 것으로 여기는 학교당국자들의 태도가 만연되어 있었다.

8) "교사들의 교안은 주로 고입이나 대입에서 학생들이 어떻게 고득점을 딸 수 있는가에 맞춰진다. 대부분의 학생은 그를 받아들이고 그 교사의 선별에 알맞게 대처하고 배운다. 시험에 나오지 않는 것은 없애고 무시해도 무관하다. 비록 그것이 살아가는 데 필요한 교훈이 될지언정 '시험에 나오지 않으니까' 필요하지 않다. 100점짜리 학생과 50점짜리 학생의 구별은 인간적 처우에 있어도 현격한 차이가 있다. 100점짜리의 실수는 예쁜 실수지만 50점짜리의 경우 체벌감이 된다. 100점짜리 학생의 지위와 50점짜리 학생의 인권은 동일하지 않다."(임채광 2020: 411)

의에 따른 가치 배분과 줄세우기식 교육성과측정의 결과 학교와 학생을 서열화, 계급화하는 일이 뒷받침된다. 이는 '모두가 공동체의 시민으로서 더불어 살아가기 위해'라는 시민교육의 이념적 전제를 파괴한다.[9)]

넷째, 그처럼 살벌하고 물질지향적인 교육에 치우친 나머지 가까이는 학교폭력에서부터 멀리는 사회 엘리트층의 일탈과 오만, 일반인들의 강력범죄 등의 증가 및 심화가 빚어지고 있다는 인식에 따라, '인성교육' 내지 도덕교육을 강조하는 것으로 해결하려는 것이 한국 교육의 최신 경향이다. 그러나 인성교육은 예전부터 '지나칠 정도로' 거듭되어 왔으며, '자기 이익을 부정하고 집단과 전체의 이익을 위해 희생해야 한다'는 식의 도덕론이 하나라도 점수를 더 따기 위해 아귀다툼을 벌이는 현실과 큰 괴리를 보이면서 '위선적인 인간', '공중도덕, 방역수칙 준수 등에서 높은 수준을 보이지만, 그것은 타인의 눈치를 그만큼 보기 때문' 등의 현상을 낳고 있는 것이다. 매사를 선과 악으로 나눠 보기 쉬운 도덕론이 주입되다보니, 정치 또한 '정의의 실현'도 '가치의 권위적 배분'도 아닌 '선악의 대결'로 이해함으로써 후보자 개인의 도덕성이나 레드콤플렉스, 친일청산론 등의 우원한 담론에 휘둘리기 쉬워지는 것이다. 결국 현재 한국의 시민의식이나 정치문화, 민주주의 발전 정도가 충분치 못한 것이 오직 시민교육의 부실 때문만은 아니겠으나, 그 요인 중 하나가 된다고 보기에는 충분하다. 그리고 그것이 요인의 하나라면, 해답의 하나 또한 될 수 있으리라.

---

9) "공교육의 제원리는 그 교육의 혜택이 모든 국민을 대상으로 공평하게 분배되어야 한다는 것이다. 기업이 기대하는 '인력양성'은 그렇지 않을 수 있다고 하더라도 국가가 추구하는 '인간 교육'은 모든 국민에게 똑같은 교육 기회를 제공해야 할 의무가 있다. 다만 성적이 좋거나 나쁘다는 이유로—그리고 그 성적이라는 것도 그 학부모들의 경제적 수준에 크게 영향을 받는다고 하지 않는가—아이들에게 차별적인 교육 기회를 제공하는 것은 공공교육의 원리를 위배하는 것이 된다. '다양화'니 '선택권 확대'니 '자율성 제고'니 하는 달콤한 용어들을 사용하기는 하지만 그것이 공교육의 기본적 원리를 훼손해 왔다는 사실을 부정할 수 없다."(한기철 2019: 184)

 한국 시민교육과 민주주의의 발전을 위하여

지금까지의 내용을 정리하면, 한국 민주주의의 발전과 그 밑바탕이 될 시민의식의 발전을 위하여 시민교육이 근본적인 발전을 기해야 할 필요성이 있다고 본다. 그러기 위해서는 다음과 같은 조건들이 충족될 필요가 있을 것이다.

1. 능력주의 입시위주 교육체제의 사회적 숙의와 합의에 따른 해소

'빨리빨리'는 한국의 급속한 경제발전 전선의 돌격 구호가 되었고, '배워야 산다'는 그 후방 진지에서 펄럭이는 깃발이었다. 그러나 이제는 그에 따른 병폐와 모순을 해소하고, 인권과 인간적인 행복이 더 두루 보장되는 사회, 문화, 교육체제를 마련해야 한다.

그러기 위해서는 '요람에서 무덤까지' 달라붙어 떨어지지 않는 실적(merit) 경쟁의 미망을 걷어내야 한다. 그런 끝없는 경쟁이 개인이나 모두에게 더 행복한 삶을 보장하지도 않고, 갈수록 물질적·외형적 성공을 보장하지도 않고 있기 때문이다. 그러나 모두가 눈의 멀고자 하는데 혼자서만 눈을 뜨려 하면 그 스스로 소외될 뿐이다. 일부 개인이나 단체의 대안교육 운동, 학벌주의 철폐 운동에 그쳐서는 안 되며, 적어도 보이텔스바흐 협약 수준의 사회적 합의가 필요하다. 그런 합의를 통해 비효율적이고 비인도적이며 비상식적인 지금의 교육 풍토에 '멈춰!'라는 메시지를 낼 수 있어야 한다. 그 마당은 시민단체와 학계, 정치권이 마련하고, 그 과정은 모든 국민이 자유롭게 참여하는 '만민공동회'의 숙의 과정으로 나타나야 할 것이다. 이런 조건이 충족되지 않는다면 그 어떤 시민교육 발전 계획도 성공하기 어렵다.

2. 시민교육 교과 신설 또는 통일교육의 시민교육화

현재 'OECD 회원국들'로 대변되는 이른바 선진 그룹 국가들 가운데, 시민교육을 별도로 설치하지 않고 있는 국가는 한국뿐이다. 이를 개선하여 독립 교과로 시민교육을 마련하거나, 기존의 교과과정을 크게 뒤엎는 일이 지나친 부담을 가져올 가능성이 높다면 기존의 통일교육을 보완, 발전시켜 사실상의 시민교육 교과로 거듭나도록 한다.

3. 교원양성대학에서의 시민교육 강화 및 교사에 대한 정치적 족쇄 해제

앞서 본 대로 교원양성과정에서 시민교육에 주어지고 있는 배려는 처참할 정도다. 이를 반드시 개선해야 하며, 단지 필수 과목을 늘리는 것에 그치지 않고 서구의 시민교육 과정을 직접 체험하고 교류하며 국제적 수준에서 시민교육 역량을 배양할 수 있는 기회가 보장되어야 한다. 또한 교편을 잡은 뒤에도 익힌 역량을 발휘하기 어렵다면 그러한 개혁은 전혀 무의미하다. 낡은 냉전의 유물, 권위주의 시대의 잔재인 과도한 교사-교실의 탈정치화를 반성하고, 바로잡아 나가야 한다.

4. 학교민주주의 내실화와 청소년 정치참여 및 '다른 교육 기회'의 증대

'행함이 없는 믿음은 죽은 믿음이다'라고 했던가. 시민성은 실천을 통하여 현실 사회에서 작용할 수 있을 때 비로소 의미가 있다. 따라서 아무리 수준 높은 시민교육을 이수했다고 해도, 피교육자가 실천에 옮기고 그 효능을 시험하며 더욱 역량을 강화할 교훈을 얻을 기회가 없다면 의미가 없다. 외국의 사례처럼 학교민주주의를 내실화하고, 청소년 의회의 신설, 청소년 선거의 실시 등으로 현실정치에 시민의 일원으로서 진지하고 열정적으로 참여할 기회를 마련해야 한다.

또한 학교교육의 틀을 넘어 사회교육 분야에서 시민교육을 강화해야 한다. 각 자치단체와 직능단체에서 시민교육과 시민참여가 활발히 진행된다면, 그것은 곧 시민성 함양만이 아니라 사회의 다원화에도 기여하게 될 것이다. 그리고 그런 사회교육은 학교교육과 연계되어야 한다. 그렇게 함으로써 시민교육은 잿빛 이론의 틀에서 벗어나 생명의 나무를 만날 것이며, 세대 간, 남녀 간, 직업 간 몰이해와 갈등의 소지 또한 감소될 수 있을 것이다.

더 생각해 볼 문제

- 한국사회에서 부딪치게 되는 '헬조선스러운' 문제들은 무엇이 있을까? 그런 문제의 원인 및 해결책으로 시민교육을 생각해보면 어떨까?
- 학교를 더 민주주의적인 공간으로 만들 필요가 있을까? 그러려면 어떻게 해야 할까?
- 교사의 정치적 자유와 권리는 어디까지 보장되어야 할까?

CHAPTER 03

경제 불평등과 민주주의의 도전

남기업

I 민주주의가 밥 먹여주냐?

참여정부 시기(2003.3~2008.2) '민주주의가 밥 먹여주냐?'는 말이 널리 유행한 적이 있었다. 참여정부 당시 민주주의의 중요한 가치인 언론의 자유, 사상의 자유 등의 총량이 크게 늘어났지만 불평등은 심해지고 일자리는 더 불안해졌다는 것이다. 즉, 민주주의의 확대와 심화가 밥 먹는 자유까지 보장해 주는 것이 아니라는 지적이다. 뒤집어 말하면 밥 먹을 자유가 충분히 보장되기는커녕 줄어드는데, 언론의 자유, 사상의 자유, 집회의 자유 확대가 무슨 의미가 있겠냐는 항의이기도 하다. 그런데 돌아보면 우리나라만 불평등이, 즉 밥 문제가 심각한 것은 아니다. 피케티가 통계로 보여주는 것처럼 전 세계의 모든 나라가 경제 불평등 문제에 시달리고 있다(Piketty 2014). 그렇다. 오늘날 민주주의는 경제 불평등 해결에 무능해 보인다.

민주주의의 핵심은 '평등한 자유'다. 참정권에 있어서 평등한 자유를 누리고 언론과 사상에 있어서 자유를 평등하게 누리는 것이 민주주의다. 그런데 왜 경제에서는 평등한 자유라는 말이 무색할까? 사유재산권과 평등한 자유는 충돌하기 때문일까? 시장경제는 경제 불평등을 심화시킬 수밖에 없는 것일까? 역으로 말하면 경제 불평등을 줄이려면 사유재산권을 침해할 수밖에 없는 것일까?

민주주의는 자유인이 만든 정치체제다. 자유인, 즉 자기의 삶을 스스로 형성하는 사람들이 만든 체제가 민주주의라는 것이다. 그러면 경제적 불평등은 시정되어야 한다. 인간은 정치적 존재이면서 경제적 존재이기 때문이다. 누구나 자기의 존엄성을 지킬 수 있는 수준 이상의 물질적 조건이 마련되어야 민주주의가 제대로 작동한다. 정치적 자립은 경제적 자립 위에서만 존립하기 때문이다. 로버트 달(Robert Dahl)이 지적한 것처럼 경제적 불평등은 '정치적 자원'[10]을 불평등하게 배분하도록 조장함으로써 결국 1인 1표의 정치적 평등을 위협한다.

본 절은 한국사회의 경제 불평등의 실상을 살펴보고 문제 해결책의 민주주의적 함의를 살펴보는 것을 목표로 한다. Ⅱ에서는 경제 불평등의 현실을 제대로 이해하기 위한 분배 정의론을 새롭게 구성한다. Ⅲ에서는 Ⅱ에서 정리한 분배 정의론의 관점에서 토지 불평등과 노동 불평등과 기업 불평등의 한국적 현실과 해법을 제시한다. 그리고 Ⅳ에서는 해법의 민주주의적 함의를 살펴보고 민주주의를 다시 정의하는 것으로 마친다.

Ⅱ 민주주의와 분배 정의론

불평등을 제대로 다루려면 불평등의 원인을 뿌리부터 검토해야 한다. 그래야 정당한 불평등과 부당한 불평등이 구분되고 불평등의 해법이 도출될 수 있는 근거를 마련할 수 있다. 언제 어디서나 가장 중요한 것은 '근거'다. 해법이 아무리 효과적이라 하더라도 왜 그것이어야 하느냐, 즉 정당성을 확보하

10) 로버트 달(Dahl 1999: 230－231)이 말한 정치적 자원은, 한 개인 혹은 그룹이 직접적 혹은 간접적으로 다른 사람의 태도에 영향력을 발휘하는 데 사용하기 위하여 접근할 수 있는 모든 것을 의미한다. 그런데 이런 정치적 자원들은 하나같이 경제적 부와 연결된 까닭에, 정치적 자원의 불평등 문제의 상당 부분은 결국 경제적 불평등 문제로 귀결된다. 달은 경제적 불평등이 심한 사회에서는 일부의 많은 부를 소유한 시민들이 국가의 정책, 결정, 행동에 대해서 다른 사람들보다 훨씬 큰 영향력을 행사할 수밖에 없기 때문에, 결국 민주주의의 근본 의미는 퇴색하고 소수의 지배로 전락하게 된다고 경고하였다.

지 못하면 제대로 된 해법이라 하기 어렵기 때문이다. 그러므로 불평등을 일으키는 원인의 부당성과 그 원인을 제거하는 해법은 수미일관한 논리적 기반 위에 있어야 한다.

그렇게 하려면 분배 정의론을 재구성해야 하는데, 그런 학문 분야가 바로 '정치철학'이다. 말 그대로 '정치'철학은 국가 자체를 혹은 국가의 역할을 철학적 지평 위에서 다루는 학문이다. 국가가 개인의 재산권을 얼마나 어떻게 인정해야 하는지, 경제를 운영하는 제도의 원칙이 무엇인지, 개인의 타고난 능력 차이와 각 사람이 처한 사회적·환경적 조건의 차이를 어떻게 다룰지를 근본에서부터 검토하는 것이 정치철학의 임무 중 하나다. 정치철학의 주된 분야가 분배 정의론인 까닭도 여기에 있다. 이렇게 정치철학에서 분배 정의에 관한 분명한 입장이 구성되면 지금 한국 사회에서 문제가 되는 경제 불평등의 원인과 해법을 찾을 수 있는 길이 열리게 된다(남기업 2021: 128).

그러나 지금까지 분배 정의론을 둘러싼 논쟁은 소득의 '결과'를 어떻게 분배하는 것이 정의로운가에 집중되어 있었다. 불평등을 해소하기 위해 소득 재분배가 필요하다는 '당위'를 도출하고, 여기에 경제학적 논리가 따라붙는 것이 일반적 패턴이었다. 그러나 더 중요한 것은 소득을 낳는 '원인'이다. 원인에 따라 원인 제공자가 '결과'를 소유하도록 하면 되기 때문이다. 한 사람이 노력한 것이라면 그 결과는 노력한 자가 모두 가져가면 되고, 두 당사자가 서로 주고받는 경우라면 교환하는 가치가 동등하면 되며, 여러 사람이 노력한 경우는 노력의 비례해서 결과를 분배하면 된다(김윤상 2017: 24-25). 이렇게 보면 모든 불평등이 다 나쁜 것이라고 할 수 없다. 우리가 주목해야 할 것은 '부당한 원인'이 낳은 불평등이다. '정당한 원인'에 의한 불평등은 문제가 되지 않는다. 그것은 오히려 사회를 역동적이고 안정적으로 만드는 경향이 있다.

물론 원인 제공자, 즉 노력한 자에게 노력의 결과를 보장하자는 논리로 모든 논란이 종식되는 것은 아니다. 지금까지 정치철학은 원인을 제공하는 개인의 능력 자체를 둘러싸고 논쟁이 전개되어왔다. 개인이 보유한 능력이 과연 자신의 것이냐는 논쟁, 즉 자기 소유권 논쟁이다. 이것은 개인의 능력이 소득의 원인인데, 그 능력에 대한 소유권이 누구에게 있냐고 따져 묻는 것이다.

여기에는 크게 보아 두 개의 학파가 대립하고 있다. 하나는 로버트 노직(Robert Nozick)으로 대표되는 자유지상주의인데, 이 학파는 자기 소유권에 기초해서 사유재산권 절대주의를 주장하고 있다. 상대편 학파는 존 롤스(John Rawls)로 대변되는 자유평등주의인데, 이 학파는 개인의 능력을 '공동자산(common assets)'으로 간주해야 한다고 주장한다. 하늘에서 떨어진 만나(manna)[11]와 같은 것이 개인의 능력인데 그것을 개인이 모두 소유한다는 것은 부당하다는 것이다. 롤스의 논리에 따르면 상당한 재분배가 가능해지고 정당화된다.[12]

그렇다면 위와 같은 소득의 원인과 결과를 고루 담은 분배 정의론을 새롭게 구성할 수 없을까? 본 연구는 소득의 원인을 개인의 순수한 노력, 타고난 운(luck), 그리고 특권으로 나누어서 검토할 것을 제안한다.[13] 여기서 말하는 운은 선천적 자질 및 성장 환경을 의미하고 노력은 그야말로 운이 개입되지 않은 원인을 말한다. 특권은 보통 노력과 운이 같더라도 남보다 더 많은 이익 또는 더 적은 불이익을 받을 수 있는 권한 또는 지위를 의미한다. 그런데 여기서 가장 문제가 되는 특권은 차별 및 배제를 통해 타인의 피해를 수반한다는 문제가 있다. 반면에 운은 당사자나 사회의 의도 또는 희망과 무관하게 우연히 발생하는 원인으로 인간이 통제할 수 없으며 타인을 차별하지도, 손해를 끼치지도 않는다. 물론 노력도 다른 사람을 배제하거나 차별하지 않는다.

그런데 현실에서는 노력과 운이 결합 되어 '능력'이라는 형태로 나타난다. 각자가 가진 능력을 자세히 뜯어 보면, 능력은 운의 영역인 타고난 재능과 가정의 분위기와 사회적 환경에 나의 노력을 가미해서 형성된 것임을 알 수

11) 만나(manna)는 구약성서에 나오는 것으로 이스라엘 사람들이 광야를 통과할 때 하늘에서 떨어진 양식을 의미한다.

12) 한편 이와는 다른 부류로 개인의 능력이 아니라 인간과 무관하게 주어진 토지는 자기 소유권과 별도로 논의되어야 하고, 비록 자유지상주의처럼 자기 소유권을 인정한다고 하더라도 토지와 토지에서 나오는 이득은 공유의 대상이 된다는 주장도 있다(남기업 2018).

13) 이와 같은 구분과 이하의 논리 전개는 김윤상(2017)에 기초하고 있음을 밝혀둔다.

있다. 그러면 이와 같은 능력으로 획득한 소득의 이름을 무엇이라고 부르는 것이 좋을까? 여기서는 '노력소득'이라고 부르려 한다. 반면 개인의 노력이 전혀 가미되지 않은 운 자체가 낳는 소득과 특권이 만들어낸 소득을 '불로소득'이라고 부르려고 한다.

그러나 노력이 전혀 가미되지 않은 운 자체가 만든 불로소득과 특권이 만들어 낸 불로소득도 구분할 필요가 있다. 운 자체가 만든 불로소득의 대표적인 예가 상속과 증여에 의한 소득인데, 이것은 타인을 배제하지도 차별하지도 않는다. 다시 말해서 타인에게 손해를 끼치는 불로소득이 아니다. 반면 특권으로 인한 불로소득은 배제와 차별을 낳고 타인의 손해를 수반한다. 다시 말해서 타인의 것을 가로챈 것이다. 그러므로 우리는 소득의 원인과 결과를 다음과 같은 그림으로 나타낼 수 있다.

그림 3-1. 소득의 원인과 결과

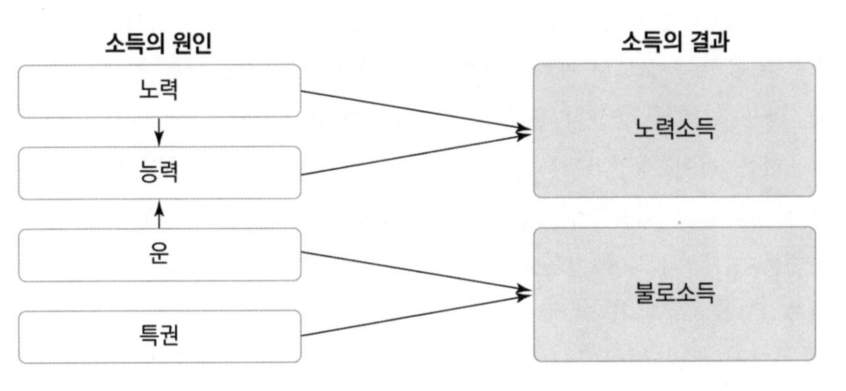

그렇다면 여기서 부당한 소득은 무엇일까? 특권에 의한 불로소득이다. 이것은 이론의 여지가 없다. 앞서도 언급했지만 흥미로운 점은 자기 소유권을 강하게 긍정하는 이념인 자유지상주의도 특권에 의한 불로소득을 옹호할 수 없다는 것이다. 백인종이라는 이유만으로 같은 노동을 제공하는 유색인종에 비해서 더 많은 소득을 누리는 인종특권, 남성이라는 이유만으로 똑같은 노동을 제공하는 여성에 비해서 더 많은 이익을 누리는 남성특권, 좋은 대학을 나왔다는 이유만으로 더 많은 이익을 얻는 학벌특권, 단지 정규직이라는 이유만으로 비정규직에 비해서 훨씬 많은 임금을 받는 정규직특권, 힘이 센 대기업이라는 이유만으로 하청 중소기업이 누려야 할 이익을 가로채는 대기업특권, 단지 토지를 배타적으로 소유했다는 이유만으로 사회가 만든 토지 가치를 사유화하는 토지특권은 자유지상주의로도 옹호할 수 없다. 왜냐면 그것은 타인의 자기 소유권을 침해하기 때문이다.

그러므로 특권은 가능하다면 철폐해야 한다. 남성특권, 대기업특권, 학벌특권, 정규직특권 등이 작동하도록 해 놓고 그 특권이 낳은 불로소득을 환수하는 것은 엄청난 비효율을 초래한다. 사회 구성원이 생산적 활동보다 특권을 추구하는 낭비, 즉 지대추구행위에 몰두할 가능성이 커지기 때문이다. 지대추구행위는 아무리 열심히 해도, 추구하는 당사자에게 이익이 되지만 사회적으로 부를 생산하는 행위가 아니다. 한마디로 말해서 비생산적 경제활동이다.

그러나 사회적 필요에 따라 부여하는 특권도 있는데, 그것은 양을 증가시킬 수 없는 천연물에 대한 특권이다. 천연물의 대표가 토지인데, 토지는 공동으로 사용하는 것보다 배타적으로 취득 사용하는 것이 사회 전체에게 유리하다. 다시 말해서 생산적 용도의 토지도, 주택이 깔고 있는 토지도 단독으로 사용하는 것이 개인과 사회에 유익하다. 그런데 이렇게 특정 토지를 특정인이 배타적으로 사용하면 그 이외의 사람들은 사용에서 배제가 되기 때문에 손해를 보게 되고, 특정인은 '지대(地代, land rent)'라고 하는 특권 이익을 누리게 된다는 문제가 발생한다.

여기서 특권 이익인 지대가 무엇인지를 좀 더 설명해본다. 중심지에서 노동하게 되면 주변부나 변두리에서 노동하는 것보다 더 많은 결과(생산물)를 얻을 수 있는데, 이 차이가 바로 '지대'다. 예를 들어 A는 사람들의 왕래가 빈번한 사거리에서, B는 사거리에서 좀 떨어져 있는 곳에서 같은 식당을 운영한다고 해보자. 이 두 사람의 인적 노력과 투하 자본이 같다면 당연히 A가 더 많은 소득을 올릴 것이다. 그러나 이 소득의 차이는 노력의 차이가 아니라 위치의 차이에서 비롯된 것이다. 더구나 이 위치의 차이는 개인이 만든 것이 아니므로 개인에게 귀속시키는 것도 정의롭지도 않다. 좋은 위치와 나쁜 위치는 사회가 만든 것이기 때문이다.

그렇다면 어떻게 할까? 해법은 간단하다. 타인을 배제해서 얻은 특권이익인 지대를 공유(公有)하면 된다. 이렇게 하면 토지특권 속에 들어있는 독은 빠지게 된다. 지대를 환수해서 공유하면 어느 위치에서 생산 활동을 하나 투입한 자본과 노동이 같으면 결과도 같아진다.

한편 운과 노력에 의한 소득은 논쟁의 대상이 될 수 있다. 물론 노력이 가미되지 않은 운에 의한 불로소득과 노력과 운의 결합인 능력이 만든 노력소득은 구분되어야 한다. 하지만 자유지상주의는 노력의 결과든 운의 결과든 모두 개인의 소유를 주장한다. 노력도, 운도 그것을 보유한 개인에게 속하는 것이므로 그것이 발휘되어서 생겨난 소득은 개인의 것이라는 것이다. 왜냐면 선천적으로 출중한 재능과 같은 좋은 운을 가지고 태어난 것이 타인에게 해를 준 것도 아니고, 능력을 구성하는 두 개의 요소인 순수한 개인의 노력과 타고난 운에서 어떤 것이 능력에 더 크게 작용했는지를 따지는 것도 불가능하기 때문이다. 하지만 운이 도덕적으로 정당하지 못하다고 주장하는 자유평등주의는 이에 반대한다. 앞서 말했듯이 운을 공적 자산으로 간주하는 자유평등주의에 따르면 상당 부분은 환수해서 공유해야 한다. 그러나 사실상 이 상반된 주장들은 논증 불가능한 전제인 자기 소유권에 대한 입장 차에서 비롯된 것인 까닭에 아무리 논쟁을 해도 서로가 서로에게 반박당하지 않는다. 운이든 능력이든, 좋은 부모를 만났든 못 만났든, 나에게 속한 것은 다 내 것이라는 것과 그렇지 않다는 주장은 평행선을 달릴 수밖에 없다. 다만 사회적 필요에 의해 환수해야 한다면 노력이 가미되지 않은 운, 예를 들어 상속과 증여에 의한 불로소득이 우선적 환수대상이 되어야 한다는 것엔 동의할 수 있을 것이다.

그러므로 우리는 이것을 다음과 같이 정리할 수 있다. 첫째, 특권이익은 정당성이 없는 불로소득이므로 공유의 대상이다. 단, 사회가 인정하면 안 되는 특권, 즉 남성특권, 인종특권, 대기업특권, 정규직특권 등은 제도적으로 차단되어야 한다.

둘째, 운에 의한 불로소득과 능력에 의한 노력소득은 자기 소유권의 입장에 따라 공유의 대상 여부와 공유의 정도가 결정된다. 단, 공유가 필요하다면 운에 의한 불로소득이 첫 번째 대상이 된다.

Ⅲ 특권으로 본 대한민국 경제 불평등의 실상과 해법

특권이 초래한 불평등은 부당하다. 단지 토지를 보유하고 거래했다는 이유만으로, 단지 정규직이라는 이유만으로, 대기업이라고 이유만으로 불평등이 확대되는 것은 사회 구성원들을 낙담시킨다. 사회 구성원들이 특권을 추구하려고 너도나도 나서게 되면 사회 전체는 더 나빠질 수밖에 없다.

그런데 한국 사회에서 발생하는 불평등의 주된 원인은 이런 부당한 원인에 의한 불평등이다. 아래에서는 대표적으로 토지 불평등, 기업 불평등, 노동 불평등의 실상과 해법을 살펴본다.

1. 토지 불평등의 실상과 해법

대한민국 불평등의 주범은 부동산이다. 오죽하면 조물주 위의 건물주라는 말이 생겼을까. 하지만 부동산은 토지와 토지개량물, 즉 건물의 합으로 정의되는데, 여기서 부당한 불평등을 낳는 원인은 건물이 아니라 토지다. 건물은 '능력'의 산물이고 시간이 지남에 따라 가치가 떨어지기 때문이다. 다 쓰러져 가는 재건축 아파트가 비싼 이유는 건물값이 비싼 것이 아니라 그 건물이 깔고 있는 땅값이 비싼 것이다.

이렇듯 토지는 인간이 생산한 일반 재화와 근본적으로 다른 특징을 가지고 있다. 첫째는, 토지는 인간의 노력으로 그 양을 한 뼘도 늘릴 수 없다는 점이다. 일반 재화는 가격이 올라가면 공급이 늘지만 토지는 그렇지 않다. 투기적 가수요 때문에 GDP 대비 토지 가격이 '2015년(4.07배) → 2017년(4.16배) → 2019년(4.57배) → 2020년(5.01배)'로 높아져도 대한민국 국토는 그대로다

(통계청·한국은행 2021). 둘째는, 토지는 인간에게 있어서 꼭 필요한 재화라는 점이다. 반면 일반 재화는 그렇지 않다. 자동차가 없으면 불편하지만 인간은 토지가 없으면 생존이 불가능하다. 인간은 생산을 하거나, 쉬거나, 스포츠를 하거나 인간이 하는 모든 활동은 토지 위에서 진행된다. 만약 한 사람이 대한민국 국토 전부를 소유하고 있다면 그 사람을 제외한 나머지 모든 사람은 그 사람에게 토지 사용 승낙을 받아야 하고 임대료를 내야만 한다. 그 토지 소유자에게 모든 사람이 경제적·정신적으로 예속된다. 세 번째는 일반 재화의 가치는 일반 재화 생산에 참여한 사람의 노력의 양과 질에 의해서 결정되지만, 토지는 개별토지소유자의 노력이 아니라 사회의 노력에 의해서 생긴다는 점이다. 토지의 가치는 위치가 결정하는데, 좋은 위치와 나쁜 위치, 중심지와 변두리 등은 사회가 결정한다. 마지막으로 토지의 가격은 '미래'를 내다보고 생기지만, 일반 재화의 가격은 '과거'에 투입된 노동과 재료에 의해 결정된다. 현재 농지이지만, 미래에 택지로 전환된다면, 근처에 도시가 형성된다면 토지의 가치는 미리부터 올라 있다. 이런 까닭에 일반 재화와 달리 토지는 투기의 대상이 되는 것이다.

투기가 노리는 것은 불로소득이다. 투기는 토지 불로소득을 추구하는 비생산적 경제행위이다. 물론 토지에서 발생하는 이익을 얻기 위한 경제주체의 노력도 노력이라고 할 수 있다. 그런 까닭에 토지의 매매차익으로, 임대수익으로 버는 돈을 노력소득이라고 주장하기도 한다. 그런데 분명한 것은 그런 노력이 부가가치 창출을 위한 노력이 아니라는 점이다. GDP 증가에 1도 기여하지 못한다. 한번 생각해보자. 대한민국 모든 사람이 아침에 일어나서 모두 땅과 건물과 집을 알아보러 다니는 노력을 한다고. 그러면 어떻게 될까? 땅값과 집값과 건물값은 상승하지만 GDP는 1도 증가하지 않는다. 개인적으로는 노력이지만 사회 전체적으로 보면 생산적 행위가 아니다.

그러나 불행하게도 현재 우리나라의 토지제도는 토지에서 발생하는 불로소득의 거의 대부분을 개인이 누리도록 하고 있다. 환수 장치인 세금 제도인 보유세와 양도소득세가 있지만 턱없이 부족하다. 토지 불로소득을 노리는 투기가 일어나기 때문에 토지 가격은 상승하고 이것은 토지소유자와 비(非)토지소유자, 토지과다소유자와 토지과소소유자의 격차를 더 벌려 놓는다. 다른 말로 하면 불평등을 심화시킨다는 것이다.

2020년 현재 한국에서 토지를 소유한 세대는 1,413만 세대로 전체 세대(2,309만 세대)의 61.2%만 토지를 소유하고 있고, 나머지 38.8% 세대는 토지를 소유하고 있지 못하다. 즉, 약 40% 세대는 다른 사람에게 임대료를 내고 토지를 빌려서 사용하고 있는 셈이다. 불평등을 나타낼 때 가장 많이 사용하는 지니계수는 0을 완전히 평등한 상태를, 1은 완전히 불평등한 상태를 의미하고, 0.8을 넘으면 불평등이 극심한 것으로 평가하는데 2020년 현재 개인의 토지 소유 지니계수는 0.811이다. 2019년 가구소득의 지니계수가 0.345이고, 부동산과 금융자산을 다 합친 총자산에서 부채 총액을 뺀 순자산 지니계수가 0.597인 것에 비하면 0.811은 대단히 불평등한 수준이다.

법인의 토지 소유 불평등은 개인보다 훨씬 심하다.[14] 2020년 토지를 소유하고 있는 법인 236,135개 중 상위 1%가 법인 전체가 소유하고 있는 전체 땅값의 75.1%를 소유하고 있는데, 이는 전년도 73.3%보다 1.8%p 증가한 것이다.

그러면 실제로 토지에서 발생하는 불로소득의 규모는 얼마나 될까? 연구에 따르면 대한민국의 토지 불로소득 추산 결과는 2007년에는 161.4조 원의 토지 불로소득이 발생했고, 2010년에는 216.9조 원, 2018년에는 315.9조 원, 2019년에는 352.9조 원, 2020년에는 445.5조 원의 불로소득이 발생했다. GDP와 비교하면 14년(2007~2020) 동안의 GDP 대비 토지 불로소득 평균은 16.7%인 것으로 나타난다(남기업 2021). 이 지점에서 우리가 분명히 알아야 할 것은 이 불로소득의 상당 부분이 결국 토지 없는 사람에게서 이전된 소득이라는 점이다. 즉 토지를 소유하지 못한 사람과 과소하게 소유한 사람의 소득이 토지 과다 소유 개인과 법인에게로 '합법적으로' 이전된 것인데, 이것이 바로 대한민국 불평등의 주범이다.[15]

---

14) 여기서 법인의 대표가 주식회사이니 법인을 회사로 바꿔서 부르는 것이 이해가 더 쉽다.

15) 토지(부동산)가 불평등에 얼마나 많은 영향을 주었는지에 관해서는 남기업(2021: 46-55)을 참조하라.

그러면 어떻게 해야 하나? 토지 자체를 평등하게 분배하는 것이 좋을까? 그것은 곤란하다. 그렇게 하려면 정부가 민간이 소유한 토지를 매입해야 하고 토지를 소유하지 못한 개인이나 세대에게 분배해야 하는데, 매입 자금을 마련하기도 어렵거니와 매각을 누구에게 얼마에 할 것인지를 정하는 것도 쉽지 않다.

가장 좋은 방안은 특권이익인 토지 불로소득을 환수해서 공유하는 것이다. 필자는 여기서 토지 자체를 분배하는 것보다 토지에서 발생하는 지대를 세금으로 환수해서 모든 사람에게 분배하는 것, 이른바 '토지 기본소득'을 제안한다. 정리하면 토지 기본소득은 모두에게 노동유무와 관계없이 무조건적으로 정기적으로 현금으로 지급하는 기본소득의 재원을 토지보유세로 충당하겠다는 것인데, 이것은 다음과 같이 정당성과 효율성 모두를 충족시킨다.

첫째로 토지 기본소득 자체는 정당하다. 먼저 앞에서 밝혔듯이 토지는 인간이 만들지 않았고, 필요하다고 만들 수 없으며, 모든 사람에게 필수적인 재화라는 것에서 토지에 대한 권리는 모두가 평등하다는 원리는 자연스럽게 도출된다. 더구나 앞서 말했듯이 토지에서 발생하는 가치는 토지소유자가 만든 것이 아니라 사회가 만들었다. 토지 가치는 정부가 도로를 설치하고 전철역을 놓고 학교를 세우면 자연스럽게 올라간다. 국민의 대표인 정부의 역할이 결정적이다. 인구의 이동 등 사회경제적 변화도 중요한 원인이다. 그리고 풍광이 수려한 곳이 가치가 높은데 이것은 환경적 원인이라고 할 수 있다. 요약하면 토지 가치의 발생 및 증가는 정부적 원인, 사회경제적 원인, 환경적 원인에 의한 것이다.[16] 토지 자체에 대한 권리도 평등하고 토지 가치도 사회

16) 토지에서 발생하는 이익인 지대를 사회가 만들었다는 사실은 시장주의자인 헨리 조지(Henry George)와 사회주의자인 칼 마르크스(Karl Marx)는 이렇게 말한다.

"지대는 토지에서 자연히 생기는 것도 아니고 토지소유자의 행위에 의해 생기는 것도 아니다. 지대는 사회 전체에 의해 창출된 가치를 대표한다. 사회에 다른 사람이 없다면 토지소유자로 하여금 토지 보유로 인해 생기는 모든 것을 갖게 해도 좋다. 그러나 사회 전체가 창출한 지대는 반드시 사회 전체의 것이 되어야 한다(George 1997: 352−353)."

"토지소유의 경제적 실현 [또는 지대의 발달]에서 나타나는 독특한 특수성은, 지대가

가 만들었다면 그것을 세금으로 환수해 모두에게 분배하는 토지 기본소득은 자연스럽게 정당성이 획득된다고 하겠다.

다음으로 토지 기본소득은 경제효율을 증가시킨다. 모든 세금은 경제에 부담을 준다. 세금을 누진적으로 징수해 재분배하면 소비가 더 늘어나 경제가 확장될 수 있으나, 대표적인 세금인 개인 소득세를 강화하면 노동 공급이 줄고, 법인 소득세를 강화하면 생산이 위축된다는 사실을 부인할 수 없다. 그러나 토지에 보유세를 부과하면 부과하기 전과 비교해서 토지를 더 효율적으로 사용한다. 토지를 효율적으로 사용할 의사가 없으면 처분하고 효율적으로 이용할 사람이 소유하게 된다. 다시 말해서 토지라는 한정된 자원이 효율적으로 배분된다는 것이다. 이렇게 되는 이유는 공급이 완전히 비탄력적인 토지에 세금을 부과하면 토지소유자가 부담하게 되고, 토지소유자는 그것을 비용으로 인식하고 그 비용을 초과하는 이익을 내기 위해서 노력하게 되기 때문이다.[17)]

이렇게 토지 기본소득을 실시하면 다음과 같은 사회경제적 효과가 예상된다. 첫 번째는 토지 소유 불평등이 줄어든다. 토지보유세를 강화하면 부동산의 기대수익률이 떨어져 불로소득을 노린 부동산 보유는 줄어들고 투기용 부동산은 시장에 나올 것이다. 두 번째로 소득 불평등도 줄어든다. 토지보유세가 강화되면 지가가 떨어지고, 지가 하락은 매매차익과 임대소득이 줄어들어 토지가 초래한 불평등은 줄어든다. 한편 토지 기본소득은 부동산을 조금밖에 소유하지 못한 사람과 아예 소유하지 못한 사람들에게 엄청난 혜택이 되기 때문에, 즉 실질 소득을 높여주기 때문에 소득 불평등은 더 줄어들 것이다. 세 번째로 경제효율이 더 높아진다. 경제에 큰 부담이었던 땅값이 내려가면 지가에 짓눌렸던 생산의 용수철이 튀어 오르게 될 것이다. 다시 말해서

결코 지대수취자의 행동에 의하여 결정되는 것이 아니라 〔그와는 무관하며 그는 어떤 역할도 하지 않는〕 사회적 노동의 발전에 의하여 결정된다는 점이다(Marx 1990: 786−787)."

17) 토지 기본소득을 얼마나 지급할 수 있을 지에 대해서는 남기업(2021: 157−180)을 참고하라.

생산 활동이 왕성해질 것이다. 특히 법인의 생산적 투자는 늘어날 것이다(남기업 외 2017: 131).

2. 기업 불평등과 노동 불평등의 실상, 그리고 해법[18]

앞서 말했듯이 중소기업에 대해서 대기업이 누리는 특권은 폐지되어야 한다. 아울러서 비정규직에 대해서 정규직이 누리는 특권, 중소기업 노동자에 대해서 대기업 노동자들이 누리는 특권도 폐지되어야 한다. 그러나 현재 대기업과 중소기업의 관계가 수직적이고 착취가 구조화되어있다는 점은 너무나 잘 알려져 있다. 대기업은 자신의 우월적 지위를 이용해 온갖 위험부담을 중소기업에 떠넘긴다. 대기업 정규직 노동자의 쉼 없는 처우 개선 요구가 초래한 부담 등을 납품단가 후려치기 같은 방법으로 중소기업을 쥐어짜는 것도 어제오늘의 일이 아니다. 이른바 특권이 노리는 불로소득을 대기업이 누려왔다는 것이다. 이는 중소기업중앙회가 매년 발표하는 ≪중소기업 실태 조사 결과≫에 잘 나타난다. 2019년 주로 중소기업으로 구성된 하청기업이, 대기업이 다수인 모기업과 납품거래 시 겪은 애로사항을 살펴보면 '부당한 대금 결정'이 40.0%로 가장 많으며, '납품대금 결제기한 미준수'가 34.6%, '납기단축촉박'이 19.4%, '원자재가격 상승분 등 납품단가 미반영'이 17.2% 등의 순으로 나타난다. 이는 거의 대부분 부품단가와 관련된 애로사항이다.

이런 착취 관계는 중소기업과 대기업의 생산성 격차가 점점 벌어지는 것에서 확인된다. 중소기업중앙회가 발간하는 ≪중소기업현황≫에 나타난 1980년 제조 중소기업의 생산성은 대기업의 55% 수준이었다. 그러다가 1990년에는 50% 아래로 떨어졌고, 90년대 중반에는 30%대로 급락해 2018년(25.6%)까지 이런 추세가 이어지고 있다.[19] 일반적으로 중소기업은 대기업에

18) 이 부분은 남기업(2010: 154~171, 209－213)에 의존했음을 밝혀둔다.

19) 그러나 다른 나라는 그 정도가 훨씬 약하다. 핀란드(76.2%), 노르웨이(71.5%), 프랑스(70.0%), 영국(61.2%), 독일(60.4%)에 이르고 있다(중소기업중앙회. ≪2017 해외중소기업통계≫).

비해 상대적으로 자본 집약도, 즉 노동자 1인당 장비를 사용하는 양이 낮기 때문에 대기업과의 노동생산성 격차는 불가피한 측면이 있다. 그런데 문제는 이 격차가 계속 커진다는 데 있고 이것은 '착취' 관계의 지속 내지 심화의 증거인 것이다.

한편 노동 불평등도 계속 심해지고 있다. 기업 불평등이 심해지면 대기업과 중소기업의 생산성 격차가 심해지고 그것은 다시 임금 격차를 더 벌리게 되는 것도 중요한 이유가 될 것이다. 중소기업중앙회가 발표한 자료에 따르면, 중소 제조업의 경우 1980년에는 대기업 임금의 80.2%였던 수준이 1995년에는 대기업의 64.3%, 2002년 62.2%, 2014년 53.2%, 2018년 53.1%로 떨어졌다가 2019년 55.5%로 약간 상승했다. 즉 40년 동안 임금의 격차가 25%p 이상 벌어진 것이다.

비정규직의 임금은 정규직의 50%를 벗어나지 못하고 있다. 2000년 이후 정규직과 비정규직의 월평균 임금 격차는 계속 벌어지다가 급기야 2008년부터는 그 절반에도 못 미치고 있으며, 최저임금 상승으로 2020년에는 51.5%에 이르고 있다(김유선 2020). 정규직은 고용의 안정성도 보장받으면서 높은 임금을 받는 엄청난 특권을 누리고 있는 것이다.

그러면 대기업의 특권과 대기업 정규직의 특권을 어떻게 해야 할까? 필자는 유능한 민주 정부의 중재 아래 노동(정규직과 비정규직)과 기업(대기업과 중소기업)이 '새로운 협약' 체결을 제안한다. 그러나 여기서 말하는 협약은 단순한 '타협(compromise)' 혹은 '절충'을 뜻하는 것이 아니다. 한마디로 말해서 '종합(synthesis)'이다. 각 경제주체가 정당한 것이 무엇인지 인식하고 협약을 이행하여 정의로운 경제체제로 이행하는 것을 의미한다. 그러면 협약에서 각 주체가 수용하고 이행해야 할 사항이 무엇인지 살펴보자.

먼저 노동이 수용해야 할 사항은 다음과 같다. 첫째, 동일노동-동일임금이란 원칙 아래 정규직과 비정규직의 불합리한 임금 격차 시정을 수용한다. 이를 위해 노동은 임금과 안정성이 반비례해야 한다는 원칙을 받아들이고 정규직은 비정규직의 임금이 정규직의 임금을 상회할 때까지 임금 인상을 자제한다. 둘째, 임금 체계를 연공급에서 숙련급으로의 전환을 수용한다. 근무연

수가 증가함에 따라 급여가 증가하는 것은 그 자체로 정의롭지 않고 이것은 기업에 부담이 된다. 임금은 철저히 기여에 비례해야 한다. 셋째, 개별 기업 자체가 제공하는 복지의 비중은 줄이고 국가가 제공하는 복지의 비중을 늘리는 것을 수용한다.

다음으로 기업이 수용하고 이행해야 할 사항은 다음과 같다. 첫째, 중소기업에 가해지는 대기업의 반칙을 근절하는 각종 법률을 수용한다. 둘째, 구조조정을 할 때는 해고를 의미하는 수량적 유연성이 아니라 작업장 재배치를 의미하는 기능적 유연성을 우선적으로 적용하는 것을 수용한다.

그리고 정부가 약속하고 이행해야 할 사항은 첫째, 정부가 직업 재교육 및 일자리를 알선하는 등 적극적 역할을 감당한다. 둘째, 대기업과 중소기업이 상생 관계가 되도록 엄정한 법 집행을 한다. 셋째, 교육과 의료와 노후의 삶의 질을 높인다. 넷째, 토지특권이익을 환수하여 기본소득으로 지급하여 모든 사람에게 생활의 안전판을 제공한다.

이렇게 새로운 사회협약을 하게 되면 첫째, 대기업 발전의 성과가 중소기업에까지 이어지는 '낙수(落水)효과'가 복원될 것이다. 즉, 글로벌 시장에서 대기업이 벌어들인 수익이 중소기업까지 이어진다는 뜻이다. 낙수효과가 복원되면 중소기업의 투자, 생산성, 이윤율 등의 등락은 대기업과 보조를 맞추게 되고, 이것은 중소기업의 임금 지불능력을 향상시켜 노동자들의 처우가 개선되며 대기업과 중소기업 노동자의 임금 격차도 완화하는 데 큰 도움이 될 것이다.

둘째, 괜찮은 일자리가 늘고 나쁜 일자리는 줄어들 것이다. 이렇게 되면 중소기업에 들어가서 박봉에 시달리느니 내 사업을 한다는 심정으로 시작하는 '떠밀린 창업'이 크게 줄어 자영업과 중소기업의 과당경쟁도 줄어들 것이다.

셋째, '소기업 → 중기업 → 중견기업 → 대기업'으로의 동태적(動態的) 발전이 수월해지고, 이로 인해 사회 전체의 역동성도 크게 높아질 것이다.

넷째, 노사갈등이 크게 완화될 것이다. 임금의 불합리한 차별이 시정되어 대기업 임금과 중소기업 임금 차이가 크지 않으면, 그리고 토지 기본소득을 지급하게 되어 소득 안전판을 튼튼하게 갖춰 놓으면 노동자와 사용자의 수직적 관계는 수평적 관계로 전환될 것이다.

 특권과 불로소득, 그리고 민주주의

민주주의의 핵심은 평등한 자유다. 사상과 언론과 출판과 참정권에 있어서 모두가 평등한 자유를 누리는 것이 민주주의다. 그런데 이런 민주주의가 밥 먹여 주냐라는 질문이 나오는 이유는 무엇인가? 그것은 민주주의가 아무리 확장되어도 경제 불평등이 극심하면 방금 열거한 평등한 자유의 항목들은 그림의 떡이 될 가능성이 높기 때문이다. 정치적 존재인 인간은 뼈와 살, 즉 물리적 실체인 몸을 지닌 존재이기도 하다. 몸은 정기적으로 음식을 섭취해야 한다. 독립적으로 거주할 주택도 필요하다. 그뿐 아니라 안정적으로, 그리고 지속적으로 소득이 발생해야 한다. 이 모든 것이 어느 정도 갖춰줘야 사회 구성원 모두가 수동적 객체가 아니라 능동적이고 당당한 주체가 될 수 있다.

그러나 경제 불평등이 심해지면 어떻게 될까? 자신의 존엄성을 지킬 수 없는 수준 이하의 삶을 사는 사람들이 늘어나게 된다. 실질적 정치 참여가 제한되고 공론장에서 의미 있는 목소리를 낼 수 없는 사람의 수가 늘어간다는 것이다. 그러므로 경제 불평등 해소는 민주주의에 필수다.

그런데 앞서 말한 것처럼 경제 불평등의 주된 원인은 '특권'이 낳는 불로소득이었다. 시장경제, 사유재산권이 불평등의 원인이 아니다. 역으로 말하면 사유재산권이 제대로 지켜지지 않아서 경제 불평등이 심화되었다는 것이다. 토지로 인한 불평등 심화, 기업 간의 불평등 심화, 노동자 간의 불평등 심화의 실상을 들여다보면 원인은 시장경제와 사유재산권이 아니라 특권으로 인한 불로소득이다. 이런 관점에서 필자는 경제 불평등의 방안으로 토지 기본소득과 새로운 사회협약을 제시했다. 노동과 관계없이 토지 기본소득이 모두에게 지급되면 사회 구성원 모두가 당당함을 유지할 수 있고 토지투기도 사라지므로 주택 마련도 쉬워진다. 더구나 노동 불평등과 기업 불평등이 해소되면 시장의 역동성은 증가하면서 사회 구성원 전체 삶의 수준도 올라간다.

이쯤에서 필자는 민주주의를 좁은 의미의 '정치체제' 내에서만 다루는 학문적 경향에 근본적인 문제가 있다는 점을 지적하려 한다. 민주주의를 경제 영역에까지 확대 적용해야 한다는 것이다. 그래야 '민주주의가 밥 먹여주냐'

는 세간의 비난을 극복할 수 있다. 평등한 자유를 경제 영역에도 적용해야 하는데, 흥미로운 점은 평등한 자유는 특권을 허용하지 않는다는 것이다. 평등한 자유는 특권을 제도적으로 차단하라고, 그리고 불가피하게 허용해야 하는 특권일 경우에는 그 특권에서 발생하는 불로소득은 환수해야 한다고 명한다. 그런데 앞서 다뤘듯이 대한민국 불평등의 주된 원인이 특권에 있었다. 노력소득으로 인한 불평등이 아니라 특권이 만든 불로소득이 불평등의 주범이라는 것이다.

민주주의와 특권은 상극이다. 돌아보면 민주주의 발전의 역사는 특권 해체의 과정이었다. 남성과 유산자와 백인에게만 참정권을 부여해왔던 특권을 폐지하면서 민주주의는 발전의 발전을 거듭해왔다. 그런데 지금까지 민주주의를 경제 영역에 적용하지 못한 이유는 무엇일까? 다른 말로 하면 민주주의가 경제의 문을 열고 그 안으로 들어가지 못한 까닭은 무엇이었을까? 필자는 정치철학이 전개한 분배 정의론의 애매함과 난해함에 상당한 원인이 있다고 본다. 소득의 원인과 결과를 구분해서 검토하지 않고 불평등한 결과를 어떻게 개선할지에만 몰두하기 때문에 철학적 입장에 따라, 논증 불가능한 전제의 차이에 따라 상반된 주장이 대립해 온 것이다.

이런 관점에서 보면 본 절은 민주주의를 경제 영역으로까지 포괄할 수 있는 근거를 마련했다고 평가할 수 있다. 그리고 여기서 다룬 토지특권, 기업특권, 노동특권 이외에도 우리 사회에 똬리를 틀고 있는 다양한 경제적 특권을 포착·분석해 내고 특권을 제도적으로 차단하거나 특권이 낳은 불로소득을 환수한다면 민주주의는 밥 먹는 문제, 즉 경제 불평등을 근본적으로 해결하는 희망의 정치이념으로 우리에게 다가올 수 있을 것이다.

더 생각해 볼 문제

1. 토지 기본소득이 정의롭고 효율적이라고 하는 이유는 무엇일까요?
2. 우리 사회에 만연한 특권에는 무엇이 있는지, 그것을 어떻게 해결할 수 있을지 토론해 봅시다.

더 읽을거리

- 이정우. 2021. 『왜 우리는 불평등한가: 쉽게 읽는 피케티 경제학』. EBS BOOKS.
- Piketty, Thomas 저 · 안준범 역. 2020. 『자본과 이데올로기』. 문학동네.

CHAPTER 04

시민사회와 민주주의

이영재

 시민사회의 르네상스 시대

1. 시민사회에 대한 관심

사회주의권이 붕괴하고 1990년대 초반 제3세계를 비롯한 동유럽 국가사회주의 국가들의 민주화가 시작되면서 시민사회에 대한 관심이 높아졌다. 20세기 후반 시민사회 논의는 크게 두 축으로 발전했는데 계급적, 헤게모니적 성격에 주목한 마르크스 전통과 자발적 결사체와 시민적 습속에 주목한 토크빌적 전통이 두 축의 중심을 이루었다(Keane 1988). 1980년대 후반부터 시작된 세계적인 민주화 물결 속에서 각광을 받은 시민사회 논의는 저항적, 헤게모니적 차원을 강조한 마르크스적 전통이었다. 한국사회도 1987년 6월 민주항쟁 이후 마르크스나 그람시의 시민사회 논의를 중심으로 활발한 변혁운동의 연장선상에서 시민사회 논쟁이 전개된 바 있다. 반면 2000년대 이후 민주주의가 안정적으로 정착한 국가를 중심으로 사회적 가치와 신뢰, 공동체 규범 등과 같은 시민사회 역량에 주목하며 토크빌 전통의 시민사회 관점이 다시 관심의 대상이 되고 있다.

시민사회는 "법적으로 보장되고 민주적으로 조직된 다양한 사회제도로 구성되는 비정부적 영역"(Held & Keane 1984: 38)이라고 정의할 수 있다. 현대 민주주의에서 시민사회를 구성하는 핵심 요소들은 다원성, 공공성, 자율성, 법률성이다(Cohen & Arato 1992: 346). 물론 시민사회에 대한 이 개념 정의나 구성요소는 이념형적인 것이다. 나라마다 정부의 역할과 형태가 다르듯이 시민사회 또한 정부와의 관계, 시대적 배경에 따라 다양한 특성을 갖는다. 권위주의 정부 하에서 시민사회는 민주화를 추진하는 강력한 저항의 영역이 되기도 하고, 정부의 '뻗은 팔' 역할에 충실한 관변단체로 존재할 수도 있다. 반면 EIU(Economist Intelligence Unit's Democracy Index)가 발표하는 '민주주의 지수'에서 '완전한 민주주의 국가(full democracy)'로 평가되는 국가의 경우 시민사회는 아래로부터 정치사회적 의제를 제안하는 역할을 하거나 정부나 시장이 독자적으로 감당하기 어려운 과제들을 공동으로 해결하는 역량을 발휘하기도 한다.

2000년 이후 세계적으로 진보, 보수를 막론하고 시민사회의 역량을 새롭게 평가하기 시작했다. 세계은행(IBRD)이 저개발국 개발 사업의 키워드로 시민사회의 핵심 자산 중 하나인 사회적 자본 개념을 채택했다. 미국식 시장경제체제 확산을 주도하고, 신자유주의 세계화 프로그램을 리드하는 '워싱턴 컨센서스(Washington Consensus)'에서도 사회적 자본의 중요성에 주목하고 있다. 기후위기를 비롯하여 4차 산업혁명에 따른 사회적 양극화 문제 등 더 크고 강하게 대두되고 있는 사회적 난제를 정부나 시장의 독자적 능력만으로 대처하기 어렵다는 인식이 확산되고 있다. 그 대안으로 시민사회의 사회적 역량이 주목받고 있는 것이다. 시민사회를 바라보는 스펙트럼도 나눔과 자원봉사, 사회자본을 비롯해 시민참여, 사회적경제, 마을만들기 등의 영역으로 점차 확대되고 있다. 시민사회의 르네상스 시대라고 해도 과언이 아니다. 각국의 정부는 시민사회 역량과 가치를 확대하기 위한 정책적 실험을 진행하고 있으며, 정부나 시장 모두 시민사회와의 거버넌스를 강화할 파트너십을 만들기 위해 노력하고 있다.

2. 다양하게 정의되는 시민사회 개념

시민사회는 글로벌 차원이나 한 국가 차원에서 다양한 형태로 존재한다. 시민사회를 정의할 때 국가나 시장의 특성과 비교하는 경우가 많다. 국가 또는 정부와 다른 특성을 강조하는 경우 시민사회를 NGO(Non-Governmental Organization)로 정의하는 것이 일반적이다. 시민사회를 정의하는 용어로 NGO가 광범위하게 사용되고 있다. 우리말로는 '비정부기구' 또는 '비정부조직'을 의미한다. NGO는 UN에서 국가기구와 관계를 맺고 협의하는 조직, 곧 정부 이외의 기구로서 국가주권의 범위를 벗어나 사회적 연대와 공공목적을 실현하기 위한 자발적인 공식 조직을 의미한다. NGO는 비정부성·공익성·연대성·자원성·공식성·국제성을 특징으로 하는 민간단체를 말한다(박상필 2001: 37).

NGO라는 용어가 공식적으로 등장하는 데에는 UN헌장의 역할이 컸다. 제2차 세계대전 종료 직전인 1945년 6월에 50개국 대표들이 샌프란시스코에 모여 UN 창설을 위한 국제회의를 가졌다. 이 회의에서 UN헌장의 기초 작업이 이루어졌다. 이 회의에는 정부 대표와 더불어 시민사회 대표들도 참여했고, NGO와 UN의 공식적인 관계를 UN헌장 제71조에 명기하고, NGO에 UN 산하 경제사회이사회(ECOSOC)와 협의할 수 있는 협의적 지위를 부여하였다(주성수 2018: 151; 박상필 2001: 37 참조).

다른 한편 시장(경제)과의 관계를 중심으로 시민사회 개념을 정의하는 경우 영리기구와 대비하여 NPO(Non-Profit Organization)라는 용어를 사용한다. NPO는 미국에서 주로 사용하는 용어로 연방국세청(IRS)으로부터 면세특권을 누리는 조직들을 말한다. 최근 한국도 시민사회조직을 통칭하는 용어로 NPO를 많이 쓰고 있는데 주로 비영리조직으로 번역하여 사용한다. 시민사회를 지원하기 위한 기관 명칭을 '○○시 NPO지원센터'로 사용할 정도로 NPO라는 용어도 많이 사용한다. NPO는 시민사회 개념이 갖는 영역적 성격보다는 조직적 성격을 드러내는 데 유용한 용어다. 2000년 1월 1일 비영리민간단체의 자발적 활동을 보장하고 건전한 민간단체로의 성장을 지원하여 공익활동 증진과 민주사회 발전에 기여하기 위한 목적으로 「비영리민간단체지원법」이 제정된 바 있다. 이 법에서 정의하는 비영리민간단체는 영리가 아닌 공익활동 수행을 주된 목적으로 하는 민간단체로서 '사업의 직접 수혜자가 불특정 다수일 것', '구성원 상호 간에 이익분배를 하지 아니할 것', '상시 구성원

수가 100인 이상일 것' 등의 요건을 충족하는 단체를 말한다.[20] 그렇다고 NGO와 NPO가 시민단체를 지칭하는 특성에 따라 개념이 명확하게 구분되는 것은 아니다. 「비영리민간단체지원법」의 영어법률명에는 비영리민간단체를 표현하는 용어로 NGO와 NPO를 나란히 병기하고 있다.[21] 이렇게 본다면 NGO와 NPO가 일반적으로 시민사회단체를 지칭하는 용어라고 이해해도 무방하다.

한국에서 '비영리'라는 용어를 사용하게 된 것은 미국과 일본의 영향이 컸다. 미국은 NGO보다는 NPO를 공식적으로 사용하고 있는 국가이며, 일본은 미국의 영향을 받아 1998년 NPO법(특정비영리활동 촉진법안)을 채택했다. 한국, 일본, 미국 모두 비영리단체들에 세금혜택을 주거나 재정을 지원하기 위한 근거법을 채택했다는 공통점이 있다. 반면, 영국과 같이 섹터 개념으로 시민사회를 접근하는 경우도 있는데, 이 경우 1섹터는 정부, 2섹터는 시장, 3섹터는 시민사회를 의미한다. 최근에는 시민사회 개념을 정부나 시장과 다른 무엇, 즉 부정어법(Non)을 통해 정의하지 않고 CSO(Civil Society Organization)로 사용하는 경우가 늘고 있다. 세계은행이나 시비쿠스(CIVICUS), 유엔개발계획(UNDP) 등도 CSO를 사용한다(주성수 2018: 152-153).

20) 「비영리민간단체지원법」 제2조에 따른 요건은 다음과 같다. "1. 사업의 직접 수혜자가 불특정 다수일 것, 2. 구성원 상호간에 이익분배를 하지 아니할 것, 3. 사실상 특정정당 또는 선출직 후보를 지지·지원 또는 반대할 것을 주된 목적으로 하거나, 특정 종교의 교리전파를 주된 목적으로 설립·운영되지 아니할 것, 4. 상시 구성원수가 100인 이상일 것, 5. 최근 1년 이상 공익활동실적이 있을 것, 6. 법인이 아닌 단체일 경우에는 대표자 또는 관리인이 있을 것"으로 규정되어 있다.

21) ASSISTANCE FOR NON-PROFIT, NON-GOVERNMENTAL ORGANIZATIONS ACT.

Ⅱ 근대 시민사회 개념사

1. 국가와 사회의 구분

현대 시민사회의 원형은 근대정치의 등장부터 나타난다. 시민사회는 사회계약론이나 정치사상사적 흐름과 깊은 관련을 맺고 있다. 시민사회를 구성하는 시민을 자기 생존을 위한 만인의 투쟁 상태에 있는 것으로 파악하는 입장과 시민을 공적 역할의 담지자로 파악하는 것 사이에는 큰 간극이 존재한다. 시민사회 개념사를 이해하기 위해서는 국가와 시민사회의 분리가 주는 함의를 이해할 필요가 있다. 다수의 시민사회 논자들에 따르면 오늘날 자연스럽게 구분하여 쓰고 있는 '국가'와 '사회'의 근대적 구분은 헤겔에 와서 종합된다.[22)]

헤겔은 명확하게 국가와 구분되는 영역으로 시민사회를 규정하고 국가의 공적 특성과 달리 개인적인 요구와 이익이 타인과의 관계를 지배하는 인간의 사회적 삶의 국면을 나타내기 위하여 시민사회라는 표현을 쓴다. 헤겔은 시민사회를 '만인의 만인에 대한 투쟁영역' 즉 모든 개인의 사적 이익들이 충돌하는 전쟁터로 상정한다.

> 시민사회를 움직이고 있는 것은 개인주의와 이기심이며, 시민은 엄격한 의미에서 그 자신의 행복을 위한 수단으로서 타인과 관계를 맺는 사람이다 (Hegel 1967: 189).

킨(Keane)은 국가와 시민사회를 구분하는 것이 산업혁명을 경험한 18세기

22) 코헨과 아라토가 국가와 사회의 근대적 구분이 헤겔에게서 나타난다고 말하는 근거는 다음 세 가지이다. 첫째, 헤겔은 자연법 전통과 더불어 칸트에게서 권리의 담지자이자 도덕적 양심의 행위자라는 개인의 보편적 정의 개념을 이어 받는다. 둘째, 국가와 시민사회의 상호침투를 포함하는 방식을 포함하여 국가와 시민사회를 구분한다. 셋째, 퍼거슨(Adam Ferguson)을 차용하고 정치경제학을 차용한다(Cohen & Arato 1992: 91－92).

정치이론의 산물이라는 점에 대해서는 동의하지만 시민사회를 헤겔과 달리 규정한다. 킨은 시민사회를 개인적 이해·요구의 각축장이 아니라 우리의 필요에 의해서 만들어진 영역이라고 파악한다. 킨에 따르면 국가와 사회는 서로 다를 뿐만 아니라 다른 기원을 가지고 있다. 사회(society)는 우리의 필요에 의해서 형성된 반면에 정부(government)는 우리의 사악함 때문에 형성되었다. 사회는 보호자이고 정부는 처벌자이다(Keane 1988: 36). 이후 시민사회 논의가 발전해가면서 헤겔 중심의 시민사회 규정은 국가－사회의 이분모델, 즉 사회의 범주 속에 경제(시장)를 포함하는 자유주의적 시민사회 이론으로 발전한다. 반면 킨과 같이 시민사회를 규정하는 논의들은 국가－경제－사회의 삼분모델로 발전하고, 시민사회의 공적 역할을 중시하는 공화주의적 시민사회 이론으로 발전한다.

2. 신분질서의 해체와 시민의 등장

시민사회 개념사를 통해 볼 때 근대 시민사회 등장의 가장 두드러진 특징은 혈통에 기초한 신분제 사회로부터 평등한 시민들의 사회로 전환한 것이다. 마르크스가 프랑스혁명을 목도하면서 주목한 지점도 바로 이 신분제 원리의 타파에 있었다.

> 정치적 의미에서 볼 때 시민사회의 성원은 그의 신분으로부터, 즉 현실적인 사적 지위로부터 자유롭다. 정치적 차원에서만 그는 인간 존재로서의 중요성을 획득한다. 국가의 성원으로서, 사회적 존재로서의 특질, 즉 그의 인간적 특질을 획득한다. … 이전의 영역들 안에서 이미 현존하던 신분들의 구별이 정치적 영역에서 의미를 갖지 않는다(Marx 1843: 81).

근대의 진보적 성과는 각자가 타고난 혈통에 따른 차별로 위계화 된 사회가 아니라 누구나 시민으로 평등한 권리를 구현하는 사회를 실현한 데에 있다. 누구나 평등의 기반 위에서 시민의 지위를 향유하기 시작하면서 비로소 근대 시민사회 영역이 만들어졌다. 물론 시민의 형식적 평등만으로 근대 시민사회가 완성되는 것은 아니다. 마르크스가 프랑스 혁명을 '집의 기둥을 그대로 둔 혁명'에 비유하고, '시민사회의 일부분(part of civil society)'만 보편신분으로 전환한 부분적인 혁명(Marx 1843: 184)이라고 갈파한 것과 같이 시민권의 확보와 더불어 정치적 대표를 선출할 수 있는 권리가 확보되어야 비로소 근대 시민사회라고 할 수 있다.

근대 시민사회는 시민사회를 구성하는 시민이 성별, 계급, 교육, 경제력 등의 차이와 무관하게 보편적 참정권을 향유할 때 완성된다. 역사적으로 부르주아의 정치적 계급 독재 시기에 프롤레타리아트는 시민사회부터 완전히 또는 부분적으로 배제되었다. 평등한 시민권의 정착 이후 프롤레타리아트가 보편적 정치권을 획득함으로써 시민사회의 보편적 지위를 점하는 과정은 오랜 유혈 투쟁의 과정이기도 했다. 인민대중이 보통민주주의 및 정치사회적 인권과 시민권을 쟁취한 이후 부르주아 시민사회는 계급 독재적 한계를 넘어 보편적 시민들의 시민사회로 추동되었다. 오늘날의 시민사회는 과거 부르주아의 '독점회사'가 아니라 프롤레타리아가 결정적인 진보적 역할을 수행한 피지배계급들의 복합적인 유혈투쟁의 역사적 성과를 내포하고 있는 것이다(황태연 1996: 64).

그람시(Gramsci)는 시민사회 영역에서 전개되는 지배와 피지배의 동학을 다음과 같이 헤게모니 개념으로 파악하였다.

> 헤게모니란 현실에 관한 지배적인 개념이며, 사고와 행동의 모든 양식이 그 개념에 의해서 충족되는 질서를 의미한다. 즉 헤게모니란 좁은 의미에서는 지배계급의 세계관 확산과 대중화를 통해 확보되는 피지배 대중의 '동의'(이하 강조-인용자)에 기반한 정치적 지도력 즉 '강제'에 의해서가 아닌 '합의'에 의해서 획득되는 우월성을 가리키며, 보다 넓은 의미에서는 강제와 합의, 즉 국가와 시민사회의 양계기를 포괄하는 개념이다(Gramsci 1983: 176-185).

그람시가 헤게모니 개념을 통해 부르주아의 지배가 단순히 억압적 국가기구를 통해 강권적으로만 유지되는 것이 아니라 시민사회에 뿌리 내린 다양한 동의 기제들을 통해 이루어지고 있다는 것을 파악한 것은 국가와 시민사회의 관계를 제로섬적인 관계로 단순화하지 않고 국가와 시민사회 사이에서 벌어지는 다양한 정치사회적 동학을 설명할 수 있게 해준다는 점에서 중요하다. 국가는 어떠한 형태로든 시민사회의 동의와 합의 없이는 정치권력의 정당성을 확보할 수 없다.

Ⅲ 시민권의 발전과 민주주의

1. 근대정치와 시민권

근대 시민권의 발전사를 추적해 보면 시민사회와 민주주의는 상호 영향을 주고 받으며 발전해왔다. 근대의 핵심 준거는 인신적, 신분적, 종교적 예속의 탈피라고 할 수 있다. 베버(Max Weber)는 이를 '합리화' 과정이라고 표현했고, 파슨즈(Talcott Parsons)는 '사회의 하부체계로의 분화' 과정이라고 설명했다. 파슨즈가 말하는 '사회공동체'[23]와 '국가'의 분화가 곧 근대 시민사회와 국가의 분리이다. 파슨즈에 따르면 '산업혁명, 민주혁명, 교육혁명'이 근대를 이끈 추동력이었고, 이와 나란히 사회공동체의 분화가 일어났다. 18세기 후반 서구 근대의 20세기 중반을 결정지을 중요한 두 가지 발전이 있었는데, 그중 하나가 영국의 산업혁명이고, 다른 하나가 프랑스의 1789년 혁명이다(Parsons 1971: 74). 프랑스 혁명 정신인 '자유'(libertè), '평등'(ègalitè), '박애'(fraternitè) 중 '자유'와 '평등'이 정치적 권위주의와 특권의 전복을 이끈 동력이었다.

23) 파슨즈에게 있어 '사회공동체'(societal community)는 사회의 통합적 하부체계(integrative subsystem)를 말한다. 그것은 사회적으로 받아들여지고, 적용되는 규범으로서, 제도화된 문화적 가치에 의해 분화된 사회체계를 통합하는 기능을 한다(Cohen & Arato 1992: 120).

> 프랑스 혁명의 주요한 요점은 전승되는 귀족적 특권에 반하고, -경제적 기회의 평등과 구분되는- 멤버십 지위의 평등을 향한 것이다(Parsons 1971: 81).

근대 시민권(citizenship)은 귀족적 특권을 전복시키고 등장했다. 파슨즈는 국가와 사회공동체의 분화를 산업혁명과 민주혁명에서 도출하고, '법'을 이들 간의 분화를 '매개하는 접점'으로 고찰한다. 아울러 "사회공동체에 포함시켜야 할 가장 중요한 기초는 민주적 혁명과 나란히 발전해 온 '시민권'(Parsons 1971: 92)"이라고 제안한다. 시민사회와 민주주의 발전에 있어 시민권 논의가 중요한 이유는 시민권의 확장으로 비로소 근대 시민사회의 주체인 시민이 등장하고, 시민이 발을 딛고 선 시민사회를 외적 강권으로부터 보호할 수 있는 경계를 확보할 수 있기 때문이다. 시민권의 발전과정은 배제되어 있던 계급과 계층의 보편적 권리획득 과정을 보여주는 것이고 동시에 근대 시민사회의 형성과정을 보여준다. 존재하되 배제되었던 프롤레타리아, 흑인, 여성, 극빈자 등이 시민사회의 주체로 등장하는 과정이 곧 시민사회의 민주적 발전 과정이자 민주적 주체의 형성과정이다. 또한 시민권의 제도화는 "전통 사회의 잠식을 통한 전환 -도시화, 세속화, 산업화, 문화의 근대화- 들을 전제한다(Turner 1994: iii)." 시민권의 발전과 나란히 귀속적 기준이 성취기준으로 전환하고, 특수주의적인 가치들이 보편적 가치들로 전환된다.

마샬(T.H. Marshall)에 따르면 시민권은 시민으로서의 평등한 권리에서 시작하여 참정권, 사회권 순으로 발전했다. 시민의 평등한 권리의 역사는 새로운 권리를 성인 남성[24)]에게 점진적으로 부과하는 방식으로 이루어졌다. 정치적 권리가 막 걸음마를 시작한 1832년 당시 시민적 권리는 성년에 이르렀고 대부분의 핵심요소들은 오늘날과 거의 같은 모습을 띠고 있었다. 반면 정치적 권리는 새로운 형식의 부과가 아니라, 이미 존재하는 권리를 인구의 다른 부분에 허용하는 방식으로 이루어졌다(Marshall 1964: 11-13).

19세기 자본주의 사회는 정치적 권리(참정권)를 시민적 권리의 부산물로

---

24) 이 당시까지 여성은 아직 특수한 신분으로 간주되고 있었다.

간주했고 경제적 계급의 특권으로 삼았다. 20세기 들어 자본주의 사회는 정치적 권리를 시민권에 결합시켰고, 이것이 우리가 오늘날 말하는 보통선거권의 도입이다. 노동계급의 출현과 성장은 정치권과 관련하여 새로운 문제를 야기했다. 노동계급이 정치권을 쟁취하면서부터 대중민주주의가 본격적으로 시작된다. 시민적 권리보다 정치적 권리의 도입 과정에서 더 격렬한 투쟁이 필요했다. 노동자 계급이 참정권을 확보하는 것이 자본주의 체제에 대한 위협으로 받아들여졌기 때문이다(Marshall 1964: 23).

2. 시민권의 유형들

시민권의 발전은 상이한 사회－정치적 맥락과 역사적 경험을 반영하고 있다. 만(Mann)은 시민권의 발전 과정을 <표 3－2>와 같이 유형화했다.

표 3-2 만(Mann)의 시민권 유형화[25)]

	대표적 국가의 사례	특징
① 자유주의 (liberal)	영국이 대표적, 미국, 스위스	영국은 19세기 노동조합투쟁과 계급갈등의 영향으로 ①→②로 전환, 미국과 스위스의 경우 탄력적 경제가 개인적 결핍 보장을 위해 시민권 허용
② 개혁주의 (reformist)	프랑스가 대표적, 스페인, 이탈리아, 스칸디나비아 반도	시민권의 발전을 위해 군주정과 성직자(clerical)와의 지독한 분쟁 경험, 프랑스를 제외하고는 근대까지 절대주의적 유산이 남아 있었다.
③권위적 군주정 (authoritarian -monarchist)	독일, 오스트리아, 러시아, 일본	부르주아와 프롤레타리아의 요구를 거부, 독일의 경우 수동적으로 통합된 정치·경제의 발전이 있었다. 정치적 시민권은 피상적 수준의 발전 경험
④ 파시스트 (fascist)	히틀러 치하의 독일, 무솔리니의 이탈리아	시민적, 정치적 시민권은 제공되지 않는 체계였으나 사회적 시민권은 위로부터 제공되었다. 양 체제는 강력한 이데올로기 정당화 작업을 수행하고, 폭력과 억압의 광범위한 기제에 의존했다.
⑤ 권위적 사회주의 (authoritarian -socialist)	소련	

25) 이 표는 만의 논의(Mann 1987: 63－75)에 기초해 필자가 정리한 것이다.

터너(Turner)는 <표 3-2>의 유형화가 시민권을 국가로부터 부과되는 수동적 권리[26]로 인식하도록 만든다고 비판한다. 터너는 위로부터 부여되는 소극적 차원의 시민권과 아래로부터 제기되는 적극적 차원의 시민권을 구분한다. 동시에 시민사회 내 공적인 장과 사적인 장 사이의 범주를 고려하여 시민권의 역동적 특성을 4가지로 구분한다(Turner 1990: 199). 위로부터의 시민권 발전은 대표적으로 영국과 독일의 유형에서 나타나는 형태로, 왕은 강력하고 피지배자는 특권의 수령인이 된다. 아래로부터의 시민권 발전은 대표적으로 프랑스 혁명과 연관되는 형태로, 자유인은 시민이자 권리의 능동적 담지자가 된다(Turner 1990: 217).

❙ 표 3-3 시민권(Citizenship)의 사례에 대한 적용(Turner 1990: 218)

아래(Below)	위(Above)		
혁명적 프랑스 전통 (Revolutionary French tradition)	수동적 영국 사례 (Passive English case)	+	공적인 장 (Public space)
미국적 자유주의 (American liberalism)	독일적 파시즘 (German fascism)	-	

이렇듯 시민권의 제도화는 다양한 정치·사회·경제적 조건에 기반한 아래로부터의 쟁취이기도 하였고, 위로부터의 부과이기도 하였다. 시민권의 발전 (또는 쟁취) 과정은 국가와 시민사회의 관계를 특징 짓는다.

26) 수동적, 능동적 시민권 개념은 중세의 법적·정치철학적 개념에서 연유하는 바, 봉건체제 사이의 중앙집중화와 분권화 사이의 근본적이고 영구적인 갈등을 정확히 나타내 준다(Turner 1990: 222).

 한국 시민사회의 발전

1. 한국 시민사회사의 공백

앞서 살펴본 시민사회 개념사에 비추어 본다면 한국의 시민사회 형성은 몇 가지 지점에서 독특한 특징을 갖는다. 먼저 시민권과 관련해 살펴보면, 한국사회는 조선 후기에서 대한제국기를 거치면서 신분질서의 균열이 상당한 정도로 진행되었기 때문에 보편적 시민권의 도입과 관련한 충돌이 거의 없었다. 첨예한 대립이 있게 마련인 정치권의 도입 역시 시민권과 더불어 해방 이후 일거에 부여되었다. 1945년 해방을 시작으로 분단, 전쟁, 쿠데타를 거치며 억압적 국가주의가 장기간 지속되었고 이 과정에서 위로부터의 인위적 국민 형성기를 거쳤다. 이러한 정치적 경험이 한국의 국가와 시민사회 관계를 상당한 기간 동안 구조화하는 계기로 작용하였다.

일각에서는 19세기 말부터 1945년 해방 이전까지를 시민사회 '예비기', 1945년 해방에서 1992년 김영삼 정권 수립 이전까지를 시민사회 '준비기', 1992년 김영삼 정권에서 현재까지를 시민사회 '성립기'로 구분하기도 한다(김성국 2009: 143－154). 향후 한국 시민사회의 발전사를 정립하기 위해서 예비기 단계에 관한 연구가 더 축적될 필요가 있다. 한국 시민사회의 형성을 설명하기 위해서는 특히 19세기 말부터 1945년 해방 이전까지의 시기가 중요하기 때문이다. 아직까지 한국의 근대화 성격을 두고 해석이 갈린다. 일제가 한국의 근대화를 이끌었다는 식민지근대화론, 해방 직후 미군정이 근대정치의 틀을 이식했다는 외부이식론, 우리 내재적으로 근대화의 동력이 성장하고 있었고 그 힘이 한국 근대화를 추동했다는 내재적 발전론 등이 경합 중이다. 시민사회론의 르네상스 시대가 열렸고 활발한 논의가 진행 중이지만 아쉽게도 한국적 시민사회의 전통과 형성에 관한 연구는 아직 많은 연구가 필요하다. 이러한 한계로 인해 한국 시민사회의 역사성이나 전통을 고려하지 않고 서구 시민사회 논의를 준거로 삼아 자의적으로 재단하는 편향적 연구들도 일부 나타나고 있다.

2. 한국 시민사회의 발전

한국 시민사회의 발전을 특징짓는 중요한 계기는 1960년 4.19혁명과 1980년 5.18민주화운동, 1987년 6월 민주항쟁이라고 할 수 있다. 4.19혁명은 정치권력을 교체할 만큼 한국 민주주의와 시민사회에 강력한 영향을 미쳤으며, 1961년 5.16쿠테타 이후 집권한 박정희 정권이 관변단체를 만들어서라도 시민사회의 동의 기제를 확보하고자 했던 배경이 되었다. 1970년대 유신체제와 1992년까지 신군부의 권위주의 통치가 이어지는 동안 체계적으로 관변단체 설립이 이어졌다. 이 관변단체들은 특별법[27)]에 의거하여 예산 및 제도적 지원을 받았으며 이 틀은 현재까지도 유지되고 있다.

5.18 민주화운동은 대학가를 비롯하여 종교계, 재야, 노동계를 포함한 시민사회 영역이 권위주의적 통치에 대한 저항적 진원지로 정향되는 결정적 계기였다. 이 동력이 1987년 6월 민주항쟁을 거치면서 시민사회 영역의 법제도적 정착과 더불어 시민사회를 주창(advocacy)형 단체 중심으로 만드는 계기가 되었다. 이 시기 사회운동진영은 점차 노동, 농민, 교육 등 부문운동 차원에서 전국적 조직들을 결성하며 시민사회의 저변을 확장했다. 이러한 흐름이 1990년대 본격적인 시민사회 성장으로 이어졌다.

한국 시민사회 발전과정을 정부와 시민사회의 관계를 중심으로 구분해보면 다음과 같다. 제1기(~1987년까지)에는 시민사회가 억압적인 국가의 동의 기제로 도구화된 시기이면서 동시에 민주화를 위한 저항적 역할을 하는 상반된 두 가지 흐름이 대립적으로 나타났다. 한편으로는 시민사회가 국가의 '뻗은 팔', 즉 국가의 필요에 따른 동원과 동의 기제로 대상화되었다. 정부는 "정권의 정당성과 정책방향을 적극적으로 부인하거나 비판하는 운동단체들에 대해서 사법적인 수단을 동원하여 억압했지만, 정책상 필요하거나 정부의 정책방향에 대해 적극 동조하고 순응하는 단체들에 대해서는 행정적, 재정적

27) 「한국반공연맹법」(1963. 12. 5)은 1989년 3월 31일 폐지되고 「한국자유총연맹육성에 관한법률」(1989. 03. 31. 제정)로 대체되었다. 그리고 「새마을운동조직육성법」(1980. 12. 13), 「바르게살기운동조직육성법」(1991. 12. 31)이 제정되었다.

지원을 아끼지 않았다(유팔무 1998: 100).” 이러한 시민사회 도구화를 위한 대표적인 제도화 사례인 「새마을운동조직육성법」, 「한국자유총연맹육성에관한 법률」, 「바르게살기운동조직육성법」 등은 국·공유재산의 대부 및 시설지원 조항, 조직과 활동에 필요한 운영경비와 시설비, 그 밖의 경비를 위해 출연금이나 보조금 지급 조항, 조세감면 조항을 두고, 특별법이 정한 특정 단체(소위 국민운동본부 3단체: 새마을운동본부, 한국자유총연맹, 바르게살기운동본부)들이 지원 받을 수 있도록 했다(박영선 2015: 5-6). 반면 제1기에는 다른 한편에서 억압적 국가권력에 도전하는 저항적 시민사회의 특성이 표출되기도 하였다. 1980년 전후를 기점으로 부마민주항쟁, 5.18민주화운동 등의 정치적 격변을 거치며 종교계, 학원가, 노동계를 중심으로 한 민주화운동 세력 대 억압적 통치 세력과의 대결구도가 정부와 시민사회 대립의 핵심축을 이루었다.

제2기(1987~2000년)는 1987년 6월 민주화운동의 성과를 바탕으로 절차적 민주주의가 확립되고, 1990년 이후 빠른 속도로 시민사회의 분화가 진행되었다. 제1기와는 결이 다른 시민사회의 흐름이 급속하게 확장하는 시기였다. 다만 민주화 이행이 권위주의 세력과 민주화운동 진영의 타협 또는 협약을 통해 이루어졌기 때문에 ‘위로부터의 보수적 민주화’ 경로를 따르면서도 1987년 6월 민주화 운동을 거치면서 형성된 자율적인 제도정치영역과 사회운동이 확장되었다. 제2기에 들어와 군부권위주의 국가권력으로부터 자율성을 갖는 사회운동이 출현하게 되고 합법적인 공간에서 ‘온건한’ 시민운동이 출현하였다(조희연 2001: 296). 이 시기를 거치며 민주화운동 진영은 민중운동과 시민운동의 흐름으로 분화·발전하였다.

제3기(2000년대 이후)는 시민사회 영역이 사회적경제를 비롯한 새로운 주제 운동으로 한층 더 분화하고 정치적 이념의 분절이 발생하고, 다양한 시민단체들이 출현하는 시기다. 제3기를 거치며 이념적 균열구조에 얽매이지 않는 자율적 시민, 유연한 시민공동체가 본격적으로 확산되기 시작했다. 아울러 시민사회의 외연이 확대되었다. 제3기에 접어들어 시민운동[28]과 민중운

28) 2000년 총선연대 활동 경험을 토대로 시민사회 진영에서 시민사회단체연대회의가 전국적 차원의 우산조직으로 결성되었다. 연대회의는 2001년 2월 27일 전국적인 지역과

동 진영이 자연스럽게 서로의 의제를 중심으로 분화하고, 의제에 따라 연대하는 흐름이 나타난다. 각기 전국적 차원의 연대조직을 결성하고 총선을 비롯하여 세월호 사건 등 서로의 연대가 필요한 사안을 중심으로 한 연대활동이 진행되었다.

2000년대 이후 시민사회의 지형은 제2기까지와 다른 구조적 전환이 일어났다. 제2기까지의 시민사회 발전 양상을 살펴보면 한국 시민사회의 대표적 형태라 할 수 있는 사회적 약자의 대변, 민주화 및 권력의 감시 역할을 주로 하는 주창 그룹과 더불어 정부를 대신해 공공재를 제공하는 사회서비스 그룹이 폭발적으로 성장한 것이 특징이다. 둘째, 제2기까지의 양상과 달리 시민단체의 서울과 지방 소재지 분포가 달라졌다. 산업화시기 서울 소재 단체가 45.6%, 지역소재 단체가 54.4%였던 것이 민주화시기(2012) 서울소재 단체가 28.9%, 지역소재 단체가 71.1%가 되었다(정상호 2017: 304). <그림 3-2>에서 보듯이 제3기에 들어와 시민단체의 수도 폭발적으로 증가했다.

부문을 기반으로 한 상설적인 협의체를 조직적 위상으로 하여 출범했다. 연대회의 출범 당시 참여한 시민단체는 총 221개였다. 연대회의의 활동 방향은 두 핵심 축을 기초로 '사회개혁을 위한 연대', '시민사회 활성화 및 관련 법제개선', '활동가 역량강화', '시민사회 교류 및 네트워크 활성화'라는 4대 활동으로 자리 잡았다.

그림 3-2 등록비영리단체수 변화추이(2000-2020년)

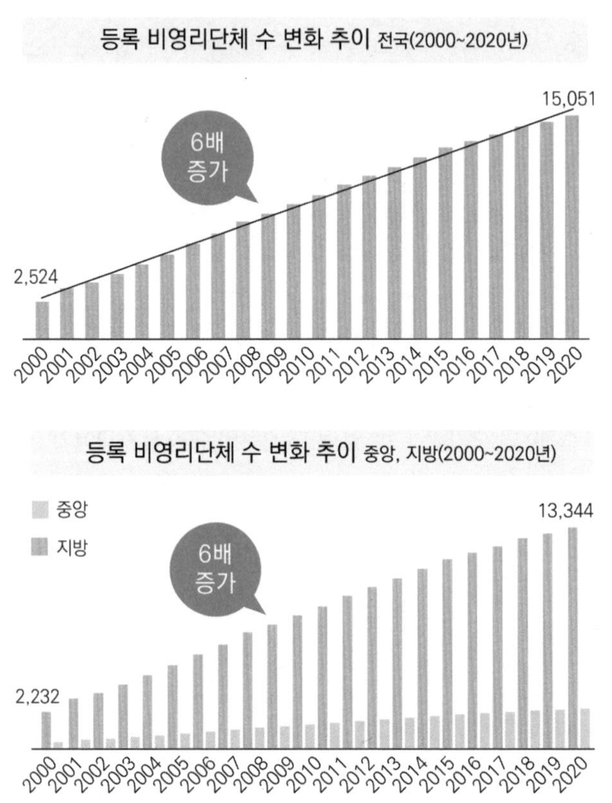

정부와 시민사회의 관계

1. 시민사회에 대한 정부의 지원 배경

2000년 이후 정부와 시민사회의 관계가 급변하고 있다. 시민사회의 공익활동을 활성화하기 위한 필요가 제기되었고, 지자체 차원에서는 「대구광역시 시민공익활동 지원 등에 관한 조례」, 「충청남도 공익활동 촉진 및 지원에 관한 조례」 등 이를 뒷받침하는 조례가 잇따라 제정되었다. 시민들의 자발적인 공익활동을 증진하고 시민사회 조직에 대한 정부의 체계적인 지원을 도모하고자 광역단위 NPO센터, 마을공동체지원센터, 사회적경제센터와 같은 중간지원조직이 설립되고 활발하게 활동 중이다.

과거에는 권위주의 통치 시기 관변단체와 같이 정부에 의해 만들어진 조직이 아니고서는 정부의 지원을 받는 시민사회단체를 상상하기 어려웠다. 그러나 2000년 이후 시민단체의 공익적 활동을 지원하고, 제도화하기 위한 움직임이 활발해졌다. 정부차원에서 시민사회를 도구적으로 활용하려는 관점에서 벗어나 시민단체에 대한 정부의 지원이 필요한 배경을 다양한 이론적 차원에서 검토할 필요가 있다. 시민사회에 대한 정부지원의 필요성을 강조하는 논의로는 NGO의 생성과 역할을 설명하는 대표적 이론인 시장-정부 실패 이론과 자원부문 실패 이론을 들 수 있다. 이 논의에 따르면, 공익적인 사회서비스와 같은 공공재를 시장에서 공급하는 경우 공급 부족이 야기된다. 한편 정부는 다수의 지지를 얻을 수 있는 범위와 양만큼만 공공재를 공급한다. 그 결과 충족되지 않는 수요가 남게 되고, 정부와 시장에 의해 충족되지 않는 수요를 위해서는 민간자원부문이 필요하게 된다. 공공재의 대안적·보완적 공급자로서의 역할을 NGO가 맡게 되는 것이다. 그렇다고 시민사회 조직, 자원부문의 역할이 시장과 정부의 한계를 보완하는 보조적 역할에만 머무는 것은 아니다. 시민사회 영역은 서비스 기능, 사회적 기능, 대표적 기능을 모두 갖고 있으며, 이런 기능에 따라 사회적으로 다양한 역할을 수행할 수 있다. 시민사회 조직은 정부와 공공재 공급의 효과성을 높이는 역할뿐만 아니라, 사회 변화의 혁신자 역할, 시장과 국가권력에 대한 감시와 비판자 역할, 사회적 소수자 권리 옹호와 대변자 역할 등을 수행한다. 이는 정부가 할 수 없는 차원의 역할이기도 하다(Gidron, Kramer, and Salamon 1992). 시민사회 조직들은 해당 분야의 전문성과 시민사회와의 친화성, 시민참여 등의 가치를 통해 정부의 기능을 보충하거나 대체하는 역할을 효율적으로 수행하고 있다(박영선 2015: 11).

시민사회에 대한 정부의 지원은 다양한 영역에서 정부의 행정력만으로 감당하기 어려운 성과를 만들고 있어 긍정적으로 평가되고 있는 추세이며 대부분의 국가들에서 그 지원의 범위를 확대하고 있다. 영국의 시민청(Office for Civil Society)은 시민사회를 중심으로 지역사회를 활성화하고 사회 전체의 사회적 가치 창출을 위한 시너지 효과를 도모하고 있다. 2020년 코로나 19 발생 후에는 고독이나 코로나 블루 등의 대응에 초점을 두고 시민사회와 연계하고 있다.[29] 한국의 경우에도 코로나 19로 인해 기존의 사회적 안전망이 위기에 봉착한 상황에서 시민사회의 각종 돌봄 및 나눔을 위한 활동이 지자체와 결합하여 중요한 역할을 감당하고 있다.

2. 사회문제 해결을 위한 공익 활동의 파트너

세계적으로 OECD 국가들이나 선진국을 자처하는 G7 국가들의 시민사회 정책 중 최근 들어 눈에 띄는 특징은 시민사회가 갖는 공익적 역량에 대한 관심이 부쩍 높아지고 있다는 점이다. 오랜 전통을 가지고 시민참여 및 시민사회조직과 정부 간의 소통·협력을 체계적으로 강화해 온 영국이나 EU의 사례는 시민사회 활성화를 위한 환경조성자로서의 정부 역할을 잘 보여준다. 시민사회를 민주체제의 중요한 구성요소이며, 그 자체로 자산이라고 인식하는 EU는 역동적이고 다원적이며 유능한 시민사회에 가치를 부여하고 국가와 시민사회조직 간의 건설적 관계 설정의 중요성과 시민사회조직이 활동하기 용이한 환경을 보장하는 1차적 책임이 국가에 있다는 점을 강조한다(European Commission 2020). 시민사회가 경기장이라면 환경은 경기장의 규모, 범위, 기능을 형성하고 영향을 미치는 힘이라고 할 수 있다(CIVICUS 2003: 5).

한국도 예외가 아니다. 2000년 1월 「비영리민간단체지원법」을 통해 시민사회조직이 사회단체신고법에 따른 신고의무에서 벗어나 자율적으로 활동할 수 있게 되었고, 등록단체의 경우 정부의 행·재정적 지원을 받을 수 있게 되

29) https://www.gov.uk/government/organisations/office-for-civil-society/about(검색일 2021. 12. 10).

었다. 2020년 제정된 「시민사회 발전과 공익활동 증진에 관한 규정」(대통령령 제30718호)과 이 규정에 따른 「서울특별시 시민사회 활성화와 공익활동 증진에 관한 조례」 제정 등은 시민사회 활성화를 위한 기반 구축을 위해 적극적으로 법·제도를 도입하는 사례라고 할 수 있다(이환성 외 2020: 195-197).

제20~21대 국회에서 지속적으로 시민사회발전을 위한 기본법안 제정을 위한 법률안이 제안되고 있다. 제20대 국회에서 발의된 「공익증진을 위한 시민사회발전 기본법안」의 제안이유[30]를 살펴보면, 사회문제에 대한 해결책을 모색하기 위한 파트너로 시민사회가 필요한 이유를 명확하게 제시하고 있다. "최근 우리에게 발생하고 있는 청년실업, 고용 없는 성장, 소득양극화, 환경오염 등의 사회문제는 매우 다양해지고 복잡해지고 있다. 따라서 정부가 모든 사회문제를 해결하는 데는 한계가 있으며, 한정된 예산과 사회자원이라는 제약 속에 정부와 시민사회가 긴밀히 협력하여 복잡한 사회문제를 해결하고 공익을 증진시킬 필요성이 커지고 있는 실정이다. 이와 같이 시민사회의 참여 및 정부와 시민사회의 협력을 통한 공익증진을 달성하기 위해서는 시민사회의 발전이 선행되어야 하며, 이를 위한 정부의 지원 등 제도적 기반이 마련될 필요가 있"다는 것이다.

제21대 국회에서는 "저출산·고령화, 코로나19로 대표되는 감염병 증가, 기후변화 등 다양한 사회적·환경적 변화를 맞이하고 있으며 이에 따른 사회문제가 복합적"으로 나타나고 있으며, "이러한 사회문제에 효과적으로 대응하기 위해서는 정부의 힘만으로는 한계가 있으며, 그간 현장에서 다양한 사회문제를 접해온 시민사회의 역할과 경험을 존중하고, 정부와 시민사회가 함께 사회문제 해결을 위해 협력할 필요가 있다"고 제안이유[31]를 밝히고 있다. 이 법안들 외에도 시민사회의 역량을 구체화하고, 이를 통해 사회적 자산을 확대하기 위한 다양한 시도들이 제안되고 있는 중이다.

---

30) 의안번호 12390, 진선미 의원 대표발의 「공익증진을 위한 시민사회발전 기본법안」(2018. 3. 8.)

31) 의안번호 11958, 서영교 의원 대표발의 「시민사회 활성화와 공익활동 증진을 위한 기본법안」(2021. 8. 9.)

 시민사회에서 대안을 찾는 민주주의

18세기 근대 혁명은 정치·경제적 질서를 '혈통'과 '세습'으로 장악하고 있던 신분제 사회를 종식시키고 정치의 주체로 시민을 호출했다. *Demos*(인민·민중)와 *Kratia*(권력·지배)를 결합한 '인민에 의한 지배'를 구현하기 위한 노력들이 지금까지 이어져 오고 있다. 현대민주주의로 발전해 오는 과정에서 민주주의가 현실과 괴리된 유토피아적 이념형으로 전락하기도 하고, 효율성에 기초한 다수결 원리로 치환되기도 하는 우여곡절을 겪었지만 민주주의는 꾸준히 발전해 왔다.

그러나 최근 민주주의는 지금까지 경험하지 못했던 변화들에 직면해 있다. 민주주의에 제기되는 도전의 양상은 다양하다. 기후위기, 환경문제, 청년실업, 경제적 양극화 같은 문제들은 그동안 민주주의가 의제로 다루지 않았던 영역이다. 새롭게 대두되고 있는 문제군들은 기존 정치의 범주를 확대할 필요성을 강제하고 있다. 정치를 한계효용론적 관점에서 사적 이해 관계자들 간의 거래로 보거나 사적 이익 집성의 총합 정도로 단순화한다면 민주주의는 이해관계를 수치적으로 조정하는 수단에 불과하게 된다. 정치를 시장 원리가 아니라 생활세계의 다양한 삶과 가치에 관심을 가지고, 시민사회와 공론장을 통해 유동하는 광의의 차원으로 파악한다면, 새로운 삶의 이슈들에 대해 묻고, 실천하고, 대안을 모색하는 차원으로 정치의 영역을 확장할 필요가 있다.

무한한 공유자원이었지만 인류가 무관심 했던 빙하가 녹으면서야 그 공유자원의 가치를 알고, 지구를 둘러싼 오존층의 파괴를 경험하고서야 민주주의가 지금보다 더 깊이 생활세계와 시민사회에 정박할 필요가 있음을 체감하고 있다. 무한 경쟁시대의 승자만이 민주주의 주체가 된다면, 이제 민주주의는 더 이상 민주주의가 아니다. 사회적 약자를 위한 공동체의 돌봄, 배려, 지원책을 마련하는 일, 국가나 공동체를 위해 불가피한 시설을 유치해야 하는 일, 미래 세대를 위해 현재의 편리함을 제한해야 하는 합의들이 민주주의의 새로운 과제로 대두되고 있다.

이제 기존의 정치·제도적 선출원리에 정향된 협소한 민주주의나 시장원리에 입각한 능력과 효용 중심의 원리로는 돌파구를 마련하기 어렵다. 정부의 독자적 역할로 현대 사회의 다양한 부작용을 감당할 수 없고, 시장의 원리로도 이 문제들을 감당하기 어렵다는 것이 자명해지고 있다. OECD국가를 비롯한 G7 국가들이 '정부의 실패', '시장의 실패'가 초래한 각종 사회문제들을 극복하기 위한 대안으로 시민사회의 역량 강화에 주목하고 있는 것도 이런 이유에서다. 이제 민주주의는 현대 사회에 제기되고 있는 미증유의 사회적 난제들을 해결하기 위해서 시민사회에 뿌리를 깊게 내려야한다. 시민사회의 역량에서 그 대안의 단초를 찾아야한다.

더 생각해 볼 문제

최근 한 신문에서 아파트 주차장의 주차분쟁을 생태학자 개럿 하딘(Garrett Hardin, 1915-2003) 교수의 '공유지의 비극'(The Tragedy of the Commons)을 비유하여 설명할 정도로 '공유지의 비극'은 다양한 사례에 빗대어 소개되고 있습니다. '공유지의 비극'의 핵심 요지는 다음과 같습니다.

> 한 마을이 비옥한 초지를 공유하고 있어 각 집에서 기르는 양들을 적절히 배분한다면 모든 양이 충분하게 풀을 뜯어 먹을 수 있었다. 그런데 어느 약삭빠른 농부가 이득을 보기 위해 많은 양을 공유 초지에 몰래 풀어놓았다. 그러자 다른 농부들도 손해를 보지 않기 위해 자기 양들을 모두 초지에 풀어놓았다. 초지는 양들로 가득 찼고 얼마 되지 않아 초지에는 풀이 하나도 남아 있지 않게 되었다.

하딘 교수의 예측처럼 인류의 공유지를 개인의 자율에 맡길 경우 비극으로 끝나게 될까요? 공유지는 누구나 이용할 수 있는 비배제성의 원리와 무제한적이지 않은 경합성의 원리를 특징으로 합니다. 물, 공기, 산, 공원을 비롯해 많은 자연의 혜택이 인류의 공유지입니다. 그런데 기후위기, 환경문제를 비롯해 인간의 이기심으로부터 비롯된 문제들로 공유지의 고갈 속도가 빨라지고 있습니다. 공유지의 비극을 해결할 수 있는 대안이 있을까요? 토마스 홉스(Thomas Hobbes)라는 사상가에게 이 해법이 무엇이냐고 물으면 강력한 정부의 권위로 공유지를 사용하는 사람들이 몰래 이익을 취하지 못하도록 관리, 감독하면 된다고 할 것입니다. 시장주의자들은 공유지를 사유지로 만들면 해결될 것이라고 답할 것입니다. 정부의 행정력을 동원하는 해법이나 시장원리에 기초한 해법이 대안이 될 수 있을까요? 왜 대안이 되기 어려운지 토론해 봅시다.

위 두 가지 해법이 대안이 되기 어렵다면 어떠한 대안을 모색해 볼 수 있을까요? 2009년 노벨경제학상을 수상한 엘리너 오스트롬(Elinor Ostrom, 1933-2012)은 개인의 합리적 선택이 공공의 이익에 악영향을 미친다는 공유지의 비극을 시민사회에 기초한 공동체 중심의 자치를 통해 해결할 수 있다고 주장했습니다. 공유지의 비극을 해결할 수 있는 대안으로 기존의 방식처럼 정부나 시장의 독자적 능력에 기초하는 것을 넘어서서 시민사회 역량과의 협치를 통한 해결책을 모색해 보면 좋겠습니다.

더 읽을거리

- 엘리너 오스트롬 저, 윤홍근 · 안도경 역, 『공유의 비극을 넘어』(2010, 랜덤하우스 코리아)
- 간다 세이지 저, 류석진 · 윤정구 · 조희정 역, 『마을의 진화』(2020, 반비)

CHAPTER 05

성별격차를 어떻게 해소할 것인가?

이미준

I 한국사회의 성별격차

한국에서 여성문제는 최근 몇 년간 첨예한 정치적 논쟁 대상이었다. 그 배경에는 여성의 처우에 대한 서로 다른 인식이 깔려있다. 여성문제가 해결되었다고 보는 이들은 여성에 대한 법적, 사회적, 경제적 차별이 지난 수십 년간 점차 개선되어왔다는 점을 지적한다. 과거 여성은 남자형제에 밀려 교육기회를 빼앗기고, 짧은 직장생활을 거쳐 결혼한 뒤 가정 내에서 쉼없이 육아와 가사노동을 전담하는 가부장제의 전형적인 희생자의 모습으로 표상되었다. 하지만 법 개정, 경제발전으로 인한 가구소득 개선, 성차별에 대한 사회적 인식의 변화에 힘입어 여성의 대학진학률은 현재 남성을 상회하고, 여성의 사회진출 역시 활발해졌다. 두드러진 변화는 지난 수십 년간 여성에 대한 법적 차별들이 철폐되어 왔고, 여성에게 평등권을 보장하기 위한 법적 장치들이 조금씩 도입되었다는 것이다. 여성단체의 오랜 운동으로 촉발된 몇 차례의 가족법 개정을 통해서 여성의 법적 권리는 점차 남성과 평등해졌으며, 2008년 호주제가 폐지되며 민법에 남아있던 남녀차별 요소가 삭제되었다. 1987년 도입된 남녀고용평등법은 몇 차례 개정을 거치며 고용과 승진에서 여성에 대한 차별을 철폐하고 자녀가 있는 여성들이 불이익 없이 직장생활을 계속할 수 있도록 보장하는 것을 목적으로 하며 고용과 근로에서 성차별을 줄이는 데에 기여하고 있다.

하지만 문제는 한국은 여전히 발전된 민주국가 중에서 성별에 따른 자원과 성취의 격차가 크게 나타나는 국가라는 데에 있다. 임금, 기업 고위직 여성비율, 선출직 공무원 중 여성비율이 대표적으로 성별격차가 크게 나타나는 부분들이다. 2017－2020년 조사자료를 기준으로 한국의 성별임금격차는 31.5%로 OECD 국가 중 가장 높다. 임금격차가 두번째로 높은 이스라엘의 남녀임금격차가 22.7%이고 OECD 국가 평균이 12.5%라는 점에 비추어 보았을 때, 한국의 성별임금격차는 다른 나라에 비해 두드러지게 크다.[32] 기업과 정부의 고위직 중 여성의 비율 역시 다른 나라와 비교해 상당히 낮다. 2019년 세계 1,100개 이상의 기업을 대상으로 한 조사에 따르면 기업 이사회의 여성 임원 비율은 23%이지만,[33] 한국의 100대 기업의 여성 임원 비율은 3.6%이다.[34] 성별격차는 정부와 국회에서도 크게 나타난다. 중앙부처 정부 고위공무원의 여성 비율 역시 8%를 밑도는 수준이고,[35] 21대 국회 여성 의원 비율은 19%로, 선거를 하는 국가 중 100위권 밖을 맴돌고 있다. 그렇기에 여성문제가 현재진행형이라 보는 이들은 한국사회의 성별격차를 줄이기 위한 정부의 역할이 필요하다고 주장한다. 그 방안으로 제시되는 대표적인 제도가 바로 할당제이다.

할당제가 적용되는 영역은 다양하다. 초기에 할당제는 주로 정치적 영역에서 적용되었다. 대표적인 것이 선출직의 여성 할당제이다. 70년대 북유럽 국가들에서 여성의원의 비율을 높이기 위해 할당제를 도입한 이후, 현재 한국을 비롯한 100개 이상의 국가에서 여성할당제를 적용하고 있다. 여성할당제에는 크게 두 가지 방식이 있다. 하나는 정당의 후보나 국회 의석의 일정 비율을 여성에게 할당하도록 법률에 명시하는 것이고, 다른 하나는 정당이

---

32) 출처: OECD Data(https://data.oecd.org/earnwage/gender－wage－gap.htm 최종 검색일: 2022.1.03)

33) 출처: Catalyst(https://www.catalyst.org/research/women－in－management/ 최종 검색일: 2022.1.03)

34) 송경화. S. Korean women comprise 3.6% of top corporate executives. 한겨레. 2019.10.30.(출처: https://english.hani.co.kr/arti/english_edition/e_business/915170.html)

35) 오예진. 여성 고위공무원 사표비율 남성의 4배… 유리천정위 '유리절벽'. 연합뉴스. 2021.04.25.(출처: https://www.yna.co.kr/view/AKR20210423119600530)

자율적으로 할당제를 실시해서 한 성별을 일정 비율 이상 공천하는 것이다. 이때 한 성별이 차지하는 비율은 50% 이내에서 결정되지만, 구체적 비율은 국가마다 다르다. 프랑스에서는 2000년 선거법 개정을 통해 남녀후보의 수를 동일하게 공천하도록 명시한 바 있다. 한국의 경우 선거법에 지역구와 비례대표 모두 여성을 30% 이상 공천하도록 명시되어 있으나, 지역구 여성할당제는 준수되지 않고 있다. 할당제는 현재 경제영역으로도 확대되고 있는 추세로, 독일은 2020년 우파 기독민주당·기독사회당 연합과 좌파 사회민주당의 합의로 임원이 3명 이상인 기업을 대상으로 여성 임원을 한 명 이상 포함하도록 할당제를 도입했다. 한국 역시 자산총액 2조원 이상 상장기업은 여성 임원을 한 명 이상 선출하도록 할당제를 도입할 예정이다.

성별격차를 해소하는 데에 정부의 보다 적극적인 역할이 필요하다고 주장하는 측에서는 할당제의 비율과 할당제의 적용 영역을 보다 확대하는 것이 필요하다고 본다. 남성들로 채워졌던 조직 내에 더 많은 여성이 진입했을 때에 구성원들의 경험과 관점의 다양성이 확대되기 때문에 더 좋은 결정을 내릴 수 있어서 조직에 이롭고, 이 여성들이 조직 내에서 역량을 발휘하고 보다 여성에게 평등한 조직문화를 만들어가면 이후 더 많은 여성들이 할당제 없이도 주요 직책에 오를 수 있기 때문에 할당제는 이득이 큰 제도이다. 그러나 여성문제가 법적, 제도적으로 해결되었다고 보는 이들은 할당제에 매우 비판적이다. 할당제로 혜택을 보는 여성의 숫자는 매우 적기 때문에 사회 전체의 성별불평등을 개선하는 효과가 부족하고 일부 고학력 여성에게 혜택이 돌아간다는 실효성의 문제도 지적되고 있지만, 가장 대중적으로 제시되는 비판은 할당제가 공정한 경쟁을 가로막고 일부 여성에게 혜택을 주면서 남성을 역차별한다는 것이다.

여성할당제에 대한 논의는 자유민주주의 국가에서 성별격차가 왜 문제가 되는지, 성별격차를 시정하기 위해서 국가가 할당제와 같은 적극적 조치를 강제하는 것이 정당화될 수 있는지 등, 민주주의와 평등에 대한 핵심적인 질문들과 긴밀하게 연결되어 있다. 앞에서 언급한 바와 같이 할당제가 적용되는 영역은 다양하고, 각 영역에서 할당제를 정당화하거나 비판하는 논리 역시 조금씩 다르다. 아래에서는 가장 대표적인 할당제인 국회의원 여성할당제를 검토하며 여성의원의 과소선출이 왜 문제인지, 그 해결책 중 하나로 제시되는 할당제를 통한 국가의 적극적 개입은 왜 비판받으며 이에 대해 옹호자들은 어떻게 답변하는지, 그리고 여성할당제가 정치영역에서 양성평등을 위한 효과적인 제도가 될 수 있는지 검토한다. 여성할당제라는 구체적인 주제를 통해 독자들이 민주주의와 여성문제를 둘러싼 다양한 쟁점들을 살펴보고 생각할 기회를 가져 보았으면 한다.

II 민주주의와 여성할당제를 둘러싼 이론적 논의들

1. 여성 국회의원의 숫자가 적은 것이 왜 문제인가

우리는 흔히 차이와 차별은 구분되어야 한다는 말을 한다. 예를 들어 여성 국회의원의 숫자가 적은 이유가 성차별 때문이라 보는 측에서는 업무수행능력이 동일한 데에도 여성이라는 업무와는 무관한 개인의 특성에 대한 편견이 정당과 유권자의 선택에 영향을 주어 여성이 적게 선출된다고 지적한다. 하지만 여성 국회의원의 숫자가 적은 이유가 차별 때문이 아니라 보는 이들은 성별격차는 개인의 선택을 반영한 것이라 주장한다. 정치인은 대중 앞에서 많은 비난을 받으며, 업무 시간이 길고 불규칙하다. 이러한 직업적 특성 때문에 정치인이 되고자 하는 여성의 숫자가 상대적으로 적고, 그렇기에 여성 국회의원 비율이 더 낮게 나타난다는 것이다. 이렇게 본다면 여성 국회의원이 적은 것은 개인의 선호 차이 때문이며, 차별의 결과는 아니다.

선출직 여성의 숫자가 적은 것은 여성 정치인에 대한 유권자와 고위직 정치인들의 선입견, 일과 가정의 양립을 어렵게 하는 근무시간, 비용 및 유동적 스케줄, 이를 고려한 여성 개인의 직업적 선택 등, 사회적인 차별적 요소들과 여성의 진입을 어렵게 하는 구조적 요소들, 그리고 개인의 선택이 결합되어서 나타나는 문제라 볼 수 있다. 그렇다면 이 문제에 대해 크게 두 가지를 생각해 볼 필요가 있다. 먼저 생각해 볼 것은 이때 사회의 성차별적인 인식 때문에 여성 국회의원이 적게 선출되는 경향이 있다면 이를 어떻게 시정해야 하느냐는 것이다. 사람들의 선입견은 쉽게 변하지 않는다. 그렇다면 사람들의 인식이 달라질 때까지 우리는 계속해서 여성의 과소선출을 받아들여야 하는가 그렇지 않다면 인위적으로 결과의 공정성을 맞추어 줄 필요가 있는가?

다음으로 생각해 볼 것은, 여성의 과소선출이 일정정도 여성의 선택에서 비롯된 것이라 할지라도 이것이 민주주의에 악영향을 끼칠 수 있다는 것이다. 우리는 흔히 차이와 차별을 구분하며 차이는 문제가 없는 것, 차별은 시정되어야 하는 것이라 생각하지만, 실제 많은 여성문제는 차이와 차별이 함께 작용해 발생하는 문제라 양자를 구분하기 어려우며, 또한 때로는 명시적 차별이 아니라 암묵적인 인식과 개인의 선택 차이에 따라 나타나는 성별격차라고 할지라도 사회전체에 악영향을 미칠 수 있다. 여성의 과소대표가 바로 이런 예이다.

그렇다면 여성 국회의원의 숫자가 적은 것은 왜 민주주의에 악영향을 주는가? 대의제 민주주의에서 국회 내에 유권자 집단을 대표할 수 있는 대표가 없다면 그 집단의 관점과 이익이 정책 결정에서 충분히 고려되기 어렵기 때문이다. 대의제 민주주의에서 시민들은 자신들을 대신해 정책을 만들 대표들을 선출하고 다시 다음 선거에서 이들을 심판한다. 물론 선거 외에도 시민들이 정책에 영향을 줄 수 있는 방법은 있다. 시민들은 시민단체를 결성하거나 시위에 참가해서 정부에 요구사항을 제출하며 나와 같은 생각을 하는 국민들이 많이 있고, 따라서 정부는 우리의 목소리를 들어주어야 한다고 주장할 수 있다. 그렇지만 대의제 민주주의에서 시민단체, 시위, 청원이 정책결정에 미치는 영향은 대표자가 미칠 수 있는 영향에 비해 작다. 민주주의에서 법안을 만들고 통과시킬 자격은 선거를 통해 선출된 대표들에게 주어지기 때문이다. 그렇기에 나의 정치적 관점과 이익을 대변해줄 수 있는 대표를 선출하는 것은 내가 정치적 영향력을 확보하는 데에 필수적이다.

그런데 생각해보자. 이때 아무리 모든 사람들이 동등하게 한 표를 지니고 있다고 해도 선거에 출마하는 유력정당의 후보들이 모두 부유한 기업가 출신이라면 이들로 구성된 의회가 서민들, 노동자들의 관점과 이익을 잘 대변해 줄 것이라 기대할 수 있을까? 후보들이 모두 부모의 사회적 지위와 인맥을 이용해 좋은 학교에 쉽게 입학하고 좋은 직장을 다니다가 정치에 입문한 사람이라면, 이들로 구성된 의회가 평범한 부모를 둔 청년들이 입시와 취업시장에 들어서서 느끼는 불안과 좌절감을 이해하고 공정한 사회를 만들기 위해 의정활동을 할 것이라 기대할 수 있을까?

페미니스트들이 지적하는 것이 바로 이 지점이다. 여성은 남성과 동등하게 선거권을 지닌다. 하지만 평등한 선거권이 평등한 정치적 영향력으로 전환되기 위해서는 여성의 관심사와 이익이 의회 내에서 대표될 수 있어야 한다. 그러나 국회의 구성에서 여성의원이 차지하는 비율이 낮을 때에 여성의 관심사와 이익이 충분히 대표될 수 있을까?

한국에서 여성의원이 차지하는 비율은 세계적으로 볼 때 상당히 낮다. 민주화 이후 구성된 14대－16대 국회에서 여성의원은 전체의 1－6%의 의석을 얻었다. 여성의원의 비율은 2002년 선거법 개정으로 여성할당제가 확대되며 17대 의회에서 13%로 증가했다. 이후 여성의원의 숫자는 서서히 증가하여 21대에는 19%의 여성이 선출되었지만, 한국의 여성의원 비율은 여전히 선거를 하는 국가 중 100위권 밖이다. 하지만 순위가 꼭 중요한 것은 아니다. 어떤 국가들은 여성인권수준이 낮지만 여성의원 비율이 높다. 이는 여성할당제를 더 적극적으로 적용하기 때문이다. 의회의 정치적 영향력이 작고 여성인권이 뒤쳐진 국가에서 보여주기식으로 여성에게 의석의 일정 비율을 할당하기도 하고, 민주정권이 새로 들어선 나라에서 국제기구와 협력하여 정치제도를 만드는 과정에서 국제기구의 권유를 받아들여 여성할당제를 도입하기도 한다. 그렇기에 한국의 여성의원 비율이 100위권 밖이라는 것이 여성인권에 대한 직접적인 지표는 아니다. 핵심은 여성의원이 19%인 국가와 25%인 국가(미국 상원), 34%인 국가(영국), 46%인 국가(스웨덴)에서 여성의 관점과 이익이 동일하게 대표될 것이라 볼 수 있는지 여부이다.

여성의원이 19%인 의회와 46%인 의회에서 여성의 관심사와 의견이 같은 정도로 고려될 수 있을까? 물론 우리가 좋은 남성 의원들을 선출한다면, 이들이 여성을 포함한 국민 전체를 위한 법안을 만들 것이라 답변해 볼 수는 있다. 하지만 이 경우에도 문제는 남아있다. 바로 경험의 문제이다. 빠듯한 아르바이트비를 가지고 한 달 월세, 휴대전화 요금, 부모님 집 전기요금, 1주일간의 식비 중에 무엇을 지불하고 무엇을 포기해야 할지 고민해본 사람과 고민해보지 않은 사람은 빈곤의 원인과 결과에 대한 이해의 폭이 다르지 않을까? 즉, 대표자가 자신과 다른 배경과 사회적 위치에 소속된 사람들을 대변하기 위해서 그는 자신이 속한 집단에 대한 자연적인 이끌림을 극복해야 하고 또한 자신이 경험하지 못한 일들에 적극적으로 관심을 갖고 그들의 관점에서 문제를 바라볼 수 있어야 한다. 이것이 그렇게 쉬운 문제일까? 그렇다면 엘리트들이 가난한 이들을 대표해줄 것을 기대하는 대신, 가난한 이들의 경험을 알고 이해하는 사람들이 대표로 선출되어 정책을 만들도록 해서 저소득층의 입장을 고려할 수 있도록 하는 것이 필요하지 않을까?

여성의원의 비율을 늘려야 한다고 주장하는 사람들이 지적하는 것이 바로 이것이다. 여성의 경험과 관점이 정책을 만들 때 충분히 고려되도록 하기 위해서는 여성유권자들을 대표하는 일에 관심을 둔 남성의원을 선출하는 것도 필요하지만, 여성의 경험을 보다 직접적으로 이해하는 여성의원의 비율을 늘리는 것도 필요하다. 즉, 여성의 정치적 영향력을 확대하기 위해서는 더 많은 여성을 선출하거나 더 많은 페미니스트(꼭 여성일 필요는 없다)를 선출할 필요가 있다. 이때 더 많은 페미니스트를 당선시키려 노력하는 것보다 더 많은 여성을 당선시키는 것이 더 쉽다. 여성할당제라는 매우 효과적인 제도가 있으며, 여성의원들은 평균적으로 남성의원들보다 여성문제에 대한 관심도가 높기 때문에 의회 내의 페미니스트 숫자 역시 증가할 개연성이 있기 때문이다. 경험적 연구들에 따르면 여성의원의 비율이 높은 곳에서 여성관련 정책들이 더 많이 논의되고 만들어진다.

여성할당제는 여성이 당선되는 것을 어렵게 하는 사회적 장벽들-유권자들의 남성후보 선호, 정당 공천에서 과정에서 여성이 불리함 등-을 우회해서 여성이 일정 비율 이상 선출되도록 한다. 그렇기에 여성에 대한 사회적 편견이 강한 곳, 그리고 여성의원 숫자가 매우 적은 곳에서 여성할당제는 여성의원이 당선되도록 하는 매우 중요한 장치이다. 한국 역시 2000년 16대 총선에서 여성할당제가 도입되기 전 여성 당선자의 비율은 1–3%대에 머물렀으며, 그중에서도 지역구 당선자는 거의 없었다. 여성 정치인에 대한 사회적 편견과 정치권의 보수성 때문에 여성이 지역구에서 공천을 받기조차 매우 힘들었기 때문이다. 하지만 여성할당제를 확대해야 한다는 주장, 그리고 여성할당제와 같은 명시화 된 제도는 아니더라도 여성 의원 숫자를 늘리기 위해 의회와 정당의 적극적 노력이 필요하다는 주장에 대한 비판 역시 제기된다. 여성 대표를 인위적으로 늘리려는 시도는 자유민주주의와 양립할 수 있는 국가 개입과 평등의 원칙을 위배하는 것이라는 비판이다. 그 근거를 살펴보자.

2. 자유민주주의가 추구해야 하는 평등은 어떠한 것인가

1) 국가에게 사회문화적 불평등을 시정할 책무가 있는가

여성할당제에 대한 첫 번째 반론은 국가가 법적으로 여성할당제를 실시하는 것에 대한 반론으로, 국가는 개인의 자유를 보호하기 위해 필요한 최소한의 역할만 해야 한다는 자유지상주의적 시각을 반영한 것이다. 이 시각에서 본다면 여성의원의 숫자가 적은 것이 법적, 제도적인 여성차별의 결과가 아니기 때문에 법적으로 여성할당제를 시행하는 것은 유권자와 정당의 선택의 자유에 대한 국가의 과도한 개입이다. 그 논리를 살펴보자. 오랫동안 페미니스트들은 여성이 남성과 평등한 법적, 제도적 권리와 자격을 얻어야 한다고 주장해왔다. 여성이 자유롭게 자신의 인생을 살아가는 것을 가로막는 법적, 제도적 제약을 철폐하는 것은 우리가 제1세대 페미니즘이라고 부르는 19세기 후반, 20세기 초반에 활발했던 여성운동의 주요 목표였고, 그 목표는 서구에서는 1970, 80년대를 지나며 대체로 달성되었다. 그렇다면 여성이 남성과 동등하게 선거권과 피선거권을 가지고 있을 때 여성의원의 비율이 낮은 이유는 무엇인가?

먼저 이는 차별이 아니라 개인들의 선호를 취합한 결과일 수 있다. 다시 말해서 개인들이 특별히 여성의원을 선호하지 않기 때문에 여성의원들이 충분히 선출되지 않는다는 것이다. 설령 남성들이 여성의원에 대해 부정적인 시각을 가지고 있다고 하더라도 유권자의 절반을 차지하는 여성들이 여성의원을 선호한다면 여성의원의 비율이 매우 낮을 수 없다. 그렇기에 여성 의원의 숫자가 적은 이유는 여성이 굳이 남성 대신 여성을 선출하는 데에 별다른 관심이 없거나 아니면 여성이 출마에 소극적이어서 여성 후보 자체가 적기 때문이다. 그렇다면 개인들의 선호를 무시하고 인위적으로 여성을 당선시키는 것은 다수의 선호와 다른 결과를 가져오는 것이기에 정당화될 수 없다.

이와 다른 시각으로, 여성의원의 비율이 낮은 이유는 사회의 성차별적인 구조 때문일 수 있다. 개인의 선호는 사회의 구조적인 차별에서 자유로울 수 없다. 남성중심적인 구조에서 흔히 남성은 긍정적인 속성들을, 여성은 부정적인 속성들을 가졌다고 간주된다. 여성이 이성적이기보다 감성적이라는 편견, 여성은 리더십과 결단력이 부족하다는 편견은 사회화 과정에서 모든 개인들에게 영향을 주게 된다. 이러한 편견이 강한 사회에서 많은 개인들은 여성은 정치지도자로 적절하지 않다고 생각할 것이고, 여성 대신 남성에게 투표할 것이다. 유권자들의 편향성과 함께 고려해야 할 것은 후보를 공천할 자격을 가진 정당 지도부의 편향성이다. 주로 장년의 남성들로 구성된 정당지도부의 성차별적인 인식 때문에 정당은 여성 후보를 적극적으로 충원하여 당내에서 성장시키려 하지 않고 남성 후보들에게 더 많은 기회를 부여한다. 대부분의 자리를 남성으로 채우되, 보여주기식으로 일부 자리를 여성에게 내주는 식으로 남성중심의 정당구조를 유지하는 것이다. 그렇다면 여성은 정당내에서 경쟁력을 갖추는 데에도, 또한 정당에서 공천을 받는 데에도 불리할 수밖에 없다. 여성이 경쟁력 있는 정치인으로 성장하는 것이 남성에 비해 더 어렵다는 것이다.

국가의 개입을 최소화해야 한다는 시각에서 본다면 이때 여성의원의 비율이 낮은 이유가 개인들의 선호 때문이든 성차별적인 구조 때문이든, 이는 법과 제도가 여성을 차별한 결과는 아니기 때문에 국가의 개입이 필요하지 않다. 남성중심적 질서, 가부장제 질서는 법으로 인정받는 것이 아니라 사회적, 문화적으로 유지되고 재생산되는 것이고, 그렇기에 이에 대한 적절한 대응은 법의 개입이 아니라 시민적 영역에서의 투쟁이다. 한국에서 여성운동이 가사노동, 명절노동의 여성 전담을 비판하며 가정 내에서 여성의 불평등한 지위를 개선하는 데에 크게 기여한 것처럼, 여성정치인의 당선 역시 여성에 대한 편견을 비판하고 여성 후보자들을 지지하는 운동을 펼치는 등 시민사회 활동을 통해서 개선해야 한다. 즉, 우리에게 필요한 것은 법적인 할당제가 아니라 남성중심적인 정치를 개혁하려는 시민사회 내에서의 노력이다.

하지만 이 주장은 맹점을 지니고 있다. 남성중심적인 사회구조를 변화시킬 책임을 현재 피해를 받는 집단인 여성에게 돌리고 있으며, 사회구조의 변화를 이끌어 내는 동안 여성이 계속해서 과소대표되는 것을 묵인하기 때문이다. 여성할당제와 같은 적극적 조치들을 옹호하는 이들은 불평등한 상태를 교정할 책임은 여성에게 있지 않으며, 국가는 법적, 제도적으로 주어진 평등을 개인들이 실질적으로 향유할 수 있도록 보장해야 한다고 주장한다. 빈곤한 가정에서 자란 학생은 원하는 대학에 가고 직업을 가질 자유가 있다. 하지만 빈곤은 이 학생이 이러한 자유를 실제로 행사하는 것을 제약하기 때문에 빈곤을 개선하기 위한 국가의 역할이 필요하다. 마찬가지로 여성에 대한 법적 차별이 없다고 해도 사회의 가부장제 질서는 여성이 자신에게 주어진 동등한 정치적 영향력을 지닐 권리를 실질적으로 제약한다. 할당제 옹호자들은 이때 법과 제도를 활용해 여성들이 법적으로 보장된 평등한 정치적 영향력을 실제 행사할 수 있도록 하는 것은 국가의 책무이고, 여성할당제는 여성의 정치적 영향력을 증진시키기 위한 효과적인 제도라 주장한다.

2) 여성할당제는 남성에 대한 역차별인가

여성할당제에 대한 두 번째 반론은 법적 할당제와 정당의 자율적 여성할당제 모두를 향한 비판이다. 여성할당제는 차별로 피해를 입었다는 것이 입증된 개별 여성을 구제하는 것이 아니라 여성집단에게 보상을 해주면서 대표선출 결과에서 여성집단이 겪는 불평등을 교정하는데, 이는 실제 차별을 받은 개별 피해자에게 보상을 해주는 것이 아니며, 그 과정에서 남성에 대한 역차별이 발생할 수 있다. 논지를 살펴보자.

첫째, 여성할당제는 차별받아왔던 여성집단에 대한 보상을 현재의 여성집단에게 해주는 것인데, 이때 피해를 입은 개인이 보상을 받는 경우와 피해를 입었는지 확실치 않은 개인에게 혜택을 주는 경우를 구분하지 않는다. 예를 들어서 정당공천심사에서 남성 후보 김남성씨와 여성 후보 김여성씨가 같은 점수를 받았지만 여성을 30% 이상 공천해야 한다는 할당제 때문에 김여성씨가 공천을 받고 당선되었다고 하자. 이때 당선된 김여성씨는 성평등의식이 투철한 부모님 밑에서 자라며 유명 기업가인 아버지의 부와 사업을 물려받아서 별다른 성차별 경험 없이 자신의 삶을 자유롭게 살아왔을 수 있다. 여성할당제는 집단에 대한 혜택이기 때문에 혜택을 받는 개인이 구조적 차별로 인해 정치권에 진입할 기회를 제한받은 여성인지 김여성씨처럼 별다른 제한을 받은 적 없는 개인인지 구분하지 않는다. 차별받는 여성에 대한 보상이 차별의 경험이 거의 없는 여성에게 돌아가는 것을 막을 수 없는 것이다.

둘째, 이와 연결되어서 여성할당제는 경쟁에서 불공정하게 유리한 위치를 점해왔던 남성집단이 의회에서 얻을 수 있는 의석의 비율을 제한하는데, 여기서 남성 개인들에게 기회의 평등 원칙이 지켜지지 않기 때문에 역차별 가능성이 있다. 우리의 예에서 김남성씨와 김여성씨는 둘 다 성차별로 인해 직접적인 피해를 입은 바 없지만, 할당제를 적용하는 과정에서 김남성씨는 김여성씨보다 후순위로 선택받는다. 이렇게 역차별의 문제가 발생하는 것이다.

또한 할당제는 능력주의 원칙에 위배된다. 성, 인종 등과 무관하게 가장 자격있는 이가 선택되는 것이 능력주의 원칙인데 할당제는 특정 성별 집단에게 일부 의석을 할당하면서 더 자격있는 후보가 탈락하게 될 가능성을 열어둔다는 비판이다.

이러한 비판에 대한 주요한 반론은 여성할당제와 같은 적극적 우대제도는 차별받아 온 집단에 대한 보상이 아니라 분배적 정의(distributive justice)를 달성하기 위한 제도라는 것이다(Fiscus 1992). 풀어서 설명해보자. 여성에 대한 사회구조적인 차별이 없는 공정한 사회에서 여성은 현재보다 더 많이 당선되었을 것이다. 하지만 현실에서 여성에 대한 편견은 여성이 남성과 공정하게 경쟁하는 것을 방해한다. 만약 남성과 공정하게 경쟁했을 때 여성이 확보했을 의석이 50%라 예측된다면, 의석의 50% 이하를 여성에게 할당하는 것은 남성의 자리를 빼앗는 것이 아니다. 공정한 경쟁에서 여성이 차지했을 몫을 보장해주는 것이기 때문이다. 이때 할당제 때문에 탈락한 남성후보는 경쟁이 공정했더라면 어차피 탈락했을 것이기 때문에 역차별을 받는다고 말할 수 없다.

다음으로 할당제가 능력주의 원칙을 위배한다는 비판에 대해서 할당제 옹호론자들은 여성에 대한 차별이 존재할 때 능력주의는 공정할 수 없다고 답변한다. 먼저, 여성 후보의 자질에 대한 판단은 여성에 대한 편견에서 자유로울 수 없는 사람들의 주관적 평가에서 비롯된 것이기에 누가 얼마나 능력이 있는가에 대한 평가 역시 편향되었을 가능성이 있다(Young 1989). 할당제 때문에 탈락한 남성후보는 당선된 여성후보보다 실제 대표로서의 능력은 부족하지만 남성이기 때문에 더 높은 점수를 받았을 가능성이 있다는 것이다. 우리는 사회문화적 편견이 배제된 공정한 경쟁을 거쳤을 때 둘 중 누가 선택되었을지 알 수 없다. 그렇기에 여성을 일정비율 이상 선출하는 것이 더 뛰어난 자격을 갖춘 후보를 탈락시키는 결과로 이어진다고 확신할 수 없다.

게다가 할당제의 효과는 능력을 갖춘 사람들을 탈락시키는 것이 아니라 여성을 대표할 수 있는 능력을 갖춘 사람들이 의회에 진출하도록 하는 것이다. 즉, 현재의 후보 평가지로는 여성을 대표할 수 있는 능력을 갖춘 국회의원을 선출하지 못하고 있기 때문에, 후보 평가방식이 개선될때까지 여성할당제를 유지하는 것은 정당화될 수 있다.

정리하자면, 할당제는 직접적 피해를 입은 개인에 대한 보상이라 보기 어려우며, 그 과정에서 남성에 대한 역차별 가능성이 있기 때문에 매우 논쟁적이다. 미국에서 대학입시에서 소수인종에 대한 적극적 우대조치에 대한 대법원 판례들을 살펴보면 차별이 유지되는 동안 한시적으로 제도를 유지하는 것은 합헌이라는 의견이 우세하다. 하지만 미국 내에서 소수인종에 대한 사회문화적인 차별이 오랜 시간을 거치며 일정정도 개선되면서 적극적 우대조치에 대한 논란은 더욱 커지고 있다. 한국 역시 여성의원의 비율이 적게나마 꾸준히 증가하고 있기 때문에 여성할당제 의무화에 대한 논쟁은 계속될 것으로 보인다.

Ⅲ 여성할당제는 언제 여성의 정치적 평등에 기여하는가

1. 여성의원의 숫자가 늘어난다면 여성의 정치적 영향력이 남성과 동등해질 것인가

여성 국회의원이 지나치게 적게 선출되고 있다는 경험적인 문제가 있고, 이를 일부 교정할 수 있는 방안으로 할당제를 정당화할 수 있는 이론적 근거가 있다면 검토해야 할 남은 문제는 하나이다. 과연 할당제라는 제도가 여성이 동등한 정치적 영향력을 행사할 수 있도록 하는 효과가 충분하냐는 것이다. 만일 할당제의 효과가 충분하다면, 한시적으로 할당제를 운영해 여성의원의 비율을 조정해야 한다는 주장이 더 많은 정당성을 얻을 것이다. 그러나 할당제가 기대한 효과를 거두지 못한다면 비판에 맞서 이를 정당화하기 어렵다.

먼저 여성할당제의 목적을 현재 불공정한 경쟁을 하고 있는 여성들에게 결과의 공정성을 일정정도 확보해주려는 시도라 이해한다면 할당제는 매우 효과적인 정책이다. 하지만 여성할당제의 목적을 여성을 대표할 수 있는 의원들의 숫자를 늘려서 여성의 경험과 관점이 정책과정에서 충분히 고려되도록 하기 위한 것이라 생각한다면, 여성의원의 선출이 여성의 관점과 이익이 대표될 수 있도록 하는 데에 얼마만큼 기여할 수 있는지 살펴보아야 한다.

피트킨(Pitkin 1967)의 대표 개념을 빌려 설명한다면, 의회에서 여성의원의 숫자를 늘리는 것은 여성의 수적 대표성(descriptive representation)을 확대하는 것이고, 의회에서 여성의 관점과 이익을 대표하는 활동들을 늘리는 것은 여성의 실질적 대표성(substantive representation)을 확대하는 것이다. 그렇다면 문제는 할당제라는 수적 대표성을 증가시키는 제도가 과연 실질적 대표성의 증대로 이어질지 여부이다. 먼저, 여성은 다양하다. 가난한 여성, 부유한 여성, 고학력 여성, 저학력 여성, 자녀가 있는 여성, 자녀가 없는 여성들은 경험과 관점이 같지 않을 것이다. 그렇다면 여성 국회의원의 숫자가 늘어난다고 해서, 이들이 다양한 배경의 여성들을 대표할 수 있을까? 다음으로, 정책은 몇몇 의원의 노력만으로 만들 수 있는 것이 아니다. 다른 의원들의 견해, 정당의 입장 등이 정책에 영향을 미친다. 그렇다면 여성의원들의 숫자가 늘어난다고 여성들의 관심사와 견해를 반영한 정책이 충분히 만들어질 수 있을까?

첫 번째 문제를 먼저 논의해보자. 여성을 대표하려면 여성을 선출할 필요가 있다는 주장은 여성의 다양성을 충분히 고려하지 못한다는 비판이 있다. 사회집단을 대표하기 위해서는 그들의 삶의 경험을 공유하는 정치인들이 필요하다는 주장은 분명 일리가 있다. 그러나 성별은 개인들의 정체성을 구성하는 다양한 범주 중 하나이다. 교육, 소득, 성정체성, 인종, 장애유무 등에 따라서 여성은 서로 다른 차별을 경험하며 살아가게 된다. 예를 들어 고등학교를 졸업하고 저임금 서비스업에 종사하는 여성인 김여성씨는 학력중심 사회에서 고졸이기에, 또 노동시장에서 비정규직이기에 차별과 어려움을 겪는다. 이점에서 김여성씨는 대졸 전문직 여성과는 다른 관점과 이익을 가질 것이다. 나아가 김여성씨에게는 고졸 비정규직 여성이기에 겪는 문제들이 있다. 임신과 출산은 여성의 삶에서 중요한 일들이지만 김여성씨는 출산 후 법적으로 주어진 육아휴직을 사용하고 복직하는 데에 정규직 여성보다 더 많은 어려움을 겪을 것이다. 아이를 몇 년 동안 돌보다가 다시 구직을 시작한 김여성씨는 이전보다 더 불안정한 시급제 일자리를 얻게 될 가능성이 높다. 40대 고졸 여성이 새롭게 얻을 수 있는 괜찮은 일자리는 거의 없기 때문이다. 이 점에서 김여성씨가 삶에서 겪는 어려움들은 고졸 남성과도 다르다.[36] 그

36) 크랜쇼(Crenshaw 1989)는 다양한 범주의 차별이 중첩되는 양상을 상호교차성이라 개념화했다. 흑인 여성들의 경험은 흑인 남성의 경험과도, (백인) 여성의 경험과도 같지 않다. 흑인 여성에게는 흑인 여성이기에 겪는 차별이 있다. 결혼이주여성의 경험은 많은 한국 여성의 경험과도, 남성이주자의 경험과도 다를 것이다. 그렇기에 상호교차성

렇다면 김여성씨와 대졸 전문직 여성이 여성이라는 이유로 똑같은 여성대표자에게 대표될 수 있는가? 부유한 가정에서 태어나 유학을 다녀온 전문직 출신 여성 국회의원이 정말 김여성씨의 경험을 공유하고, 공감하고, 그의 관점과 이해관계를 대표할 수 있을 것인가?

의회는 늘 계층 편향적이다. 우리가 의식적으로 다양성을 확보하지 않을 때 당선되는 여성들은 대체로 대졸 이상 학력의 중산층 이상 여성들이다. 그렇다면 이들이 국회에 포함되었을 때 주도적으로 논의되는 여성문제는 주로 대졸 중산층 여성들이 마주한 문제들일 것이다. 그렇다면 여성의원의 숫자가 늘어난다고 하더라도 김여성씨와 같은 여성의 관심사와 이익은 여전히 국회에서 충분히 대표될 수 없다. 즉, 선출되는 여성의원들의 배경이 비슷하다면 다양한 배경의 여성들이 겪는 문제들과 이들의 관점이 의회내에서 충분히 논의되기는 어려울 것이다.

이에 대한 대답으로 학자들은 여성의 숫자를 증가시키는 것 못지않게, 선출되는 여성 대표들의 다양성을 확대하는 것이 필요하다고 주장한다(Dovi 2002). 이때 여성의원의 다양성만 필요한 것은 아니다. 남성 역시 다양하다. 그렇기에 우리는 다양한 배경의 남성과 여성이 대표될 수 있도록 의회의 다양성을 확보할 필요가 있다. 우리가 엘리트 남성으로 국회 의석의 대다수를 채우는 대신 다양한 배경의 여성들과 다양한 배경의 남성들을 선출한다면, 김여성씨는 워킹맘 출신 여성 대표자에게서도, 고졸 남성 대표자에게서도, 또 고졸 여성 대표자에게서도 대표될 수 있을 것이다. 그렇기에 여성할당제를 통해 그동안 국회에서 충분히 고려되지 못했던 여성들의 관심사와 의견을 대표하기 위해서는 단순히 여성의원의 숫자만 늘리는 것이 아니라, 보다 다양한 여성들이 국회에 진입할 수 있도록 할당제로 공천되는 후보들의 다양성을 확대해야 한다.

두 번째로 논의할 문제는 정책을 만드는 데에는 여성의원의 역할 뿐 아니라 남성의원과 정당의 역할 역시 중요하기 때문에, 여성의원의 숫자가 늘어난다고 해서 정책을 만들 때 여성들의 의견이 남성과 동등하게 반영될 것이

페미니스트들은 다른 배제된 사회집단들과의 연대를 중시한다.

라 기대하기는 어렵다는 것이다. 경험적 연구들에 따르면 여성의원들은 남성의원에 비해 여성문제에 더 많은 관심을 가지고 있으며, 남성의원들에 비해 여성관련 법안 제정에 적극적이다. 그러나 현실 정치에서 여성의원들의 의정활동은 여러가지 제약을 받는다. 소속 정당이 진보정당인지 보수정당인지, 지역구에서 당선이 되었는지 비례대표로 당선되었는지, 여성을 대표하는 활동이 다음 선거에서 긍정적으로 작용할것인지 여부 등 많은 요인들이 개별 여성 의원들이 여성을 대표할지 하지 않을지, 그리고 여성을 대표하려는 이들의 노력이 정책결정과정에서 충분히 반영될지 되지 않을지를 결정하는 데에 영향을 준다.

그렇기에 의회가 정책을 의논할 때 여성의 관점과 이익이 배제되지 않고 동등하게 고려되도록 하기 위해서는 여성의원이 여성 유권자와 소통하고 이들의 관심사와 관점을 대표하는 일에 보다 많은 책임감을 느끼도록 해야 하고, 또한 정당과 남성의원들 역시 여성의원들이 제기하는 문제와 견해를 논의에 충분히 포함시킬 수 있어야 한다. 즉, 여성의원의 수적 증가는 여성을 대표하려는 의원 본인의 노력과, 여성들의 관심사와 의견을 충분히 고려하려는 정당과 남성의원들의 노력이 합쳐질 때 효과적일 수 있다.

2. 여성할당제는 언제 여성의 정치적 평등에 기여하는가

여성은 다양하다. 하지만 동시에 여성에게 생물학적 차이와 사회화의 차이에서 비롯된 고유한 문제가 있다는 것은 분명하다. 출산 및 육아와 일을 병립하는 문제, 저임금 비정규직 노동시장에 편입되는 비율이 높아서 경제위기시 해고위험이 높다는 문제, 여성을 대상으로 한 범죄와 직장 내 권력관계 속에서 성범죄에 노출되는 문제 등, 많은 여성들이 여성이기 때문에 공유하는 문제들이 있다. 그리고 이 문제에 대한 관점과 관심도는 흔히 성별에 따라서 달라진다. 예를 들어 많은 여성들은 국회가 성범죄 관련 입법에 소극적이라고 생각한다. 만일 국회가 성범죄에 소극적이라면, 그 이유 중 하나는 성범죄가 전형적으로 남성과 여성의 관점 차이가 큰 문제이기 때문일 것이다.

최근 한 여론조사를 보면 남성과 여성은 한국 여성들이 느끼는 성범죄에 대한 두려움의 정도에 대해 상이한 인식을 보이고 있다. 전체 남성의 64%가량이 여성들이 성범죄에 대해 느끼는 두려움의 정도가 크다, 27.7%가 크지 않다고 답변했는데, 이는 여성의 84%가 크다, 11.8%가 크지 않다고 답변한 것과 상당한 차이를 보인다. 반대로 62.7%의 남성은 한국에서 남성이 부당하게 잠재적 성범죄 가해자로 몰리고 있다고 생각한다. 하지만 이와 같이 생각하는 여성은 32.7%에 불과하다.37)

여성이 일상생활에서 성범죄를 크게 두려워한다는 데에 동의하는 사람과 그렇지 않다고 생각하는 사람, 성범죄 피해가 더 큰 위협이라 생각하는 사람과 성범죄 무고죄가 더 큰 위협이라고 생각하는 사람은 성범죄 관련 입법에 대한 관심도와 처벌수위에 대한 생각이 매우 다를 것이다. 문제의 핵심은 성범죄와 무고죄 중 무엇이 더 위협적인지가 아니다. 중요한 것은 개인들이 평등한 정치적 영향력을 지닌다는 것은 공적인 일들을 논의할 때 이들이 가진 다양한 관점과 이해관계들이 논의에 충실하게 포함될 수 있어야 한다는 것이다. 남성이 절대 다수인 의회에서는 남성의 관점과 경험이 논의 과정에서 과다대표될 가능성이 높다. 이와 다른 시각과 근거를 제시할 사람들이 부족하기 때문이다. 편향성을 의심받는 의회에서 만든 법안은 정당성 역시 의심받는다. 여성들은 남성이 절대 다수인 의회에서 만들어진 법안들이 남성의 이익을 반영한 것이라는 합리적인 의심을 하게 될 것이다.

여성의 평등한 영향력을 위해서, 또한 의사결정의 정당성을 확보하기 위해서 여성 대표의 비율을 늘려야 한다는 것은 분명하다. 하지만 여성들의 다양한 경험과 관점이 정책을 만들 때 동등하게 고려되기 위해서는 단순히 여성할당제를 도입해 여성의원의 숫자를 늘리는 것으로는 부족하다. 중요한 것은 할당제라는 제도를 만드는 것을 넘어서, 이것이 여성의 정치적 평등에 기여할 수 있도록 제도를 운영하는 것이다. 우리가 더 다양한 배경의 여성의원과 남성의원을 선출하고, 다양한 여성들의 경험과 관점을 정책을 만들 때 고

37) 시사IN, [20대 여자 현상] “성범죄 피해가 두렵다” “성범죄 무고가 두렵다”. 729호. 2021.09.07. (출처: https://www.sisain.co.kr/news/articleView.html?idxno=45446)

려하는 것이 민주주의에 중요하다는 데에 사회적 공감대를 형성할 수 있을 때 할당제는 여성의 동등한 정치적 영향력을 확대하는 데에 기여할 수 있을 것이다.

Ⅳ 민주주의와 여성 - 보다 평등한 미래를 향해

이 절은 여성에 대한 법적인 차별이 없어진 현재에도 정치, 경제 부문에서 성별격차가 크게 나타나고 있는 현상을 어떻게 개선해야 하는지 물으며 출발했다. 성별격차를 개선하기 위한 적극적 조치로 많은 국가들은 여성할당제를 도입하고 있다. 그러나 비판자들은 여성에 대한 차별이 과거에 비해 줄어든 현재 할당제를 도입하는 것은 불필요하며, 할당제가 유권자, 정당, 혹은 기업의 선택권을 제한하고 남성에 대한 역차별 가능성이 있다는 이유를 들어 이에 반대한다. 이처럼 할당제를 바라보는 서로 다른 시각에는 현재 성별격차의 원인에 대한 상이한 이해와 자유민주주의와 양립할 수 있는 평등주의 정책에 대한 서로 다른 입장들이 반영되어 있다. 이 글은 여성의원 할당제를 검토하며 할당제가 어떠한 근거에서 비판받고 또한 정당화될 수 있는지, 그리고 법적인 여성차별이 없어진 현재 국가가 성별격차를 줄이기 위해서 적극적인 제도적 조치를 취해야 하는 이유가 무엇인지 논의했다.

먼저 정치 영역에서 성별격차는 민주주의에 부정적 영향을 준다. 대의제 민주주의에서 개인과 집단이 정치적 영향력을 행사하기 위해서는 의회 내에 그들의 관점과 이익을 대표해줄 수 있는 대표자를 가질 수 있어야 한다. 대의제 민주주의에서 중요한 정책 결정은 의회에서 토론과 합의를 거쳐 결정되기 때문이다. 여성이 남성에 비해 정치적 영향력이 부족하다는 근거로 한국의 여성의원 비율이 낮다는 것이 언급되는 것도 여성의원의 숫자가 적으면 여성의 관점과 경험을 바탕으로 토론에 참여할 의원의 숫자가 적기 때문이다.

할당제는 정치 영역에서 성별격차를 줄일 수 있는 효과적인 방안이다. 그러나 할당제 운영은 매우 논쟁적이기도 하다. 국가가 법적인 차별이 아니라 사회문화적인 성차별에 어디까지 관여해야 하는지, 그리고 할당제가 남성에 대한 역차별이 아닌지에 대해 서로 다른 시각들이 있기 때문이다. 하지만 여성의 실질적 정치적 평등을 달성하기 위해서는 여성들의 관점과 경험을 바탕으로 사회문제를 바라보고 공적인 토론에 참여하는 대표가 필요하다는 것은 분명하다. 할당제를 옹호하는 이들은 여성할당제가 여성대표의 숫자를 늘리면서 여성의 관심사와 관점이 정책을 만들 때 평등하게 고려되는 데에 기여할 수 있다는 점을 강조한다.

다만 여기에는 중요한 전제가 있다. 할당제가 여성의 실질적 대표성 확대로 이어지기 위해서는 여성의원들을 선출할 때 다양한 배경의 여성들을 대표할 수 있도록 여성대표의 다양성을 확대해야 할 것이고, 또한 다양한 여성들의 경험과 관점을 정책을 만들 때 고려하는 것이 민주주의에 중요하다는 데에 사회적 공감대를 형성할 수 있어야 할 것이다.

최근 한국에서는 젠더갈등이 심각해지고 있다는 우려가 커지고 있다. 젠더갈등은 사실 새로운 것이 아니다. 여성에게 투표권을 부여하는 것도, 고용평등법을 입법하는 것도, 군가산점을 논의하는 것도, 호주제를 폐지하는 것도 늘 논쟁적인 일이었다. 민주주의에서 사회집단들 간 좁히기 어려운 견해차가 있는 것은 자연스럽다. 여성문제가 여전히 심각하다고 보는 이들과 양성평등이 달성되었다고 보는 이들은 성별격차를 축소하기 위해 제도적 노력이 필요하다는 데에 서로 다른 의견을 가질 것이다. 그리고 여성의 정치적 영향력이 남성과 평등하지 않다는 데에 동의하는 이들도 어떤 방식으로 실질적 평등을 달성할지, 예를 들어서 할당제를 통해 여성대표를 늘릴지, 아니면 시민사회에서의 노력으로 정당이 여성정책에 더 많은 관심을 두게 할지에 대해 서로 다른 견해를 가지고 있기 때문에 논쟁은 계속될 것이다.

과거와 현재의 중요한 차이 중 하나는 시민들이 목소리를 낼 수 있는 창구가 다양해졌다는 것이다. 온라인 커뮤니티의 확산과 매체의 다양화는 일반 시민들이 정치문제를 토론하고 의견을 형성할 수 있는 창구를 다양화시켰고, 정치 참여에 있어서 성차가 줄어들면서 더 많은 여성들이 적극적으로 자신의 정치적 선호를 표시하게 되었다. 우리는 이제 과거에는 두 개 남짓한 스피커에서 흘러나오던 목소리들을 이제 열 개의 스피커에서 서라운드로 듣게 되었다. 그렇지만 갈등의 핵심은 과거와 다르지 않다. 여성은 남성과 동등하게 자유롭고 평등한 시민으로 인정받고 평등한 영향력을 행사할 수 있어야 한다. 그 방안을 생각하는 것은 민주주의의 숙제이다.

우리는 여성에게 법적인 권리를 평등하게 부여함으로써 성별격차를 줄일 수 있는 시기를 이미 지났다. 이제 우리에게 남은 과제는 법적으로 보장된 평등을 실질적 평등으로 실현시키는 것이다. 이를 위해서는 여성의 실질적 평등을 둘러싼 서로 다른 시각들을 민주적인 토론과 타협을 바탕으로 조정하고 변화를 만들어갈 수 있어야 한다. 젠더갈등의 의미를 축소하려는 시도, 서투르게 봉합하려는 시도보다 어떠한 민주적 제도와 절차를 거쳐서 갈등을 조정할 때 당사자들이 그 결과를 수용할 것인지에 더 많은 관심을 쏟을 필요가 있다. 논의의 출발점은 언제나 서로 다른 의견들을 충분히 고려하는 것이고, 이를 위해서는 여성문제에 대한 다양한 관점과 경험이 심도있게 논의될 수 있어야 한다.

여성문제는 자유민주주의의 이상과 연결되어 있다. 개인들이 성, 인종과 같은 개인의 특성과 무관하게 평등하게 대우받고 동등한 정치적 영향력을 행사하는 것은 자유민주주의의 이상이다. 사회문제에 대한 다양한 관점과 다양한 구성원들의 경험이 의사결정에서 동등하게 고려될 수 있도록 하는 것, 사회 집단들 간에 문제에 대한 견해가 다를 때 이를 자유민주주의의 원칙과 절차를 바탕으로 조정해내는 것, 이것이 민주주의의 과제이자, 민주주의에서 여성의 평등한 영향력 확보를 위한 과제인 것이다.

더 생각해 볼 문제

우리는 본문에서 정치영역에서 나타나는 성별격차에 대해 살펴보았습니다. 이제 눈을 돌려 경제영역의 성별격차에 대해 생각해 봅시다. 한국에도 번역된 ≪커리어 그리고 가정≫(생각의힘, 2021)이라는 책에서 하버드대 경제학자인 클라우디아 골딘은 상당한 수준의 성평등이 달성된 현재 미국에서 왜 똑같이 학력 수준이 높은 남성과 여성 간에 소득과 커리어 격차가 나타나는지 분석합니다. 골딘의 설명은 다음과 같습니다. 지난 수십 년간 산업구조가 변화하면서, 직업 간 소득격차가 크게 벌어졌습니다. 오늘날 좋은 직업을 가진 사람들은 과거 직장인들은 상상도 하지 못한 연봉, 성과급, 스톡옵션을 받습니다. 그 대가도 있지요. 고소득 직업의 근무강도가 매우 높아졌습니다. 고소득 직장인들은 매우 긴 시간 근무를 하고, 야근을 하고, 주말 출근도 마다하지 않으며 새벽에도 업무상 필요하면 전화연락을 받습니다. 그렇다면 일과 가정을 양립하는 것이 매우 어려워지겠지요. 아이를 돌보는 것은 상당한 시간과 유연한 업무 스케줄을 필요로 하는 일입니다. 아이를 등원시간에 어린이집에 데려다주고 또 하원시간에 데리러 가야하고, 어린이집에서 아이가 열이 난다는 연락을 받으면 어린이집으로 달려가 아이를 병원에 데려가고 휴가를 써서 며칠간 집에서 돌봐야 하고, 부모 중 한 명은 언제든 필요하면 아이를 돌볼 준비가 되어있어야 하는데, 지금 고소득 직업들이 요구하는 업무강도와 스케줄은 이러한 부모역할을 하는 것을 거의 불가능하게 만듭니다.

이때 부부가 같은 고소득자여도 일과 가정을 양립할 수 있도록 소득과 승진을 일부 포기하고 시간 활용을 더 유연하게 할 수 있는 회사나 직책으로 옮겨가는 쪽은 남성보다 여성인 경우가 월등히 많습니다. 왜 그렇지요? 남성과 여성이 모두 일과 가정을 양립할 수 있도록 똑같이 번갈아가며 육아휴직을 하거나, 업무강도가 조금 더 낮은 일자리를 찾으면 되지 않을까요? 실제 이런 선택을 하는 부부들도 많습니다. 그러나 아이를 키우고, 아이 교육비를 생각하고, 내 노후를 대비해야 한다고 생각하면 부부 두 사람이 모두 고소득 직업을 포기하기가 너무나도 아깝습니다. 내 자식이 하고 싶어하는 것을 모두 지원해주고 싶지만 직업을 바꾼다면 그러지 못할 것 같고, 은퇴 이후 생활비도 걱정이 되고, 그러다보면 부부 중 남편은 살인적인 스케줄의 고소득직을 유지해서 경제적으로 가정에 기여하고, 아내는 보다 시간활용을 유연하게 할 수 있는 직책에 머물거나 이직을 해서 돌봄으로 가정에 기여하는 일종의 가정 내 성별분업이 발생하게 됩니다. 10년, 20년이 지나고 나면 두 사람 간의 소득격차와 커리어 격차는 더 커져있습니다. 남성은 계속해서 승진을 하며 연봉이 올라가지만 여성은 그런 일자리를 포기했으니까요. 여성은 입사했을 때 남성과 마찬가지로 커리어로 성공하겠다는 각오를 가지고 있지만, 결혼을 하고 아이를 낳는 생애주기를 거치면서 고소득과 승진에서 조금씩 물러나게 되는 것이고, 그 바탕에는 고소득직과 저소득직간의 임금격차가 매우 커졌고, 고소득직의 업무강도가 일과 가정의 양립을 불가능하게 만든다는 경제구조가 놓여있습니다.

우리가 골딘의 분석을 받아들인다면, 남성과 여성의 소득격차가 나타나는 큰 원인 중 하나는 남성과 여성의 합리적 선택입니다. 자녀를 위한 최선의 방안으로 남성이 경제활동에 전념하고 여성이 보다 유연한 일자리를 택하는 것은 부부의 선택이고, 득실을 따져서 그 선택을 내린 것은 여성 본인입니다. 이와 관련해 몇 가지 문제를 생각해 봅시다.

1. 먼저, 이러한 이유로 발생하는 성별임금격차를 차별에 따른 것이라 말할 수 있을까요? 이것이 일정 정도 여성에 대한 차별에 따른 것이라 주장하는 이들은 가정 내 성별분업이 아이를 돌보는 것은 여성의 몫이고, 여성이 아이를 제대로 돌보지 않고 커리어를 추구하는 것은 무책임하고 이기적인 것이라는 여성에 대한 일반적인 인식 때문에 자녀를 돌보기 위해 커리어를 희생하는 경향이 여성들에게서 더 크게 나타난다고 지적할 것입니다. 하지만 이것이 차별이 아니라 개인의 선택이라 보는 이들은 여성은 원한다면 고소득직을 그대로 유지할 수 있었기 때문에 차별이라 말할 수 없다고 답변할 것입니다. 가정과 커리어는 모두 소중한 가치이고, 여성은 동등하게 중요한 두 가지 중 가정을 선택했다는 것이지요. 여러분은 둘 중 어느 설명이 더 일리가 있다고 보십니까?
2. 만일 우리가 일과 가정의 양립 때문에 발생하는 성별임금격차가 상당부분 여성들의 선택을 반영한 것이라고 한다면, 국가가 시장질서와 개인의 선택에 개입해 성별임금격차를 시정하려는 노력을 하는 것이 부적절하다는 주장에 동의하십니까? 그렇지 않다면 국가는 여성들이 가정을 위해 커리어를 희생하지 않도록 기업의 주당 근무시간을 조정하고 여성임원 비율을 높이도록 하는 등 정책을 만들어 개입해야 할까요? 생각해 봅시다.

참고문헌

[국외 문헌]

Almonds, Gabriel & Sidney Verba. 1963. *The Civic Culture: Political Attitudes and Democracy in Five Nations*, Princeton: Princeton University Press.

Branson, Margaret. 2002. *Education for Democratic Citizenship: An American Perspective*, 한국정당학회 · 민주시민교육학회 주최 국회 국제학술회의 발표문.

Brynjolfsson, Erik & Andrew McAfee. 2014. *The Second Machine Age: Work, Progress, and Prosperity in a Time of Brilliant Technologies*. New York: W. W. Norton & Company, Inc.

Burke, Edmund. 1999. "Speech to the Electors of Bristol(3 Nov. 1774)." In Francis Canavan(ed.). *Selected Works of Edmund Burke: Miscellaneous Writings*. Indianapolis: Liberty Fund.

Canovan, Margaret. 1999. "Trust the People! Populism and the Two Faces of Democracy." *Political Studies* 47.

________________. 2014. "Populism". In Paul Barry Clarke and Joe Foweaker(Eds.). *Encyclopedia of Democratic Thought*. Routledge.

Chambers, Paul. 2020. "Democratization Interrupted: The Parallel State and the Demise of Democracy in Thailand." In Aurel Croissant and Olli Hellmann (Eds.). *Stateness and Democracy in East Asia*. Cambridge: Cambridge University Press, 103－132.

Cohen, Jean L. & Andrew Arato. 1992. *Civil Society and Political Theory*. Cambridge: The MIT Press.

Conradt, David P. 2001. *The German polity (7th ed.)*. Longman.

Crenshaw, Kimberle. 1989. "Demarginalizing the Intersection of Race and Sex: A Black Feminist Critique of Antidiscrimination Doctrine, Feminist Theory and

Antiracist Politics." *University of Chicago Legal Forum* 139.

Croissant, Aurel and Rebecca Abu-Sharkh. 2020. "As Good as It Gets? Stateness and Democracy in East Timor." In Aurel Croissant and Olli Hellmann(Eds.). *Stateness and Democracy in East Asia*. Cambridge: Cambridge University Press. 204-232.

Croissant, Aurel and Olli Hellmann. 2020. "Introduction: Rethinking Stateness and Democracy in East Asia." In Aurel Croissant and Olli Hellmann(Eds.). *Stateness and Democracy in East Asia*. Cambridge: Cambridge University Press. 1-24.

Deutscher Bundestag. Hrsg., 1989. *Fragen an die deutsche Geschichte: Ideen, Kräfte, Entscheidungen von 1800 bis zur Gegenwart*. Bonn(15.Aufl.).

Dewey, John. 1916. *Democracy and Education: An Introduction to the Philosophy of Education*. New York: Macmillan Co.

Deyshappriya, N.P.R. 2019. "Impact of Macroeconomic Factors on Income Inequality in Asian Countries." In Bihong Huang, Peter J. Morgan, and Naoyuki Yushino(Eds.). *Demystifying Rising Inequality in Asia*. Tokyo: Asian Development Bank Institute, 111-131.

Diamond, Larry. 2008. *The Spirit of Democracy: The Struggle to Build Free Societies Throughout the World*. New York: Times Books.

Diamond, Larry and Leonardo Morlino(Eds.). 2006. *Assessing the Quality of Democracy*. Baltimore: Johns Hopkins University Press.

Dovi, Suzanne. 2002. "Preferable descriptive representatives: Will just any woman, black, or Latino do?." *American Political Science Review* 96(4), 729-743.

Duverger, Maurice. 1954. *Political Parties*. New York: John Wiley & Sons, Inc.

Eatwell, Roger and Matthew Goodwin. 2018. *National Populism: The Revolt against Liberal Democracy*. Penguin Books.

European Commission. 2020. "The Roadmap a Support Facility The EU Roadmap for Engagement with Civil Society 2018-2020: Key lessons learnt from the process so far and regional perspectives", 1-72.

Fiscus, Ronald J. 1992. *The constitutional logic of affirmative action*. Durham: Duke

University Press.

Fukuyama, Francis. 1992. *The End of History and the Last Man*. New York: Free Press.

__________________. 2014. *Nation-building*. Itacha, NY: Cornell University Press.

Gibson, Alan. 1991. "Impartial Representation and the Extended Republic-Towards a Comprehensive and Balanced Reading of the Tenth Federalist Papaer." *History of Political Thought* XII(2), 263-304.

Gidron, Benjamin et al. 1992. "Government and the Third Sector in Comparative Perspective: Allies or Adversaries?" In Benjamin Gibson, Ralph M. Kramer and Lester M. Salamon(eds). *Government and the Third Sector: Emerging Relationships in Welfare States*. Jossey-Bass Publishers.

Hamilton, Alexander, James Madison and John Jay. 2003. *The Federalist Papers(1st ed.)*. Signet.

Held, David. 1989. *Political Theory and the Modern State: Essays on State, Power and Democracy*. Stanford University Press.

Hellmann, Olli. 2020. "South Korea's Democracy and the Legacies of the Developmental State." In Aurel Croissant and Olli Hellmann(Eds.). *Stateness and Democracy in East Asia*. Cambridge: Cambridge University Press, 47-70.

Henderson, Gregory. 1968. *Korea: the Politics of the Vortex*. Cambridge: Harvard University Press.

Howe, Daniel Walker. 1991. "The Evangelical Movement and Political Culture in the North During the Second Party System." *The Journal of American history* 77(4).

Huang, Bihong, Peter J. Morgan and Naoyuki Yushino(Eds.). 2019. *Demystifying Rising Inequality in Asia*. Tokyo: Asian Development Bank Institute.

Huntington, Samuel P. 1991. "Democracy's Third Wave." *Journal of Democracy* 2(2), 12-34.

Keane, John. 1988. *Democracy and Civil Society*. London: Verso.

Kuhonta, Erik and Truong, Nhu. 2020. "The Institutional Roots of Defective

Democracy in the Philippines." In Aurel Croissant and Olli Hellmann(Eds.). *Stateness and Democracy in East Asia*. Cambridge: Cambridge University Press, 153－178.

London, Jonathan D. 2018. *Welfare and Inequality in Marketizing East Asia*. London: Palgrave Macmillan.

Lowndes, Joseph. 2017. "Populism in the United States." In Cristóbal Rovira Kaltwasser, Paul Taggart and Paulina Ochoa(Eds). *The Oxford Handbook of Populism*. Oxford: Oxford university Press, 232－247.

Lynn, Joshua A. and Harry Watson. 2019. "Introduction: Race, Politics and Cultur ein the Age of Jacksonian 'Democracy.'" *Journal of the Early Republic* 39(1), 81－87.

Mann, Michael. 1987. "Ruling Class Strategies and Citizenship", In Bryan Turner and Peter Hamilton(Eds.). 1994. *Citizenship I*. London: Routledge.

Mansbridge, Jane. 1999. "Should Blacks Represent Blacks and Women Represent Women? A Contingent Yes." *The Journal of politics* 61(3), 628－657.

Marshall, T. H. 1964. "Citizenship and Social Class." In Bryan Turner and Peter Hamilton(Eds). 1994. *Citizenship II*. London: Routledge.

Marx, Karl and Friedrich Engels. 1982. Artikel aus der "Neuen Rheinischen Zeitung" 1. Juni － &. November 1848. In MEW 5. Berlin(Ost): Dietz Verlag.

Marx, Karl. 1843. "Contribution to the Critique of Hegel's Philosophy of law Introduction". In Karl Marx. 1975. *Karl Marx · Frederick Engels Collected Works* 3. London; Lawrence & Wishart.

Merkel, Wolfgang. 2004. "Embedded and Defective Democracies." *Democratization* 11(5), 33－58.

Mietzner, Marcus. 2020. "Stateness and State Capacity in Post－Authoritarian Indonesia: Securing Democracy's Survival, Entrenching Its Low Quality." In Aurel Croissant and Oill Hellmann(Eds.). *Stateness and Democracy in East Asia*. Cambridge: Cambridge University Press, 179－203.

Mudde, Cas. 2004. "The Populist Zeitgeist". *Government and Opposition* 39(4).

Mujani, Saiful R., William Liddle and Kuskridho Ambardi. 2018. *Voting Behaviour in Indonesia Since Democratization: Critical Democrats*. Cambridge: Cambridge University Press.

Parsons, Talcott. 1971. *The System of Modern Societies*. Englewood Cliffs: Prentice－Hall.

Pitkin, Hanna F. 1967. *The Concept of Representation*. University of California Press.

_______________. 2004. "Representation and Democracy: Uneasy Alliance." *Scandinavian Political Studies* 27(3), 335－342.

Poczter, Sharon and Thomas B. Pepinsky. 2016. "Authoritarian Legacies in Post－New Order Indonesia: Evidence from a New Dataset." *Bulletin of Indonesian Economic Studies* 52(1), 77－100.

Putnam, Robert. 1993. *Making Democracy Work*. New Jersey: Princeton University Press.

Rae, Douglas W. 1967. *The Political Consequences of Electoral Laws*. New Haven: Yale University Press.

Rehfeld, Andrew. 2005. *The Concept of Constituency: Political Representation, Democratic Legitimacy and Institutional Design*. Cambridge: Cambridge University Press.

Robison, R. and Vedi Hadiz. 2004. *Reorganising Power in Indonesia: The Politics of Oligarchy in an Age of Markets*. Routledge.

_________________________. 2014. "The Political Economy of Oligarchy and the Reorganization of Power in Indonesia." In Michele Ford and Thomas B. Pepinsky(Eds.). *Beyond Oligarchy*. Cornell University Press, 35－56.

Schlesinger Jr., Arthur. 1945. *The Age of Jackson*. Boston: Little Brown.

Schmidt Manfred G. 2010, *Demokratietheorien*. VS Verlag für Sozialwissenschaften (5Aufl.).

Seller, Charles. 1991. *Market Revolution: Jacksonian America 1815－1846*. New York: Oxford University Press.

Shire, Laurel Clark. 2016. *The Threshold of Manifest Destiny: Gender and National*

Expansion in Florida. University of Pennsylvania Press.

Shklar, Judith N. 1977. "Publius and the Science of the Past." *The Yale Law Journal*. 86(6), 1286–1296.

Templeman, Kharis. 2020. "After Hegemony: State Capacity, the Quality of Democracy and the Legacies of the Party–State in Democratic Taiwan." In Aurel Croissant and Olli Hellmann(Eds.). *Stateness and Democracy in East Asia*. Cambridge: Cambridge University Press, 71–102.

Turner, Bryan S. 1990. "Outline of a Theory of Citizenship," *Sociology*, vol. 24, pp. 189–217., In Bryan Turner and Peter Hamilton(Eds.). 1994. *Citizenship I*. London: Routledge.

Un, Kheang. 2020. "Weak State and the Limits of Democratization in Cambodia, 1993–2017." In Aurel Croissant and Olli Hellmann(Eds.). *Stateness and Democracy in East Asia*. Cambridge: Cambridge University Press, 133–152.

Urbinati, Nadia and Mark Warren. 2008. "The Concept of Representation in Contemporary Democratic Theory." *Annual Review of Political Science* 11, 387–412.

Vorländer, Hans. 2010. *Demokratie: Geschichte, Formen, Theorien*. München(2.Aufl.).

Warburton, Eve and Edward Aspinall. 2019. "Explaining Indonesia's Democratic Regression." *Contemporary Southeast Asia* 41(2), 255–285.

Wilentz, Sean. 2005. T*he Rise of American Democracy: Jefferson to Lincoln*. New York: W. W. Norton & Company.

Winters, Jeffrey. 2014. "Oligarchy and Democracy in Indonesia." In Michele Ford and Thomas B. Pepinsky(Eds.). *Beyond Oligarchy*. Cornell University Press, 11–34.

Young, Iris. M. 1989. "Polity and Group Difference: A Critique of the Ideal of Universal Citizenship." *Ethics* 99(2), 250–274.

Zuckert, Michael P. 2019. "The Political Science of James Madison." In Bryan–Paul Frost and Jeffrey Sikkenga(Eds.). *History of American Political Thought*. New York: Lexington Books, 149–166.

顧昕. 2006.「民主思想的貧瘠土壤——評述一九三○年代中國知識分子關於“民主與獨裁”的論戰」, 許紀霖編,『二十世紀中國思想史論』上卷, 東方出版中心.
内山融. 2007.『小泉政権「パトスの首相」は何を変えたのか』(東京: 中央公論新社).
劉軍寧. 2009.「中國政治體制改革：黨內民主, 抑或憲政民主？」, 朱學勤編,『為生民立命』, 南京: 天地圖書有限公司.
小倉紀蔵, 2005.『韓流インパクト ルックコリアと日本の主体化』(東京: 講談社).
孫中山. 1981a.「軍政府宣言」,『孫中山選集』, 北京: 人民出版社.
______. 1981b.「上李傳相書」,『孫中山全集』第一卷, 北京：中華書局.
嚴復. 1981.『群己權界論』, 北京: 商务印書館.
張灝. 2006.「重訪五四——論“五四”思想的兩歧性」, 許紀霖編,『二十世紀中國思想史論』上卷, 東方出版中心.
田中明·佐藤克己 「‘謝罪’するほど悪くなる日韓関係」『文芸春秋』1992/03(3월 특별호).
趙穗生,「中國民主悲劇深淵」,『知識分子』, 1990年冬季號.
陳獨秀. 1993.「敬告青年」,『陳獨秀著作選』第1卷, 上海人民出版社.
清水真人. 2018.『平成デモクラシー史』(東京：筑摩書房).
肖高華,「五四時期知識界的民主政制設計及論爭」,『連云港師範高等專科學校學報』, 2011年 9月 第3期.
胡道維,「論專制與獨裁」,『獨立評論』第90號, 1934年 3月 4日.

[국내 문헌]
강명세. 2001. “한국선거의 주요쟁점: 지역주의는 언제 시작되었는가?: 역대 대통령 선거를 기반으로.” 『한국과 국제정치』 17(2).
강원택. 2003.『한국 선거정치의 변화와 지속』. 서울: 나남.
_____. 2011. “한국에서 정치 균열 구조의 역사적 기원: 립셋－록칸 모델의 적용.” 『한국과국제정치』 27(3).
강정인 외. 2010.『유럽 민주화의 이념과 역사 영국·프랑스·독일』. 후마니타스.
강준만. 2016. “‘미디어 혁명’이 파괴한 ‘위선의 제도화’: 커뮤니케이션의 관점에서 본

'트럼프 현상'."『사회과학 담론과 정책』 9(2).
교육부. 2018.『사회과 교육과정』. 서울: 교육부.
구본권. 2015.『로봇 시대, 인간의 일: 인공지능 시대를 살아가야 할 이들을 위한 안내서』. 서울: 도서출판 어크로스.
김강녕. 1996. "통일과정에서의 지역갈등 해소방안."『한국정치학회보』 30(4).
김국현. 2020. "독일 시민교육의 우리나라 초·중등 예비교사 시민교육 역량 강화 교육에의 함의."『초등도덕교육』 특집호.
김남국. 2008. "한국에서 다문화주의 논의의 전개와 수용."『경제와 사회』 80.
김누리. 2018. "한국 예외주의: 왜 한국에는 68혁명이 없었는가?"『통일인문학』 76.
김도태. 2008. "18대 총선과정에서의 충북지역 당선자 당선요인 분석."『사회과학연구』 25(1).
김만흠. 1997.『한국정치의 재인식: 민주주의, 지역주의, 지방자치』. 서울: 풀빛.
_____. 2011. "지역균열의 정당체제와 선거제도 개편: 개편 논란과 새로운 대안."『한국정치연구』 20(1).
김문조. 1993. "지역주의의 형성과정과 특성."『오늘의 한국사회』. 서울: 사회비평사.
김민전. 2009. "의원의 의정활동과 재선결과: 성실성.이념성.당파성에 대한 평가를 중심으로."『변화하는 한국 유권자 3』. 서울: EAI.
김병록. 2020. "이민정책의 법제와 헌법적 과제."『미국헌법연구』 31(2).
김보름. 2020. "한국과 북유럽국가의 청소년 시민의식 국제비교."『교사교육연구』 59(2).
김성경. 2020.『갈라진 마음들: 분단의 사회심리학』. 파주: 창비.
김성국. 2009. "시민사회와 시민운동." 한국사회학회(편).『대한민국 60년의 사회변동: 성찰과 성과, 그리고 과제』. 인간사랑.
김성민. 2019.『한일/대중/문화 '65년 체제'를 넘어서』. 서울: 제이앤씨.
김영수. 2002. "1990년대 일본형 시스템의 변화와 정치리더십: 포퓰리즘적 정치리더십 탄생의 정치·사회적 배경과 무당파를 중심으로."『일본연구논총』 24.
김용철·조영호. 2015. "지역주의적 정치구도의 사회심리적 토대."『한국정당학회보』. 14(1).
김원호. 2015. "로봇이 일자리를 죽인다: 로봇경제, Roboconomy시대."『마케팅』

49(8).
김유선. 2020. “ 비정규직 규모와 실태: 통계청, ‘경제활동인구조사 부가조사’(2020.8) 결과.” 『이슈페이퍼』(20)(11월 24일).
김유정. 2021. “결혼이주여성 체류안정을 위한 법제개선 방안.” 『강원법학』 63.
김윤상. 2017. 『이상사회를 찾아서: 左道右器의 길』. 경북대학교출판부.
김은중. 2016. “근대적 사회구성체와 라틴아메리카 포퓰리즘.” 『이베로아메리카연구』 27(2).
김주호. 2019. “포퓰리즘과 민주주의: 양가적 관계 이해하기.” 『시민과세계』 35.
김진국. 1989. “지역감정의 실상과 그 해소방안.” 한국심리학회 편. 『심리학에서 본 지역감정』. 서울: 성원사, 221－253.
김진하. 2010. “한국 지역주의의 변화: 투표행태와 정당을 중심으로.” 『현대정치연구』 3(2).
김태준. 2016. “청소년의 시민적 지식과 자기효능감이 시민·사회적 참여에 미치는 영향: 시민교육에 주는 시사점.” 『교육심리연구』 30(3)
김태한. 2013. “한국 청소년의 시민지식 및 내적 정치효능감 발달에 대한 연구.” 『시민교육연구』 45(4).
김한나·박원호. 2016. “제20대 총선의 후보자 당선결정요인: 정당의 공천방식과 후보의 경쟁력을 중심으로.” 『21세기정치학회보』 26(2).
김혜순. 2014. “결혼이민여성의 이혼과 ‘다문화정책’: 관료적 확장에 따른 가족정책과 여성정책의 몰이민적, 몰성적 결합.” 『한국사회학』 48(1)
나간채. 1991. “지역간 사회적 거리감.” 김종철 외. 『지역감정연구』. 서울: 학민사, 191－211.
남기업. 2010. 『공정국가: 대한민국의 새로운 국가모델』. 개마고원.
_____. 2018. “자유지상주의와 토지정의.” 김윤상 외. 『헨리 조지와 지대개혁』. 경북대학교출판부, 83－101.
_____. 2021. 『불로소득 환수형 부동산 체제론: 부동산공화국 탈출하기』. 개마고원.
남기업 외. 2017. “부동산과 불평등 그리고 국토보유세.” 『사회경제평론』 54, 107－140.
넬 나딩스·로리 브룩스. 정창우·김윤경 역. 2018. 『논쟁 수업으로 시작하는 민주시민교육』. 서울: 풀빛.
노윤선. 2019. 『혐한의 계보』. 파주: 글항아리.
데이비드 파렐. 전용주 역. 2017. 『선거제도의 이해』. 한울아카데미
로버트 노직. 강성학 역. 1991. 『자유주의 정의론』. 大光文化社.
로버트 달. 김왕식·장동진·정상화·이기호 역. 1999. 『민주주의』. 동명사.
로자 브라이도티. 이경란 역. 2016. 『포스트휴먼』. 파주: 아카넷.
마르티니엘로. 2002. 『현대사회와 다문화주의』. 윤진 옮김. 한울.
K. 맑스. 김수행 역. 1990. 『자본론 Ⅲ(下)』. 비봉출판사.
미국정치연구회. 2020. 『미국정부와 정치』. 서울: 오름.
박동균. 2020. "코로나 19 사태를 통해 본 대한민국 위기관리의 문제점과 교훈." 『한국치안행정논집』 17(3).
박보람. 2021. "주체적 시민성을 학습하는 시민교육." 『초등도덕교육』 71.
박상필. 2001. "NGO의 개념적 논의." 조희연 외. 『NGO가이드』. 한겨레신문사.
박상훈. 2001. "한국의 유권자는 지역주의에 의해 투표하나: 제16대 총선의 사례." 『한국정치학회보』 35(2).
박성우. 2008. "매디슨 공화주의의 정의와 현대적 의의: <연방주의자 논고> 10번의 해석과 자유주의·공화주의 논쟁을 중심으로." 『21세기 정치학회보』 18(3), 1-22.
박성진. 2021. "포퓰리즘은 왜 그리고 어떻게 몹쓸 것이 되었나?" 윤비 외. 『더 많은 민주주의를 향하여』. 시공사.
박성진 외. 2017. "포스트데모스(Postdemos): 새로운 정치적 주체의 가능성." 『철학논총』 90(4).
박영선. 2015. "정부의 민간공익활동 지원 제도 연구: 시민사회 조직 지원법을 중심으로." 『시민사회와 NGO』 15(2).
박찬표. 2021. "제임스 매디슨의 대의민주주의론: 민주주의 문제점에 대한 민주적 해결책." 『한국정치연구』 30(2), 31-62.
버지니아 유뱅크스. 김영선 역. 2018. 『자동화된 불평등』. 서울: 북트리거.
베른트 외팅하우스 외. 김성원 역. 2019. 『독일 통일, 자유와 화합의 기적』. 국민북스.
벤자민 바버. 이신향 역. 2006. 『강한 시민사회, 강한 민주주의』. 일신사.
벤저민 긴스버그 외. 서복경 역. 2013. 『다운사이징 데모크라시』. 후마니타스.

브래드 글로서먼. 김성훈 역. 2020.『피크 재팬, 마지막 정점을 찍은 일본』. 파주: 김영사.
사회와 철학 연구회. 2019.『한반도의 분단, 평화, 통일 그리고 민족』. 씨아이알.
샹탈 무페. 이승원 역. 2016.『좌파 포퓰리즘을 위하여』. 문학세계사.
서경주. 2002.『한국의 지역주의: 그 전개과정과 치유방안의 모색』. 서울: 백산서당.
서현수. 2020. “핀란드 민주주의와 청소년 정치참여.” 세계인권도시포럼 발제문.
설규주. 2019. “미국 초등 사회 교과서의 공민 관련 단원 내용 분석: 플로리다주 교과서를 중심으로.”『시민교육연구』51(2).
손병곤. 2004. “‘연방주의자 논고’에 나타난 매디슨의 새로운 미국 국가: 광대한 공화국.”『국제·지역연구』13(4), 25－50.
손성홍. 2016.『독일통일 한국통일: 독일통일에서 찾는 한반도 통일의 길』. 서울: 푸른길.
손호철. 1997.『현대한국정치』. 서울: 사회평론.
스테판 할퍼. 권영근 역. 2011.『베이징 컨센서스』. 서울: 21세기북스.
스티븐 캐슬스·마크 J. 밀러. 한국이민학회 역. 2013.『이주의 시대』. 일조각.
시민건강연구소. 2020.『인권중심 코로나19 시민백서: 코로나19시대 시민의 삶, 우리의 권리』. 시민건강연구소.
신복룡. 1996. “한국의 지역감정의 역사적 배경.”『현대 한국정치의 재성찰: 전근대성, 근대성, 탈근대성』. 서울: 한울.
신수연. 2019. “한국의 청소년 참여 시민교육 연구: 참여를 위한 시민교육과 참여로써 시민교육.” 전남대학교 박사학위논문.
신우철. 2013.『비교헌법사론: 대한민국 입헌주의의 형성과 전개』. 법문사.
신우철 외. 2015.『기록으로 보는 대한민국 헌정』. 국가기록원.
신재혁. 2021. “유사한 역사를 경험한 동남아시아 나라들이 왜 다양한 정치체제를 갖게 된 것일까.”『SNUAC 다양성＋Asia』13호.
신진욱. 2016. “헌법국가에 착근된 민주주의: 독일 기본법의 형성과 체계를 중심으로.”『한독사회과학논총』26(3).
신진욱 외. 2020. “포스트코로나와 4차 산업혁명 시대의 새로운 사회갈등과 대응전략.”『경제·인문사회연구회 협동연구총서 20－56－01』.
심성보. 2011.『(인간과 사회의 진보를 위한) 민주시민교육: 평화·인권·참여의 학습을 통한 민주적 시민 되기의 길잡이』. 서울: 살림터.

심승우. 2013. 『다문화 시대와 정치통합의 전략』. 이담북스.

_____. 2013. "이주민의 증가와 국적 제도의 개선 방향." 『한국정치외교사논총』 35(1).

_____. 2016. "반다문화주의 현상과 다문화 정책철학의 제고방안." 『인문사회 21』.

_____. 2021. "대의민주주의의 위기와 대중정치의 모색." 윤비 외 『더 많은 민주주의를 향하여』. 시공사.

안지현. 2020. "트럼프 이후 미국의 인종주의에 대한 전망." 『지식과 비평』 2.

알렉시스 드 토크빌. 임효선·박지동 역. 1997. 『미국의 민주주의』. 서울: 한길사.

앤토니 기든스. 임현진 역. 2010. 『성찰적 근대화』. 한울.

야마구치 지로. 이원덕 역. 2002. 『위기의 일본정치』. 서울: 일조각.

야마다 마사히로. 최기성 역. 2015. 『희망 격차 사회 '패자 그룹'의 절망감이 사회를 분열 시킨다』. 서울: 도서출판 아침.

야스다 고이치. 김현욱 역. 2013. 『거리로 나온 넷우익 – 그들은 어떻게 행동하는 보수가 되었는가』. 서울: 후마니타스.

___________. 이재우 역. 2019. 『일본 '우익'의 현대사』. 파주: 도서출판 오월의 봄.

야스차 뭉크. 함규진 역. 2018. 『위험한 민주주의: 새로운 위기, 무엇이 민주주의를 파괴하는가』. 와이즈베리.

양홍석. 2003. "앤드류 잭슨의 국민중심주의와 주권론." 『미국사 연구』 17, 1–25.

_____. 2010. "제2연방은행 재인가문제와 잭슨의 주 주권론." 『미국사 연구』 32, 1–39.

_____. 2012. "잭슨데모크라시 여전히 유효한가?" 『세계역사와 문화연구』 27(1), 287–327.

에마뉘엘 조제프 시에예스. 박인수 역. 2003. 『제3신분이란 무엇인가』. 책세상.

예충열 외. 2020. "코로나19 진행에 따른 경제·사회·산업 충격대응." 『경제·인문사회연구회 협동연구총서 20–47–01』.

오구라 기조. 한정선 역. 2015. 『일본의 혐한파는 무엇을 주장하는가』. 서울: 제이앤씨.

요시미 슌야. 서의동 역. 2020. 『헤이세이 일본의 잃어버린 30년』. 서울: 에이케이커뮤니케이션즈.

울리히 벡. 홍성태 역. 1997. 『위험사회론』. 새물결.

유팔무. 1998. “비정부사회운동단체의 역사와 사회적 역할－시민운동과 정부와의 관계를 중심으로.” 『동서연구』 10(2).
윤홍식. 2020. “코로나19 팬데믹과 복지국가의 정치경제학: 위기 이후 복지국가의 길들.” 『비판사회정책』 68.
이갑윤. 1998. 『한국의 선거와 지역주의』. 서울: 오름.
_____. 2002. “지역주의의 정치적 정향과 태도.” 『한국과 국제정치』 18(2).
이관후. 2016. “민주화 이후의 정치적 대표에 대한 비판적 고찰.” 『시민과세계』 29.
_____. 2018. “‘시민의회’의 대표성: 유권자 개념의 변화와 유사성 문제를 중심으로.” 『한국정치학회보』 52(2)
이면우. 2004. “일본 정치의 전후 레짐과 1990년대 위기.” 이면우 편 『55년 체제의 붕괴와 정치변화』. 파주: 한울 아카데미.
이승원. 2021. “민주적 포퓰리즘과 정치의 재구성.” 『더 많은 민주주의를 향하여』. 윤비 외. 시공사.
이영희. 2014. “재난에 대한 사회적 대응: ‘재난관리’에서 ‘재난거버넌스’로.” 『사회학대회 논문집』. 한국사회학회.
이용균. 2021. “서구의 이주자 정책에 대한 비판적 접근과 시사점: 동화, 다문화주의, 사회통합 정책을 중심으로.” 『한국지역지리학회지』 20(1).
이이범. 2003. “일본의 55년 정당체제의 변용과 붕괴요인의 분석.” 『일본연구』 21.
이재묵. 2014. “2014년 지방선거: 지역주의는 완화되었는가?”. 『국가전략』 20(4), 97－123.
이정진. 2016. “2016 미국 대선 결과와 정치적 시사점.” 『이슈와 논점』 1230.
이준한. 2011. “2010년 기초의원 선거결과와 무소속 당선자의 착시효과.” 『국제정치연구』 14(2).
이진수. 2015. “한국 정치의 왜소화/기득권화.” 서강대학교 사회과학연구소. 콜로키움 발표문. 9월.
이혜정. 2017. “어떻게 불구국가 미국을 다시 위대하게 만들 것인가 미국 우선주의, 백인우선주의 그리고 트럼프 우선주의.” 『동향과 전망』 99, 9－50.
이화인문과학원. 2015. 『포스트휴먼의 무대』. 파주: 아카넷.
이환성 외. 2021. “시민사회 발전과 공익활동 증진을 위한 국가 기본계획 실천방안 연구.” 『경제인문사회협동연구총서 21-04-21』.

이황직. 2011. “공화적 애국주의를 통한 한국 민족주의의 전유.” 『사회이론』 40.

임경석. 2015. “대한민국의 법치민주주의는 살아있는가? -헌법재판소의 통합진보당 정당해산판결을 중심으로.” 『사회와철학』 30.

임경석. 2019. “예멘 난민사태로 바라본 한반도 분단체제 극복의 허(虛)와 실(失) 한반도 분단체제를 극복하고 준비하는 과정의 암울한 일면.” 『사회와철학』 37.

임성학. 2003. “아시아 민주주의의 비교분석과 공고화.” 『한국사회과학』 25(1-2), 191-211.

임채광. 2020. “한국사회의 가치갈등과 민주시민 교육을 통한 해결방안 연구.” 『동서철학연구』 96.

장미숙. 2019. 『학교에서의 민주시민교육의 실제: 꿈을 향해 더불어 성장하는 행복한 민주시민』. 서울: 향지.

장석준. 2018. “좌파 포퓰리즘: 신자유주의 이후의 진보정치모델?” 2018년 비판사회학대회 발표문.

장은형 · 엄기홍. 2017. “한국 지역주의 투표행태에 대한 경험적 분석: 민주화 이후 대통령 선거를 중심으로.” 『21세기정치학회보』 27(1).

장준호. 2016. “독일의 직접민주주의: 자치분권국가에서 시민입법과 주민투표의 현황을 중심으로.” 『선거연구』 7.

장지연. 2006. “미국의 적극적조치 논쟁과 시사점.” 『한국여성학』 22(2), 167-208.

장하준 외. 2020. 『코로나 사피엔스』. 인플루엔셜.

장혜영 · 김주희. 2017. “독일 발-오-맛(Wahl-O-Mat) 사례의 한국적 함의: 선거조언어플리케이션(Voting Advice Applications)의 정치지식 축적 플랫폼으로서의 가능성.” 『아태연구』 24(3).

전종덕. 2019. 『독일 통일 -재통일인가 통합인가?-』. 백산서당.

정미애. 2011. “동아시아의 정치와 사회 발전.” 『동아시아의 역사III (개항-화해)』. 서울: 동북아역사재단.

정병기. 2020. “포퓰리즘의 개념과 유형 및 역사적 변화: 고전 포퓰리즘에서 포스트포퓰리즘까지.” 『한국정치학회보』 54(1), 91-110.

정상호. 2017. 『한국시민사회사: 산업화기 1961-1986』. 학민사.

정연홍 · 박경희. 2021. “시민의식 함양을 위한 학교민주주의 지표개발 연구.” 『인문사회21』 12(2).

정준표. 2014. “한국 국회의원선거를 통해 본 선거제도와 지역주의의 효과.” 『한국정치연구』 23(2), 129－160.

정진민. 2010. “한국 유권자들의 투표행태와 세대: 2010년 지방선거를 중심으로.” 『한국정치연구』 21(2).

정진영. 2018. “세계화와 자유민주주의 위기의 두 얼굴: 신자유주의와 포퓰리즘의 정치적 동학.” 『한국정치학회보』 52(4), 81－102.

조기숙. 2017. “2016 미국대선에 나타난 포퓰리즘 연구: 이념적 포퓰리스트 트럼프, 전략적 포퓰리즘 샌더스.” 『한국정치연구』 26(1), 183－214.

조성복. 2018. 『독일 정치, 우리의 대안: 승자독식 사회에서 합의제 민주주의로』. 지식의 날개.

조일수. 2021. “학교 시민교육의 방향에 대한 연구: 공화주의적 시민교육을 중심으로.” 『윤리교육연구』 59.

조희연. 2001. “한국의 민주주의와 사회운동의 전개.” 조희연 외. 『NGO가이드』. 한겨레신문사.

조희정 · 이한수 · 민희. 2016. “후보자의 선거 전략과 득표율: 제20대 총선 선거공보 분석을 중심으로.” 『한국정치연구』 25(2).

존 주디스. 오공훈 역. 2017. 『포퓰리즘의 세계화』. 서울: 메디치미디어.

주성수. 2018. 『시민사회, 제3섹터, 비영리섹터, 사회적경제』. 한양대출판부.

주윤정. 2020. “재난이 열어주는 새로운 길: 코로나19 팬데믹과 인권－생태.” 『JPI PeaceNet』.

차두원 외. 2016. 『잡 킬러: 4차 산업혁명, 로봇과 인공지능이 바꾸는 일자리의 미래』. 서울: 한스미디어.

채종헌 외. 2020. “포스트코로나와 4차 산업혁명 시대의 새로운 사회갈등과 대응전략.” 『경제 · 인문사회연구회 협동연구총서 20－56－01』.

최준영 · 조진만. 2005. “지역균열의 변화 가능성에 대한 경험적 고찰: 제17대 국회의원 선거에 나타난 이념과 세대 균열의 효과를 중심으로.” 『한국정치학회보』 39(3).

카롤린 엠케. 정지인 역. 2017. 『혐오사회 —증오는 어떻게 전염되고 확산되는가』. 서울: 다산 지식하우스.

캐시 오닐. 김정혜 역. 2021. 『대량살상 수학무기』. 서울: 흐름출판.

콜린 크라우치. 이한 역. 2008. 『포스트 민주주의: 민주주의 시대의 종말』. 미지북스.

클라우디아 골딘. 김승진 역. 2021. 『커리어 그리고 가정』. 생각의힘.

토마 피케디. 정경덕 역. 2014. 『21세기 자본』. 글항아리.

티머시 스나이더. 조행복 역. 2017. 『폭정: 21세기의 스무 가지 교훈』. 열린책들.

프랜시스 후쿠야마. 이수경 역. 2020. 『존중받지 못하는 자들을 위한 정치학』. 서울: 한국경제신문 산경BP.

하상응. 2020. "미국 민주주의의 위기 트럼프의 등장과 반동의 정치." 『안과밖: 영미문학연구』 49, 156−177.

한국포스트휴먼연구소. 2017. 『포스트휴먼 시대의 휴먼』. 파주: 아카넷.

한기철. 2019. "공화주의 교육론을 위하여." 『교육철학연구』 41(3).

한나 아렌트. 이진우·박미애 역. 2006. 『전체주의의 기원 2』. 한길사.

한정택. 2007. "한국 현직 국회의원의 재당선 요인 분석−제14대부터 제17대까지 국회의원 선거를 중심으로." 『21세기정치학회보』 17(3).

_____. 2013. "민주화 이후 호남의 소지역주의." 『현상과인식』 37(1−2).

함규진. 2019. "한국 민주주의와 상식의 정치, 그리고 촛불정신." 『정치와 평론』 25.

헨리 조지. 김윤상 역. 1997. 『진보와 빈곤』. 비봉출판사.

L. T. 홉하우스. 김성균 역. 2006. 『자유주의의 본질』. 서울: 현대미학사.

홍윤기. 2006. "한국 '포퓰리즘' 담론의 철학적 검토: 현실능력 있는 포퓰리즘의 작동편제와 작동문법 탐색." 『시민사회와 NGO』 4(1).

황아란. 2007. "기초 지방의원 선거의 중선거구제 개편과 정치적 효과." 『지방정부연구』 11(1).

_____. 2013. "2000년대 지방선거의 변화와 지속성: 현직효과와 중앙정치의 영향." 『한국정치학회보』 47(5).

황옥자. 2021. "고대 데마고고스(dēmagōgos)의 정치술과 참된 정치술." 『더 많은 민주주의를 향하여』. 윤비 외. 시공사.

황태연. 1996. 『지배와 이성』. 창작과 비평사.

[신문기사, 보고서 및 웹 페이지]

CIVICUS. 2003. "The CIVICUS 2013 Enabling Environment Index(EEI)". (https://www. civicus.org/eei/downloads/Civicus_EEI%20REPORT%202013_WEB_FINAL.pdf).

Furman, Jason, John P. Hodren, Cecilia Munoz, Megan Smith, and Jeffrey Zients. 2016. *Artificial Intelligence, Automation, and the Economy*. Excutive Office of the President of the United States(EOP)(Washington, D.C. 20502).

Grundgesetz für die Beundesrepublik Deutschland.

Mead, Walter Russel. Mar/Apr 2017. "The Jacksonian Revolt: American populism and the liberal order." *Foreign Affairs*. 96(2), 2–7.

Samara Center for Democracy. 2019. *Investing in Canadians' civic literacy: An Answer to Fake News and Disinformation*. Samara Center for Democracy, Toronto, Ontario.

Santoso, Purwo. et al. 2013. *Executive Summary Report: Democracy Baseline Survey 2013-2014*. Oslo and Yogyakarta: Power, Welfare and Democracy. Universitas Gadjah Mada and University of Oslo.

Sullivan, Andrew. 2016. "The Republic Repeals Itself." *New York Magazine*. (https://nymag.com/intelligencer/2016/11/andrew–sullivan–president–trump–and–the–end–of–the–republic.html).

The Economist Intelligence Unit. 2021. *Democracy Index 2020: In sickness and in health?*. London.

Thomas Friedman. 2020. "Our New Historical Divide: B.C. and A.C. –the World Before Corona and the World After." *The New York Times*(2020.03.17.)

World Economic Forum. 2021. *The Global Risks Report*.

胡錦濤, "高舉中國特色社會主義偉大旗幟為奪取全面建小康社會新勝利而奮鬥", 廣州日報(2007年10月16日)(http://gzdaily.dayoo.com/html/2007–10/16/content_65199.htm) (검색일: 2021. 10.15).

胡錦濤, "胡錦濤在省部级主要領導干部提高構建社会主義和諧社会能力專題研討班上的講話", 新華網(2005年 2月 19日)(http://news.xinhuanet.com/newscenter/2005–06/26/content_3138887.htm)(검색일: 2021. 10.15).

국가통계포털(kosis.kr).

김욱. 2012. “주요 선진국가의 다문화정책 방향 비교 분석: 한국에 주는 정책적 시사점을 중심으로.” 한국다문화가족정책연구원 정책용역보고서.

김호기. 2020. “김호기의 굿모닝 2020s: 비행기 타고 퍼지는 신종 코로나.” 『한국일보』(2월 11일).

남기업. 2021. “대한민국 부동산 불평등 실태와 해소방안연구.” 기본소득당 연구 용역 보고서.

시사IN 편집부. 2020. “팬데믹 1년이 바꾼 한국인의 세계.” 『시사IN』(제692호).

양선희. 2021. “20대 · 저소득층 직격탄, 코로나로 ‘건강 양극화’ 심화.” 『중앙선데이』(5월 29일).

연합뉴스. 2016. “‘막말 퍼레이드’ … 트럼프의 ‘여성혐오 역사.” 『연합뉴스』(10월 10일) https://www. yna.co.kr/view/MYH20161010017000038(검색일: 2022년 1월 5일).

영국시민청 홈페이지 https://www.gov.uk/government/organisations/office－for－civil－society /about.

의안번호 11958, 서영교 의원 대표발의 「시민사회 활성화와 공익활동 증진을 위한 기본법안」(2021. 8. 9.)

의안번호 12390, 진선미 의원 대표발의 「공익증진을 위한 시민사회발전 기본법안」(2018. 3. 8.)

이준표. 2015. 『기업규모별, 업종별 노동생산성 분석』. 한국생산성본부.

장용덕. 2019. “국가능력과 민주주의.” 『세계일보』(3월 3일). (https://m.segye.com/view/20190303001748, 검색일: 2021년 8월 15일).

장채원. 2020. “트럼프 ‘백인은 좋은 유전자 가졌다’ … 나치 연상 또 인종차별 발언.” 『한국일보』(9월 22일). (https://www.hankookilbo.com/News/Read/A2020092216100001082 검색일: 2022년 1월 5일).

중소기업중앙회, 『중소기업 실태 조사 결과』. 각년.

중소기업중앙회, 『중소기업현황』. 각년.

중소기업중앙회. 『2017 해외중소기업통계』

통계청 · 한국은행. 2021. “2020년 국민대차대조표 결과 잠정.”.

통일교육원. 2018.『평화·통일교육 방향과 관점』. 서울: 통일교육원.
통일연구원. 2014.『남북통합에 대한 국민의식조사』. 서울: 통일연구원.
통일연구원. 2015.『남북통합에 대한 국민의식조사』. 서울: 통일연구원.
통일연구원. 2016.『남북통합에 대한 국민의식조사』. 서울: 통일연구원.
통일연구원. 2017.『남북통합에 대한 국민의식조사』. 서울: 통일연구원.
한국교통연구원. 2020.『한국의 COVID−19 대응보고서』. 경제인문사회연구회 KOREAN REPORT 2.
행정안전부 사회통합지원과. 2020.『2019 지방자치단체 외국인주민 현황』. 행정안전부.

저자약력

강진옥

성균관대학교 학부대학 초빙교수. 미국 클레어몬트 대학원에서 정치철학을 전공하였다. 대표 논문으로는 「마키아벨리의 두 얼굴의 분쟁」(2018)과 「'소설 82년생 김지영'에 나타난 랑시에르의 문학의 정치와 그 한계」(2019) 등이 있다.

김현주

원광대학교 한중관계연구원 동북아시아인문사회연구소 조교수. 성균관대학교에서 정치학으로 박사수료 후 중국칭화대학교 철학과에서 박사학위를 취득하였다. 근현대 중국정치사상을 연구하고 있으며, 대표 논문으로는 「양계초와 근대 헌정주의의 성립」(2020), 「민본주의의 부활과 중국식 포퓰리즘의 형성」(2021) 등이 있으며, 그 외 다수의 저서와 역서가 있다.

남기업

토지+자유연구소 소장. 성균관대학교에서 헨리 조지의 사상을 주제로 박사학위를 받았다. 저서로는 『공정국가: 대한민국의 새로운 국가모델』(2010), 『아파트 민주주의: 슬기로운 아파트 회장 분투기』(2020), 『불로소득 환수형 부동산체제론』(2021) 외 다수가 있다.

박성진

광주교육대학교 윤리교육과 교수. 정치철학을 전공하였으며 성균관대학교에서 ＜새로운 자유주의의 재해석＞으로 박사 학위를 받았다. 인하대, 성균관대, 한남대, 청주대 등에서 강의했고 영남대학교 학술연구교수로 지냈다. '포스트데모스(Post-demos)'에 대해 천착하여 연구를 진행 중이다. 대표적인 연구로 「The Liberal Acceptance of Hegel: The Acceptance and Transformation of Hegelian Philosophy in 19th Century Britain」(2018) 등이 있다.

심승우

서울교육대학교 초빙교수. 성균관대학교에서 ＜다문화 민주주의의 이론적 기초: 소수자의 주체성과 통치성을 중심으로＞를 주제로 박사 학위를 받았다. 공저로 『민본과 민주의 개념적 통섭』(2017), 『더 많은 민주주의를 향하여』(2021) 등이 있으며 역서로는 『테러리즘: 누군가의 해방 투쟁』(2010), 『민주화운동의 어머니: 아웅산 수치 평전』(2013) 등이 있다.

유불란

서강대 글로컬사회문화연구소 전임연구원. 도쿄대학 법학정치학연구과에서 법학박사 학위를 받았다. 공저로 『역사화해의 이정표 I』(2020)가 있고, 논문으로는 「'메이지 부시도

(明治武士道)’론을 통한 동아시아의 자기정체성 형성과정 재고」(2017), 「정한론, 혹은 방편으로서의 ‘조선’ —幕末期 対馬藩의 경우를 중심으로」(2018) 외 다수가 있다.

이관후

서강대 사회과학연구소 연구원. 영국 런던대학교(UCL)에서 정치학 박사학위를 받았다. 서강대, 경희대 등에서 강의했고, 현재 국무총리비서실 소통메시지비서관으로 일하고 있다. 논문으로 「연동형비례대표제와 주권의 재구성」(2019) 등을 썼고, 공저로 『한국 민주주의, 100년의 혁명』(2019)이 있다. 최근에 『정치를 옹호함』(2021)을 번역했다.

이미준

성균관대학교 좋은민주주의연구센터 선임연구원. 미국 애리조나주립대학(ASU)에서 박사학위를 받았다. 정당, 여성, 소수자 정치를 연구한다. 논문으로 「여성할당제는 정당화될 수 있는가: 여성의 정치적 평등과 할당제의 효과」(2021)가 있다.

이영재

한양대학교 인문사회학술연구교수. 동국대학교에서 정치학 박사학위를 받았다. 주요 저서로 『근대와 민』(2018)이 있고, 논문으로 「5.18 민주화운동과 이행기 정의」(2021), 「하버마스의 합리적 생활세계 개념에 대한 공감이론적 재조명」(2022) 등이 있다.

임경석

경기대학교 진성애교양대학 교양학부 초빙교수. 독일 튀빙엔 대학에서 「이론과 실천의 상보적 의미에서 본 마르크스의 해방적 비판 Marx’emanzipatorische Kritik im Sinne einer Komplementarität von Theorie und Praxis」(2004)이란 제목의 논문으로 철학박사 학위를 받았다. 주요 저서로는 『한반도의 분단, 평화, 통일 그리고 민족』(2019), 『왜 지금 다시 마르크스인가』(2021) 외 다수가 있다.

최난경

성균관대학교 정치학 석사, 인도네시아 가자마다 대학교 인류학 석사, 그리고 호주국립대학교 정치사회변동학 박사를 이수하고 인도네시아를 중심으로 동남아시아의 정치와 사회, 여성과 정치 등을 연구하고 있다. 주요 저서로 『Local Politics in Indonesia: Pathways to Power』(2011)와 『Women’s Political Pathways in Southeast Asia』(2019)가 있다.

함규진

서울교육대학교 윤리교육과 교수. 성균관대 행정학과를 졸업하고 정치외교학과에서 석사와 박사학위를 받았다. 전통사상과 현대민주주의의 조화, 그리고 시민교육 강화를 통한 한국정치 발전에 관심을 두고 연구하고 있다. 논문으로 「전통 사상의 민주시민교육에서의 활용」(2020) 외 다수가 있다.

시민의 조건, 민주주의를 읽는 시간

초판발행 2022년 2월 25일

지은이 함규진 외 11인
펴낸이 안종만 · 안상준

편 집 양수정
기획/마케팅 정연환
표지디자인 BENSTORY
제 작 고철민 · 조영환

펴낸곳 (주) 박영사
서울특별시 금천구 가산디지털2로 53, 210호(가산동, 한라시그마밸리)
등록 1959. 3. 11. 제300-1959-1호(倫)
전 화 02)733-6771
f a x 02)736-4818
e-mail pys@pybook.co.kr
homepage www.pybook.co.kr
ISBN 979-11-303-1490-7 93340

정 가 23,000원